卓越幼儿园教师培养课程
ZHUOYUE YOUERYUAN JIAOSHI PEIYANG KECHENG

丛书主编／孙杰远　侯莉敏

U0652267

幼儿园教师的信息素养

主编／朱　敬
副主编／黄　宁　林　铭

YOUERYUAN
JIAOSHI DE
XINXI SUYANG

北京师范大学出版集团
BEIJING NORMAL UNIVERSITY PUBLISHING GROUP
北京师范大学出版社

图书在版编目(CIP)数据

幼儿园教师的信息素养/朱敬主编. —北京：北京师范大学出
版社，2019.1
卓越幼儿园教师培养课程/孙杰远，侯莉敏主编
ISBN 978-7-303-23705-0

Ⅰ.①幼…　Ⅱ.①朱…　Ⅲ.①幼教人员－信息技术－素质教
育－师资培训－教材　Ⅳ.①G615

中国版本图书馆 CIP 数据核字(2018)第 093951 号

营 销 中 心 电 话　010-58802181　58805532
北师大出版社职业教育与教师教育分社网　http://zjfs.bnup.com
电 子 信 箱　zhijiao@bnupg.com

出版发行：北京师范大学出版社　www.bnup.com
　　　　　北京市海淀区新街口外大街 19 号
　　　　　邮政编码：100875
印　　刷：保定市中画美凯印刷有限公司
经　　销：全国新华书店
开　　本：787 mm×1092 mm　1/16
印　　张：21
字　　数：434 千字
版　　次：2019 年 1 月第 1 版
印　　次：2019 年 1 月第 1 次印刷
定　　价：54.00 元

策划编辑：罗佩珍　　　　　责任编辑：戴　轶
美术编辑：焦　丽　　　　　装帧设计：焦　丽
责任校对：陈　民　　　　　责任印制：陈　涛

丛书编委会

主 编

孙杰远　侯莉敏

编 委

（按姓氏汉语拼音排序）

冯季林　何　媛　侯莉敏　赖程程
莫秀峰　孙杰远　王军利　王　彦
韦义平　吴慧源　闫若婻　周晓霞
朱　敬

　　"卓越教师培养计划"（下文简称"卓越计划"）是教育部贯彻落实《国家中长期教育改革和发展规划纲要（2010—2020 年）》和《国家中长期人才发展规划纲要（2010—2020 年）》的重大改革项目，是国家寻求新的教师发展模式、教师教育模式、教师专家团队构建模式的创新型探索，是推动举办教师教育院校深化教师培养机制、课程、教学、师资、质量评价等方面的综合改革，旨在培养一大批有理想信念、有道德情操、有扎实学识、有仁爱之心的好教师。2014 年，广西师范大学学前教育专业教学改革成果《民族地区卓越幼儿园教师培养创新实践》获教育部卓越教师培养计划改革项目立项，开启了学科发展与人才培养的新起点。

　　广西壮族自治区作为中国 5 个少数民族自治区之一，是我国少数民族人口最多的自治区，居住着汉、壮、瑶、苗、侗等 12 个世居民族，在漫长的社会发展进程中，创造了具有鲜明地域特色、浓郁民族风情、独特形式和风格的民族文化，是西部、民族地区学前教育发展的重要区域。然而，幼儿园教师整体素质不高、专业水平较为欠缺的现状，严重制约着学前教育发展的步伐。民族地区幼儿园教师专业化发展不仅需要教师认识专业性并积极进取，重新定位自己的角色，承担起适应未来、创造未来的职责，更需要适宜的外部环境支持，实施"卓越计划"，将有利于为民族地区幼儿园教师的发展构建支持性的生态环境，从源头推进其队伍的整体水平和专业化进程，助推学前教育步入良性循环和可持续发展的轨道。"卓越计划"倡导教师教育课程从"知识取向""技术取向"向"反思取向"的转化，将自身作为发展的主体，在把握自我、调节自我和反思自我的过程中感受专业发展带来的思想变化，实现专业能力的自主发展。

　　何为"卓越"？"卓越幼儿园教师"的典型特征又是什么？这是制约"卓越计划"实施效果的重要因素，也是项目实施的出发点与归宿。2012 年国家颁布了《幼儿园教师专业标准（试行）》（以下简称《标准》），《标准》的颁布对于幼儿园教师培养起到了积极的规范与引领作用，但《标准》只是作为一名合格幼儿园教师所应达到的基本素质要求。实施"卓越计划"不仅能够有效促进培育幼儿园教师师范院校的改革，更能描绘出一名幼儿园教师学识、人格、理念、能力"卓越"的全景图谱。广西师范大学"卓越计划"团队，通过反复地论证与梳理认为，一名卓越的幼儿园教师应该是热爱学前教育事业、综合素质全面、保教能力突出的，不仅具有卓越的学识素养，还具备卓越的人格品质、专业理念与实践能力，这样的教师是指向未来教育的。秉承这样的培养目标，广西师范大学卓越幼儿园教师培养改革项目将建设目标定位于"专业为准、学养为基、研究为核、内化提升"的基本理念，围绕着培养目标、课程体系、课程资源、教学团队、专业实践教学、教学研究及培养质量评价诸方面的改革与发展进行。

《民族地区卓越幼儿园教师培养创新实践》系列教材建设计划，正是依据广西师范大学卓越人才培养目标及课程体系改革的需要而设计的。卓越幼儿园教师培养课程体系构建的聚焦点为儿童的发展，即通过课程体系构建促使每一位卓越幼儿园教师能通过课程学习掌握儿童是在怎样的环境下、通过怎样的方式进行学习与发展的知识，掌握如何辨别不同背景和能力水平的儿童的需要，并在此基础上调整并实践自身的教学行为。也正是基于这样一种课程，培育出的幼儿园教师才能认识与了解儿童，促进儿童在认知及非认知领域的成长。改革后的广西师范大学卓越幼儿园教师培养课程框架由六大模块"民族文化与一般文化素养""现代信息素养""师德与专业认同""儿童研究与支持""儿童保育与教育""幼儿教师技能"组成，涵盖了未来教师发展的不同素养要求。

指向不同模块的系列教材编写，与传统意义上的课程教材有所区别，它不是服务于一门课程，而是对整个课程模块的综合性凝练与概括，也是课程学习的延伸与补充。教材的编写强调理论与实践的同步，帮助学生在大学课堂学习理论内容的同时，把学到的知识运用到对实践的指导与反思当中，更好地消化、吸收所接触到的有关儿童学习和发展的理论或概念，使其从不同视角去看待和反思理论与实践，进而更好地了解儿童，推进儿童学习结果的提升，同时，部分教材注重民族特色课程及资源的融入，体现广西师范大学独有的民族地区场域特点。

《民族地区卓越幼儿园教师培养创新实践》系列教材的出版，是广西师范大学"卓越计划"项目的阶段性成果，也是学前教育专业总结教育教学经验、探索高质量的卓越幼儿园教师培养的教研成果，希望能借此系列教材与国内各高校探索学前教师教育的道路，共同促进学前教育事业的健康发展！

广西师范大学　孙杰远

前　言

FOREWORD

《国家中长期教育改革和发展规划纲要(2010—2020 年)》指出："信息技术对教育发展具有革命性影响，必须予以高度重视。"《中国儿童发展纲要(2011—2020 年)》也提出要全面推进教育现代化和信息化。教育信息化与学前教育信息化的飞速发展，对幼儿园教师提出了新的要求。幼儿园教师提升信息素养已经成为刻不容缓的新的时代任务。当前关于教师信息技术应用能力的教材繁多，但是以幼儿园教师为对象的相关教材却鲜有，正是在此背景下，编者编撰了本教材。

祝智庭教授把教师信息素养分为基本信息素养、学科信息素养、科研信息素养、发展信息素养。本书指出，关于研究方法的教材较多，且对于幼儿园教师来说，科研信息素养已经融入学科信息素养与发展信息素养。因此，本教材着重于提升幼儿园教师的基本信息素养、学科信息素养和发展信息素养。

基本信息素养侧重于技能，主要指幼儿园教师认识教学媒体并能够在幼儿园教学中加以应用，同时能够有效获取、开发与利用幼儿教育信息资源。

学科信息素养侧重于设计，主要指幼儿园教师能够进行有效的信息化教学设计，能够将信息技术与幼儿园课程深度融合。

发展信息素养侧重于发展，主要指幼儿园教师能够在反思与学习中不断成长。

本书特点如下。

第一，设计了知识梯度，读者可以根据自身情况与兴趣选择学习"分层教学与实训""拓展阅读与思考""附录"等部分。

第二，技能操作部分(包括附录)，本书同时制作了视频，读者可以通过二维码开展更为深入的学习。

本教材适用对象如下。

第一，高等师范院校学前教育专业本科生，适用学时为 40～70 学时。

第二，在职幼儿园教师，可以采取"专题学习＋实践操作"的组合方式。

第三，学前教育信息化以及教育技术的相关研究者与实践者。

本教材的编者都是长期从事现代教育技术教学与研究的教师与学者,对学前教育信息化有着长期的关注与研究。本教材是编者团队集体合作的结晶。朱敬、林铭、黄宁设计了全书内容框架。各章编写分工如下:苏岩、朱敬负责编写第一章,罗刚、黄宁、罗浩负责编写第二章(罗刚、罗浩负责主体部分,黄宁负责分层教学与实训部分),谭姣连、黄宁、朱艺华负责编写第三章(谭姣连负责编写第一节、第四节,并编写了第二节学术资源获取部分和第三节多媒体课件概述部分;黄宁负责编写第二节、第三节的主体部分;朱艺华参与编写了第三节多媒体课件概述部分,并独立编写了美术设计部分以及幼儿教育课件开发案例欣赏部分),林铭、郑倩芸负责编写第四章,张昆豫、朱敬负责编写第五章,蔡建东、朱敬负责编写第六章,朱敬、李巧芳负责编写第七章,黄宁负责编写附录。最后,朱敬、苏岩、朱艺华、林铭对全书进行了统稿。本教材所附视频由黄宁负责制作。

在编写过程中,我们参考了国内外有关现代教育理论与技术特别是学前教育信息化方面的著作、文献及网上资源,我们尽量标明引用文献的出处,但是由于网络资源引用较为复杂以及某些疏漏,致使部分资源可能无法注明原出处,故此声明,对有关作者表示歉意并请谅解。

在这里,衷心感谢北京师范大学出版社在本书编写过程中给予的大力支持,同时感谢广西师范大学教育学部领导与全体老师的指导和帮助。

由于编者水平有限,本教材所涉及的内容又是处于快速发展中的教育技术,所以书中难免存在错误和疏漏之处,恳请各位读者批评、指正。

编 者

2018 年 3 月于广西师范大学

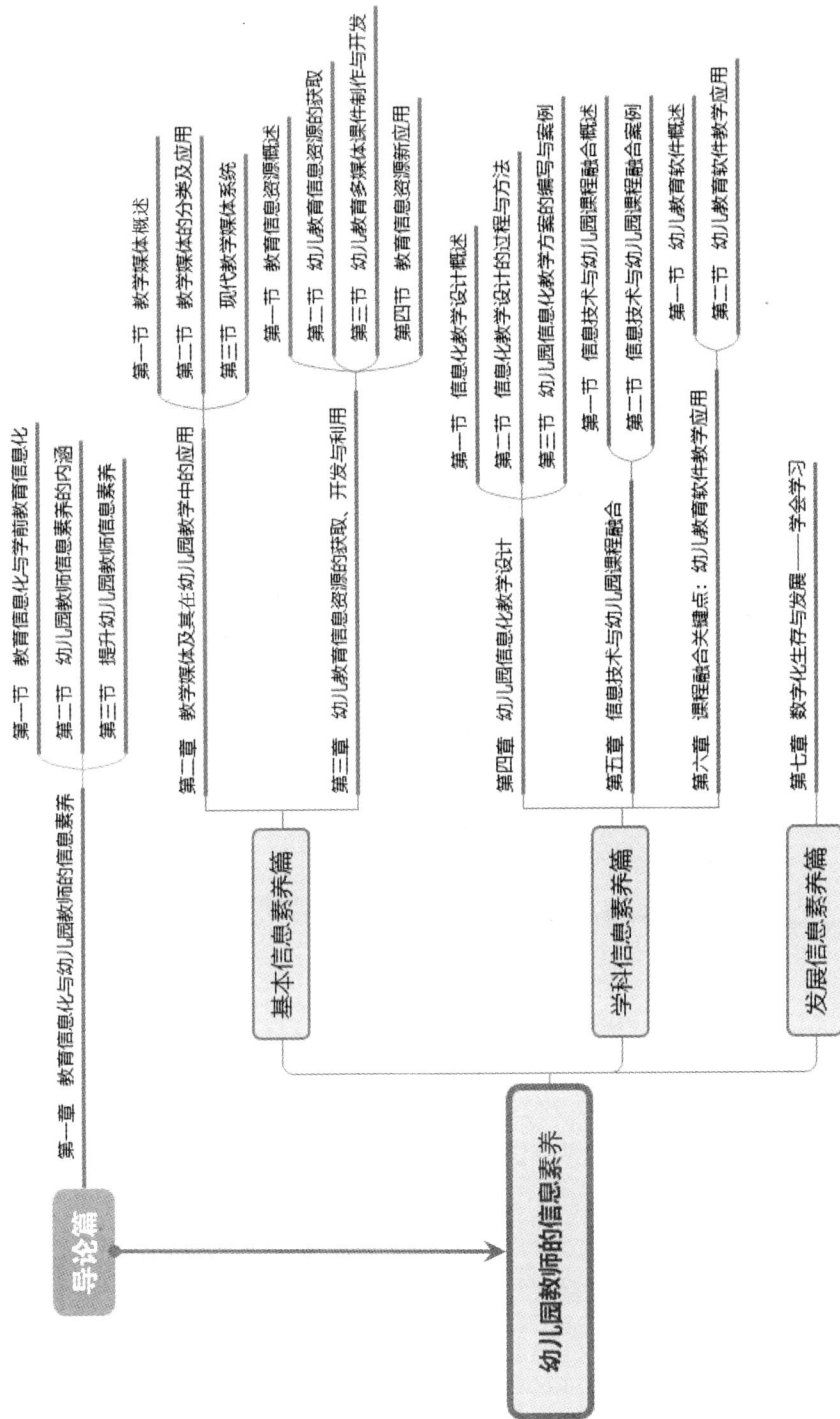

导学图

导论篇

第一章 教育信息化与幼儿园教师的信息素养
- 第一节 教育信息化与学前教育信息化
- 第二节 幼儿园教师信息素养的内涵
- 第三节 提升幼儿园教师信息素养

基本信息素养篇

第二章 教学媒体及其在幼儿园教学中的应用
- 第一节 教学媒体概述
- 第二节 教学媒体的分类及应用
- 第三节 现代教学媒体系统

第三章 幼儿教育信息资源的获取、开发与利用
- 第一节 教育信息资源概述
- 第二节 幼儿教育信息资源的获取
- 第三节 幼儿教育多媒体课件制作与开发
- 第四节 教育信息资源新应用

学科信息素养篇

第四章 幼儿园信息化教学设计
- 第一节 信息化教学设计概述
- 第二节 信息化教学设计的过程与方法
- 第三节 幼儿园信息化教学方案的编写与案例

第五章 信息技术与幼儿园课程融合
- 第一节 信息技术与幼儿园课程融合概述
- 第二节 信息技术与幼儿园课程融合案例

第六章 课程融合关键点：幼儿教育软件教学应用
- 第一节 幼儿教育软件概述
- 第二节 幼儿教育软件教学应用

发展信息素养篇

第七章 数字化生存与发展——学会学习

幼儿园教师的信息素养

目 录
CONTENTS

学科信息素养篇

发展信息素养篇

导论篇

第一章 教育信息化与幼儿园教师的信息素养

学习目标 ▶

- 了解学前教育信息化的背景，能够说出学前教育信息化的关键要素。
- 掌握幼儿园教师信息素养的内涵，能够说出幼儿园教师信息素养的组成部分。

本章导读 ▶

本章介绍了信息化、教育信息化以及学前教育信息化的背景，说明了时代发展对幼儿园教师信息素养的要求，在此基础上引出信息素养的概念，阐述了幼儿园教师应该具备的信息素养，指出了幼儿园教师信息素养的提升策略。学习本章的目的是对幼儿园教师信息素养的内涵有一个初步认识，为后续学习奠定基础。

第一节 教育信息化与学前教育信息化

一、教育信息化

(一)信息化时代的教育

21世纪是一个信息化时代，是一个知识经济迅猛发展的时代。信息技术和互联网技术的广泛使用，深刻改变着每个人的生活，使得信息的获取、加工、处理、传递速度进一步加快。随着手机和平板电脑等移动终端设备的普及和使用，多媒体设备在信息化时代发挥着重要的作用并占据着重要地位。

信息技术的发展引领着各个行业的快速更新和发展，教育在信息技术和互联网技术的影响下获得了巨大的发展。教育价值取向从以往的"知识本位论"和"能力本位论"转变为"人格的和谐发展"观念，培养模式由"标准化""流程化""模具化""专业化"

的量产教育转变为"个性化教育"来促进人的全面发展，师生关系由"授受关系"转变为"朋友关系"，教育理念从过去的以教师为中心转变为以学生为中心，教师成为学生学习的促进者、知识的建构者、思想的指导者，教学方式从机械训练、题海战术等单一的方式向自主学习、协作性学习等方向发展，教学资源由分配不均发展为优质的教学资源共享，信息的传播由教师向学生的单向传播向信息的双向传播发展，使得家庭、学生、社会和学生教育紧密地联系在一起。

(二)教育信息化的起源

"信息化"（informationization）一词最早于 20 世纪 60 年代出现在日本的一些学术文献中。70 年代，联邦德国、联合国教科文组织等国家及国际组织先后出台了一系列规划，把信息基础设施作为信息化建设的重要一环。1993 年 9 月，美国克林顿政府正式提出建设"国家信息基础设施"（National Information Infrastructure，NII），俗称"信息高速公路"（Information Superhighway）计划，其核心是发展以互联网为核心的综合化信息服务体系和推进信息技术（Information Technology，IT）在社会各领域的广泛应用，从而带动了全球信息化建设的浪潮。教育信息化的概念是在 20 世纪 90 年代伴随着信息高速公路的兴建而提出的。中国自 90 年代末开始，随着网络技术的迅速普及，整个社会的发展与信息技术的关系越来越密切，人们越来越关注信息技术对社会发展的影响，并高度重视教育信息化的工作。

(三)教育信息化的概念

南国农先生认为，教育信息化是指在教育中普遍运用现代信息技术，开发教育资源，优化教育过程，以培养和提高学生的信息素养，促进教育现代化的过程。[1] 祝智庭则指出，教育信息化是"在教育过程中，比较全面地运用以计算机多媒体和网络通讯为基础的现代化信息技术，促进教育的全面改革，使之适应于正在到来的信息化社会对于教育发展的新要求"[2]。因此，教育信息化是指在国家及教育部门的统一规划和组织下，在教育系统的各个领域全面深入地应用现代信息技术，加速实现教育现代化的过程。教育信息化可以从四个方面来理解：一是实现教育现代化离不开教育信息化，教育信息化要服务于教育现代化；二是国家及教育部门要统一规划、统一组织教育信息化建设；三是教育系统的各个领域要广泛深入地应用现代信息技术；四是教育信息化是一个循序渐进、不断发展的过程。教育信息化既具有"技术"的属性，也具有"教育"的属性。从技术属性看，教育信息化的基本特征是数字化、网络化、智能化和多媒体化。从教育属性看，教育信息化的基本特征是开放性、共享性、交互性与协作性。教育信息化是实现教育现代化的必由之路，是实现建设学习型社会、构建终身教育体系的有效途径，也有利于实施素质教育和培养创新人才。[3] 对

---

① 南国农：《教育信息化建设的几个理论和实践问题》，载《电化教育研究》，2002(11)。
② 祝智庭：《教育信息化的概念与特征》，载《山东电大研究动态》，2002(6)。
③ 杨晓宏、梁丽：《全面解读教育信息化》，载《电化教育研究》，2005(1)。

于面对教育信息化浪潮的教师们来说，首先需认清教育改革的形势及大方向，更新教育观念，学会使用信息技术支持教育改革，促进教育发展。

(四)我国教育信息化的发展

随着国家信息化建设步伐的加快，教育部加强了教育信息化建设工作。国务院副总理刘延东在全国教育信息化工作电视电话会议上的讲话中指出，信息化在教学、管理、科研等多个环节得以应用，改进了教育管理方式，提高了工作效率与服务水平。落实"十二五"规划，要以建设好"三通两平台"为抓手，也就是"宽带网络校校通、优质资源班班通、网络学习空间人人通"，建设教育资源公共服务平台和教育管理公共服务平台。

"宽带网络校校通"的实质内容有两个：一是基本解决各级各类学校的宽带接入条件，二是基本完成各级各类学校网络条件下的基本教学环境建设。

基本实现"宽带网络校校通"的学校的大部分班级的课堂教学能够使用优质数字教育资源，能够通过优质数字教育资源和信息技术手段提高教学质量和促进教育均衡发展。

"网络学习空间人人通"是以提高教师素质、提高教学质量为目的，以教师、学生、家长为服务对象的一个网络化的社交平台；它也是资源中心，为各类资源提供者提供高效的资源服务，使教师和学生有更丰富的优质资源可用；它还是一个使教师尽快提高信息技术应用能力的服务平台。

"教育资源公共服务平台"应该是一个运用云计算技术构成的覆盖全国的、多级分布的、互联互通的，为"优质资源班班通"和"网络学习空间人人通"提供技术支撑和网络服务的云服务体系。

"教育管理公共服务平台"是通过应用系统收集和汇总数据，完整地建立国家数据库，通过动态、准确的数据，为国家教育决策提供支持服务，为地方应用提供服务。

2012年3月教育部发布了《教育信息化十年发展规划(2011—2020年)》，明确提出："到2020年，全面完成《教育规划纲要》所提出的教育信息化目标任务，形成与国家教育现代化发展目标相适应的教育信息化体系，基本建成人人可享有优质教育资源的信息化学习环境，基本形成学习型社会的信息化支撑服务体系，基本实现所有地区和各级各类学校宽带网络的全面覆盖，教育管理信息化水平显著提高，信息技术与教育融合发展的水平显著提升。"

2013年10月《教育部关于实施全国中小学教师信息技术应用能力提升工程的意见》(教师〔2013〕13号)发布，提出到2017年年底完成全国1000多万名中小学(含幼儿园)教师新一轮提升培训，提升教师信息技术应用能力、学科教学能力和专业自主发展能力；建立教师主动应用机制，推动每名教师在课堂教学和日常工作中有效应用信息技术，促进信息技术与教育教学融合取得新突破。在推动教师主动应用信息技术方面，要求各地将教师的信息技术应用能力作为教师资格认定、资格定期注册、职务(职称)评聘和考核奖励等的必备条件。要将信息技术应用成效纳入教师绩效考核指标体系，促进教师在教育教学中主动应用信息技术。这也是信息化社会对教师的要求。由此可见，促进中小学(含幼儿园)教师掌握信息技术的知识和技能，把信息技术与教学结合，对于加快推进教育信息化、深入推进基础教育课程改革、加强教师队伍建设具有重要意义。

2017 年为贯彻落实《"十三五"国家信息化规划》，教育部提出相关工作要点。一是基本实现具备条件的学校互联网全覆盖、网络教学环境全覆盖，接入带宽 10M 以上的中小学比重达到 70%，多媒体教室占普通教室比重达到 80%，普通教室全部配备多媒体教学设备的学校比重达到 60%。二是基本形成国家教育资源公共服务体系框架。国家教育资源公共服务体系服务用户超过 7000 万，支持全国 200 万个以上的班级实现"优质资源班班通"。三是资源服务供给能力进一步提升，组织开发 266 学时的农村中小学教学资源，免费播发使用。开展职业教育资源库 16 个项目立项建设和 5 个项目升级改进。四是推进信息技术与教育教学深度融合。针对不同信息化教学应用模式，试点组建若干区域、学校联盟。出版教育部第一批教育信息化试点优秀案例集，在基础教育领域培育形成 30 个区域和 60 个学校示范案例。五是基本完成全国中小学教师信息技术应用能力提升工程 1000 万名教师的培训任务。完成教育厅局长教育信息化专题培训 800 人。

二、学前教育信息化

《中国儿童发展纲要(2011—2020 年)》提出要全面推进教育现代化和信息化。2010 年 7 月颁布的《国家中长期教育改革和发展规划纲要(2010—2020 年)》提出到 2020 年要基本普及学前教育，学前教育对幼儿身心健康、习惯养成、智力发展具有重要意义。2010 年 11 月颁布的《国务院关于当前发展学前教育的若干意见》强调要把发展学前教育摆在更加重要的位置，要以多种形式扩大学前教育资源，多种途径加强幼儿园教师队伍建设。《关于加大财政投入支持学前教育发展的通知》也提到要加大对学前教育的投入，实施幼儿园教师国家级培训计划。近年来，我国越来越重视学前教育的发展，学前儿童在日常的学习和生活中已经接触和使用了信息技术设备，社会为他们提供了信息化的学习资源和教育软件。信息技术也已经走进了学前儿童的生活。

所谓学前教育信息化，是指在学前教育中恰当地运用信息技术，开发适宜幼儿学习的数字化教育资源，优化学前教育教学活动，培养幼儿的信息素养，促进幼儿学习和发展的过程。"恰当地应用信息技术"是学前教育信息化的本质特征，"适宜的基础设施建设和优质的数字化教育资源开发"是基础，"优化学前教育教学活动"是核心，"提升幼儿园教师的信息素养"是关键，"学前教育信息化政策、法规、标准建设"是保障，"促进幼儿健康快乐地学习与发展"是根本目的。①

学前教育信息化在我国的发展才刚刚起步，而世界上的一些发达国家在 20 世纪就早已对 ICT(一些国家把信息技术称为"信息与通信技术"，英文为 Information and Communication Technology，ICT)在学前教育中的应用进行了系统的探讨并取得了成果。比如美国、英国等国家制定了关于 ICT 发展的目标要求和幼儿园教师的能力标准，这些对提升幼儿教育质量具有重要意义。21 世纪，ICT 成为教育发展的重要推动力，在幼儿园教育中成为强大的、有效的、创造性的工具。它可以丰富幼儿的经验，尤其是对其视觉艺术感悟力的培养。同时，ICT 具有辅助幼儿园教师开展幼儿教育活动并促进幼儿各项能力发展的积极作用，以及具有培养幼儿信息素养的功效。② 国外学前幼儿教育给我国学前教育信息化带来了很多启示，比如法国制定保护和教育幼儿的法令，制定全面和谐的学前教育目标等，这些在幼儿教育应用中的经验和方法值得我们学习和借鉴。

在学前教育信息化时代，我们需要用一种新的眼光去看待教育，也需要用一种新的方式去对待学生，这是以学生为中心的时代。教师需要重新定位自己的角色，要与时俱进，通过学习和掌握信息网络技术与多媒体技术，拥有现代化观念，具有信息素养等来帮助和促进幼儿学会学习。具体来说，学前教育信息化对幼儿园教师提出如下要求。

第一，具有现代化教育理念。

《幼儿园教师专业标准(试行)》将"具有一定的现代信息技术知识"作为对幼儿园教师"通识性知识"领域中的一项基本要求。幼儿园教师需要现代化的教育理念。现代化教育理念主要有以下几方面：一是以人为本的理念，把重视人、尊重人、发展人的精神贯注于教育全过程。二是全面发展的理念，关注人的发展的完整性、全面性。三是素质教育的理念，强调学生实践能力、全面素质的培养训练，主张能力与素质是比知识更重要、更稳定的要素，把学生综合素质的培养提高作为教学中心工作，以帮助学生学会学习和强化素质。四是创造性理念，主张以点拨、启发、引导开发和训练学生的创造力与才能，充分挖掘和培养人的创造性。五是主体性理念，主体性理念的核心是充分尊重每一位受教育者的主体地位，使教育过程真正成为学生自主自觉的活动和自我建构过程。六是个性化理念，正视个性差异，张扬个性，鼓励个性发展，它把培养完善个性的理念渗透到教育教学环节之中。通过拥有现代化理念来引导幼儿获取信息、认识信息以及加工信息，对幼儿进行信息素养启蒙，帮助幼儿形成正确的信息意识，树立全面教育观，提高幼儿的认知能力。

第二，具有信息意识与相关素养。

21 世纪的幼儿园教师必须具备敏锐的信息意识，掌握与学前教育相关的信息知

---

① 汪基德、朱书慧、张琼：《学前教育信息化的内涵解读》，载《电化教育研究》，2013(7)。
② 张炳林、王程程：《国外学前教育信息化发展与启示》，载《电化教育研究》，2014(10)。

识与能力，恪守信息伦理与道德。教师要熟悉计算机的基本操作，正确使用信息化的设备及资源。多媒体设备给幼儿园教师提供了更广阔的空间，幼儿园教师要把握幼儿的特点，抓住幼儿的学习时机，利用信息化资源优化教学过程，把信息化与课程相结合。教师在幼儿主题活动中借助现代信息技术手段，为幼儿创造数字化的学习环境，创设主动学习情境，支持幼儿学习与认知，促进幼儿发展。幼儿园教师要学会利用教学软件辅助教学，充分利用网络资源，制作多媒体课件，用动画、视频来吸引幼儿。

第三，具有利用信息技术进行学习的意识。

要给学生一滴水，教师就需要一桶水。如今，知识的更新换代越来越快，死守以前的知识慢慢地就会落后。幼儿园教师，应该具有利用信息技术进行学习的意识，如通过 MOOCs 等网络学习平台开展学习。此外，还应积极参加各种学习培训，通过培训去更新自己的知识和技能，使自己能够及时准确地把握现在的教育，充实自己的知识库，使自己在教学环节中能够更新教学方法，更好地促进幼儿发展。

第四，具有信息技术沟通能力。

良好的沟通是解决一切问题最好的方式，尤其对于一名幼儿园教师而言。幼儿是一个特殊的群体，由于年龄和经验的缘故他们容易出现各种问题，比如生病、贪玩、不吃饭等，这些都需要教师和家长进行沟通，针对幼儿的不同情况采取一些不同的措施。教师应具有利用信息技术加强沟通的能力，把握幼儿及幼儿家庭的各种信息，以便及时做出相应的处理，使得幼儿、教师、家长三方能够及时地互动，更好地让幼儿在教师和家长的合作下健康成长。

第五，具有良好的信息道德。

幼儿园教师需要热爱学前教育事业，热爱幼儿，尊重幼儿，具有良好的职业道德，同时还要有良好的信息道德。在网络化的时代，幼儿园教师要学会辨别信息，为幼儿传递正确的信息知识，坚持对幼儿负责。幼儿园教师需要不断增强道德认识，丰富道德情感，树立道德理想，坚定道德意志，在实践中选择道德行为，不断加强职业道德修养，形成良好的师德素质，提高教育实践能力。

第二节　幼儿园教师信息素养的内涵

引导案例1-1 ▶

学习区分小动物

笑笑教师在上课时问小朋友们："大家知道如何区分狗、鸟、牛三种动物吗?"

接下来笑笑教师把三种动物的图片通过多媒体的方式呈现出来。

明明说："根据体型可以区分出来，体型最大的是牛，体型最小的是鸟，剩下的是狗。"

红红说："可以根据动物的重量来判断，最重的是牛，最轻的是鸟，剩下的是狗。"

江江说："可以根据动物的特点来判断，会飞的是鸟，尾巴摇来摇去的是狗，有角的是牛。"

浩浩说："可以根据动物的颜色来判断，白色的是狗，黄色的是牛，黑色的是鸟。"

壮壮说："可以根据动物的声音来区分。"

小朋友们惊讶地看着壮壮。

笑笑教师微笑地问："大家可不可以根据动物的声音来判断？"

大家都默默地摇着头，笑笑教师说："要不我们一起来验证下。"接下来，笑笑教师在网上下载了三种动物的声音播放给小朋友们听，小朋友们发现果然不同，牛的叫声是哞哞哞，狗的叫声是汪汪汪，鸟的叫声是叽叽喳喳。

思考：您从以上这个案例中能获得哪些信息？在这个案例中，您认为哪个地方体现了教师的信息素养？

一、信息素养的内涵

"Information Literacy"（信息素养）由"Information"和"Literacy"两个单词组成，也就是信息和素养这两个词语。

"Information"具有"信息""数据""消息"和"通知"等含义。信息奠基人香农（Shannon）认为"信息是用来消除随机不确定性的东西"，控制论创始人维纳（Wiener）认为"信息是人们在适应外部世界，并使这种适应反作用于外部世界的过程中，同外部世界进行互相交换的内容和名称"，经济管理学家认为"信息是提供决策的有效数据"。由此可见，信息是普遍存在的，也就是我们常说的消息。信息本身具有知识性、传递性和技术性等特点。人类可以通过信号、数据等相互传输，利用技术手段在社会传播内容。

"Literacy"的含义是"识字""有文化"及"阅读和写作的能力"。这个是与传统的印刷技术和文字媒体相联系的。随着现代科技的发展、计算机的使用，人类进入信息时代，网络文化的出现，使"Literacy"逐渐被赋予新的含义即素养。素养是通过训练和实践而获得的一种修养，是需要通过长期学习和实践积累起来的，包含政治素养、文化素养、经济素养等。

"Information Literacy"的中文含义是信息素养，其含义广泛且不断发展变化。

信息素养起源于美国图书检索技能的演变。1974年，美国信息产业协会主席泽考斯基(Zurkowski)率先提出了"信息素养"这一全新概念，并解释为：利用大量的信息工具及主要信息源使问题得到解答的技能。1987年信息学家布雷维克(Breivik)将信息素养概括为一种"了解提供信息的系统并能鉴别信息价值、选择获取信息的最佳渠道、掌握获取和存储信息的基本技能"。1989年美国图书馆协会(ALA)下设的"信息素养总统委员会"在其年度报告中对信息素养的含义进行了重新概括："要成为一个有信息素养的人，就必须能够确定何时需要信息并且能够有效地查寻、评价和使用所需要的信息。"

在中国最早阐述信息素养的是王吉庆，他在《信息素养论》中认为："信息素养是一种可以通过教育所培养的，在信息社会中获取信息、利用信息、开发信息的修养与能力。它包括了信息意识与情感、信息伦理道德、信息常识以及信息能力多个方面，是一种综合性、社会共同的评价。"祝智庭教授认为信息素养是人们对信息这一普遍存在的社会现象重要性的认识，以及他们在信息活动中所表现出来的各种能力的综合素质，它包括信息意识、信息能力、信息思维、信息手段、信息伦理道德等具体内容。① 南国农先生在《教育信息化建设的几个理论和实际问题》中指出，"教育应培养和提高学生的信息素养，不仅是信息能力，也包括信息意识、信息知识、信息道德，但是要特别重视信息能力的培养"。他认为，信息能力与创新能力是当今社会人类生存最基本的能力，是个人工作、学习成功的决定性因素。

我国于2003年发布的《普通高中信息技术课程标准》将信息素养定义为：信息的获取、加工、管理、表达与交流的基本能力；对信息及信息活动的过程、方法、结果进行评价的能力；流畅地发表观点、交流思想、开展合作、勇于创新并解决学习和生活中的实际问题的能力；遵守伦理道德与法律法规，形成与信息社会相适应的价值观和责任感。教育部制定的《中小学教师教育技术能力标准(试行)》认为，信息素养有广义与狭义之分。广义的信息素养包括信息意识、信息能力和信息道德三方面的素质，狭义的信息素养通常只指信息能力。

因此，信息素养是对于信息的认识，以及在信息活动中表现出来的各种能力的综合素质。信息素养不仅包括熟练运用当代信息技术获取、识别、加工、传递和创造信息的基本技能，而且更重要的是具有在泛媒体环境中独立学习的能力、创新意识和批判精神，以及能够运用信息并具有融入信息社会的态度和能力。②

二、幼儿园教师信息素养的内涵

钟志贤教授认为："教师信息素养是指各类教师知道如何利用计算机和网络技

---

① 祝智庭、顾小青：《信息素养：信息技术教育的核心》，载《中小学信息技术教育》，2002(1)。
② 桑新民：《多媒体和网络环境下大学生学习能力培养的理论与实验研究》，载《中国远程教育》，2000(11)。

术以获取相关教育信息，以便对信息环境中的学习过程和学习资源做出设计、应用、评价、管理的新型综合教学能力。"[1]祝智庭教授在《信息教育展望》中进一步把教师信息素养分为四个方面，即基本信息素养、学科信息素养、科研信息素养、发展信息素养。[2] 笔者认为，关于科研的内容以及相关教材较多，且对于幼儿园教师来说，科研信息素养已经融入学科信息素养与发展信息素养，因此，我们主要从基本信息素养、学科信息素养、发展信息素养三方面来讨论幼儿园教师的信息素养。

（一）基本信息素养

这是幼儿园教师信息素养的基本要求，包括幼儿园教师具备的关于信息方面的一般观念、意识、知识、技能。

1. 信息意识情感

信息意识情感是指对信息的敏锐度，捕捉、分析、判断和吸收信息的自觉程度，也就是教师能否意识到什么时候需要信息，是否意识到对信息应该怎样进行处理，以及在什么时候意识到使用多媒体工具。一个教师是否具备良好的信息素养，首先取决于其信息意识情感，在信息时代的网络环境下，如果教师没有信息意识，不能及时更新信息，势必会影响教学效果，跟不上时代的步伐。这就要求幼儿园教师增强信息意识，通过网络不断地更新自己的知识，把新的知识、新的信息与课本知识更好地结合起来，不断地了解本学科的一些前沿信息，在幼儿的教学中，也能更好地开拓幼儿的视野。对幼儿园教师来说，其应该有以下方面的信息意识与情感。

（1）在使用信息技术过程中遇到挫折和失败的时候，能够积极面对找到解决方法。

（2）在改进教学工作的过程中，能够学习操作各种信息工具。

（3）希望了解更多的信息资源，能够使用信息工具提升自己的工作效率。

（4）在学习和使用信息技术的过程中，有遵守信息技术相关的规则要求的意识。

（5）认识到信息技术的重要性，了解信息技术环境下教改的方向。

（6）有提高自己信息能力的意识。

2. 信息伦理道德

信息伦理道德是指人们在整个信息活动中应遵守的道德规范的总和，是人的高度自觉行为。教师在教学过程中，要以德为先，要严格遵守信息道德，恪守道德准则。特别是幼儿园教师要有高度的责任感，应多给予正确的引导，做到实事求是，不得向学生传递不良信息。作为幼儿园教师，身教很重要，因为在幼儿眼里，教师的一言一行都是他们学习的榜样，对幼儿有着潜移默化的影响和教育作用。教师具有良好的师德才能更好地教育学生。

---

① 钟志贤、王佑镁等：《关于中小学教师信息素养状况的调查研究》，载《电化教育研究》，2003(1)。

② 祝智庭：《信息教育展望》，上海，华东师范大学出版社，2002。

(1)教师要有信息道德的意识。

(2)在获取、使用、制造和传播信息的过程中要遵守信息法律法规。

(3)遵守一定的伦理规范，自觉抵制不良信息，不传播虚假有害信息。

(4)尊重知识产权和个人隐私。

(5)承担起幼儿园教师应该承担的社会责任和义务。

(6)学会辨别和分析信息，让幼儿免受现代信息技术的负面影响。

📖 拓 展 阅 读 与 思 考 1-1

我国台湾地区资讯伦理能力指标体系

我国台湾地区学者称"信息伦理"为"资讯伦理"，并建立了相应的资讯伦理能力指标体系，如下表所示。请阅读并思考，深入理解幼儿园教师应具备的信息伦理。

学习内涵	能力指标
资讯伦理	5-2-1 能遵守网络使用规范
	5-3-1 能了解网络的虚拟特性
	5-3-2 能了解与实践资讯伦理
	5-4-1 能区分自由软件、共享软件与商业软件的异同
资讯相关法律	5-3-3 能认识知识产权
	5-4-2 能遵守知识产权之法律规定
	5-4-3 能善尽使用科技应负之责任
	5-4-4 能认识网络犯罪类型
正确使用网络	5-3-4 能认识正确引述网络资源的方式
	5-3-5 能认识网络资源的合理使用原则
	5-4-5 能应用资讯及网络科技，培养合作与主动学习的能力
善用网络科技扩大人文关怀	5-4-6 能建立科技为增进整体人类福祉的正确观念，善用资讯科技作为关心他人及协助弱势族群的工具

资料来源：唐德海，《台湾、江苏义务教育阶段信息技术课程之信息伦理教育比较研究》，载《电化教育研究》，2013(2)。

3. 信息基础理论

在信息时代对一个教师最基本的要求，首先是要掌握和了解与信息技术有关的基本知识理论，了解现代信息技术的发展与学科课程融合的基本知识，为以后熟练使用信息技术、提高使用信息能力打下坚实的基础。

（1）幼儿园教师要了解与幼儿教育专业有关的计算机知识。

（2）清楚信息的本质、存在方式及传播的基本规律。

（3）明白不同的信息传播方式以及现代信息技术发展状况和趋势。

（4）将上述知识与幼儿的教育知识相结合，掌握与幼儿教育有关的信息资源并且要不断地学习，把信息技术理论应用到教学实践中。

4. 基本信息技能

信息能力是个人信息意识情感、信息伦理道德水平和信息知识水平的综合反映。教师的基本信息技能是指教师在教育教学中对信息技术理解和运用的能力。幼儿教育是人一生教育的开端，发挥着不可忽视的作用。在现代社会，人们越来越注重教育，特别是学前教育，对幼儿园教师的要求也越来越高。幼儿园教师需要不断调整自身的知识和能力结构，以应对信息时代教学改革的挑战。信息技能主要体现在以下几个方面。

（1）信息工具使用。幼儿园教师应熟悉计算机等各种信息工具的操作，制作多媒体课件，灵活地在多媒体教室上课，熟练地使用教学软件，也能及时处理一些多媒体设备出现的问题，使教学顺利地进行。

（2）信息获取识别。教师要明确自己使用什么样的检索工具与检索策略，快速、高效、准确地检索所需要的信息，比如浏览有关幼儿教学的网站，利用现实图书馆和数字图书馆，搜索相关教学资源，下载相关视频图片，激发幼儿的兴趣，更好地促进幼儿教学。

（3）信息加工处理。对下载的信息进行分类处理，筛选出适合幼儿需要的、有用的部分和教学结合，再融入自己的观点对信息进行加工处理。

（4）信息表达交流。幼儿园教师应具有的重要的信息能力，是抓住信息的共享性，学会与他人进行沟通交流，利用技术支持，传播并及时获取有价值的信息。

（二）学科信息素养

学科信息素养是幼儿园教师信息素养的重要要求，是幼儿园教师开展教学活动、改进教学过程所需具备的信息知识和能力。

1. 信息教育观念

信息时代要求教师具备信息化的教育观念。教育观是指人们对教育这一事物以及它与其他事物关系的看法。教学目标的三个维度是知识与技能，过程与方法，情感、态度和价值观。传统的教学观是只关注学生的知识培养，以结果性评价为主，忽视学生的情感、态度和价值观。在信息化环境下的教学观，注重以学生为中心，在课堂学习过程中关注学生的情感体验，实现学生的全面发展，重视对学生的过程性评价与结果性评价相结合。信息时代的教学观还要求教师熟悉教学设备，关注教学策略，运用多媒体和现代远程教育，改变传统落后的教学模式。新的教育观强调师生互动，这点在幼儿教学中尤其重要。幼儿园教师需要多和幼儿交流，以幼儿为中心，丰富幼儿的情感，根据幼儿的表现，调整自己的教学。

📖 拓展阅读与思考1-2

传统教学特点与信息化教育特点的比较

我国学者把传统教学特点与信息化教育特点进行了对比，如下表所示。请阅读并思考，幼儿园教师如何从信息化教育的特点出发，更新教育观念。

教学要素	传统教学特点	信息化教育特点	更新教育观念
教材	纸质文本教材	教材多媒体化	促进了教学手段的更新
教学资源	限于校园内	资源全球化	促进了知识获取方式的更新
教师	教学整体化	教学个性化	树立了"以人为本"的教育观
学生	被动吸收型	学习自主化	树立了"能力为本"的人才观
教学活动	讲授式	活动合作化	树立了新的教育关系观
教学环境	特定的校园环境	环境虚拟化	树立了新的教学环境观
教学管理	管理手工式	管理自动化	树立了新的管理观
教学形态	固定式	开放性	树立了终身教育观
教学方法	单向式	交互性	提倡提升全面素质的质量观

资料来源：张俊茹、李振华，《教育信息化与更新教育观念》，载《教育信息化》，2005(17)。

2. 信息化教学设计能力

教学设计能力是以对教学内容和学生的理解为基础来设计总体的教学进程、教学方法和教学组织形式的能力。简言之，就是教师在上课前对整个教学进程设计的能力。其基本内容包括课堂教学目标设计的能力、教学内容设计的能力、课堂教学方法手段设计的能力、教学模式和教学策略设计的能力。幼儿园教师进行信息化教学设计的时候，要以信息化的理论为指导，采取多种形式，优化教学效果。幼儿园教师对一堂课进行教学设计时，要根据幼儿的特点，因材施教，对教学内容进行分析，制订出适合幼儿的教学计划，选择合适的信息技术。

📖 拓展阅读与思考1-3

《认识时钟》教学设计

教学目标：

1. 在游戏中认识时钟，知道时针、分针的名称和转动的规律。

2. 在游戏中辨认整点和半点，体会时间和日常生活的关系。

3. 在活动中，激发幼儿观察周围事物和探索问题的兴趣。

教学准备：幼儿平板电脑

教学过程：

一、导入部分

1. 今天我带来了一个新游戏，想不想玩？

2. 点击平板电脑上小熊的图标，上面有什么？（钟）钟上有什么？（数字）有哪些数字？（1～12 的数字）除了数字还有什么？（还有两根针，一根长一根短）下面的游戏，让我们一起来认识一下它们吧！

二、自主探索（以幼儿自主操作平板电脑软件《宝宝认时间》为主）

探索时针和分针转动的规律和感知整点、半点。

1. 我这有 3 个钟面，小朋友们可以任意选择一个自己喜欢的钟面进入，就会出现一个破损的钟面，看一下钟面上缺少了什么？（数字）除了数字还缺少什么？（针）几根针？（两根针）这两根针就藏在龟爷爷和小兔子身上。

2. 好，这里有三个人物。

教师："请把这些数字填完整。"（让幼儿指导这些数字排队，顺序是什么）

教师："请小朋友们分别点一点、听一听，龟爷爷和小兔子之间有什么秘密？"（龟爷爷是时针，小兔子是分针，小兔子说：我比时针高，我走得快，我走一圈，时针走一格）

教师："这里还有两个标记，请小朋友们来点一点、听一听，看看它们是怎么样表示时间的？小朋友们给大家分享一下。"

3. （幼儿操作完毕）教师提问："龟爷爷、小兔子有什么秘密？它们是如何表示时间的？"（请孩子上台演示）

注：在 App 市场里面下载软件认《知钟宝宝巴士》。

三、游戏：动手拨一拨（巩固整点、半点知识）

1. 教师："时针、分针和数字在一起表示时间，在我们的生活中也离不开时间，看，这就是我们的时间表，认识这些图标吗？"

2. 小朋友们你们能对照时间表在钟面上拨出这些时间吗？请试试。

四、幼儿动手制作钟表盘

五、总结

本次活动利用了平板电脑的互动功能，让幼儿认识时钟。

3. 学科信息技能

2001 年，教育部颁发的《基础教育课程改革纲要》进一步明确提出"大力推进信息技术在教学过程中的普遍应用，促进信息技术与学科课程整合，逐步实现教学内容的呈现方式、学生学习方式、教师的教学方式和师生互动方式的变革，充分发挥信息技术的优势，为学生的学习和发展提供丰富多彩的教育环境和有力的学习工具"。由此可见，学科信息技能主要是指在幼儿学科教学中使用信息技术，使用多媒体形式表达、传递教学信息的能力，是幼儿园教师运用到教学中的信息技能。在幼儿教学过程中，信息技术与课程融合，主要是通过声音、视频、图片、动画等生动形象地向幼儿展示教材里的内容，并利用信息技术进行交互与评价。

📖 拓 展 阅 读 与 思 考1-4

信息技术与课程整合课教师应具备的能力

信息技术与课程融合，关键是教师。下表是信息技术与课程融合过程中教师应具备的能力。请阅读并思考，深入理解幼儿园教师应具备的学科信息技能。

教师具备的能力	具体内容
教师具有课程开发、融合、设计能力	(1)教师要形成强烈的课程参与意识，改变以往学科本位的观念和被动执行的做法 (2)教师要有敏锐的观察力 (3)教师要有创意思考能力 (4)教师要具有综合运用知识的能力
教师要具有信息技术素养，有科学、合理、有效地与学科进行融合的能力	(1)不断更新的信息技术知识技能 (2)信息技术与学科教学融合的教学设计能力 (3)信息技术与学科教学融合的教学实施能力 (4)信息技术与学科教学融合的教学评价能力 (5)信息技术与学科教学融合中辩证的价值观和良好的信息技术工具使用习惯 (6)信息技术与学科教学整合的自我职业发展能力
教师应该具有反思能力	(1)自我监控能力，就是对专业自我的观察、判断、评价、设计的能力 (2)教学监控能力，就是对教学活动的内容、对象和过程进行计划、安排、评价、反馈、调节的能力
教师要有探究意识与解决问题能力	(1)深入思考运用教学媒体和资源的使用策略 (2)深入思考情境式教学环节在教学中的运用 (3)仔细研究教学活动中学生可能出现的问题
教师应该具有组织学生进行有效合作学习的能力	(1)合作学习主张将教学内容精心设计为各个任务，学习者以小组的形式一起进行学习，各自担当一定的角色，共同完成某一任务或解决某一问题 (2)教师的角色从"讲坛上的圣人"变成"身边的指导者"

续表

教师具备的能力	具体内容
指导学生学习的能力	(1)培养学生具有终身学习的态度和能力 (2)培养学生具有良好的信息素养 (3)培养学生掌握信息时代的学习方式
综合评价学生的能力	(1)掌握电子档案袋、网络教学互动平台等信息技术使用方法，实行过程性评价 (2)利用信息技术关注学生个性差异，实现评价角度的多元化 (3)利用信息技术进行自评和他评，强调参与互动，实现评价主体的多元化

资料来源：李凤兰，《论信息技术与学科课程整合课对教师教学能力的新要求》，载《电化教育研究》，2005(10)。

4. 信息评价能力

幼儿园教师在教学过程中应具备信息评价能力，能够收集并加工信息，利用信息技术为自己的教学服务。评价能力包含两方面的内容：一是评价新技术的能力，二是批判对待信息的能力。幼儿园教师要有对信息进行价值判断的意识和对自己的信息行为进行评价的意识；了解现有的信息技术的发展及对人们生活多方面的影响，在学前教育信息化的指导下，针对幼儿采取相应的对策。幼儿园教师要能适应、理解、评价和利用信息技术，选择使用信息技术，用批判的眼光评价信息技术。

针对幼儿园教师，信息评价能力突出表现在对幼儿教育软件的评价与应用研究，后文将对此进行详细介绍。

(三)发展信息素养

发展信息素养是幼儿园教师信息素养的补充要求，是幼儿园教师利用技术进行反思与创新的能力，利用技术资源不断地让自己在专业方面发展，提高学习的能力和终身学习能力。

1. 反思与创新的能力

反思的意思就是思考过去的事情，从中总结经验教训。在美国教育家布鲁巴赫(Brubacher)等人的观点中，反思性实践可分为三类：一是"对实践的反思"，二是"实践中反思"，三是"为实践反思"。为此他提出了写反思日记、观摩和分析、职业发展、行动研究四种反思的方法。教师在教学实践过程中，要善于反思，回顾自己的教学过程，发现并解决教学中遇到的问题，改进自己的教学方法和策略，融入时代的新内容，适应教学的需要。是否具有反思的意识和能力，是区别"教书匠"式的经验型教师和"专家式"的研究型教师的重要指标。[1] 信息技术为幼儿园教

---

[1] 周福盛：《教师个体知识的构成及发展研究》，博士学位论文，西北师范大学，2006。

师创造了一个丰富的环境，教师在教学活动中不断地反思和评价，更新教育观念，创新教学方法。幼儿园教师需要不断培养自己的创新意识和创新能力，不断自我完善。

2. 学会学习的能力

信息素养的核心就是要有学会学习的能力。现在新课标提倡学校教育要让学生学会学习。首先，幼儿园教师要学会学习。幼儿园教师在幼儿教育中占据很重要的位置，教师的一言一行都能影响幼儿，教师应以身作则，带头学习。其次，幼儿园教师要把学会学习的理念与《幼儿教育学》结合起来，促进幼儿教学。最后，由于时代的进步，幼儿园教师要不断更新自己的知识，与时俱进，具有丰富的学习经验和较强的学习能力，才能更好地引导学生。在这个信息社会，移动学习、泛在学习的发展，让每个人随时随地都可以学习，网上的资料也是应有尽有，幼儿园教师也要充分利用互联网这个资源，不断给自己"充电"，拥有学习的能力。

📖 拓 展 阅 读 与 思 考 1-5

教师如何引导学生学会学习

"授之以鱼不如授之以渔"。那么如何把"渔"授予学生呢？只有让学生掌握了学习的方法和规律，才能事半功倍，学有所成。

一、把课堂还给学生，让学生自主学习

"把课堂还给学生，让课堂焕发出生命的活力"是新课改的灵魂。课堂是师生互动的舞台，教师应该教会学生学习策略、方法，将学习的时间、空间还给学生，让学生自主学习，自主探究，养成良好的学习习惯，这样才能提高我们的课堂教学质量。

二、引导学生有计划地学习

对学生来说，有计划的学习要比无计划的学习好得多。教师要引导学生进行有效的学习。首先确定学习目标。先制定短期目标，在短时间内可完成的一个小目标，然后再制定长期目标，让自己的学习一步步从小目标走向大目标。最后引导学生恰当地安排多项任务，使学习有序地进行。

三、建立平等互动的师生关系

教学的实质是交际，是师生之间情感、思想、信息的双向交流，教学过程是师生交往互通信息、共同发展的过程。学生不是配合教师上课的角色，而是具有主观能动性的人。作为教师，我们要以渊博的学识、良好的人格魅力、新颖有趣的方法、公正平等的态度来创设丰富的教育情境，形成良好的师生关系，让学生真正成为学习的主人。

3. 专业发展的能力

教师专业发展是指教师作为专业人员，在专业思想、专业知识、专业能力等方面不断发展和完善的过程，即从专业新手到专家型教师乃至教育家的成长过程。也就是指在教育中接受新信息，更新知识和技能，掌握新技术方法。幼儿园教师要注意自己角色的变化，掌握现代教育理念和信息技术，将信息时代的要求与传统的能力相结合，提高教师信息技术的实践应用能力，促进教师的专业发展。

（1）不断地学习，提高专业理论水平，积极阅读与幼儿有关的政策及书籍，如《幼儿园教育指导纲要（试行）》《3－6岁儿童学习与发展指南》《早期教育》等。

（2）通过多种途径关注学前教育信息，了解幼儿教育最新发展的成果，及时更新自己的知识储备。

（3）不断更新自己的观念，促进自身素质的提高和专业成长。

（4）积极参加培训，参与互动交流。

（5）在教学中不断总结经验，积极探索。

（6）研讨学习故事，提升专业能力。

📖📖 拓 展 阅 读 与 思 考 1-6

教师专业发展理论模型

朱旭东教授建构的教师专业发展模型是由专业内涵、专业层次、专业基础、专业机制和专业环境构成的。专业内涵揭示了专业的本质规定，教会学生学习、育人和服务是教师专业的内容构成；专业层次是教师专业在前经验主体、经验主体、认识主体、价值主体和审美主体上的发展路径，这意味着，教会学生学习、育人和服务是一个从前经验主体到审美主体的发展过程；专业基础是教师专业内涵体现和专业层次实现的基础，教师专业精神、知识和能力构成了不可分割的教师专业发展的基础；专业机制是教师专业发展的基础能够得到功能发挥的策略和手段，它体现在经验和反思、证据和数据、概念和思想三个方面，是教师专业形成发展层次的必要条件，也是教师专业发展基础能够有效产生作用的推动力；专业环境是教师专业发展内涵、层次、基础、机制在国家制度、学校文化、社群学习、班级互动中综合外在因素，学习社群是教师专业的助推器，国家制度规定了教师专业发展层次的制度路径，学校文化是教师专业发展机制的运行条件，班级互动是教师专业发展基础的现实条件（见下图）。请阅读并思考，深入理解幼儿园教师专业发展。

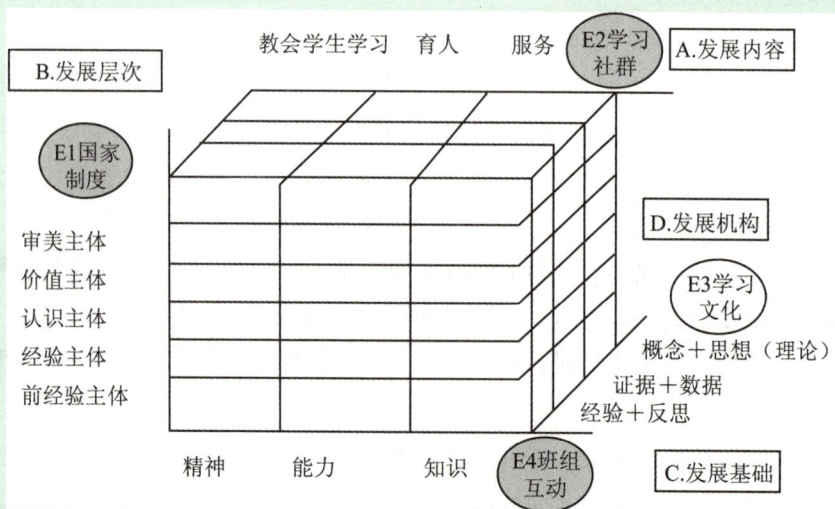

教师专业发展理论模型

资料来源：朱旭东，《论教师专业发展的理论模型建构》，载《教育研究》，2014(6)。

4. 终身学习的能力

活到老，学到老，是时代的要求，也是教育发展的要求。要构建学习型社会，就要强调具有终身学习的能力。在信息时代，如果只满足于目前的知识，早晚要被社会所淘汰。教师要树立终身学习的思想，不断充实自己，拓宽知识视野。信息技术的发展为教师提供了丰富的学习资源，教师在专业发展方面应具有自觉意识，运用新技术更新自己的专业知识体系，进行教学实践，不断自我完善和自我发展。俗话说，给学生一滴水，教师要有一桶水，而现在的要求是教师要有源源不断的"活水"，就是要求教师要持续不断地学习，提高自己各方面的能力。学生的好奇心永远是最强烈的，他们永远都有问不完的问题，而教师不可能无所不知，在信息层出不穷的社会环境下，幼儿园教师要树立终身学习的学习观，积极参加培训，提高信息素养；利用信息技术获取信息，提高自己的专业知识和业务能力，提高自己的学习能力；利用现代技术和远程教育提高教学能力，实现终身学习。

📖 拓 展 阅 读 与 思 考 1-7

活到老学到老　德国79岁老太太成博士

在离德国科隆不远的西比希城，约翰娜·玛克司夫人可是个响当当的人物。早在1994年，当时70高龄的她，经过长达6年的刻苦攻读完成了学业，以优异的成绩获得了科隆大学的教育学硕士文凭。2003年，玛克司夫人又在年近八旬时，完成了长达200页的博士学位论文，论文的题目是："如何度过晚年——学习使老人永远充满活力"，最后被科隆大学授予教育学博士学位。

　　玛克司夫人退休之前长期在一家公司任职，是个活跃、开朗的女士。退休之后，不甘平淡的她先是上了一个法语班。后来在报上看到科隆大学招收老年大学生的广告，便勇敢地报名成为正式大学生，当时她已满 65 岁。第一学期的学习让她最难以适应，因为一切都得自己安排。在渡过最初的难关之后，她越学干劲越大，而且凭借着年轻时积累的丰富知识和打下的良好的学习基础，成绩居然在班上经常遥遥领先。

　　玛克司夫人的博士论文研究的是老年妇女如何才能安度晚年。玛克司夫人曾深入多个养老院和普通家庭，采访了 34 名终身学习的老年妇女。由于她是她们的同龄人，她们几乎毫无例外地向她倾诉了第二次世界大战遗留在自己心灵深处的创伤，以及进入老年之后感觉到的孤独、失落等负面情绪。而正是老年时代孜孜不倦的学习，她们的晚年生活异常充实和快乐，有的还因此而克服了酗酒、吸毒或依赖药物。她认为，进入老年后大脑的"锻炼"尤为重要，如背诵歌词和外语单词就是很好的锻炼大脑的方式。

第三节　提升幼儿园教师信息素养

一、加强信息化基础设施建设

　　信息化基础设施是培养幼儿的基础，也是提高幼儿园教师信息素养的前提。幼儿园信息化基础设施已成为推进学前教育信息化进程的瓶颈。我们应该通过以下几方面举措，加强幼儿园的基础设施建设。

(一)加大多媒体设备的投入

　　在开展幼儿园教学过程中，多媒体设备发挥着不可替代的作用，而不少幼儿园在多媒体设备上投入不足，以致没有达到最优的教学效果，所以加强幼儿园中多媒体设备方面的投入成为目前加强信息化基础设施建设的重中之重。多媒体设备的投入主要有以下几个方面。

　　(1)多媒体教学展示单元，主要有应用电视机、投影仪、计算机等设备。

　　(2)多媒体教室单元，主要有应用计算机、照相机、扫描仪等数字设备及编辑设备。

　　(3)多功能厅，主要有音、视频设备，具有调频、扩音、录音等功能。

　　(4)电子白板，在教室里面增加双触点电子白板，方便教学。

　　(5)电子显示大屏，在幼儿园门口进行宣传和展示，播放孩子们的教学活动，进行宣传。

　　(6)多媒体机房，建设适合幼儿学习的多媒体教室。

(二)建立数字化的平台

幼儿园要大力推广数字化平台，使幼儿园管理变得数字化和网络化，让信息技术走进幼儿的生活。数字化就是把纸质材料通过计算机存储，数字化平台包括幼儿园的规章制度、教职工档案和幼儿数字化成长电子档案，可以给管理者监督和检查教师的教学提供了便利。平台还可以实现教学网络电子化，就是通过连接网络进行信息化教学，给幼儿园教师提供网络化的备课素材，教师根据这些素材设计出自己上课时用的课件，也可以和其他教师交流，最终选择更好的教学设计方案用在教学实践中，丰富幼儿的课堂。

二、加强幼儿园教师培训

首先，要创新培训机制。培训是幼儿园教师提升信息素养较有效的方式之一。目前的幼儿园教师培训存在一些问题，往往没有引起幼儿园教师的重视，他们只是简单地接受集中授课，形式单一，培训内容也只是简单的信息理论，忽略了实践，幼儿园教师不能在教学实践中把学到的信息技术知识和课程结合，培训效果不明显。因此在培训的时候应改变传统的培训方式，积极创新培训机制。[①]

其次，要加强职后培训。《幼儿园教育指导纲要（试行）》指出，全面提高幼儿园教师的信息素养是 21 世纪国家社会发展的需要，要把"信息化从教能力"的培养放在核心的位置上。[②] 所以在培训中需要加强幼儿园教师信息化从教能力，主要包括基本理论培训、基本技能培训、信息化教学设计能力等。

此外，建立幼儿园教师培训网络平台，可以把培训内容与网络相结合，通过网络平台，提高幼儿园教师的参与性。在培训平台里设计不同的链接，包括幼儿资源库和教师讨论平台等，利用这个培训平台，加强培训管理，也能帮助幼儿园教师提升信息素养。

三、更新信息化教与学的观念

有些幼儿园教师认为幼教专业是文科专业，信息技术偏向于理科，不愿意去学习现代信息技术；有些幼儿园教师习惯了传统的教育观念，知识灌输，课堂上教师讲、学生听，不愿意去接受新的教育理念；有些幼儿园教师过度依赖幼儿教材，找不到课外资源，不能进行知识的拓展；有些幼儿园教师在教学中不使用信息技术，也没有感受过技术带来的影响，本身又不愿意使用信息技术等。随着计算机技术、通信技术和网络技术的发展与教育的结合，信息技术逐渐被应用到教学中。教育信息化也促使教师更新教育观念。

教师不再以灌输知识为主，而是以幼儿为中心，调动幼儿积极参与，以学为主

---

① 何奎莲：《"五位一体"的幼儿园教师培养与培训机制》，载《教育与职业》，2012(11)。
② 教育部基础教育司：《〈幼儿园教育指导纲要（试行）〉解读》，南京，江苏教育出版社，2002。

以教为辅，实现个性化教学，关注幼儿的全面发展。在教学的过程中，教师成为幼儿的引导者和帮助者，幼儿园教师要站在幼儿的角度考虑，尊重幼儿自我的情感体验，与学生一起学习一起成长，建立一种新的师生关系。在信息化时代，信息技术走进教学，走进幼儿园，要求幼儿园教师要不断更新观念，增强信息意识，学习新的教学理念，采用新的教学模式，不是单纯地把信息技术引入课程，而是把新的教育观念跟现实的教育环境结合，提高对信息素养的认识。幼儿园教师把现代信息技术与幼儿课程结合，在课堂中使用多媒体设备，给幼儿提供一个信息化的学习环境。随着现代科学技术的发展，幼儿园教师也要不断地接受和运用符合时代发展特点的新观念，应用到教学实践中，树立终身学习的观念，通过不断地学习来提升自己各方面的素质，更好地适应现代化教育的需要。幼儿园教师要更新教育观念，转变教育思想，促进幼教信息化。

四、拓展信息化教学手段与专业发展渠道

(一)推广电子备课

电子备课是现代教学工作的一种技术手段，是一种计算机技术下的新颖的备课方式。幼儿园教师改变以往手写的备课方式，采用电子备课，就是要求幼儿园教师利用电脑使用网络备课，不再拘泥于教材，而是以教材为主，通过对网上资料的搜集整合，把图像、声音、视频、动画与教材融合，展现给幼儿，拓宽幼儿的知识面，让课堂变得更加活跃。

(二)建立微课件库

微课件的主要功能包括：信号输入，媒体播放，PPT画笔绘图，场景搭建，场景特效，模型轨迹，剪辑，字幕，网络直播。根据幼儿的特点，幼儿园教师在安排课程的时候，要以活动为主。建立微课件库的目的，就是幼儿园教师在遇到问题时，能够找到自己需要的微课件，突破教育活动的难点。

(三)建立幼儿园信息素养智慧学习平台

该平台包括测试区、学习区、交流区以及信息素养课程群和最新资讯信息区。教师进入这个平台后，可以首先测试下其对于信息素养的掌握程度，之后选择相应的课程进行学习，这些课程包含幼儿园教师需要掌握的信息技术，教师可以根据自己的实际需要学习，还有课外延伸和拓展的技术知识。这个学习平台不仅给幼儿园教师带来了学习资源，而且给幼儿园教师提供了一个交流讨论的地方，个性化地提升了幼儿园教师的信息素养。

本章小结

1. 信息素养的内涵

信息素养是对于信息的认识，以及在信息活动中表现出来的各种能力的综合素质。信息素养不仅包括熟练运用当代信息技术获取、识别、加工、传递和创造信息的基本技能，更重要的是具有在泛媒体环境中独立学习的能力、创新意识和批判精神，以及能够运用信息并具有融入信息社会的态度和能力。

2. 幼儿园教师信息素养的内涵

本章主要从基本信息素养、学科信息素养、发展信息素养三方面来讨论幼儿园教师的信息素养。

3. 如何提升幼儿园教师信息素养

(1)加强信息化基础设施建设。

(2)加强幼儿园教师培训。

(3)更新信息化教与学的观念。

(4)拓展信息化教学手段与专业发展渠道。

本章检测

一、思考题

幼儿教师信息素养的含义是什么？包括哪些要素？

二、实践应用题

请对幼儿园进行实地调研，完成《区域学前教育信息化调研报告》。

基本信息素养篇

第二章　教学媒体及其在幼儿园教学中的应用

学习目标 ▶

• 了解教学媒体的分类及应用，能够说出各种常见视听媒体和现代交互媒体的特点，并能够在幼儿教学中加以应用。

• 理解教学媒体的基本性质、教学特性和作用，理解多媒体综合教室、微格教室等现代媒体的基本功能与构成。

• 理解交互式智能平板、录播教室、视频展示台、数码相机以及常见现代教学媒体系统的功能特点，并能够加以应用。

本章导读 ▶

本章首先介绍教学媒体的基本性质，阐述教学媒体的内涵、性质及其教育作用。其次对教学媒体的类型进行了探讨，对现代视觉媒体、现代听觉媒体、现代视听觉媒体和交互媒体等进行了深入的分析。最后阐述了常见的现代教学媒体系统。

第一节　教学媒体概述

引导案例2-1 ▶

微　笑

李老师在给幼儿园大班的小朋友上《微笑》课。屏幕上播放着故事《微笑》：森林里住着许多动物，有鼻子长长的大象、勤劳的小蚂蚁、爱爬树的小猴子……

播放到这儿，李老师提问："森林里住着哪些动物？"孩子们七嘴八舌地回答……

孩子们每回答一个动物名称，屏幕上就展现该动物的照片，李老师引导孩子观察图片，总结动物的外形特征……

继续播放故事《微笑》：它们都是好朋友，都非常愿意帮助别人。小鸟喜欢为朋友们唱歌，大象能为朋友们盖房子，小兔愿意为朋友送信，只有小蜗牛很着急，它只能在地上，慢慢地爬，别的什么也干不了。

这时李老师又提问了："小蜗牛为什么着急？"

继续播放故事《微笑》：一群小蚂蚁抬着西瓜走过小蜗牛的身边，小蜗牛抬起头向着小蚂蚁们甜甜地微笑。小蚂蚁们也对小蜗牛微笑，并说："小蜗牛，你的微笑真甜呀，看到你的微笑，我们真快乐。"小蜗牛听了，想："对呀，我可以对朋友们微笑，把我的快乐传递给它们。"

李老师问："小蚂蚁是怎样夸奖小蜗牛的？"

继续播放故事《微笑》：可是小蜗牛又为难了："怎么让朋友们看到我的微笑呢？"小蜗牛想啊想啊，想了一个晚上，终于想出了一个好办法。第二天，它把很多封信交给小兔子。小兔子把信送给了森林里的朋友们。朋友们拆开信，信里是一张画。画上的小蜗牛正在甜甜地微笑。森林里的朋友们也都微笑起来，它们说："小蜗牛真了不起！它把微笑送给了大家，看到了它的信，我们真快乐！"

李老师说："小蜗牛的微笑真甜啊！甜甜的微笑像什么呢？"……接着李老师播放信里的那张笑脸画，引导孩子观察。然后李老师给每张桌发了一个信封，让孩子拆开信封，里面是老师画的一张笑脸，引导孩子每人画一个笑脸。

接着，李老师又问："小蜗牛是用什么办法把它的微笑送出去的？"

讨论完后，李老师组织孩子们从头到尾看一遍《微笑》故事。

思考：案例中李老师使用了哪些教学媒体？这些教学媒体起到了什么作用？

一、媒体与教学媒体

(一)什么是媒体

媒体一词来源于拉丁语"Media"，音译为媒介，意为两者之间。它是指信息在传递过程中，从信息源到受信者之间承载并传递信息的载体或工具，也可以把媒体看作实现信息从信息源传递到受信者的一切技术手段。媒体包括三个要素：一是物质载体，用于承载信息符号；二是符号，用于表征被存储或传递的信息；三是信息本身，是人们要存储并传递的内容。媒体包括报纸、书刊、广播、电视、计算机、网络、手机、智能交互平板等。为了方便，有时人们把报纸、书刊等称为印刷媒体，过去基于模拟电子技术的广播、电视等称为视听媒体，基于数字技术的计算机、网络、手机、智能交互平板等称为数字媒体。

(二)什么是教学媒体

当媒体用于存储并传递以教学和学习为目的的信息时，即为教学媒体。教学媒体是在教育和教学活动中，存储并传递教育、教学信息的载体或中介，是教学系统的重要组成部分，是教学与学习的资源环境的构成要素。各种教学媒体不仅在常规教学中发挥着重要的作用，而且极大地促进了个性化学习、继续教育和终身教育的发展。

不同的教学媒体之间既有共性也有个性，既有优势也有局限，掌握不同教学媒体的功能和特性，可以在教育教学活动中科学地选择和运用媒体，使它们之间协同和互补，共同促进教育教学活动，使教育教学效果最优化。

二、教学媒体的基本性质

1964 年，加拿大学者麦克卢汉（McLuhan）在《媒体通论：人体的延伸》一书中提出一个重要观点：媒体是人体的延伸。

"媒体是人体的延伸"是教学媒体最基本的性质。这种教学媒体的最基本的性质可以从多方面理解。

首先，媒体的延伸，扩大和提高了人的感觉和思维能力。

人的感受器官有一定的局限性。比如人的肉眼难以分辨微小的物体，无法看到细菌、病毒等微生物，无法通过肉眼看清远处的物体；人的听觉具有一定范围，人的耳朵很难听到过高或过低频率的声波，因此人无法通过听觉来感受超声波或次声波对环境的影响等。这些局限性使人的认知能力受到阻碍。而不同媒体的不同功能，能把小的事物变大、远的事物变近、快的事物变慢等，延伸人的感觉能力和认知能力，大大提高人的思维能力。

其次，媒体的延伸，打破了感官的平衡。

媒体的延伸，可使人的某一感觉器官的功能得到强化，使该感觉器官凌驾于其他感觉器官之上。比如电影、电视中的画面，可能把本身没有联系的或联系不够紧密的各种素材，根据制作者想传达的思想，经过一系列处理整合在一起，成为联系紧密的片段，"强迫"人们通过视觉器官去获取相关信息，并按照其传递的信息顺序去接受和思考，此时彰显了视觉器官的信息接收能力，视觉器官的功能得到强化。又如在英语听力训练中，录音的播放将看不见的内容通过语音描述出来，而人通过听觉器官去接收媒体传达的信息并不断分析和思考，在脑海中描绘出相关画面。

最后，媒体的延伸，赋予媒体功能以互补性。

因媒体的延伸方向不同，媒体之间可以互相补充，但难以互相替代。例如，电视可以将信息传递得生动、自然，深受人们喜爱，但它传递的信息转瞬即逝，不便观众即时地深入思考和探讨。而报纸、期刊等可以将信息传递得细致、全面，可供人们详细解读和思考，但它缺乏生动的形象。两种媒体难以相互替代，却可以形成互补，即人们从视觉媒体上获得生动形象的信息，再从相关文字媒体里进一步深入探究。

三、教学媒体的教育作用及教学特性

（一）教学媒体的教育作用

1. 多维度提供感知材料，促进学生的意义建构

合理地使用多种媒体提供多种形式的学习材料，可以多维度地呈现教学信息，

帮助学生加深感知，理解教学内容，达到更好的意义建构。

2. 创设教学情境

当学习者接收媒体传送的信息时，如观看教学录像，他们首先可观察信息内容中呈现的各种关系，进而去发现并解释这些关系，并可引起或诱发与信息相关的直观经验。李老师上《微笑》课所播放的故事：森林里住着许多动物，有鼻子长长的大象、爱劳动的小蚂蚁、爱爬树的小猴子……正是为孩子的课堂学习创设必要的教学情境。

3. 为教学提供依据，实施因材施教

媒体可用于确保教师和学生之间保持一种更有活力的关系。它促使教师成为一名合格的教育组织者，而不仅仅是信息内容的传递者。使用媒体后教师可以有更充裕的时间用于对学习者的研究，实施因材施教。智能媒体还能对学生学习行为进行记录，并使用数据挖掘技术和学习分析技术对学生学习行为数据进行统整分析，为教学提供决策依据。

4. 对特殊教育有独特的帮助作用

对于那些身体有残疾的学生，媒体可以根据其特殊性将教育调整、设计到最佳状态，实实在在地扩大适应他们特性的知识领域或经验。比如对于视力残疾的学生，听力训练媒体为他们提供了方便和帮助。而对于有听觉障碍的学生，丰富的视觉材料也可在一定程度上弥补听觉的缺失。

(二)教学媒体的教学特性

1. 表现力

表现力是指媒体表现客观事物的时间、空间和运动特性的能力。时间特性，就是指事物出现的先后顺序、持续时间、出现频率、节奏快慢等；空间特性，就是指事物的形状(点、线、面)、大小、距离、方位、影调、色调等；运动特性，就是指事物的运动形式(平移、旋转、滚动)、空间位移、形状变换等。

各类媒体，呈现事物的空间、时间、运动等特征的能力是不同的，这也表明了各类媒体表征事物运动状态与规律的能力是不同的。电影与电视能够以活动的彩色图像和同步的声音去呈现事物的运动状态与规律，能全面呈现事物的空间、时间、运动等特征，因此具有极强的表现力。无线电广播与录音是借助语言、音乐与事物实际音响来呈现事物运动状态与规律的，以时间因素来组织信息，但其表现力受到时间先后顺序的影响。

2. 重现力

重现力是指媒体不受时间和空间的限制，随时重现记录和存储的内容的能力。书本可以反复阅读，录音、录像、幻灯片可以反复播放，计算机课件可按学习者需求重现内容。然而，也有一些媒体不具备良好的重现特性，如现场的无线电广播与电视广播是瞬间即逝、难以重现的。

3. 接触面

接触面是指媒体把信息同时传递到接收者的范围。它可分为无限接触面和有限

接触面两类。电影、幻灯、投影和录像电视的接触面是有限的，一般只能局限于教室范围之内，而且接触面还受到环境条件的限制，如电影放映必须遮黑教室；大教室内播放录像节目必须同时安放多台监视器等。

广播电视和无线电广播的接触面非常广，它们能够跨越空间的限制，到达家庭和社会的各个角落，属于无限接触面类型的媒体。网络媒体不仅能跨越空间的限制，还跨越了时间的限制，也属于无限接触面类型的媒体。

4. 可控性

可控性是指使用者对媒体操作控制的难易程度。一般来讲，计算机、录音机、幻灯机和录像机能较容易和方便地使用和操作，并且能有效地为不同的人提供不同的服务，实现个别化学习。电影放映则必须接受专门的训练，才能有效操作。无线电和广播电视，由于使用者无法掌握播出时间、播放内容和长度，所以较难控制。多媒体计算机和网络媒体是较容易控制的媒体类型。学习者不用考虑时间和空间的限制，只要有条件上网，随时可以调用相应的网络学习资源进行学习。

5. 参与性

参与性是指利用媒体开展教学活动时，学习者参与活动的机会。它可分为行为参与和感情参与。交互式的计算机媒体和网络媒体，学习者能根据本人的需要和学习程度去控制学习的内容，是一种行为与感情参与程度高的媒体。电影、电视和广播有较强的表现力和感染力，容易引起学生情感上的反应，激发学生的兴趣，引起注意，激发学生感情上的参与。

由上述可见，各类媒体具有不同的教学特性，因此，在教学活动中应根据教学内容和教学对象选择合适的媒体，充分发挥媒体的长处，才能取得良好的效果。

📖 拓展阅读与思考 2-1

教学媒体的适切性

教学媒体的教学功能强大、作用显著是不言而喻的，在幼儿教育教学中，适时、适量、适度地运用多种媒体辅助教学，能活跃课堂教学氛围，帮助突破教学难点，激发孩子们主动学习的积极性，促进幼儿学习发展，但是如果滥用媒体，特别是滥用电子媒体，反而可能会对孩子造成伤害。有研究表明，幼儿教学内容的呈现应该以绘本为主，而绘本以精美的装帧、精湛的绘画给孩子一种直观的、美的感受。绘本是阅读，而投影往往容易流于观看，幼儿在阅读绘本中可仔细观察，并在观察过程中展开记忆、想象、思维等认知活动，而观看投影时这些活动的深度更依赖于教师的即时引导。

第二节 教学媒体的分类及应用

引导案例2-2 ▶

学习儿歌《虫虫飞》

李老师:"现在,老师要带小朋友们到一个非常美丽的地方去玩,好不好?"

出示图片:公园草地,小草带着露珠,还有小虫。教师提问:"都有谁到这里玩呢?小草上有什么?"引导孩子观察、说话,并朗读:"虫虫虫虫飞飞飞,飞到草地喝露水。"接着出示图片:花圃,蝴蝶在花上飞舞;太阳照射下的河边,小虫虫在天空中飞着;树林,树梢上安静趴着的小虫。引导孩子们讨论,把虫虫飞的歌词都朗诵一遍,并抽取儿童回答问题。然后把四张图片排列在一起呈现在屏幕上。李老师念儿歌,幼儿学说儿歌。

接着屏幕播放幼儿边唱边跳视频,幼儿跟着李老师边唱边做动作。

思考: 案例中李老师使用了哪些类型的教学媒体?这些教学媒体各有什么特点?

可以用于教学的媒体多种多样,各种不同的教学媒体展现出不同的特性,因此教学媒体依据不同方面的特性而有不同的种类。本节拟以教学媒体对受传者感官刺激方面的特性以及交互性方面的特性对教学媒体进行分类,介绍如下。

1. 视觉媒体

视觉媒体指的是承载、控制和传输教学信息的一切视觉材料和工具,对人的视觉感官进行刺激,如黑板、书籍、实物图片、实物教具、实物模型等,也包括我们常用的投影仪、实物展示台等光电设备。诸如此类教学媒体都对人的视觉感官进行刺激,通过视觉感官传递教学信息,因此它们都是视觉媒体。李老师使用的图片正是视觉型媒体,方便引导孩子观察。

2. 听觉媒体

听觉媒体指的是承载、控制和传输声音信息的物质材料和工具,对人的听觉感官进行刺激。常见的听觉媒体大多为电子设备,如录音机、收音机、CD机、功率放大器、扬声器、广播等。非电子设备如音乐课上常见的钢琴、小提琴、二胡等各种乐器也是听觉媒体。诸如此类教学媒体都对人的听觉感官进行刺激,通过听觉感官传递教学信息,因此它们都是听觉媒体。

3. 视听觉媒体

视听觉媒体将视觉、听觉媒体进行结合,能同时对人的视觉感官和听觉感官进行刺激。研究表明,人的认知效果与多通道的信息加工有关,多感官的刺激有助于认知效果的提升。视听觉媒体对人的视觉感官和听觉感官同时进行刺激，双通道传递教学信息，能提升教学效果。常见的视听觉媒体有电影、电视、录像、VCD 或 DVD 等。如前面案例中李老师播放的幼儿边唱边跳视频，是视听觉媒体，可供幼儿模仿。

4. 交互媒体

上文提到的视觉、听觉、视听觉媒体，它们在教育教学活动中的信息传播都是单向传播。但教育教学过程是一个双向交互的过程，这需要一些具有交互功能的教学媒体支持教学过程的双向交互。交互媒体在教学过程中对学生呈现刺激，学生产生反应，交互媒体再产生一定反馈，这就构成了交互作用。具有这种交互特点的媒体被称为交互媒体。现代常见的交互媒体有多功能学习机、平板电脑、智能手机、交互式电子白板、交互式智能平板等。

5. 多媒体系统

多媒体指多种媒体的综合，是多种信息表现方式和传递方式的整合。多媒体系统是两种或两种以上媒体的组合和运用，媒体之间能形成互补，使用多媒体系统能使信息传递更全面更深入，交互性更强。前文所述的视觉媒体、听觉媒体、视听觉媒体，其功能都可以在多媒体系统中实现。常见多媒体教学系统，即各种媒体设备组合而成的各种多媒体教学系统环境，如多媒体综合教室、多媒体网络教室、微格教室等。以下我们将对几种类型的现代教学媒体进一步解释。

一、现代视觉媒体

(一)视频展示台

视频展示台是多媒体教室里一种非常重要的教学媒体，它可以和投影仪、电视机等媒体连接，将文字讲义、练习题、实物教具、实物模型等清晰地展示在较大的屏幕上，使教学活动中的所有教学对象能清晰地观看到展示内容。

视频展示台一般由摄像头、光源、台面三个基本部分组成，摄像头获取视频信号传送到投影仪、电视机等屏幕上；光源给被拍摄物体提供光照亮度，使拍摄更清晰；台面则是为被拍摄物体提供水平、稳定的放置面板。

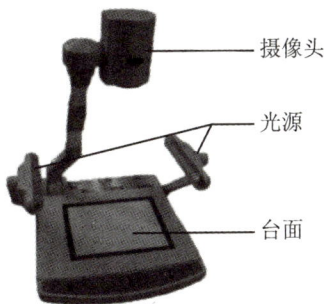

图 2-2-1　视频展示台的一般构造

视频展示台在教学中主要用于教学展示。在传统的课堂教学环境中，当教师需要向学生展示某些材料时，往往由于材料自身的限制以及环境的限制，无法使所有学生清晰地获得材料所带来的信息。教师为了解决这种问题，一般会选择手持材料环绕教室一周以向每一位学生近距离展示材料。利用视频展示台对材料进行展示，可以在较大的屏幕上呈现清晰、稳定的图像，学生可以通过对屏幕图像的观察来间接观察展示的材料，使所有学生获得一致的、清晰的教学信息，提高教学效率。

分层教学与实训 ▶

视频展示台的使用

视频展示台是用于各类实物、文本、图表、幻灯片及透明胶片演示的视频采集设备，可连接电视机、投影仪、电脑等多种媒体设备，是多媒体演示、电化教学等信息传播中不可缺少的组成部分。下面以鸿合视频展示台为例进行说明。

扫一扫看视频

图 2-2-2　鸿合 HZ-V180 的组成结构

一、设备连接

视频展示台不仅可以通过向其他输出设备输出信号展示实物，还可以作为中转切换不同设备来进行展示。所以，在使用前我们就要做好设备的连接工作。连接的方式很多，我们可以根据实际情况来选择连接方式。特别要注意的是，连接设备前需要关闭电源。

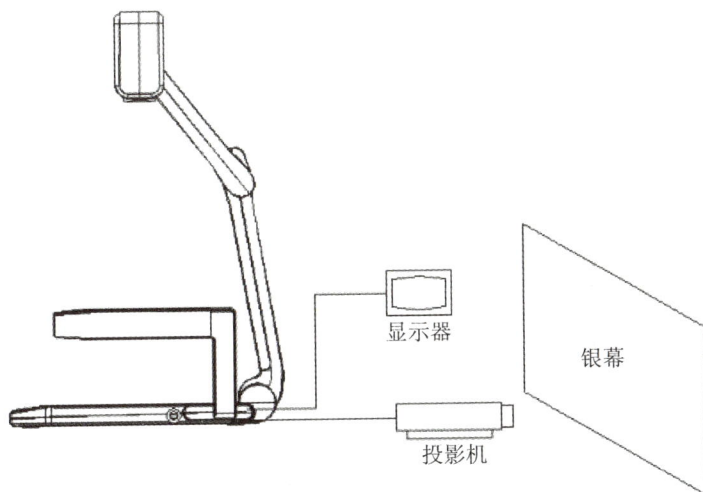

图 2-2-3　连接基本配置

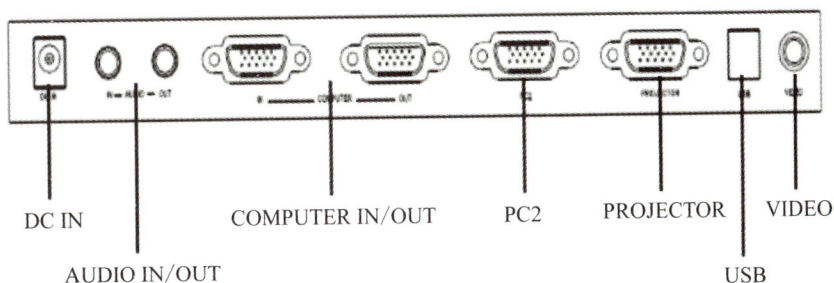

图 2-2-4　鸿合 HZ-V180 接口

接口说明

DC IN：外置电源输入端子；

COMPUTER IN：计算机(PC1)RGB 输入；

COMPUTER OUT：计算机(PC1)RGB 显示输出(无切换展台输出功能)；

PROJECTOR：RGB 输出，可切换输出展台、PC1、PC2 信号；

AUDIO IN：音频输入端子；

AUDIO OUT：音频输出端子；

PC2：计算机(PC2)RGB 输入；

USB：计算机控制展示台接口；

VIDEO：电视机 Video 输入。

图 2-2-5　视频展示台与其他设备连接示意图

二、控制面板按键使用方法

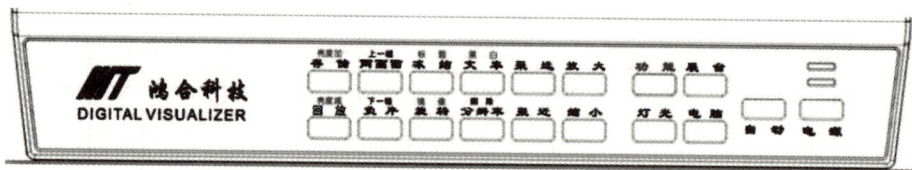

图 2-2-6　视频展示台控制面板

电源：按下"电源"键，展示台开机，指示灯为蓝色。长按"电源"键 3 秒以上，展示台关机。

（注：开机默认输出展示台信号，记忆上次展示台信号输出通道。）

自动：按下"自动"键，进行自动白平衡、自动聚焦的调整。

展台：展台信号输出选择键，可切换展台信号从 PROJECTOR 或者 VIDEO 接口输出。当展示台信号从 PROJECTOR 输出时，信号指示灯不显示；从 VIDEO 输出时，信号指示灯为绿色。

（注：切换输出通道，之前存储的图片将被删除。）

电脑：电脑信号输出选择键。PROJECTOR 接口可在 COMPUTER、PC2 之间切换输出信号。当输出 COMPUTER 信号时，指示灯为蓝色；当输出 PC2 信号时，指示灯为红色。

功能：复用功能按键选择。按下"功能"键，对应红色字体的按键如"亮度加""亮度减""标题＊""镜像""黑白"可控，再次按下"功能"键退出。

放大：放大键。缩小：缩小键。聚近：聚近键。聚远：聚远键。

文本：图像/文本模式切换。投影文本材料时，按下"文本"键，输入文本模式，字更清晰、易读。再按一次，恢复图像模式。

分辨率：输出分辨率选择。（注：切换分辨率，之前存储的图片将被删除。）

冻结：冻结图像。按一次"冻结"键，图像冻结；再按一次，图像恢复正常状态。

旋转＊：按"旋转"键，图片可180°旋转，再按则恢复正常画面。

两画面：同屏对比功能键。按一次"两画面"，图像分割成两部分，一半显示为当前画面，另一半为静态的画面。再按"两画面"，退出同屏对比状态。

负片：接通电源后，自动显示正片，要显示负片，按"负片"键即可。再按一次"负片"键，显示正片（适用于展示照片底片）。

存储＊：存储图片。每按一次"存储"键，储存一幅图片，存满图片后，按"存储"键，存储功能无效，还需存储图片，须先删除已存储的图片。

回放＊：回放已存储的图片。按"回放"键，进入回放状态后，按"上一幅""下一幅"翻阅储存的其他图片，按"删除"键删除当前显示的图片。再按"回放"键可退出回放图片状态。（注：如要操作展示台其他功能，注意退出回放状态。）

灯光：灯光控制有记忆功能。展示台开机后，灯光状态为上次关机时的状态。每按一次"灯光"键，臂灯、底灯的变化情况如下：

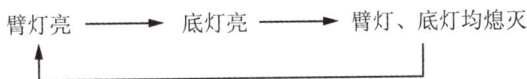

臂灯亮 ——→ 底灯亮 ——→ 臂灯、底灯均熄灭

图 2-2-7　灯光切换顺序

（注：以下功能仅在按下"功能"键后可控。）

亮度加：增加亮度控制键。

亮度减：减小亮度控制键。

标题＊：冻结顶部 1/8 图像。

镜像：图像翻转。按下"镜像"键，图像沿垂直轴镜像。再次按下"镜像"键，退出。

黑白：黑白、彩色切换键。系统默认显示彩色，按一次"黑白"键，显示黑白，再按一次，恢复彩色。

三、视频展示台使用过程

（1）熟悉视频展示台。依照说明书进行视频展示台的安装以及与其他设备的连接。

（2）托起镜头臂。将展示台放置于平稳桌面上，用手向上同时托起镜头上臂和下臂，将镜头下臂竖起来。

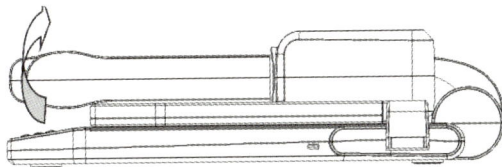

图 2-2-8　托起镜头臂

（3）调整镜头盒。握住镜头盒，将镜头上臂以与上臂交接为支撑点，往操作者身体方向转竖起来。

图 2-2-9　调整镜头盒

（4）调整镜头。调节镜头方向，使镜头位于演示平台中心位置；调节臂灯至合适位置。

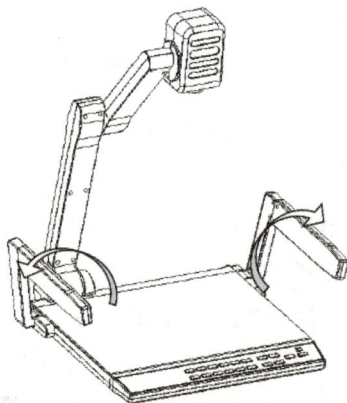

图 2-2-10　调节臂灯

注意：各活动部件达到限定位置后，勿再强行扳动，否则容易损坏机器以及造成操作者受伤。

（5）打开电源。连接展示台电源，按下"电源"键，展示台开机，显示灯为蓝色。将需要展示的物体放置在工作台上。

（6）缩放与聚焦。按"自动"键，进行自动白平衡、自动聚焦的调整。再用"放大""缩小"键调节图像的大小，转动镜头或移动物体，得到最佳的图像效果。通过"聚远""聚近"键则可以进行手动聚焦。

（7）冻结画面。用"冻结"键可以把某瞬间的状态锁定在画面上，以便进行讲解。

（8）展示文稿。在展示物为平面物件(文稿、画页等)时，采用文本模式可获得最佳清晰度和色彩还原效果。

(9)镜像操作。如需改变展示方向，可转动摄像头顶部的旋钮或者对图像进行镜像操作。

(10)切换信号源。在整个展示过程中，若需插播 DVD、录像、计算机课件等内容，可以"电脑"键切换。

(二)数码相机

数码相机，是一种利用电子传感器把光学影像转换成电子数据的照相机，可分为单反相机、微单相机、卡片相机、长焦相机等。数码相机是利用 CCD(电荷耦合器件)或 CMOS(互补金属氧化物半导体)将光学影响转换为数字信号并进行存储，因此 CCD 或 CMOS 的优劣很大程度上决定了数码相机的成像质量。

数码相机的外部结构可分为光学镜头、操作面板、取景器、LCD 显示器、快门、闪光灯、储存卡、连接接口、电源及电池等组成部分。

图 2-2-11　单反相机　　　　图 2-2-12　卡片相机

数码相机在教育教学中的用途非常广泛，可以分为以下几个方面。

(1)建设校园文化、班级文化。在各种校园活动、班级活动中，用数码相机把一些对学生的健康成长起正面诱导作用的事物、画面记录下来，利用得到的照片进行宣传和教育，营造校园文化、班级文化氛围，有利于健康、积极、向上的校园文化和班级文化建设。

(2)收集课堂教学的图文材料。教师的课堂教学往往需要用到许多图文材料，通常情况下，教师会利用互联网寻找自己课堂教学需要的材料。而教师利用数码相机拍摄相关照片，可以使课堂教学的材料更为真实，创作过程和创作结果更符合教师的预期与要求，材料所传递的信息更符合学生所处的真实环境，有利于提高教学效果。

(3)开发教学资源。教学资源的开发也是教育教学过程的重要一环，教学资源的优劣在一定程度上影响着教育教学效果。教师利用数码相机拍摄的照片开发教学资源，使教学资源更贴近学生的实际生活，学生就会更感兴趣、更容易理解、更爱思考。

(4)提取与收集教学研究的数据资料。教师的工作不仅包括正常的教育教学活动，还包括教学研究。科学的教育教学研究对教师的自身教学水平、综合素质、职业生涯规划都有促进作用。数码相机是教师在教学研究活动中重要的数据资料提取与收集设备，如对教学研究场景的记录，对相关资料的记录，都需要利用数码相机来获取质量较好、清晰度较高的图像资料。

分层教学与实训 ▶

数码相机的使用

这里介绍的佳能 750D 是 APS 画幅单反数码相机，相机可分为机身和镜头两个部分。机身可分为输入、控制与处理、存储、输出四个功能部分，镜头一般可分为内镜头和外镜筒两个部分。下文介绍相机机身与镜头上的部件、按钮、功能、控制信息等。

扫一扫看视频

一、结构和功能

佳能 750D 数码相机机身按键功能较多，我们需要在图示的帮助下多使用多实践来熟知各个按键及指示灯的功能。

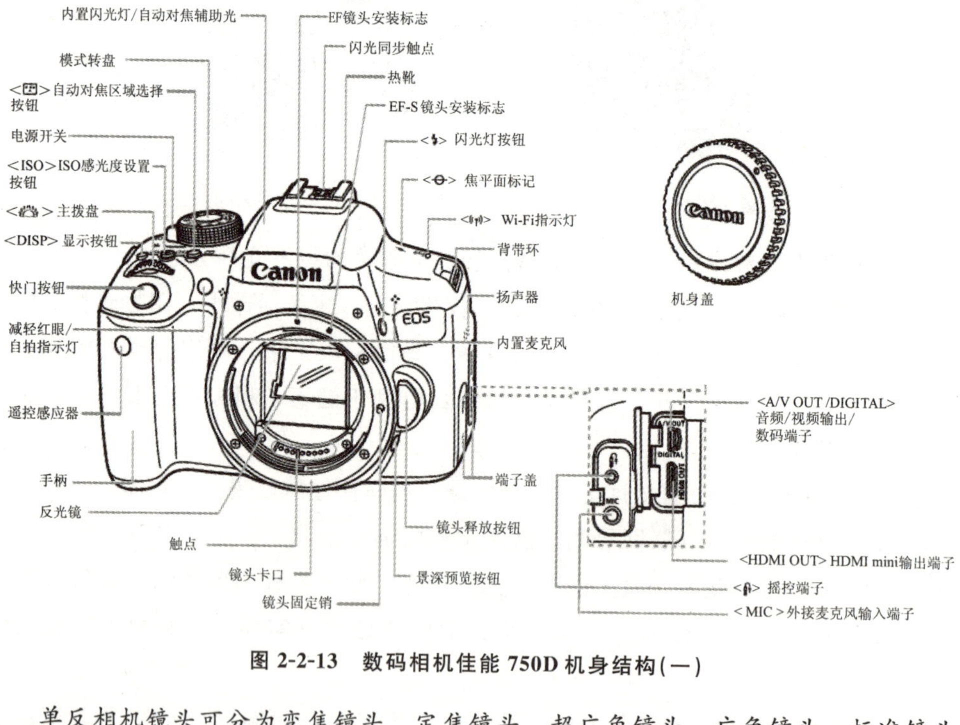

图 2-2-13　数码相机佳能 750D 机身结构（一）

单反相机镜头可分为变焦镜头、定焦镜头、超广角镜头、广角镜头、标准镜头、长焦镜头、超长焦镜头等。佳能 750D 是 APS 画幅单反数码相机，从理论上来说佳能的所有 EF 和 EF-S 卡口的镜头都可以用，这里我们介绍的是佳能 18-55mm 配套镜头。

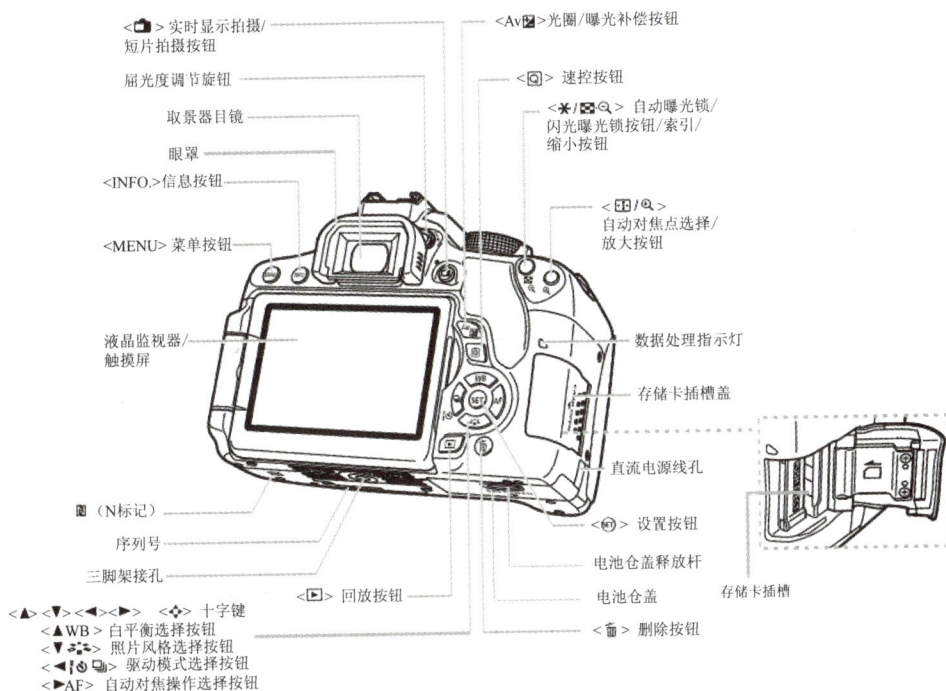

图 2-2-14 数码相机佳能 750D 机身结构(二)

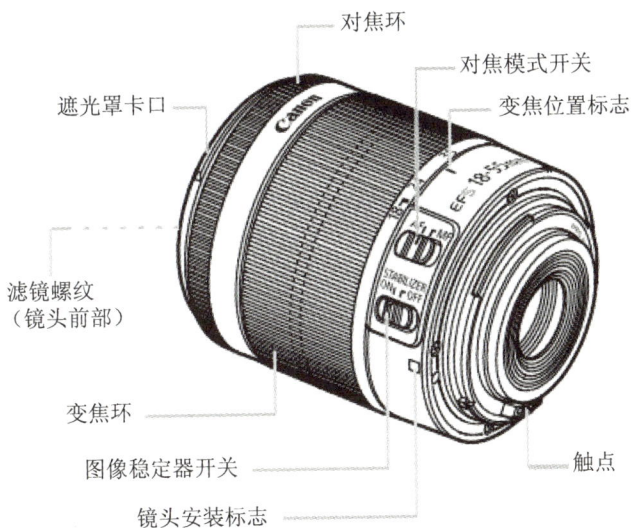

图 2-2-15 数码相机佳能 750D 18-55mm 配套镜头结构

佳能 750D 可以通过机身顶部的模式转盘选择不同的拍摄模式,这里将拍摄模式分为创意拍摄区与基本拍摄区两类。

创意拍摄区

这些模式让您进行更多控制，以便根据需
要拍摄各种被摄体。

P ：程序自动曝光

Tv ：快门优先自动曝光

Av ：光圈优先自动曝光

M ：手动曝光

基本拍摄区

只需按下快门按钮。
相机进行所有设置以适合要拍摄的被
摄体或场景。

▣⁺ ：场景智能自动　　　SCN ：特殊场景

🚫 ：闪光灯关闭　　　　🍖 ：儿童

CA ：创意自动　　　　　🍴 ：食物

👤 ：人像　　　　　　　🕯 ：烛光

🏔 ：风光　　　　　　　🌃 ：夜景人像

🌷 ：微距　　　　　　　📷 ：手持夜景

🏃 ：运动　　　　　　　🔦 ：HDR逆光控制

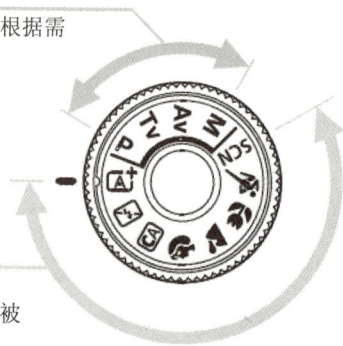

图 2-2-16　模式转盘示意图

在不同的拍摄模式下液晶显示屏显示内容会有所不同。

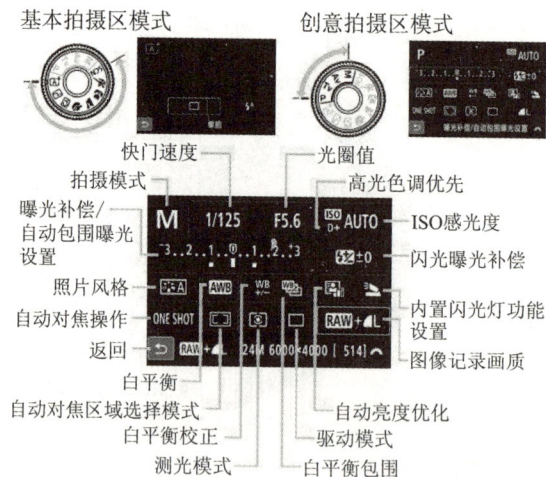

基本拍摄区模式　　　　创意拍摄区模式

快门速度　　　　　光圈值
拍摄模式　　　　　　　　高光色调优先
曝光补偿/　　　　M　1/125　F5.6　　ISO感光度
自动包围曝光　　　-3..2..1..0..1..2.:3　　闪光曝光补偿
设置
照片风格　　　　　　　　　　　　　　内置闪光灯功能
自动对焦操作　　ONE SHOT　　　　RAW+▲L　设置
返回　　　　　　　24M 6000×4000 [514]　图像记录画质
　　　　　白平衡
自动对焦区域选择模式　　　　　　自动亮度优化
　　白平衡校正　　　　　　　驱动模式
　　测光模式　　　　白平衡包围

图 2-2-17　数码相机佳能 750D 拍摄功能设置示意图

为使得拍出的照片更清晰、稳定，取景器的使用十分重要，取景器中也有一些
标识有助于我们的拍摄。

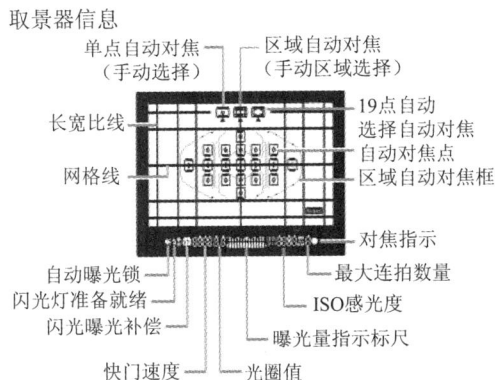

图 2-2-18　数码相机佳能 750D 取景器信息示意图

二、操作过程

在了解数码相机的各功能结构后就需要开始使用数码相机了，拍摄一张照片该如何操作呢？下文将详细地说明数码相机的操作过程。

(1)熟悉数码相机。浏览数码相机的使用说明书，了解数码相机的开关、按钮、插孔等的位置和功能，特别是电源开关、快门、变焦环、取景器、电池盒等主要部件的功能。

(2)插入存储卡和电池。检查并确保存储卡插入数码相机，打开电池盒，装入数码相机用的电池(注意正、负极要正确连接)。

(3)打开电源。打开电源开关，置于拍摄模式。

(4)设置拍摄模式。转动模式转盘选择需要的拍摄模式。

(5)设置相关功能。按下(Q)数控按钮出现数控屏幕，通过✥十字键来选择需要设置的功能(光圈值、快门速度、自动对焦操作、感光度、白平衡、闪光灯、测光、图像记录画质、驱动模式等)，再拨动✿拨盘来改变设置。

(6)变焦操作。通过转动镜头的变焦环，增长或缩短镜头焦距，进行不同景别的构图。

(7)聚焦操作。聚焦是指通过调整镜头至感光面的距离，使感光面上产生清晰的影像。聚焦方式主要有手动聚焦和自动聚焦两大类：手动聚焦，将镜头上的对焦模式拨到"MF"档，转动聚焦环；自动聚焦，将镜头上的模式拨到"AF"档，半按快门进行自动聚焦。

(8)按下快门完成拍摄。对焦完成后，完全按下快门，即可完成一张照片的拍摄。

(9)观看拍摄结果。拍摄完成之后，按下▶回放按钮，通过显示屏观看拍摄效果，通过✥十字键、(SET)设置按钮及🗑删除按钮进行相应操作(如删除、图像旋转、图像保护等)。

(10)传输照片。将照片传输到计算机上的两种方法：数据线连接，使用数据线连接相机与计算机，打开相机电源开关，即可在计算机上读取数码相机中存储卡上的数据；读取存储卡，关闭相机电源，取出存储卡，使用读卡器将存储卡内照片拷贝至计算机中。

(11)完成拍摄。使用完毕后，关闭电源，将镜头缩回，可调焦至无限远。将相机放回相机包里，最好在相机包里放上防潮剂。如长时间不准备再拍摄，应将电池取出。

三、使用技巧

技巧一：保持相机稳定

使用光学取景器时头部紧靠相机，眼睛紧贴取景框减少相机晃动；在光线不好的时候，尽量使用三脚架或其他支撑物以保证相机在较长时间曝光时不会晃动；手持相机时身体呈三角形站立；按下快门的时候尽量稳定身体。

技巧二：液晶显示屏的使用

液晶显示屏上所看见的画质，并不等于实际输出的画质，而且开启液晶荧幕的耗电量相当于未开启的三倍，所以不拍摄时要关机。

技巧三：白平衡的控制

数码相机的CCD无法像人眼一样自动修正光线，因此会产生色偏，要消除色偏，就要调整光线的平衡，也就是白平衡。现在的数码相机除了自动白平衡之外，还有日光、阴天、白炽灯、日光灯等多种预定义的白平衡。自动白平衡准确度有限，现实生活中光线条件复杂多样，摄影练习时应选择不同光线下各种模式的运用，积累经验后，摄影者自然可以拍摄出令人满意的作品。

技巧四：测光方式的选择

目前，数码相机的测光方式主要有以下几种。

平均测光：把画面的所有光线强度的平均值作为测光数值，适用于光照均匀、没有强烈反差对比的场合。

中央重点测光：将画面中心及附近的画面按不同的加权系数进行计算，得出的值作为测光数值，以中心的权数为最大，越接近画面边缘，权数越小。适合主体位于中央区域又要兼顾背景的场合。

点测光：取画面中心占1‰的面积作为测光区域，适于光线复杂或光比强烈需要突出主体的场合。

图 2-2-19　逆光下对着天空平均测光，人物才能得到剪影效果(杨鹏鸣/摄)

图 2-2-20　顺光下对着花朵进行点测光，摄下了花面细腻的肌理(梁中超/摄)

技巧五：感光度的设定

数码相机采用ISO标准来衡量感光部件对光线的敏感程度，数值越大，感光部件越敏感，可以通过调整ISO数值来改变感光部件的敏感程度。在数码相机上提高ISO数值也就是提高感光度，由于感光度的提高，数码相机的快门速度会比较快，拍摄起来也比较容易获得曝光量适中的照片。需要注意，ISO数值过高会导致照片上的噪点较高。如果你希望获得颗粒细腻的照片，那么需要降低ISO数值，同时稳定相机来拍摄。

技巧六：对焦准确

数码相机一般有几个对焦点，选择某个对焦点对着主体进行测光即可。有些简易型数码相机没有对焦点可以选择，这种相机的对焦点一般位于画面中心的，如果你的构图恰巧是主体偏离中心的，那么就需要先将相机对准主体，半按着快门之后再重新构图和拍摄。

图 2-2-21 局部对焦准确、整体对焦不准、选择局部对焦（朱艺华/摄）

技巧七：选择清晰度

一般而言，数码相机的分辨率有高、中、低三档，可供选择，如照片只是用于网页制作，那么不需要太高的分辨率。如果照片用于展览，则需要选择高清模式。

技巧八：控制曝光量、曝光量补偿

控制好曝光量的最主要技术是控制好快门速度、光圈、ISO感光度。了解光圈的作用、速度、曝光补偿的作用后，摄影者就可以根据经验修正测光参考数据，然后进行曝光。

有些特殊情况下需要进行曝光补偿，例如，在拍摄雪景等以白色为主的对象时，在拍摄极端黑暗的物体时，根据测光是得不到正确曝光参数的，这时需要摄影者使用曝光补偿功能对物体进行增加曝光、减少曝光的处理。

此外，很多情况下其实是需要使用闪光灯进行补光的，比如逆光拍摄人物时、在室内拍摄时、夜晚拍摄人像时都需要用闪光灯补光，可以将闪光灯开启防红眼模式。

图 2-2-22 曝光正常、曝光不足、曝光过度（朱艺华/摄）

图 2-2-23　大光圈、快速度取得小景深，
背景虚化突出主体(杨鹏鸣/摄)

图 2-2-24　仰拍，小光圈、慢速度进行
曝光，获得大景深(朱艺华/摄)

技巧九：光圈优先模式的使用

光圈优先就是手动调好光圈的大小，相机会根据光圈值自动调好快门速度值。在拍摄人像时，往往推荐采用大光圈、长焦距，达到虚化背景获取较小景深的目的，同时由于采用了大光圈，也运用了高速度搭档，从而提高了手持拍摄的稳定性。在拍摄风景时，笔者往往推荐小光圈，这样拍出的景深大，远处和近处的景物都清晰。

技巧十：快门优先模式的使用

快门优先是在手动调节好快门时，相机自动锁定光圈值。快门优先模式多用于拍摄动体，例如体育运动、行驶中的车辆、瀑布、飞行中的物体、烟花、水滴等。

技巧十一：怎么拍儿童题材

首先，选择简洁的背景，过于复杂的背景会干扰读者的视线。拍摄时尽量接近人物，不要把周围环境中太多的杂物摄入镜头，尽量让重要的部分在构图上占据主要位置。250mm 以上的长焦镜头非常适合拍摄人像(广角镜头会使得人像有些变形，不好看)。

其次，选择光圈优先模式，大光圈可以使得快门变快，减少晃动，并且使得背景得到虚化。运用光圈控制景深的原理：大光圈可获得小景深，虚化背景。小景深使得背景清晰范围的纵深度大大降低，从而有效地突出了被摄主体。

再次，选择点测光，对人脸测光，并使用曝光锁定。其他测光方式容易受到周围环境影响，使脸部曝光不正常。

最后，构图，调整曝光。人、脸部最好占整个画面的 1/3～1/2，并且脸或眼睛在上方 1/3 处。这样拍出的人像就会生动，对视觉有冲击力。

图 2-2-25　使用长焦进行特写，使用大光圈
树叶形成斑斓光斑，突出人物(朱艺华/摄)

图 2-2-26　50mm 左右的标准镜头，使用小光圈
清晰呈现人物与环境的关系(朱艺华/摄)

技巧十二：随拍随编的手机摄影

目前一些清晰度高的手机也可以胜任拍摄多媒体课件素材的工作。在拍摄时，需选择高清模式，需在光线充足的环境下拍摄，才能拍摄出清晰的图片。与此同时，还可以下载软件随手编辑图片，如裁剪、改变色调、插入插图和文字、使用美化模板，等等，这给学前教育工作者提供了便利。

图 2-2-27　手机摄影与编辑（一）（朱艺华、何静、钟卫/摄）

图 2-2-28　手机摄影与编辑（二）（钟卫/摄）

图 2-2-29　手机摄影与编辑（三）（朱艺华/摄）

(三)投影仪

投影仪是一种可以将视频信号投射到幕布上呈现的设备。投影仪可以通过有线或无线的形式同计算机、智能手机、平板电脑、影碟机等设备相连，在教学上的应用非常普遍。

在大班课堂教学中，一位教师要面对多位学生授课，学生人数一般为几十人甚至上百人，因此在展示一些教学内容

图 2-2-30　投影仪

时必须借助大尺寸显示设备，以保证教学环境中的所有学生能清晰地观察到教师展示的教学内容，获得相同的教学信息。投影仪正是这样一种大尺寸显示设备。

目前教学常用的投影仪一般为 LCD 投影仪，即液晶投影仪。LCD 投影仪体积小、重量轻、亮度较高、色彩丰富、价格低廉，比较适合学校教学。LCD 投影仪的灯泡有一定使用寿命，随着使用时间的累积，灯泡的性能会有一定下降，因此灯泡作为 LCD 投影仪的高损耗器件，在性能不足时需要及时更换。随着技术的进步和成本的下降，大尺寸的交互式一体机正在逐渐取代投影仪成为学校教室的大尺寸显示设备。

具有无线连接功能的投影仪，可以和平板电脑或智能手机等智能移动设备进行无线连接，实现移动设备和投影仪的同屏显示，即智能移动设备上的显示内容、操作步骤等可以实时显示在投影上，在教学中应用非常方便。

分层教学与实训 ▶ ┄┄┄┄┄┄┄┄┄┄┄┄┄┄┄┄┄┄┄

投影仪的使用

投影仪，是一种可以将图像或视频投射到幕布上的设备，可以通过不同的接口同计算机、VCD、DVD、BD、游戏机、DV 等相连接播放相应的视频信号。投影仪目前广泛应用于家庭、办公室、学校和娱乐场所。

一、BENQ 投影仪 BP5125C/BP5225C 的结构和功能

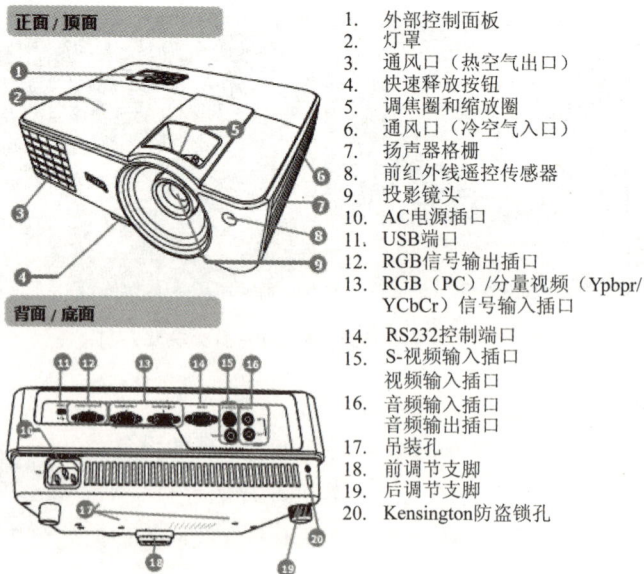

扫一扫看视频

1. 外部控制面板
2. 灯罩
3. 通风口（热空气出口）
4. 快速释放按钮
5. 调焦圈和缩放圈
6. 通风口（冷空气入口）
7. 扬声器格栅
8. 前红外线遥控传感器
9. 投影镜头
10. AC电源插口
11. USB端口
12. RGB信号输出插口
13. RGB（PC）/分量视频（Ypbpr/YCbCr）信号输入插口
14. RS232控制端口
15. S-视频输入插口
    视频输入插口
16. 音频输入插口
    音频输出插口
17. 吊装孔
18. 前调节支脚
19. 后调节支脚
20. Kensington防盗锁孔

图 2-2-31　BENQ 投影仪 BP5125C/BP5225C 四面结构

1. 调焦圈
   调节投影图像的焦距。
2. 缩放圈
   调节投影图像的大小。
3. LAMP（灯泡）指示灯
   显示灯泡的状态。当指示灯亮起或闪烁时，表示灯泡有问题。
4. MENU/EXIT
   打开屏显（OSD）菜单。返回之前的屏显菜单，退出并保存菜单设置。
5. ◀ 左/ ◀»
   降低投影仪音量。
6. MODE/ENTER
   选择可用图像设置模式。
   激活所选屏显（OSD）菜单项。
7. BLANK
   用于隐藏屏幕图像。

8. TEMP（温度）警告灯
   如果投影仪温度太高，指示灯会亮红色。
9. POWER（电源指示灯）
   投影仪操作时，指示灯会亮起或闪烁。
10. AUTO
   自动为所显示的图像确定最佳图像计时。
11. 梯形失真校正/箭头键（ ▱ / ▲ 上，▱ / ▼ 下）
   手动校正因投影角度而产生的变形图像。
12. ⏻ 电源
   可让投影仪在待机和开启模式之间进行切换。
13. ▶ 右/ ◀»
   提高投影仪音量。
   当屏显（OSD）菜单被激活时，#5、#11和#13键可用作方向箭头来选择所需的菜单项和进行调整。
14. SOURCE
   显示信号源选择条。

图 2-2-32　BENQ 投影仪 BP5125C/BP5225C 控制面板

遥控器

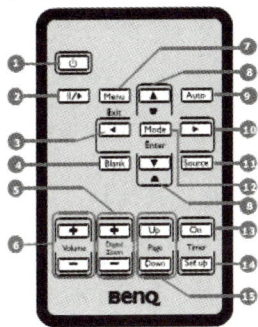

1. ⏻ 电源
   可让投影仪在待机和开启模式之间进行切换。
2. ‖▶ 冻结
   冻结投影图像。
3. ◀ 左
4. BLANK
   用于隐藏屏幕图像。
5. Digital Zoom（＋、－）
   放大或缩小投影图像尺寸。
6. Volume ＋/－
   调节音量大小。
7. MENU/EXIT
   打开屏显（OSD）菜单。返回之前的屏显菜单，退出并保存菜单设置。

8. 梯形失真校正/箭头键（ ▱ / ▲ 上，▱ / ▼ 下）
   手动校正因投影角度而产生的变形图像。
9. AUTO
   自动为所显示的图像确定最佳图像计时。
10. ▶ 右
   当屏显（OSD）菜单被激活时，#3、#8和#10键可用作方向箭头来选择所需的菜单项和进行调整。
11. SOURCE
   显示信号源选择条。
12. MODE/ENTER
   选择可用图像设置模式。
   激活所选屏显（OSD）菜单项。
13. Timer On
   根据计时器设置激活或显示屏显计时器。
14. Timer Set up
   直接进入演示计时器设置。
15. Page Up/ Page Down
   操作相连接电脑上的显示软件程度，该程序响应Page Up和Page Down命令（如Microsoft Power Point）。

图 2-2-33　BENQ 投影仪 BP5125C/BP5225C 遥控器

投影仪的连接——当连接信号源至投影仪时，须确认：

(1)进行连接前先关闭所有设备。

(2)为每个信号来源使用正确的信号线缆。

(3)确保线缆牢固插接。

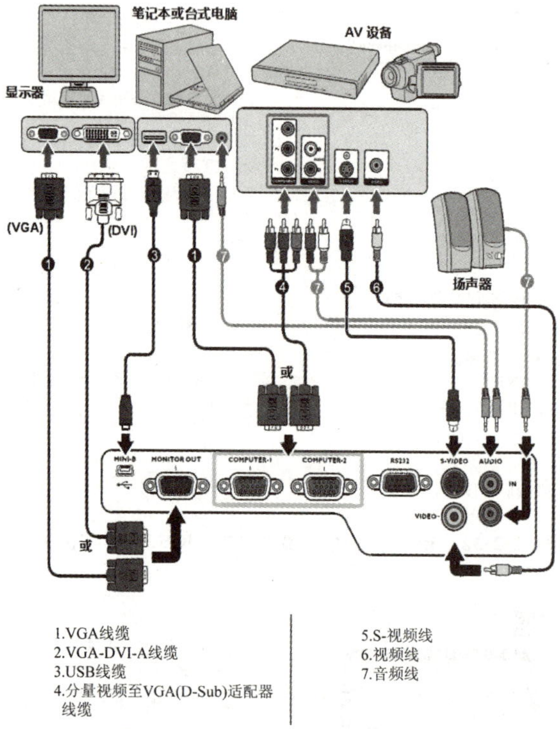

1.VGA线缆
2.VGA-DVI-A线缆
3.USB线缆
4.分量视频至VGA(D-Sub)适配器
　线缆

5.S-视频线
6.视频线
7.音频线

图 2-2-34　BENQ 投影仪 BP5125C/BP5225C 的设备连接

　　许多笔记本在连接到投影仪时并未打开其外接视频端口。通常，组合键 FN＋F3 或 CRT/LCD 键可打开或关闭外接显示器。在笔记本电脑上找到标示 CRT/LCD 的功能键或带显示器符号的功能键，然后同时按下 FN 和标示的功能键。

二、投影仪操作过程

　　(1)熟悉投影仪。依照说明书进行投影仪的安装以及与其他设备的连接。

　　(2)接入电源。将投影仪放置于平稳桌面上或进行吊装固定，接入电源，上电后检查投影仪上的 POWER(电源指示灯)是否亮橙色。

　　注意：放置投影仪的位置要考虑屏幕的大小和位置、合适电源插座的位置及投影仪与其他设备之间的位置和距离等因素。

　　(3)连接信号源。使用 VGA 线或 HDMI 线连接笔记本电脑。

　　(4)打开电源。按投影仪上的 ⏻ 或遥控器上的 ⏻ 可启动投影仪。灯泡点亮后，用户听到开机声。投影仪开机时，POWER(电源指示灯)会先闪绿灯，后常亮绿灯。

　　启动程序约需 30 秒。在启动的后面阶段，显示启动标志。如有必要，转动调焦圈调整图像清晰度。

（5）切换输入信号。在保证投影仪与其他设备已连接好的情况下，可使用投影仪或遥控器上的 SOURCE 键，会显示信号源选择栏，重复按▲/▼直到选中所需信号，后按 MODE/ENTER。

（6）选择宽高比。投影仪自然显示分辨率的宽高比为 4∶3。要获得最佳图像显示效果，选择并使用以该分辨率输出的输入信号。或者更改投影图像宽高比（针对任何信号源）：①按 MENU/EXIT，然后按◀/▶直到选中显示菜单。②按▼选择宽高比。③按◀/▶选择一个与视频信号格式相匹配且符合您的显示需求的宽高比。

注意：如果投影仪与输入信号的宽高比不同，投影仪将会根据"宽高比"设置进行比例调整，可能会导致图像失真或清晰度降低。

（7）调节投影图像。

①调节投影角度，按快速释放按钮并将投影仪的前部抬高，图像位置调整好之后，开启快速释放按钮，将支脚锁定到位，旋转后调节支脚，水平角度进行微调。要收回支脚，抬起投影仪时按快速释放按钮，后慢慢放下投影仪，接着按反方向旋转后调节支脚。

②自动调节图像，在某些情况下，可能需要优化图像质量。要达到此目的，按投影仪或遥控器上的 AUTO。在 3 秒内，内置的智能自动调整功能将重新调整频率和脉冲的值，以提供最佳图像质量。

③微调图像大小和清晰度，使用镜头缩放圈将投影图像调节为需要的尺寸。旋转调焦圈以使图像聚焦。

④矫正梯形失真，如果投影仪与屏幕之间不垂直，会发生梯形失真的情况。按投影仪或遥控器上的 ⬜/⬜ 显示梯形失真校正页面。按 ⬜ 矫正图像顶部的梯形失真。按 ⬜ 矫正图像底部的梯形失真。

（8）使用完毕后关闭投影仪。按 ⏻，屏幕上将显示确认提示信息。如果在数秒钟内未响应，信息会消失。再按一次 ⏻，POWER（电源指示灯）闪橙色，然后投影仪灯泡熄灭，风扇则会继续运转大约 90 秒以冷却投影仪。投影仪关闭后可直接拔出交流电插头。

注意：为保护灯泡，切勿关闭后立即重启投影仪，重新启动投影仪前等待约 10 分钟。

三、投影仪使用技巧

技巧一：矫正梯形失真

梯形失真是指投影图像的顶部或底部明显偏宽的情况。如果投影仪与屏幕之间不垂直，就会发生这种情况。我们需要分辨图像是顶部梯形失真还是底部梯形失真来选择正确的按钮进行调整，如果判断错误则会导致图像矫正不成功并且耽误使用时间。对图像失真做出正确判断后，使用相应按钮完成矫正。

按 ⬜/▼   按 ⬜/▲

图 2-2-35 投影仪梯形失真矫正

技巧二：菜单使用

目前市面上大多数投影仪具有屏显（OSD）菜单功能，当需要设置更多参数时，用户可以通过按投影仪或遥控器上的 MENU/EXIT 按钮，打开屏显菜单，进行相关设置。

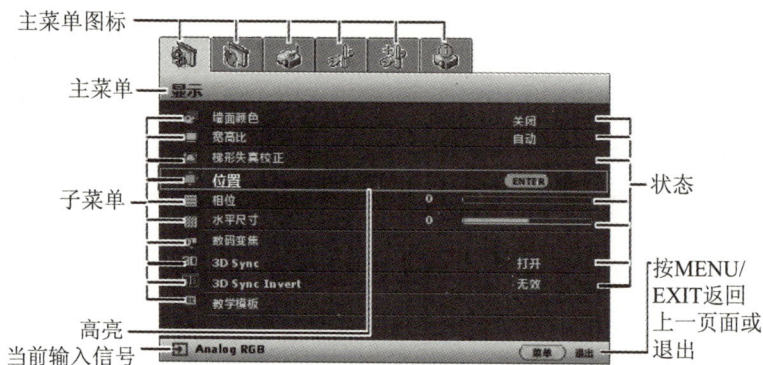

图 2-2-36 投影仪屏显菜单

技巧三：选择宽高比

"宽高比"是图像宽度对图像高度的比例。多数模拟电视和部分计算机的宽高比为 4∶3，数字电视和 DVD 的宽高比通常为 16∶9。随着数字信号处理的出现，许多投影仪等数字显示设备可动态拉伸图像，以不同于图像输入信号的比例缩放输出的图像。

（四）银幕

1. 银幕的种类

教学银幕的种类很多，分类方式也较多。

按放映方式分为：反射式银幕和透射式银幕。

按表面光学特性分为：漫散反射（或透射）银幕和方向性漫散反射（或透射）银幕。

按银幕材料分为：玻璃微珠幕、高级塑料幕、布基白塑幕、白布幕、木板幕、金属幕等。

按银幕式样分为：板框式银幕、软片式银幕和卷筒式银幕。

2. 不同材料银幕的性能特点

（1）玻璃微珠幕。这种银幕属方向性漫散反射幕。它是一种在纤维织物的表面涂上一层洁白胶漆，在白漆上再均匀敷上一层高折射率玻璃微珠的银幕。其特点是亮度高、光色好、白昼成像清晰。缺点是方向性较强、视角范围较窄。这种幕适用于中等宽度或狭长形的教室。

玻璃微珠幕不能折叠，不能用尖锐物体触碰幕面，也不宜用手触摸。幕面上有灰尘时，不能用水洗擦，只能用吹气刷等来去除。

(2)布基白塑幕。这种银幕以布为衬底，在上面以高反射系数的塑料涂料涂布而成。这种银幕属漫散反射银幕。在幕前不同角度观看，亮度变化不大，且光线反射柔和，观看者视觉不易疲劳。这种银幕可以软折，脏了可用湿布擦洗，使用寿命较长，价格低于玻璃微珠幕。适合于较宽大的教室。

(3)高级塑料透视幕。这种银幕是以尼龙薄膜作为衬底，涂以高反射系数的塑料涂料，再均匀胶敷一层玻璃微珠。这种幕成像视野较宽，可用于大型电子显示及投影电视，使用时需固定在木框上。

(4)透射幕。透射银幕的最大特点是在银幕后面放映影像，学生则在银幕的前方观看，其画面亮度取决于从银幕背面透射来的光通量。放映时，教室不必遮光，非常方便教学。

(5)木板幕。这类幕可用胶合板自制，在板上涂以白漆，为防止反光，在白漆中可掺入一些大白粉。

(6)白布幕。这种银幕以白布(最好选用粗白布，因粗白布的反射光线较为柔和)制成，虽其亮度不及玻璃微珠幕和布基白塑幕，但价格低廉，使用方便，适宜各级学校教学中使用。

另外，在没有教学银幕的情况下，亦可用白纸或直接以白墙替代。

3. 教学银幕的使用

银幕的正确悬挂对放映质量有很大的影响，悬挂银幕要考虑下列要求。

(1)银幕的悬挂高度。银幕的悬挂高度，应以教室内所有学生能看到完整的、不失真的影像为原则。对于水平地面教室，幕的下边缘应高于学生的头部。

(2)银幕与学生座位间的关系。银幕与最前排座位的距离不要小于幕宽的1.5倍，距离过近，最前排学生不能一眼看全幕面而左顾右盼，易于疲劳。银幕与最后排座位的距离不要超过幕宽的6倍，距离太远，最后一排学生看不清影像的细节。

(3)银幕与学生视角的关系。为使学生能看到的影像不失真，学生对银幕的视角应有一定限度。实验表明，学生观看银幕的水平视角和垂直视角均不应大于45°，否则看到的影像将变形失真。

(4)银幕与放映角度的关系。我们知道，当幻灯机、投影器的主光轴与银幕中心垂线重合时银幕上的图像不失真。但在实际使用时由于银幕挂得高而投影仪器放置有个仰角，竖直方向很难保证重合。若张挂银幕时使银幕平面与竖直方向形成一个角度，即使银幕上方前倾，也可减少失真。该角度不宜过大，一般小于12°。

使用银幕要注意维护，如防止灰尘、污物对银幕的污染；防止高温和受潮；防止曝晒；防止碰伤划伤；使用完毕应该按要求保存。

图 2-2-37　银幕

二、现代听觉媒体

(一)传声器(话筒)

传声器通常称为麦克风、话筒，是将声音信号转换为电信号的能量转换器件。话筒是教师在各种教育教学环境中经常用到的教学媒体，如教室、会议室、操场等。话筒能收集人的声音信号，配合功率放大器将声音放大，使一定范围内的学生都能清晰地获得教师的言语信息。

按声电转换原理分为：电动式、电容式、压电式、电磁式、碳粒式、半导体式等。

按声场作用力分为：压强式、压差式、组合式、线列式等。

按电信号的传输方式分为：有线、无线。

按用途分为：测量话筒、人声话筒、乐器话筒、录音话筒等。

现阶段常用的话筒多为无线话筒，无线话筒工作系统一般由发射机和接收机两部分组成。在多媒体教学中，常用的是领夹式无线话筒，它是将发射电路和电池仓置于一方盒中，使用时能够别在腰后。

图 2-2-38　领夹式无线话筒　　　　图 2-2-39　手持式无线话筒

话筒是日常教育教学中使用频率较高的教学媒体设备，在使用时要注意以下几个常见的问题。

啸叫：话筒在使用过程中会经常出现啸叫现象，即扬声器发出尖锐、刺耳的声音。这种情况一般是由于话筒离扬声器的位置太近造成的，当使用话筒说话时，从扬声器里发出的声音又进入话筒传回给扬声器，形成循环，产生啸叫现象。因此当出现啸叫现象时，应拉大话筒与扬声器的距离，改变扬声器的传播方向，或者把扬声器音量调小，一般都能有效避免啸叫现象。

防风：使用防风罩可以防止讲话时，由于呼吸产生的气流通过话筒产生震动，发出"噗噗"的声音。当没有防风罩时，也可以在话筒上包一块薄布代替。

试音：教师在对话筒进行调试时，拍打话筒试音或对话筒吹气试音是常见的现象。应注意的是，话筒是一种灵敏度很高的媒体设备，拍打话筒可能使话筒内部部件发生位移，损坏话筒结构；而对话筒吹气可能使动圈式话筒音膜损坏，或是将水汽带入话筒，影响话筒的传声效果。正确的试音方法是对着话筒轻声说话，逐渐提高到正常的音量，在这个过程中对其他设备进行调整。

拆卸电池：无线话筒的电池可以拆卸，在无线话筒长期不使用的状态下，要将电池拆卸下来，避免电池发生漏液损坏话筒，也避免电池漏电导致下次使用时电量不足。无线话筒在使用过程中要随时观察电池的电量，电量不足时要及时充电或者更换电池，以使下一次能够正常使用。

(二)功率放大器

功率放大器简称功放，也叫音频放大器或扩音机，是对音频信号进行功率放大的设备，由前置放大、混合放大、推动放大、功率放大等几部分电路组成。它可以分别或同时与传声器、计算机、CD机、录音机和收音机等配接使用。其中由传声器输出的音频信号最弱，首先要进行前置放大，然后与其他线路输入的各路信号混合放大，在混合前各路信号都有独立的

图 2-2-40　功率放大器

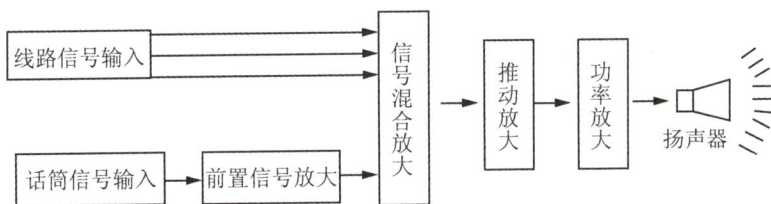

音量控制电路，混合后的信号经推动放大，最后经功率放大器输出足够功率的电信号，推动扬声器发出声音。

图 2-2-41　功放示意图

功率放大器的谐波失真度和信噪比是判断功率放大器优劣的两个简单参数。谐波失真度指功率放大器输出信号与输入信号相比的失真程度，数值越小，声音越保真，效果也就越好。信噪比指功率放大器输出信号当中，原声音信号与噪声信号的比例，数值越大，则噪声信号越小，输出信号越干净。

(三)扬声器、便携式扩音器

1. 扬声器

扬声器又称喇叭，是把电信号转换为声信号，把电能转换为机械能的器件。各

种需要发声的电子设备，都需要用扬声器来进行发声。

根据结构分类，扬声器可以分为电动式、电容式、压电式、电磁式等，其中电动式扬声器应用最广泛，具有电声性能好、结构稳定、价格较低等优点，如电动号筒式扬声器(高音喇叭，常用于室外)、电动纸盆式扬声器(低音喇叭，常用于室内)。

按照声音频率范围分类，扬声器可以分为低频扬声器、中频扬声器、高频扬声器。这几种不同频率范围的扬声器可以在音箱中组合，其中，较小的扬声器负责中高频率声音的输出，较大的扬声器负责中低频率声音的输出。

图 2-2-42　扬声器　　　图 2-2-43　音箱

2. 便携式扩音器

便携式扩音器是一种小巧简单、方便携带的扩音器件，多见于课堂教学的教师和旅行团的导游使用。它体积较小、重量较轻、便于携带、操作简单，有一定的声音放大效果。多功能的便携式扩音器支持 U 盘、内存卡播放音乐，支持收音、录音等功能。

教师在没有配备传声器的教室进行上课，正常的语音音量很难保证整个教室里的学生都听清楚，长时间提高语音音量又会给教师的嗓子带来一定损伤。使用便携式扩音器则能在教师保持正常的语音音量的情况下产生洪亮、清晰的语音效果。

图 2-2-44　便携式扩音器

便携式扩音器一般由一个扩音器主机和一个小话筒组成，扩音器主机可以挂在腰上，小话筒可以挂在脖子上以便靠近嘴，教师在使用过程中可以随意走动，不受线路的限制。因此，便携式扩音器逐渐成为教师们喜爱的一种教学媒体。

(四)校园无线广播

无线广播也叫调频广播，可以通过无线发射的形式来传输广播信息，覆盖范围较广，广播接收较方便。校园无线广播可以通过无线广播调频发射机发射调频信号覆盖整个校园。

无线广播可以无限扩容，即在广播覆盖范围内，接收广播的设备数量没有上限。因此在校园中，可以在需要广播的地方配置接收音箱，通过无线的形式接收广播并传递广播信息，免去有线广播的布线问题，更加简单方便。无线广播还可以用来进行听力训练、听力考试等，学生自带广播接收设备，在教师的组织下统一进行广播接收，获得听力信息。

图 2-2-45　无线广播调频发射机　　　图 2-2-46　数码录音笔

(五)数码录音笔

数码录音笔是数字录音器的一种，它能对声音模拟信号进行采集，通过数模转换器转换为数字信号存储。数码录音笔机身小巧，方便携带，使用简单，效果显著。录音是录音笔的主要功能。数码录音笔一般有降噪功能，能有效降低环境噪声，使用数码录音笔能提升录音质量。此外，多功能录音笔还具有激光笔、FM 调频收音、MP3 播放等功能。教师们在教育教学活动中需要采集声音信息时，为了获得更纯净、质量更高的声音信息，可以尝试使用数码录音笔，也为后期对声音材料的处理带来极大方便。

三、现代视听觉媒体

(一)摄像机

摄像机是把光学信号变换成电信号的光电转换装置。当摄像机拍摄物体时，物体的反射光被摄像机里的摄像器件收集，摄像器件把光学信号转换成电信号，再经过放大电路进行信号放大和调整，最后通过录像机记录下来。现在使用的数码摄像机一般为摄录一体机，即摄像机和录像机合为一体，在同一装置中工作。

图 2-2-47　专业级摄像机　　　　　图 2-2-48　民用级摄像机

摄像机按用途分类可以分为广播级摄像机、专业级摄像机、民用级摄像机。广播级摄像机一般用于广播电视领域，由于电视节目制作的要求较高，广播级摄像机从镜头到摄像器件等各方面性能都优良，价格一般在十万元以上；专业级摄像机一般用在除广播电视领域以外、要求较高的专业领域，如教育领域、医疗领域、工业生产领域等，其性能也比较优良，价格一般在十万元以下；民用级摄像机一般用在教育教学领域、家用领域，其特点是体型小巧、操作简便、功能强大、价格较低，可以用于教学片段录制、教学素材摄取等方面，价格一般在几千到一万元。

摄像机在教育教学中的应用可分为以下几个方面。

1. 教学实录

使用摄像机拍摄课堂教学实录影像，一般采取摄像机固定的方式拍摄，预先确定好摄像机的位置，调整好摄像机的角度、焦距、曝光度、色温、白平衡等参数，摄像机可以同时获得整堂课的图像和声音信息。教师可以利用课堂教学实录影像来对教学技能、教学水平进行自评和他评。这种通过观看实录影像进行评价的方式比较客观，有利于提升教师的教学能力。教师也可以使用摄像机来完成课程资源的建设，如精品课程、一师一优课等。

2. 教学资源的素材采集

教育教学过程中会使用到各种教学资源，教师一般通过互联网获取符合自己预期要求的多媒体材料来制作教学资源。当无法找到令人满意的材料时，教师可以考虑通过摄像机自己拍摄素材，这样的素材更真实，更贴近当前的教学环境，制作的教学资源更能激发学生的兴趣，学生更容易理解。

3. 校园文化、班级文化活动记录

各种校园文化活动、班级文化活动更是需要摄像机作为记录工具，以完成活动的资料保存和宣传，如运动会、集体劳动、班会活动等。校园文化、班级文化活动记录一般不采用固定摄像机的方式拍摄，摄像机处于运动状态，此时需要拍摄者使用正确的姿势掌握摄像机，一定程度上保持摄像机的稳定性，此外还要注意摄像机镜头的推、拉、摇、移，以记录各种不同的精彩时刻。

分层教学与实训 ▶ -

数码摄像机的使用

数码摄像机工作的基本原理，简单地说就是光—电—数字信号的转变与传输，即通过感光元件将光信号转变成电流，再将模拟电信号转变成数字信号，由专门的芯片进行处理和过滤后得到的信息还原出来就是我们看到的动态画面了。

扫一扫看视频

数码摄像机的感光元件能把光线转变成电荷，通过模数转换器芯片转换成数字信号，主要有两种：一种是广泛使用的 CCD（电荷耦合）元件；另一种是 CMOS（互补金属氧化物导体）器件。

数码摄像机按使用用途可分为：广播级机型、专业级机型、消费级机型。索尼 HXR-NX100 是一款 2K 高清专业级数码摄像机，下面以图示的形式，介绍摄像机部件、开关、按钮、端口和功能等。

一、索尼 HXR-NX100 摄像机的结构和功能

专业级摄像机功能结构上相较于家用级摄像机更为复杂、丰富，使用上更加灵活。

二、数码摄像机操作过程

(1)熟悉数码摄像机。浏览数码摄像机的使用说明书，了解数码摄像机的开关、按钮、插孔等的位置和功能，特别是电源开关、录制按钮、变焦环、变焦杆、电池等主要部件的功能。

(2)插入存储卡和电池。检查并确保存储卡插入数码摄像机，打开电池盒，装入数码摄像机用的电池(注意正、负极要正确连接)。

1 对焦环	8 电池
2 变焦环	9 ON/STANDBY 开关
3 光圈环	10 FULL AUTO 按钮
4 肩带挂钩	11 SHUTTER 按钮
5 取景器	12 WHT BAL 按钮
6 大眼罩	13 GAIN 按钮
7 BATT RELEASE按钮	14 手动调节杆

图 2-2-49　索尼 HXR-NX100 摄像机的结构(一)

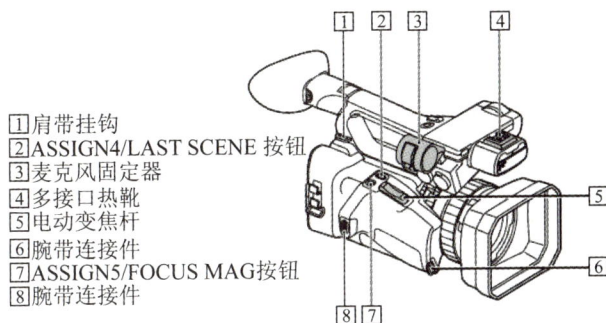

1 肩带挂钩
2 ASSIGN4/LAST SCENE 按钮
3 麦克风固定器
4 多接口热靴
5 电动变焦杆
6 腕带连接件
7 ASSIGN5/FOCUS MAG按钮
8 腕带连接件

图 2-2-50　索尼 HXR-NX100 摄像机的结构(二)

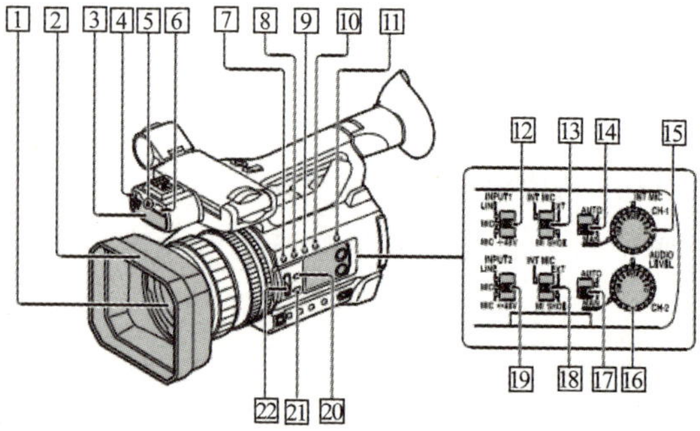

1 镜头（G镜头）
2 镜头遮光罩
3 内置麦克风
4 遥控感应器
5 拍摄灯
　在存储卡的剩余容量或电池的剩
　余电量变低时闪烁
6 NIGHTSHOT 灯
7 ASSIGN1/WB SET按钮
8 ASSIGN2/STATUS按钮
9 ASSIGN3/LOW LUX按钮
10 DISPLAY 按钮
11 SLOT SEL 按钮
12 INPUT1(LINE/MIC/MIC＋48V)
　开关
13 CH-1(1NT MIC/EXT/MI SHOE)
　开关

14 AUTO/MAN(CH－1)开关
15 AUDIO LEVEL(CH－1)拨盘
16 AUDIO LEVEL(CH－2)拨盘
17 AUTO/MAN(CH－2)开关
18 CH－2(INT MIC/EXT/MI SHOE)
　开关
19 INPUT2(LINE/MIC/MIC＋48V)
　开关
20 IRIS AUTO/MAN 按钮
21 FOCUS AUTO/MAN 按钮
22 ND FILTER 开关

图 2-2-51　索尼 HXR-NX100 摄像机的结构(三)

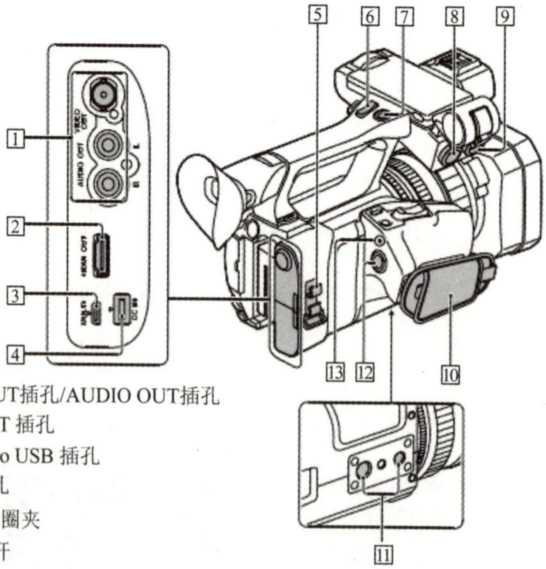

1 VIDEO OUT插孔/AUDIO OUT插孔
2 HDMI OUT 插孔
3 Multi/Micro USB 插孔
4 DC IN 插孔
5 电缆夹/线圈夹
6 手柄变焦杆
7 手柄录制按钮
8 INPUT1 插孔
9 INPUT2 插孔
10 腕带
11 三脚架插孔（1/4英寸、3/8英寸）
12 START/STOP 按钮
13 POWER/CHG 指示灯

图 2-2-52　索尼 HXR-NX100 摄像机的结构(四)

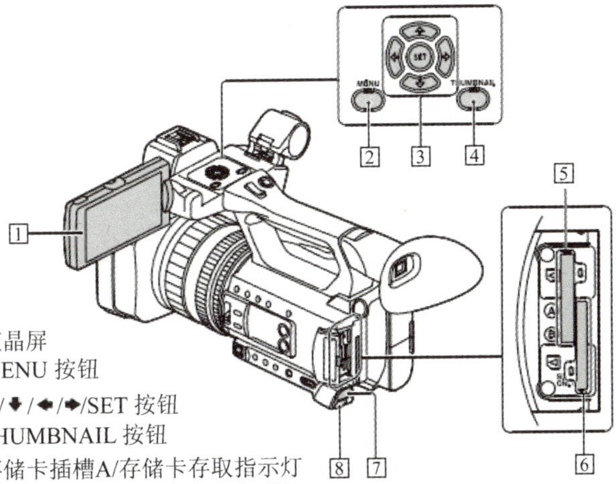

①液晶屏
②MENU 按钮
③↑/↓/←/➡/SET 按钮
④THUMBNAIL 按钮
⑤存储卡插槽A/存储卡存取指示灯
⑥存储卡插槽B/存储卡存取指示灯
⑦🎧（耳机）插孔
⑧REMOTE 插孔
  REMOTE 插孔连接用于控制播放的
  录像机或其他设备

图 2-2-53　索尼 HXR-NX100 摄像机的结构(五)

（3）打开电源。打开电源开关，取下镜头盖，打开液晶屏。

（4）设置日期。初次使用需要设置日期及时间，使用↑/↓/←/➡/SET 按钮及 MENU 按钮完成。

（5）打开液晶显示屏。根据需要调整液晶屏或取景器，方便观看拍摄效果。

（6）变焦操作。利用取景器或液晶屏，通过转动镜头的变焦环或以适中速度按压变焦杆进行取景构图。通过变焦环或变焦杆观察景物的变化情况：向右转动变焦环或向前按压变焦杆增长镜头焦距，可实现望远功能；向左转动变焦环或向后按压变焦杆缩短镜头焦距，可实现广角功能进行近拍(切勿快速转动变焦环或用力按压变焦杆)。

（7）对焦操作。调整焦距后，对画面进行对焦，在手动对焦模式下，通过转动对焦环进行对焦。

（8）开始录制。对焦清晰后，按下 START/STOP 按钮(或手柄录制按钮)开始录制，再次按下 START/STOP 按钮(或手柄录制按钮)则停止录制。

（9）观看拍摄结果。拍摄完成之后按 THUMBNAIL 按钮，数秒后出现缩略图画面。使用↑/↓/←/➡/SET 按钮选择要播放的缩略图，然后按下 SET 按钮。再次按 THUMBNAIL 按钮即可返回录制模式。

（10）传输数据。关闭摄像机电源后取出存储卡，使用读卡器将存储卡内视频拷贝至计算机中。

（11）完成拍摄。使用完毕后，关闭电源，盖上镜头盖，收起液晶屏。将摄像机放回摄像机包里，最好在包里放上防潮剂。如长时间不再准备拍摄，应将电池取出。

三、摄像机使用技巧

技巧一：保持画面的稳定

拍摄视频与拍照不同，但一个动态画面的稳定也是获得良好感官体验的重要因素。保证拍摄画面的稳定最好是双手持机，或者借助身边可支撑物体或准备好摄像机脚架，总之就是要尽量减轻画面的晃动，切忌边走边拍，这种拍摄方式针对特殊情况使用。记住画面稳定是动态摄影的第一要点。

技巧二：固定镜头

固定镜头就是镜头对准拍摄对象后，做固定点拍摄，而不做镜头的推拉动作或者是上下左右的摇镜头拍摄，设定好画面的大小后开机录像。我们平常拍摄的时候以使用固定镜头为主，不需要做太多变焦（改变焦距）动作，以免影响画面稳定性。

拍摄时多用固定镜头，可增加画面的稳定性，一个画面一个画面地拍摄，我们可以通过改变摄像机的拍摄位置、角度来拍摄一个个不同大小的固定镜头，后期进行衔接，这样既保证了画面的稳定性，也保证了画面的丰富感，尽量少用让画面忽大忽小的变焦拍摄。当然变焦镜头在适当的时机和需求中也是具有非常大的作用的。

技巧三：手持摄像机姿势

在没有脚架或在一定环境下无法使用脚架时，我们只能够手持摄像机完成拍摄，这时候保持稳定的姿势就十分重要了。在站立拍摄时，用双手紧紧地托住摄像机，肩膀要放松，右手紧握摄像机抓手并且右肘紧靠体侧，将摄像机抬到比胸部稍微高一点的位置。左手托住摄像机，帮助稳住摄像机，确保摄像机稳定不动。双腿要自然分立，约与肩同宽，脚尖稍微向外分开，站稳，保持身体平衡。采用跪姿拍摄时，左膝着地，右肘顶在右腿膝盖部位，左手同样要扶住摄像机，可以获得最佳的稳定性。

我们还可以使用将右手穿过腕带，机身放置肩上，使用取景器观看拍摄画面的姿势，这样的姿势不仅更加稳定，还方便对画面进行变焦等操作。

在拍摄现场可以就地取材，借助桌子、椅子、树干、墙壁等固定物来支撑、稳定身体和机器。姿势正确不但有利于操纵机器，也可避免因长时间拍摄而过累。

技巧四：脚架的使用

一般使用摄像机拍摄常用摄像机三脚架，而非手持，尤其是在固定场合长时间拍摄一定要使用三脚架，比如拍摄会议、上课、晚会等，使用带云台的三脚架来支撑摄像机效果最好，不但会有效地防止机器抖动，保持画面的清晰稳定、无重影，而且在上下移摄与左右摇摄时也会运行平滑、过渡自然。选择三脚架时要选择坚固稳定的，放置的位置也要选择稳固、平坦的表面，尽量远离地震源（如有汽车跑的公路、振动的机械）。如果有风，可以在三脚架上加配重物以加大三脚架的稳定性，比如背包、石块等。

支撑摄像机的常用设备还有独脚架、胸架等，它们更简单、轻巧，方便携带，山上、石上都可以用，对那些经常出去拍摄的人士来说是较为常用的、方便的。

技巧五：取景方式

学习数码相机摄影，使用取景器取景时许多人会只睁右眼取景，在使用录像机拍摄时同样只睁右眼取景，但这样的取景方式有很大的弊端。摄影与摄像不同，摄影抓住的只是瞬间的图像，而摄像我们应采用双眼扫描的方式，用右眼紧贴在取景器的大眼罩上取景的同时，左眼负责综观全局，留意拍摄目标的动向及周围所发生的一切，随时调整拍摄方式，避免因为一些小小的意外而毁了自己的作品，也避免因为自己的专注而错过了周围其他精彩的镜头，一切变化尽在掌握中。

如今摄像机都带有液晶显示屏。因屏幕大、取景方便并且色彩好，许多人喜欢上了使用液晶屏。但是现在的摄像机液晶屏反光率较高，在晚上和室内拍摄使用液晶屏取景是没有问题的，如果到了白天的室外，太阳光的照射就会导致人们看不清液晶屏里的成像效果。解决方法是：扶稳摄像机并且用手遮挡光线，也可戴一顶长檐帽。

技巧六：色温与白平衡

在学习数码相机摄影时，我们已经对白平衡有所了解了。同样，在彩色摄像中，为了正确还原出被摄物的色彩，环境光的三基色中 R（红色）、G（绿色）、B（蓝色）必须基本相等。但是无论是自然光还是人工光源，所含 R、G、B 不可能基本相等，光源中所含红色（R）成分较多则是色温较低，光源中所含蓝色（B）的成分较多即色温较高，无论是哪种情况拍摄出来的画面都会偏色。于是为消除色偏，调整光线的平衡，在专业彩色摄像机中专门设置了一个电路，即白平衡电路。这个电路可以对进入摄像机镜头光源的 R、G、B 进行提升或衰减，以保证 R、G、B 基本相等。

调节白平衡：将摄像机镜头对准一个标准白色物体，如白纸（在专业摄像中有专用白平衡板），使白色充满整个画面（要求大于 80%），调好聚焦，按一下 WHT BAL 白平衡开关，待屏幕上出现"AUTO WHITE OK"，白平衡调整结束。

如改变了拍摄环境或光源，即便是同一场景的不同时间段（如早、中、晚），要想得到正确的色彩还原，应隔一段时间调整一次白平衡。

一般专业摄像机设有自动白平衡电路，在要求不高或在光源不断变化（如舞台演出）时可用自动白平衡。

技巧七：亮度调整

在摄像机中可以通过调节光圈、增益或快门速度来调节图像的亮度，或者通过 ND FILTER 过滤器开关（B）调节光线量。将 FULL AUTO 按钮（G）设为开时，将自动调节光圈、增益、快门速度和白平衡。这些项目均无法手动调节，当我们需要对相关设置进行手动调整时，首先需要把自动模式改为手动模式，按下 FULL AUTO 按钮（G）将自动模式设为关闭，FULL AUTO 按钮指示灯会熄灭。

调节光圈的大小有助于画面景深的改变，达到突出主体等效果。在手动模式下，按 IRISAUTO/MAN 按钮(C)将光圈设定为手动，光圈值旁的 🅰 会消失。转动光圈环(A)调数值。随着光圈打开程度增大（降低 F 值），光线量增加；随着光圈关闭程度增大（提高 F 值），则光线量减少。

在光线比较暗的场景中，我们将光圈调至最大仍无法使画面调至合适的亮度，这时我们可以手动调节增益来提高亮度。手动模式下，按 GAIN 按钮(E)。增益值旁边 🅰 消失，增益值高亮显示。使用手动调节杆(D)调节数值。设定值：33dB、30dB、27dB、24dB、21dB、18dB、15dB、12dB、9dB、6dB、3dB、0dB（默认值）、－3dB。可一级一级调整，直至达到合适亮度为止。特别注意的是，增益是在环境光线特别不足的情况下开启的，增益越大画面越亮，但是增益会影响画面质量，噪点增加。

在使用数码相机时我们就知道，不但可以通过改变光圈的大小来控制进光量，还可以通过改变快门速度的方式控制，摄像机同样可以使用这一方法。在手动模式下，按 SHUTTER 按钮(F)。快门速度值旁边的 🅰 消失，快门速度值高亮显示。使用手动调节杆(D)调节数值。所设定的快门速度的分母会显示在液晶屏上。例如，当快门速度设定为 1/100 秒时，[100]会显示在液晶屏上。液晶屏上的数值越大，快门速度越高。

在户外拍摄会时常遇到太阳光强烈、环境光线过亮的情况，这时可使用 ND 过滤器开关(B)清楚地录制被摄体。ND 过滤器 1、2 和 3 分别使光线量减少大约 1/4、1/16 和 1/64。如果在光圈自动调节中 ND1 闪烁，将 ND 过滤器设定为 1。如果在光

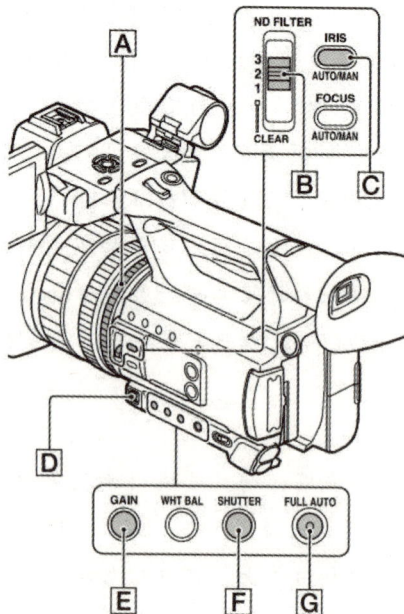

图 2-2-54　索尼摄像机 HXR-NX100 的 ND 过滤器开关

圈自动调节中 ND2 闪烁，将 ND 过滤器设定为 2。如果在光圈自动调节中 ND3 闪烁，将 ND 过滤器设定为 3。ND 过滤器指示灯将停止闪烁并停留在屏幕上。如果 NDOFF 闪烁，将 ND 过滤器（B）设定为"CLEAR"。ND 过滤器图标将从屏幕上消失。

技巧八：手动对焦

一般情况下，摄像时采用自动对焦，但是在特殊情况下，如隔着铁丝网，玻璃，与目标之间有人物移动等，往往会让画面一下清楚一下模糊，因为自动对焦的情形下摄影机依据前方物体反射回来的信号判断距离然后调整焦距，所以只要将自动对焦切换到手动，将焦距锁定在固定位置，焦距就不会变来变去了。

当按 FOCUS AUTO/MAN 按钮将对焦设定为手动且 **F** 出现在液晶屏上时，则是手动对焦模式，再按一次则变为自动对焦。在手动对焦模式下转动对焦环，观察液晶屏上目标变清晰即完成对焦。

技巧九：拍摄的景别运用

景别，是指被摄主体在屏幕框架结构中所呈现的大小和范围。在拍摄角度不变的前提下，改变摄像机与被摄物的距离或改变镜头焦距，都可改变景别的大小。距离越远或焦距越大，被摄物越小，景别越大，反之亦然。景别选择正确与否，体现了摄像师创作思维水平和对故事的理解程度。景别可分为远景、全景、中景、近景、特写，下文分别叙述。

1. 远景

远景是所有景别中视距最远、表现空间范围最大的一种景别。远景主要用于表现自然风貌、地理环境和开阔的场景。在拍摄远景时尽量不要使用顺光和逆光，而要用侧光或侧逆光，以形成画面层次感和空气的透视效果。由于远景所表现的内容较丰富，具有抒情性，因此拍摄时要有足够的时间长度，运动速度不宜太快，从而方便后期的制作。另外，拍摄远景要注意大线条的走向，如公路的方向、河流的走向等，并且要使线条在画面中延伸最长，使得画面更美更壮观。远景一般作为视频的开头和结尾，或者作为过渡镜头，所以远景一般无明显的主体物。参考时间长度为 10 秒。

2. 全景

全景主要用于表现被摄对象的全貌或人体的全身，同时保留一定的环境和活动空间。和远景相比，全景有明显的中心内容和结构主体，图像的真实性、生动性和情节使观众对所表现的事物和场景有完整的了解，向观众交代被摄对象及其所处的空间位置。全景还能够表现人物的形体动作，观众可以根据人物的活动了解人物的内心情感和心理状态。由于全景景别的特定性（处于远景和近景之间），容易拍得单调、呆板，因此拍摄时应尽量调动各种手段，如选择拍摄角度，尽量利用前景，选择侧逆光等，使画面活跃而有生气，并具有一定的深度和层次感。参考时间长度为

6 秒。

3. 中景

中景是表现场景、物体的局部或人物膝盖以上部分的画面，它比全景更重视具体的动作和情节。拍摄物体时，一般表现其有典型意义的部分，即能反映总体特征的部分，如拍摄人物时，可通过人物的视线、人物的动作线、人与人或人与物的关系来表现主题，所以中景常被用作叙事性描写。因此，拍摄中景不仅要注意构图美，还要对故事的主题、镜头的内涵有充分和深刻的认识。

4. 近景

近景是指表示物体局部或人物胸部以上部分的画面。与中景相比，近景画面表现的空间进一步缩小，画面更趋单一，环境及背景的作用进一步降低。通过正确用光，近景应拍摄出人物的体貌特征及物体的质感，同时通过人物的神态、眼神探视人物的内心世界。因此，拍摄时除了正确地运用光线，还要注意画面中形象的客观性。否则，只要有一点瑕疵，就不能被观众理解和接受。

5. 特写

特写是表现人物肩部以上或物体某一细部的画面。特写画框更接近被摄体，常用来表现人物面部表情和物体局部细节。因此，特写更能揭示人物的内心世界和物体的质感。由于特写在画面中排除了一切多余的形象，从而强化了观众对所摄对象的认识。特写还有音乐中的"重音符"、文章中的"惊叹号"的作用，往往会给观众以极大的视觉冲击。拍摄特写时，构图应力求饱满，尽可能地突出要表现的某一细部；更要注意掌握好正确的曝光和精确的聚焦；还要注意运用好光线的方向。以上三点中无论哪一点有所欠缺，都会直接影响被摄物质感的细腻表现和色彩的饱和度，从而失去或减弱特写应有的艺术力量。由于特写所具有的特殊的艺术感染力，所以运用特写时一定要根据剧情的需要，恰到好处地运用。

技巧十：变焦镜头的拍摄

摄像机和相机同样具有变焦镜头，但是在使用上的最大不同就是，摄像机可以在拍摄的同时做变焦的动作，改变画面大小的取景。这也就是变焦镜头。

当你要表达某物品或人物的位置时，如特写一个烛光约 3 秒，然后慢慢地将镜头拉远，画面渐渐出现：原来是一个插满蜡烛的蛋糕。这个动作让画面更为生动有趣。不需要旁白及说明，你可由画面的变化看出拍摄者所要表达的内容及含义，这就是所谓"镜头语言"。如果反之以推近的变焦拍摄，用意在说明特定的目标或人物，如画面开始是一群学生在上课的全景，几秒后画面渐渐推近到其中一个女孩的半身景。这种拍法就像在告诉你，这个女孩就是主角，用意在引导观看者了解你在拍什么。

以上这两种常用的拍法各有意义，运用得恰当，则具有画龙点睛之功效。反之则不知所云，漫无目标地像一只无头苍蝇一样，镜头到处乱飞。滥用变焦镜头，画面忽近忽远重复地拍摄，这是常犯的禁忌，记得在拍摄过程中推近或拉远的拍摄动作，要匀速缓慢，一次到位，切忌在停下后再继续推近或拉远。

技巧十一：动态镜头拍摄

在拍摄过程中，由于客观原因我们常常会碰到一个画面无法将景物的全景拍摄进来的情况，这时候须将摄影机由右到左或是由左到右地扫摄，这也是摄影机的优点之一。初学不熟练时常常会导致画面摇来摇去或是忽快忽慢，总之看起来非常不顺畅。

为解决这一问题，首先我们要有正确的控制摄像机的姿势，正确的做法是以腰部为分界点，下半身不动上半身移动。例如你要拍的景物，需要从 A 点扫摄到 B 点，首先面向 B 点后下半身不动，然后转动上半身面向 A 点，此时摄影机是对着 A 点的方向，接着按下录像键先原地不动录 5 秒，然后慢慢扫摄回到 B 点，到了定位时不动继续录 5 秒后关机。

其次是摇动的速度，根据脚架的把手设计，一只手握紧把手，另一只手扶住摄像机机身上方，身体尽量靠近摄像机，摇动时以微不可见的最缓慢速度匀速移动（具体速度以拍摄要求达到效果为准）。匀速的控制还需要多加练习来打好基础。

最后就是多观看好的摄影作品，学会其中画面语言的表达方式，再应用于实践中，多练习，打好基础，相信每个人都能拍出好的作品。

(二)光驱

光驱是计算机用来读取光碟信息的器件，在台式计算机和笔记本电脑上都非常常见。

激光头是光驱最重要和最精密的部分，光碟上的数据通过激光头进行读取。当光驱读取光碟信息时，激光头发射出激光打到光碟上，光碟再将激光反射，由于光碟表面由凹凸不平的点记录信息，因此反射的激光也会反射出不同的信号，并最终经过读取分析成为我们需要的数据。

图 2-2-55　台式机光驱　　　　图 2-2-56　笔记本光驱

光驱在教学中可以用于读取和播放光碟里的视频、音乐等。由于光碟是一种经济、便利的存储工具，因此一些教学资源的提供方会利用光碟制作成套的教学资源，在教学中使用时，利用光驱进行读取和展示，也很容易进行区分和保存，非常方便。

四、现代交互媒体

（一）交互式电子白板

交互式电子白板是现代教育教学活动中常用到的交互媒体，一般由电子感应白板、计算机、投影仪以及电子白板操作软件等共同组成。电子感应白板与普通黑板尺寸相当，与计算机进行连接，投影仪将计算机的显示信号投射在电子感应白板上，使用专用的电子感应笔即可在电子感应白板上完成对计算机的操作。可以说交互式电子白板是将计算机屏幕尺寸变大，并能在大尺寸的屏幕上直接对计算机进行操作的媒体。

图 2-2-57　交互式电子白板　　　　图 2-2-58　电子白板操作界面

1. 交互式电子白板的功能

交互式电子白板的功能非常强大，教学中常用的有以下十项功能。

（1）展示。即对教学信息的展示，在计算机中打开教学信息，通过投影仪投射到电子感应白板上，使计算机显示的内容放大，达到展示教学信息的目的。

（2）书写。就像用粉笔在黑板上书写一样，在教学中可以直接使用感应笔在电子感应白板上进行书写，且可以随时擦除和涂改，书写的内容可以通过电子白板操作软件保存，非常方便。

（3）绘图。可以使用感应笔在电子感应白板上自由绘图，也可以通过电子白板操作软件内置的图形、线条等工具进行辅助绘图，绘图时可以选择不同的线条颜色、粗细等。绘图的内容也可以通过电子白板操作软件保存下来。

（4）标注。当启用标注功能时，计算机鼠标箭头一般会变成一个小点，表示可以对当前显示内容进行涂写标注，标注功能可以在教学中提醒学生注意重点内容。

（5）操作对象。可以通过电子白板操作软件创建对象，并对对象进行拖动、缩放、隐藏、旋转等操作。

（6）视音频操作。使用感应笔在电子感应白板上直接完成对计算机的操作，可以打开视频、音频文件，并直接在大尺寸屏幕上完成对播放器的播放、暂停、快进、快退等操作。

（7）聚光灯。使用聚光灯功能，可以使屏幕上某一区域生成聚光圈，聚光圈以外的部分不显示，聚光圈随感应笔的移动而移动，可以改变聚光圈的大小和形状。

（8）幕布。使用幕布功能，在屏幕上生成一整块幕布遮住屏幕内容，幕布随感应笔的移动而移动，逐步呈现屏幕内容，幕布的方向、颜色、透明度可以选择和调整。

（9）放大镜。使用放大镜功能选择一块区域，该区域的内容将会放大到全屏显示，方便对某些教学内容进行仔细分析和重点讲解。

（10）库功能。电子白板操作软件具有强大的库功能，如背景库、图片库、视频库等，内含各种教学资源，内容非常丰富，涉及领域非常广泛。

2. 交互式电子白板的交互层次

交互式电子白板在教育教学活动中，根据使用的功能、交互的水平、达到的效果不同，可以分为三个交互层次。

（1）教学的辅助工具层次。在教学的辅助工具层次里，教师在教学中虽然使用了交互式电子白板，但仅仅是展示教学信息，是利用交互式电子白板将计算机的屏幕进行放大，起到视觉上的辅助作用。教师依然像传统课堂那样进行教学，只是把在黑板上板书变成在电子白板上板书，把在计算机上显示内容变成在电子白板上显示，教学并未产生本质上的变化。

（2）交互层次。在交互层次里，教师已经将交互式电子白板作为课程内容的一部分，不再是将交互式电子白板仅用于教学信息的展示，而是善于使用交互式电子白板的各种功能促进学生的认知和思维。交互式电子白板在使用过程中也会产生一定生成性的资源，这些生成性的资源可能成为学习的延续，在较长时间内都有一定的交互作用。

（3）增强交互层次。在增强交互层次里，教师已经能够非常熟练地运用交互式电子白板的各种功能，且各种运用形式都恰到好处地促进学生的认知和思维。交互式电子白板用于促进讨论、解释过程、提出假设、创设情境，成为教学的一部分。它不仅能够促进师生的互动，更能促进学生与学生之间的互动，促进学生与电子白板的操作交互、信息交互，促进学生自身进行概念交互。

（二）交互式智能平板

交互式智能平板是一种集成传统电子感应白板、投影仪、计算机、液晶显示器、音响等多种设备的新型智能交互教学媒体。传统的交互式电子白板一般由电子感应白板、计算机、投影仪等设备连接组成，而交互式智能平板则将以上设备集于一体，使得设备更加简单易用，功能更强大。随着硬件技术的提高和生产成本的下降，大尺寸的交互式智能平板正逐渐取代交互式电子白板、投影仪等设备，成为教育教学活动中的主流多媒体设备。

图 2-2-59　交互式智能平板

图 2-2-60　操作界面

交互式智能平板与交互式电子白板相比有以下特点。

(1)高集成。交互式智能平板集成了电子感应白板、投影仪、计算机、液晶显示器、音响等多种设备，且配备有丰富的接口，依然可以与鼠标、键盘、移动硬盘等外部设备进行连接，自身功能和扩展功能都非常强大。

(2)显示精度高。交互式智能平板一般采用 LED 显示屏，具有高分辨率、高亮度、高对比度、可视角度大等特点，色彩饱满丰富，可以将教学内容较好地还原和显示。

(3)易操作。交互式智能平板采用触摸显示屏，可以使用感应笔对屏幕进行操作，也可以直接使用手指对屏幕进行操作。对屏幕点击的精度高、反应快、阻尼适中，具有良好的操作体验。

(4)多功能。交互式智能平板也有相应的操作软件，功能和交互式电子白板相当，可以实现书写、绘画、标注、屏幕录制等功能。此外，交互式智能平板还可以通过有线或无线的形式与其他网络和设备进行连接，极大地扩展了交互式智能平板的功能。比如在平板教学环境下，通过无线网络和相关软件与学生中的平板电脑进行连接，可以随时进行练习测试，并能实时获得练习测试的结果反馈、数据分析等，功能非常强大，使用非常方便。

(5)低维护。交互式智能平板采用 LED 显示屏，显示寿命比投影仪大大提高，免去了投影仪灯泡使用寿命较短，需要经常更换灯泡的维护步骤。高集成于一体的设计，减少了交互式智能平板在使用过程中的布线连接与多设备之间的调试，模块化的设计使得各部分拆卸简单，维修方便。

下文简单介绍交互式智能平板的简单操作，以希沃交互式智能平板的操作面板为例。

图 2-2-61　希沃交互式智能平板的操作界面

选择 ：选中对象，可以进行移动、放大、缩小、旋转、编辑。

书写笔 ：长按可选择笔型、粗细及颜色。

橡皮擦 ：可进行点擦、圈擦、清页。

图形 ：长按可选择图形及颜色，还可进行图形智能识别。

漫游 ：可对页面进行无限拖动，用手势（两点）对素材进行放大、缩小、移动。

文字 ：点击开启文本编辑功能，在页面上点击输入文本的位置，并输入文本。

菜单 ：可实现插入、保存、另存为、打印、设置、帮助等功能。

分层教学与实训 ▶ ┈┈┈┈┈┈┈┈┈┈┈┈┈┈┈┈

交互式智能平板的使用

一、交互式智能平板的结构

交互式智能平板触摸教学一体机是集投影仪、电子白板、幕布、音响、电脑、电视机等设备功能于一体，可触摸、可书写、可开视频会议、可三维展示的多功能一体化大型液晶显示终端。目前市场上有希沃（seewo）、鸿合（HiteVision）、长虹（Changhong）、创维（Skyworth）等各类不同的品牌。本节以希沃品牌为例，以图示的形式简要介绍交互式智能平板的结构框架。

扫一扫看视频

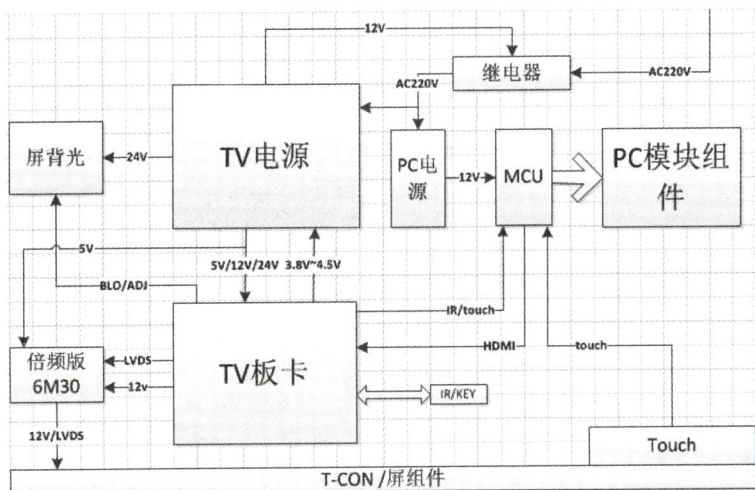

图 2-2-62　触摸一体机原理框架

二、交互式智能平板操作过程

（1）开机操作。连接电源线后，打开后端电源开关，此时设备前方右下角的电源指示灯呈红色；轻按设备前方右下角的开关机键，即可启动交互智能平板，此时指示灯变为蓝色。

开机后如果进入内置安卓界面，可使用白板功能与资料浏览功能，可播放PPT、Word等文档及视频音频等多媒体文件。

❶	▯	电脑端口：USB接口
❷	🔲	有线上网口
❸	▭	VGA：外接显示图像输出
❹	🔲	外接触摸USB接口
❺	▭	VGA：外接电脑显示图像输出
❻	🔲🔲	电源线接口、电源总开关
❼	▭	触摸按键板

图 2-2-63　希沃交互式智能平板接口

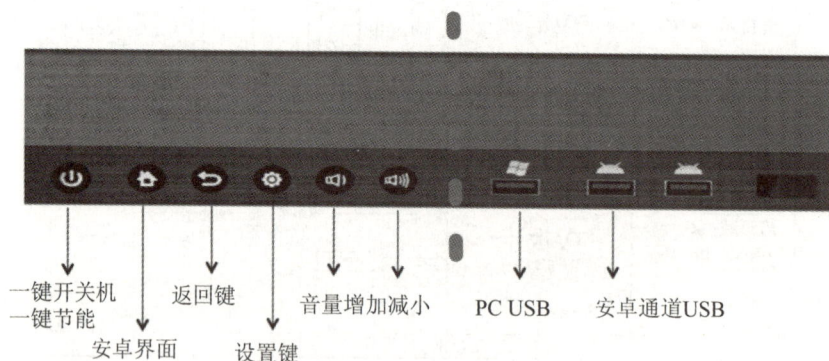

一键开关机
一键节能　　返回键　　　音量增加减小　　PC USB　　安卓通道USB
　　　　安卓界面　　设置键

图 2-2-64　面板按键与接口

（2）切换到 PC 通道。通过屏幕右下方面板中的"设置"按钮，弹出"常用设置"面板，选择 PC，进入内置电脑 Windows 界面。

（3）计算机操作。在内置电脑 Windows 界面可同时使用双手或鼠标、键盘方式操作机器。轻触屏幕任一位置即可实现单击，快速点击 2 次即可实现双击；长按屏幕任一位置 2 秒，设备会感应并在该位置画出一个圆圈，待圆圈闭合后抬手即可实现鼠标右键功能。点击屏幕左侧边框，可弹出键盘。

图 2-2-65 常用设置界面

(4)PPT 文稿演示。在交互式智能平板上安装教学白板软件。将 U 盘接入 USB 接口，双击打开 PPT 演示文稿，在演示文稿的左右两侧有上下翻页的触控按钮，演示文稿的下方有工具栏。使用工具栏中的"画笔"工具，可为演示文稿添加标注；使用"板中板"工具，添加辅助说明的空白页面。

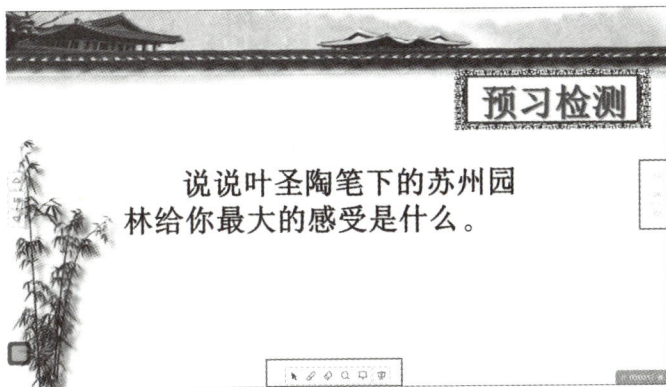

图 2-2-66 PPT 文稿演示

(5)使用教学白板软件。登录希沃官网，下载并安装希沃白板 3。完成安装后，双击桌面上的"EN"图标，启动教学白板软件。该软件适用于智能平板备授课互动教学，提供书写、擦除、批注、绘图、漫游等白板功能，同时，充分结合智能平板交互式多媒体功能，提供学科教学工具、多媒体演示小工具等强大的互动教学与演示体验。

点击菜单栏空白处，显示各按键的名称。点击界面左侧透明栏，显示学科模式选择栏。

图 2-2-67　希沃白板 3 工作界面

（6）待机操作。轻按设备前方右下角的开关机键，即可关闭设备屏幕，进入待机状态，此时电源指示灯为红蓝闪烁；再次轻按开关机键，或在屏幕任一位置触摸，即可唤醒设备继续使用。

（7）关机操作。轻按设备前方右下角的开关机键 3 秒，即可弹出确认关闭设备的对话框；点击确认或等待 10 秒即可关闭设备，内置电脑将会和设备一同关闭；电源指示灯从蓝色变成红色时，才可以关闭电源开关或切断电源总闸。

三、交互式智能平板软件使用技巧

技巧一：界面的基本操作

启动希沃白板软件 3，单击界面左侧的透明条，弹出学科模式选择栏，选择语文、英语、数学、物理、化学等不同的学科模式。软件根据选择的学科模式，显示学科常用的工具。

扫一扫看视频

点击界面左下角的"菜单"按键，选择"模式"子菜单中的"备课模式""授课模式""桌面模式"，可切换不同的模式。

点击界面左下角的"桌面"按钮，快速切换到桌面模式。在桌面模式中，点选"鼠标"或"书写"按钮，使触控处于鼠标和画笔等不同的状态；点击"EN"按钮，返回白板软件界面。

点击工具栏中的按钮，选中该按键（选中的按钮比其他的按钮要高），再次点击选中的按钮，可对按钮进行更具体的设置，如书写笔的样式、大小、颜色。

表　常用工具

笔图标（图片）	功能用法
	书写。打开当前所有类型的画笔，包括硬笔、荧光笔、毛笔、排刷笔、激光笔。笔可调节粗细和颜色。
	橡皮擦。分为点擦、圈擦、清页。

续表

笔图标(图片)	功能用法
	选择。可以通过画任意闭合图形或点击选中界面上的笔迹、线条、图片对象，对选中对象进行任意旋转、移动、删除、剪切、复制、排序、组合(多个对象)、镜像、添加到资源库等。
	漫游。无限扩大单个书写页面。
	资源库。弹出资源库二级菜单，可以访问本地路径、系统资源、网络资源等。
	菜单。为用户提供了新建、打开、插入、保存、另存为、导入、打印文件以及设置、帮助(默认菜单选中帮助)、退出软件等功能选项。

技巧二：书写工具的使用

(1)印章笔的使用——标注所在的省份。

插入资源。点击"资源库"按键，找到中国地图的图片文件，拖动到白板软件工作区；或者在 Windows 资源管理器中，打开图片文件所在的文件夹，将文件拖动到工作区。

设置笔刷。选中"书写"按键，再次点击该按键，设置为印章笔，选择小红旗，调整画笔大小。

添加图标。在地图上点击一下，添加图标。

调整图标。点击"选择"按钮，点击选中图标，拖动图标至所需的位置。

(2)荧光笔的使用——花朵的绘制。

添加新页。点击界面右下角的"添页"按键，添加空白页面。

设置背景。点击界面左下角的"百宝箱"按键，点击"主题"选项卡，点击"纯色背景"选项，选择白色，将页面背景设置为白色。

绘制花枝。在工具栏中点选"书写"按键，再次点击该按键，选择毛笔样式，设置笔的颜色与大小，在工作区中绘制花枝。

绘制花朵。选择荧光笔，设置笔的颜色与大小，在工作区中点击鼠标，绘制花朵。

保存文件。点击"菜单"按钮，选择"文件"/"保存"命令，保存编辑好的文件。

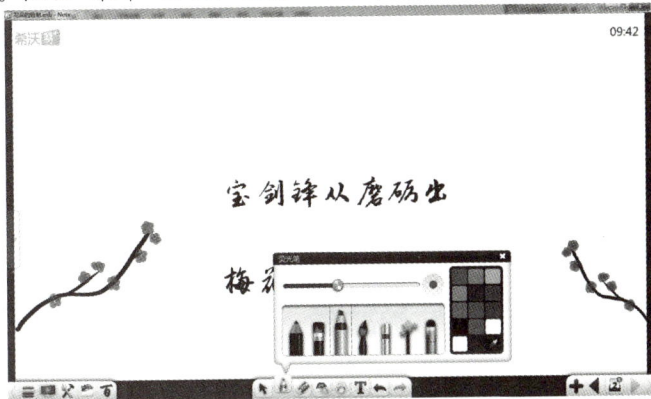

图 2-2-68　荧光笔绘制花朵

技巧三：百宝箱的使用

（1）放大镜工具的使用——昆虫的观察。

插入图片。点击"菜单"按键，选择"导入"/"文件"命令，导入图片文件；或者选择已经制作好的 PPT 文件，选择"以图片形式导入"。

使用放大镜。点击"百宝箱"按键，选择"小工具"选项卡，点击"放大镜"工具，在画面中任意位置添加放大镜。

调整放大镜。拖动放大镜到所需的位置；拖动灰色边框，调整放大范围；点击放大镜旁边的"设置"按钮，设置放大比例，关闭放大镜。点击放大镜旁边的"关闭"按钮，关闭放大镜效果。

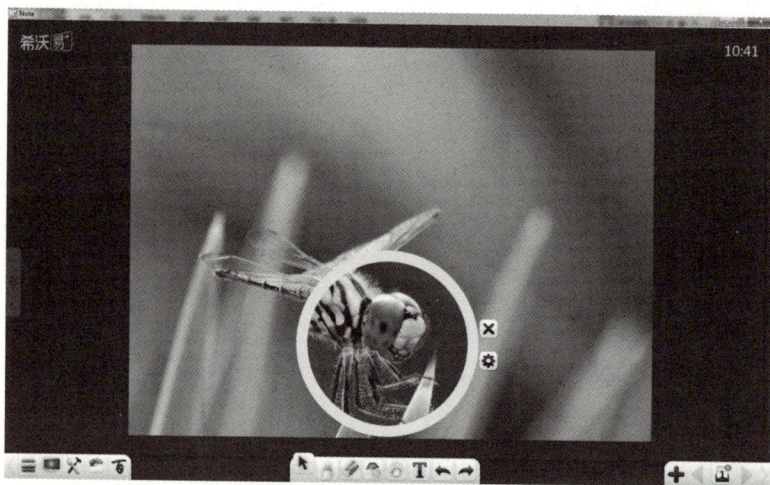

图 2-2-69　放大镜的使用

（2）聚光灯工具的使用——看图说字。

导入课件。点击"菜单"按钮，选择"导入"/"文件"命令，选择"以图片形式导入"选项，将 PPT 课件导入白板软件。

图 2-2-70　将 PPT 课件以图片形式导入

使用聚光灯。点击"百宝箱"按键，选择"小工具"选项卡，点选"聚光灯"工具，在任意位置添加聚光灯。

调整聚光灯。拖动黑色区域调整聚光灯的位置，拖动聚光灯的灰色边框，调整聚光灯大小，点击聚光灯旁边的"设置"按钮，调整黑色区域的透明度。

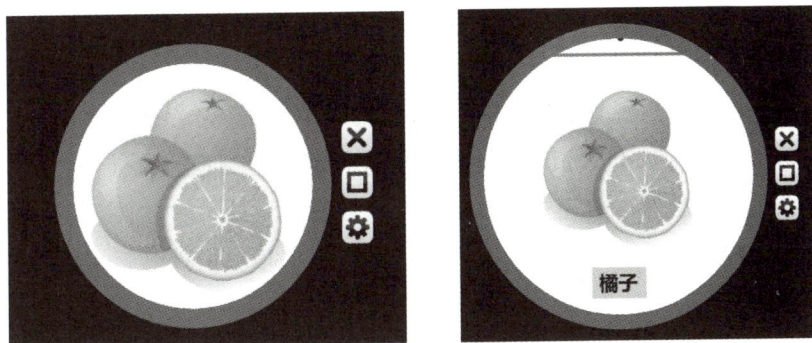

图 2-2-71 聚光灯的使用

关闭聚光灯。点击聚光灯旁边的"关闭"按钮，关闭聚光灯。

技巧四：图形工具的使用——认识汉字

启动软件。下载并安装希沃教学白板 5，与希沃白板软件 3 相比，希沃白板 5 的教学互动方式更加简单高效。完成安装后，启动白板软件。

新建课件。注册并登录云课件（如注册为小学语文学科），点击"新建课件"按钮，选择课件背景，新建云课件，进入希沃白板 5 工作界面。

输入文本。点击工具栏中的"文本"工具，输入文本，并设置文本字体、字号、颜色等属性。

添加汉字田字格。点击工具栏中汉字按钮，在工作区域会增加汉字田字格，双击后输入汉字，调整汉字的位置和大小。播放汉字的读音，演示汉字的书写。

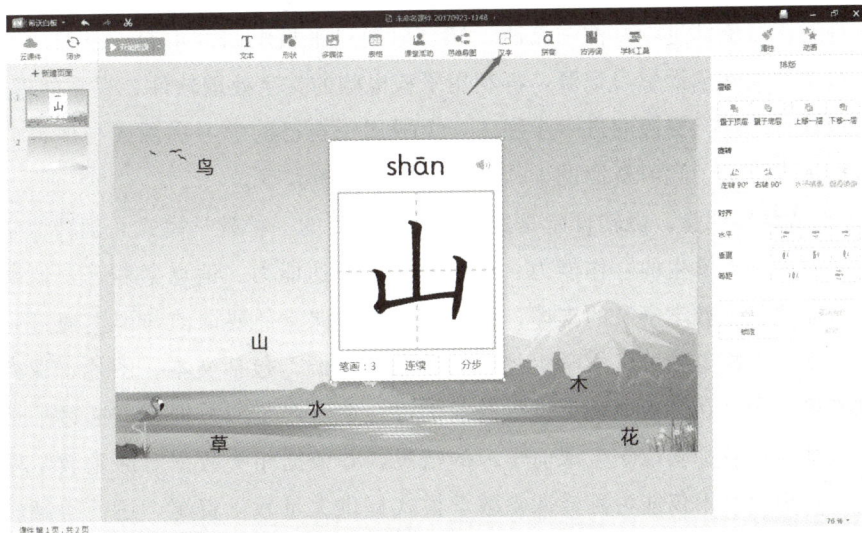

图 2-2-72 添加汉字田字格

(三)平板电脑

平板电脑是一种体型小巧、方便携带的智能设备，用户通过对屏幕的触控来与平板电脑交互。平板电脑具有独立的操作系统，用户可以安装自己需要的各种应用软件，如游戏、导航、词典、播放器等第三方服务商提供的应用程序。平板电脑一般通过 Wi-Fi 网络实现网络接入，也有部分平板电脑可以通过移动网络实现网络接入。

平板电脑的操作系统主要有 Android、iOS、Windows，教育教学中常见的平板电脑大多由生产厂商基于 Android 操作系统进行深度定制或直接使用原生 Android 系统。这类平板电脑有一套完整的教学系统，自带常用的教学软件，在教育教学中的应用多种多样，并处于不断的探索之中，以下列举几项平板电脑在教育教学活动中的应用。

(1)展示学生作品。在课堂教学中，教师可以利用平板电脑的照相功能随时拍下学生的手工作品、练习测试的答案等，与其他教学媒体连接后在大尺寸的屏幕上展示，使全班学生能仔细观察到某一学生的作品，并能共同分析某一学生的练习测试答案。这种展示的方法和过程比视频展示台更简单和方便，教师可以在教室的任何角落，使用任意角度对任意需要展示的物体进行拍摄。

(2)发送练习测试和教学资源。当课堂上学生使用平板电脑进行学习时，教师可以利用无线网络和相关应用软件将自己的平板电脑与学生的平板电脑进行连接，向学生发送作业、练习和测试题，学生完成作业、练习和测试的结果会及时反馈到教师的平板电脑上并进行数据分析，教师能够及时掌握学生的学习情况，以对教学做出调整。此外，教师还可以给学生发送统一的教学资源，学生获取教学资源后在自己的平板电脑上进行学习。

(3)学生自主生成学习资源。在学生使用平板电脑的教学环境中，学生可以通过平板电脑对学习资源进行批注和涂改，还可以通过平板电脑的拍照、录像、画画等功能，自主生成和创设学习资源，再利用平板电脑的文字处理软件、视频处理软件、图像处理软件等进行资源的进一步加工，生成属于自己的学习资源或与他人分享的学习资源。这促进了学习资源的个性化，促进了资源共享。

(4)支持翻转课堂。翻转课堂是近年来比较流行的一种教学模式。翻转课堂模式下的教学更能培养学生的合作能力、思维能力、表达能力、信息素养等，但翻转课堂的实施需要大量教学资源的支撑，且高效的翻转课堂需要课前与课上通过一定方式产生联系。平板电脑可以给学生提供大量教学资源，包括文本、图片、课件、视频、动画等。学生在平板电脑上进行课前学习，学习产生的数据可以通过平板电脑传送到教师端，教师获取学生课前学习的情况，并依据相关数据对课堂教学做出相应调整。平板电脑不仅能为翻转课堂教学模式提供大量教学资源，还使得翻转课堂的课前与课上有效联系。

图 2-2-73　平板电脑

图 2-2-74　智能手机

(四)智能手机

智能手机相对于传统功能手机来说，具有独立的操作系统，用户可以安装自己需要的各种应用软件，如游戏、导航、词典、播放器等第三方服务商提供的应用程序。智能手机能通过移动网络或 Wi-Fi 网络实现应用软件的数据更新和手机与手机之间的数据交换。

智能手机与平板电脑相比，硬件结构和软件环境都非常相似，主要区别在于智能手机的屏幕尺寸较小，一般在 7 英寸以下，平板电脑屏幕尺寸较大，一般在 7 英寸以上；智能手机可以通过移动网络和 Wi-Fi 网络实现网络接入，平板电脑一般通过 Wi-Fi 网络实现网络接入，少部分平板电脑可以通过移动网络实现网络接入。

因此，智能手机在教学上的应用与平板电脑类似，但平板电脑屏幕尺寸更大，更适合于教育教学活动。除此之外，由于智能手机可以通过移动网络随时实现网络接入，教师可以利用智能手机随时实现家校交流。家庭与学校、家长与教师之间不仅可以通过电话、手机短信进行交流，还可以通过智能手机上的社交软件进行交流，且家长之间也可以在社交软件中创建群组进行集体交流。利用智能手机上的社交软件不仅可以实现文字的交流，还可以实现语音、图片、视频、文件等其他形式的交流，信息的内容非常丰富，传输非常及时，获取非常方便。

智能手机和平板电脑一样，可以与交互式智能平板、投影仪、显示器等设备通过无线连接，实现无线同屏。

(五)无线同屏

所谓无线同屏，是指通过无线连接的方式，将移动设备的屏幕显示内容传输到大尺寸屏幕上，使大尺寸屏幕显示的内容与移动设备保持一致，当对移动设备进行操作时，大尺寸屏幕显示内容发生相应改变。

在教育教学活动中，利用无线同屏技术，教师可以轻松地将手中的移动设备屏幕内容传输到交互式智能平板等大尺寸屏幕上显示。这时，教师只需操作手中的移动设备，就能完成对大尺寸屏幕的控制，所有要展现的电子资源通过手中的移动设备就能轻松实现传输。教师与移动设备的交互更加简单，在教室中的任意位置都能完成操作，教学活动变得更加生动和高效。

　　无线同屏可以分为镜像同屏和非镜像同屏。镜像同屏是指移动设备的所有内容可以传输到大尺寸屏幕上显示，如操作系统界面、任何应用软件的使用过程、视音频的声音和画面等。非镜像同屏只能支持一些简单媒体的同屏显示，如图片的显示、文档的显示等，其他应用界面和交互操作将无法实现同屏。由此可见，镜像同屏应是我们教育教学活动中所追求的真正的同屏技术，可以带来更好的教学体验。

　　无线同屏的实现形式多种多样，各种技术标准与协议种类繁多，以下介绍几种常见的实现形式。

　　（1）Miracast。Miracast 是 Wi-Fi Alliance 于 2012 年提出和制定的技术标准，支持 Miracast 技术的设备之间可以轻松实现无线同屏。现阶段大多数厂商生产的智能设备支持 Miracast 技术，如智能手机、平板电脑、笔记本电脑、投影仪、交互式智能平板等。同屏设备之间通过 Wi-Fi 进行连接，保证了传输的速度和效率，能实现镜像同屏。Miracast 技术标准中，将设备分为两类，一类为发送端，一类为接收端，发送端控制同屏显示的内容，接收端被动显示同屏内容。使用时，首先使发送端和接收端处在同一 Wi-Fi 网络环境中，然后在接收端打开 Miracast 功能，在发送端搜索接收端，配对后即可完成连接，此时，发送端的屏幕内容会镜像同屏在接收端，非常简单和方便。

　　（2）Airplay。Airplay 是苹果公司发布的一种无线同屏技术标准，支持镜像同屏。Airplay 和 Miracast 有些类似，但发送端只支持苹果公司的设备，支持 Airplay 标准的其他设备可以作为接收端，使用方法和 Miracast 类似。

　　（3）同屏器。无线同屏技术存在各种不同的标准和协议，不同的设备可能支持的标准不同，难以统一。使用同屏器可以很好地解决这个问题。同屏器体型小巧，相当于无线同屏的接收端，支持多种无线同屏标准。同屏器本身没有显示屏，无法显示同屏内容，但它自带有 HDMI 插口，可以插在交互式智能平板、投影仪、显示器等设备上，将接收到的同屏信号再传输给这些设备显示，间接实现移动设备和大尺寸屏幕的同屏显示。同屏器支持各种同屏技术标准，可以和发送端支持的技术标准进行匹配，免去了统一标准的烦恼。同屏器作为接收端可以随身携带，在大多数场合下能正常使用，非常方便。使用时，只需将它插在显示设备的 HDMI 接口上，其他使用步骤和 Miracast、Airplay 类似。同屏器由于携带方便、支持多种标准、兼容性强的优点，正成为教育教学活动中实现无线同屏的重要媒体设备。

图 2-2-75　同屏器

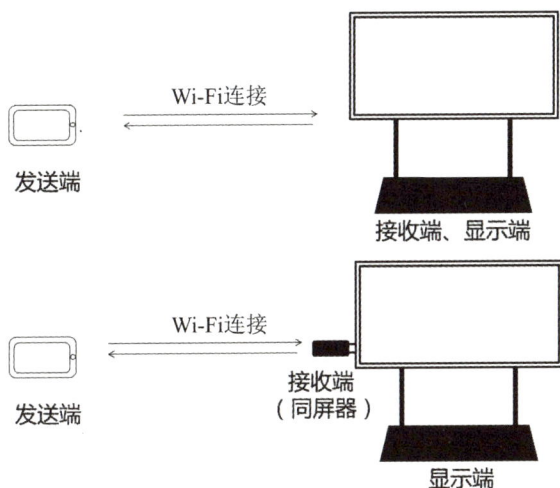

图 2-2-76 无线同屏示意图

以智能手机与交互式智能平板实现无线同屏为例，首先在交互式智能平板上打开无线同屏功能，然后在智能手机中打开无线同屏开关，iOS 设备里名称叫作"Airplay"，安卓设备里不同品牌的设备名称各不相同，常见的有多屏互动、投射屏幕、无线显示、Wi-Fi Display 等，接着在智能手机中与搜索到的交互式智能平板进行匹配，即可进行无线同屏操作。

📖 拓 展 阅 读 与 思 考 2-2

BYOD(自带设备)

现代教学媒体系统发展迅速，几年前还很流行的电子白板就要被交互式智能平板所取代了。对于学习者个体，终端设备移动化催生了 BYOD(自带设备)。BYOD(Bring Your Own Device)指携带自己的设备学习，这些设备包括个人电脑、手机、平板等，无论在候车候机、旅途、餐厅等，不受时间、地点等的限制，在你需要学习的时候即可开展学习活动。BYOD 向人们展现了一个美好的泛在学习场景：任何人，在任何时间和任何地点，想学什么都可以学。自带设备使学校信息化装备建设发生变化。在一般情况下，学习终端可由学生自带，学校只需要建设信息基础设施，需要建成无线校园，以方便师生在校园的任意区域都能获取学习信息。

第三节　现代教学媒体系统

引导案例2-3 ▶

学习儿歌《虫虫飞》

李老师领着小班的小朋友在录播教室学习儿歌《虫虫飞》。李老师告诉孩子们，今天要把他们的学习情景录下来，并在大屏幕上放出来看看谁学得最好。李老师领着学生边唱边跳时，将孩子们的学习过程录下，然后放给孩子们看，并不时提问这是谁，那是谁，他表现得怎样。然后再领着孩子们跟着录像边唱边跳《虫虫飞》，小朋友们都很活跃。

思考： 李老师在什么教室上课？该教室有何功能？李老师是怎样利用该教室的？

一、多媒体综合教室

多媒体综合教室是根据现代教育教学的需要，将多种现代教学媒体进行结合的综合性多功能教室。它能实现文字、图片、视频、动画等多种教学资源的大屏幕展示，也能实现实物投影、网络接入、资源生成等功能。教师可以在多媒体环境下更好地组织教学内容、教学资源、教学过程、教学活动，使教学更符合学生的认知发展，更促进学生的思维过程，更关注学生的能力培养，提高教学效果和效率。

多媒体教室中的主要媒体设备，除了上一节介绍的教学媒体设备的组合以外，还有一种重要的设备——中央集中控制系统，简称中央控制器。中央控制器是结合最新的计算机技术和网络技术对电、光、声等媒体进行集中控制的设备，在教育教学中应用广泛。在配备了中央控制器的多媒体综合教室中，各种媒体设备都与中央控制器进行连接，只需要一个控制面板，就能完成对计算机、投影仪、交互式智能平板、视频展示台、功放、话筒、银幕等各种媒体设备的开、关、调节等控制，非常简便。

中央控制器一般由控制面板、控制器主机、控制器各类接口组成，受控的各种媒体设备通过控制器接口与中央控制器进行连接。中央控制器集成度高、可控设备较齐全、操作方便、可靠性高，减少了对独立设备开关调试的次数，使教师在教育教学过程中对多媒体的使用更加从容。

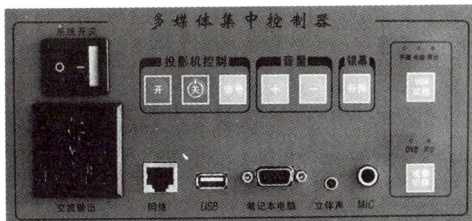

图 2-3-1　中央控制器操作面板

图 2-3-2　中央控制器插口

二、多媒体网络教室

多媒体网络教室在学校中又称为计算机教室或多媒体网络机房，是目前在国内各类学校中应用广泛的一种计算机网络教学系统。多媒体网络教室充分应用了计算机技术、网络技术和多媒体技术，可以作为计算机教学室、语音教学室、多媒体演示室等。它可以与外部互联网连接，同时自身组成局域网，在学校的教育教学活动中发挥重要作用。

多媒体网络教室的教学媒体部分由教师计算机、学生计算机、投影仪、银幕、音箱、传声器、视频展示台等设备组成，网络部分由服务器、交换机、无线路由器等设备组成，软件部分由电子教室系统的教师端和学生端组成。这些硬件设备和软件系统集成、连接在一起，共同组成了多媒体计算机网络教学系统。

无线多媒体网络教室和普通网络教室的区别在于，无线多媒体网络教室各媒体设备之间通过无线的形式互相连接或接入互联网，如计算机和平板电脑通过与无线交换机或无线路由器连接从而接入互联网，投影仪通过无线形式连接计算机，交互式智能平板通过无线形式与平板电脑连接实现同屏等。无线多媒体网络教室中常见的有笔记本电脑、平板电脑、无线交换机、无线路由器等具有无线功能的设备，台式电脑也可以通过配置无线网卡的形式进行无线连接。由于无线多媒体网络教室不受线路的限制，使用的智能设备也以笔记本电脑和平板电脑等比较小巧的设备为主，因此无线多媒体网络教室的布局比较灵活，可以根据教学的需要布局。

三、微格教学系统

微格教学英文为 Microteaching，也称作微型教学，是利用各种教学技术手段来训练一线教师和在校师范生教学技能的系统方法。微格教学的特点用一句话概括就是"训练课题微型化，技能动作规范化，记录过程声像化，观摩评价及时化"。它是在一种微型的、可控制的教学环境中，训练特定的教学技能或教学内容，使复杂的教学过程分步精简，使受训者获得一定教学体验，不断修改和完善自身教学技能，逐步提高教学水平。

微格教学的时间通常在5～10分钟，时间不宜过长，以训练某一个具体的教学技能为主，如导入技能、提问技能、讲授技能、教学体态、语音语调等。训练过程模拟真实的教学情境，由摄像机全程记录影像，受训者模拟真实教学情境的教师，而模拟学生则由其他受训者或指导教师来扮演。训练结束后，受训者和指导教师对影像视频进行观摩和讨论，找出不足之处，反思修正后再进行训练。

在学前教育中，微格教学系统也可以作为幼儿行为的观察室使用，即在微格教学系统环境中对要观察的幼儿行为进行相应的环境布置，然后开展相关的幼儿活动，利用微格教学系统的各部分功能对幼儿行为进行观察和研究。

微格教学系统一般由微格教室、控制室、观摩室组成，下面介绍各部分的功能以及包含的教学媒体。

（1）微格教室。微格教室是教学训练活动所处的教学环境。微格教室中的人员由受训者和模拟学生组成。微格教室一般包含摄像机、话筒、计算机、投影仪、交互式智能平板等教学媒体。进行训练时，摄像机负责拍摄模拟教师的教学过程，摄像机可以由控制室调整其拍摄角度、曝光度、焦距等参数；话筒负责采集教师的语音；计算机、投影仪、交互式智能平板等教学媒体则负责辅助模拟教师的教学活动，展现教学资源等。

（2）控制室。控制室是放置控制设备的地方，也是技术人员操作、调整微格教学系统各组成部分设备的地方。控制室一般包含计算机、云台控制器、视频切换器、调音台、录像机、监视器、视频分配器等设备，可以将微格教室摄像机和话筒传来的信号录制、存储，还可以将信号传送到观摩室供相关人员观摩分析。

（3）观摩室。观摩室是观摩人员进行集体观摩和集体评价反馈的地方。观摩室一般包含计算机、大尺寸屏幕、音箱等设备。观摩室可以接收控制室传来的视频和音频信号，在大尺寸屏幕上展示，以便观摩人员进行观摩和评价。

四、视频会议系统

视频会议系统能使若干个不同地点的人或群体通过网络将声音、影像信号互相传输，以实现即时的互动和沟通，有的视频会议系统除了实时影像互动外，还能实现远程操控、屏幕共享、演示文档等功能。

视频会议系统多用在金融、通信、交通等行业，在教育行业的应用也有一定的发展空间。在教育教学活动中，视频会议系统正在逐步发挥作用，如教师之间利用视频会议系统在不同地点共同备课，学校领导利用视频会议系统召开远程会议，教学活动中利用视频会议系统与其他学校、企业进行连线互动等。

视频会议系统可以分为硬件视频会议系统和软件视频会议系统，以下做简单介绍。

（1）硬件视频会议系统。硬件视频会议系统采用专用终端和专线网络进行通信，特点是性能好、视频质量高、稳定性强。但硬件视频会议系统的硬件采购和专线网络购买成本都较高，所以一般用于中高端的企业会议系统。

（2）软件视频会议系统。软件视频会议系统是基于传统计算机的视频会议系统，依靠计算机的CPU、显卡、声卡等进行视频和音频的解码处理，通过摄像头和麦克风获取影像和声音，通过客户端软件进行视频会议连接。软件视频会议系统的特点是成本较低，因为个人计算机非常普及，而且不需要专线网络，所以仅需普通网络接入后通过客户端软件互相连接即可进行视频会议。但软件视频会议系统在稳定性、视频质量、传输速度方面无法和硬件视频会议系统相比。

五、录播教室

录播教室是近几年校园信息化建设中继多媒体教室之后的又一常用的综合媒体系统，其装备的全自动录播系统能方便地实现对授课电脑屏幕内容、教师授课形象和师生互动场景，甚至是板书等进行自动整合录制、编辑、点播或直播，系统实现基于网络环境的多画面多路直播，保证高清晰的课堂画面和音频、视频精确同步的实况效果。系统可以编辑、修改生成视频文件，并可以给视频添加说明字幕，提高课程资源使用的灵活性。录编播一体化处理，既丰富校本资源建设，又有效支持课后教研分析，还可方便学生课后自主复习。

学校录播教室主要用于教师教学片的制作播放。录播教室需要数台摄像机（一般两台以上）从不同的方向摄录，分别负责对教师、学生和板书的拍摄，采集的视频音频信号传送至录播导播一体机，进行简单快速编辑后刻录光盘或直接刻录光盘，也可生成视频共享。录播教室保证声音画面真实展现课堂场景，进行高清课件的录制。控制室预留软、硬件的升级换代接口，为录播教室前端的音频视频设备提供互联网接口，实现教学实况录制、音频视频同步直播，以达到远程听课教学的要求，同时也可实时地转播到校园网或互联网上，以供学校教学观摩，开展智能化、全交互、网络化教学。如前所述，李老师在录播教室上课，并把课堂练习情况录下一段重放给孩子们看，提高其学习兴趣。

教学中也可使用移动式录播系统。移动式录播系统，具有架构集成化、移动灵活、适用环境广泛等特点。系统一般由两台以上高清摄像机、两只以上强指向性话筒和一台移动式导播车组成。

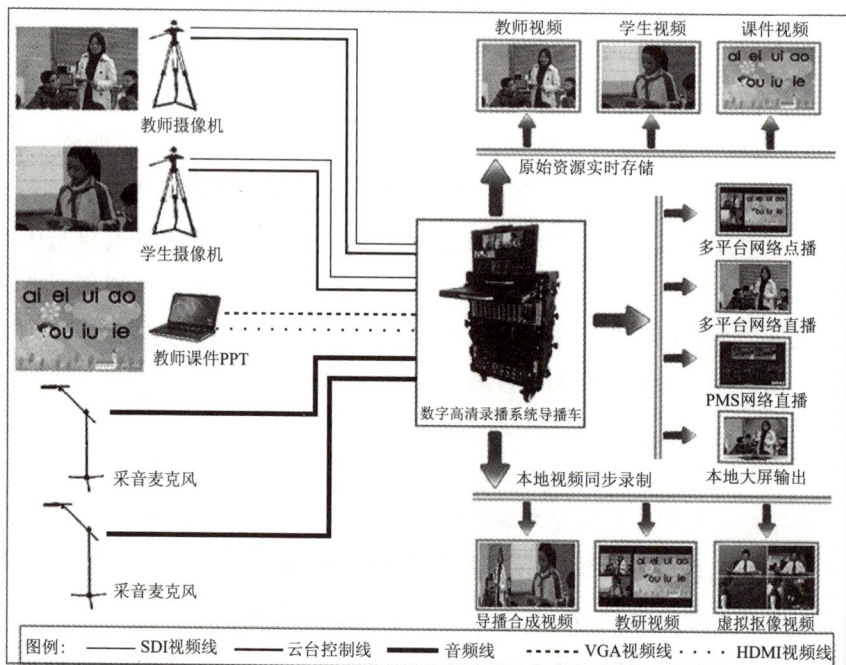

图 2-3-3 移动式录播系统

拓展阅读与思考 2-3

智慧校园

智慧校园指的是以物联网为基础的智慧化的集校园工作、学习和生活于一体的校园网络环境，其集成了泛在学习环境、大数据应用、科学高效的校务治理、丰富多彩的校园文化、方便周到的校园生活。智慧校园在多种技术的支持下才能真正实现个性化智能化的学习服务理念，这些技术包括数据挖掘技术、学习情景识别技术、环境感知技术、移动互联技术、社会网络技术、学习分析技术、知识管理技术，还有人工智能、虚拟仿真、增强现实等技术。

清华大学蒋东兴提出了智慧校园概念模型。他指出，智慧校园能全面感知校园物理环境，智能识别师生群体的学习、工作情景和个体的特征，在网络空间建立校园虚拟映像，将学校物理空间和数字空间有机衔接起来，通过在网络空间的计算掌握校园运行规律并反馈、控制物理空间，为师生建立智能开放的教育教学环境和便利舒适的生活环境，改变师生与学校资源、环境的交互方式，开展以人为本的个性化创新服务，实现学校智慧运行，支撑学校开展智慧教育。

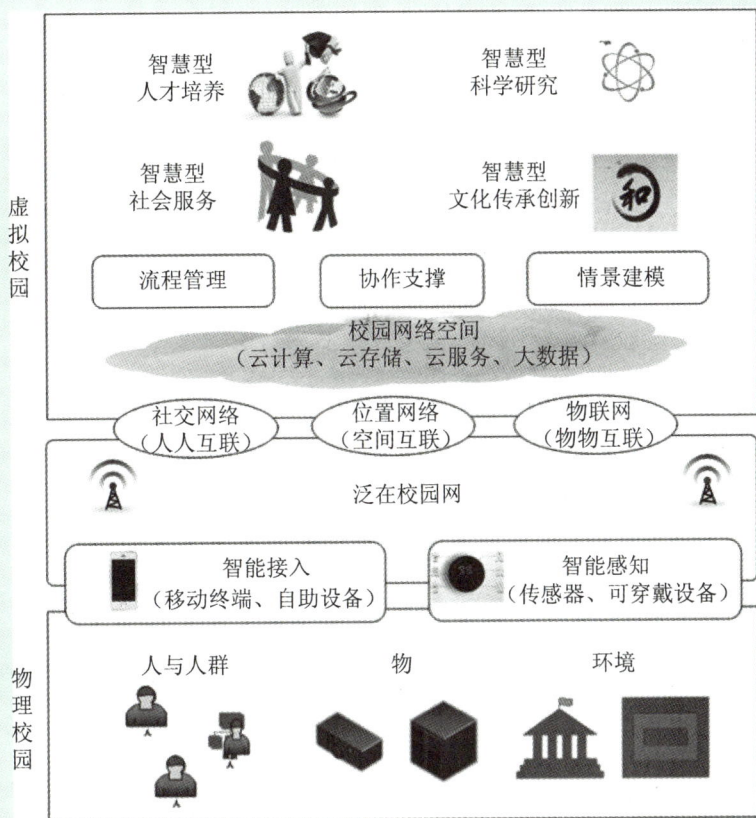

图 2-3-4 智慧校园概念模型

资料来源：蒋东兴，《高校智慧校园技术参考模型设计》，载《中国电化教育》，2016（9）。

智慧教室也有人称其为教室 3.0，是未来教室的一种形式。智慧教室拥有的学习资源十分丰富，它能运用数据挖掘技术收集与处理课前自主学习，课中学习分组讨论，练习测试和考试，师生互动、生生互动等相关数据，为教师能快速掌握每位学生学习情况并进行针对性指导提供决策依据，进而使课堂变得简单、高效、智能，有助于开发学生自主思考与学习的能力。

本章小结

1. 教学媒体的基本性质

（1）教学媒体是在教育和教学活动中，存储并传递教育、教学信息的载体或中介，是教学系统的重要组成部分，是教学与学习的资源环境的构成要素。

(2)教学媒体的基本性质是指媒体是人体的延伸，扩大和提高了人的感觉和思维能力，打破了感官的平衡，不同媒体之间功能互补。

(3)教学媒体的教学特性是指不同媒体的表现力、重现力、接触面、可控性与参与性各不相同。

(4)教学媒体可以多维度提供感知材料、创设教学情境、增强教学个性化、强化某一感官的利用等。

2. 教学媒体的分类及应用

教学媒体包括常见的现代视觉媒体、现代听觉媒体、现代视听觉媒体和交互媒体等。本章对摄像机、数码相机、投影仪、交互式智能平板、平板电脑等进行了详细介绍。

3. 现代教学媒体系统

现代教学媒体系统包括常见的多媒体综合教室、多媒体网络教室、视频会议系统，微格教学系统、录播教室。本章对其构成、功能与使用等进行了详细介绍。

本章检测

一、思考题

1. 什么是教学媒体？为什么说媒体是人体的延伸？

2. 教学媒体的作用有哪些？

3. 教学媒体有哪些教学特性？

4. 简述教学媒体的类型。

5. 交互式智能平板有哪些主要的教学功能？

6. 你认为智慧校园应具备什么样的特点及功能？未来教室将是什么样的？

二、实践应用题

1. 调查当地幼儿教学中常用的教学媒体有哪些，教师们是怎样应用那些媒体的。

2. 使用手机上的多屏互动功能，实现同屏分享。

3. 熟悉交互式智能平板的操作使用。

4. 选择使用数码单反的 A 档和 S 档，尝试调整不同的光圈、快门速度和感光指数组合，并分别使用点测光、中央重点测光、矩阵测光三种不同的模式进行拍摄，以体会其对拍摄效果的影响。

第三章　幼儿教育信息资源的获取、开发与利用

学习目标 ▶

- 掌握幼儿教育信息资源获取的方法。
- 了解幼儿教育多媒体课件制作与开发。
- 了解最新教学技术资源在教学中应用的方法。
- 学会选用有效的资源制作幼儿教学课件。

本章导读 ▶

　　本章是教育技术的基础内容，介绍信息资源，特别是网络信息资源和教育信息资源的获取、开发和应用。第一节主要了解什么是教育信息资源；第二节重点介绍教育信息资源获取，包括基本信息资源获取、幼儿教学课件资源获取、学术资源获取以及资源分享；第三节介绍幼儿教育多媒体课件制作与开发；第四节介绍新兴技术及其在教育中的应用。

第一节　教育信息资源概述

一、信息资源

　　信息是以适合于通信、存储或处理的形式来表示的知识或消息。控制论的创始人维纳（Wiener）认为：信息就是信息，不是物质也不是能量，也就是说，信息与物质、能量是有区别的。同时，信息与物质、能量之间也存在密切的关系，物质、能量、信息是构成现实世界的三大要素。

　　信息资源，有狭义和广义之分。广义的信息资源，指的是人类社会信息活动中积累起来的以信息为核心的各类信息活动要素（信息技术、设备、设施、信息生产者

等)的集合；狭义的信息资源，指的是信息本身或信息内容，即经过加工处理，对决策有用的数据。开发利用信息资源的目的就是充分发挥信息的效用，实现信息的价值。在本书中，如没有特别的说明，一般指的是狭义的信息资源。

当前与人们生活和工作联系最紧密的是网络信息资源。网络信息资源是指通过计算机网络可以利用的各种信息资源的总和，具体地说，是指所有以电子数据形式把文字、图像、声音、动画等多种形式的信息存储在光、磁等非纸介质的载体中，并通过网络通信、计算机或终端等方式再现出来的资源。

按采用的网络传输协议分，网络信息资源可分为：

(1)WWW 信息资源。WWW 信息资源也称 Web 信息资源，目前是网络信息资源最主要、最常见的形式。采用客户端/服务器(Client/Server)工作模式，将超文本传输协议 HTTP 作为浏览器与 Web 服务器相互之间的通信协议，以超文本标记语言 HTML 作为其描述语言。界面友好，使用简单，功能强大，能方便迅速地浏览和传递分布于网络各处的文字、图像、声音和多媒体超文本信息资源。

(2)FTP 信息资源。FTP(File Transfer Protocol，文件传输协议)是 TCP/IP 协议组中的协议之一。该协议的主要功能是实现文件从一个系统到另一个系统的完整拷贝，不仅允许从远程计算机上获取、下载文件，也可将文件从本地机上传到远程计算机，实现信息资源的互惠与共享。通过 FTP 可获取与共享的信息资源的类型非常广泛，包括各种电子杂志、应用软件、数据文件等。

(3)Telnet 信息资源。Telnet 信息资源是指在远程登录协议 Telnet(Telecommunication Network Protocol)的支持下，用户计算机经由 Internet 与远程计算机连接，并在权限允许的范围内检索和使用远程计算机系统中的各种软、硬件资源。可以通过 Telnet 访问远程计算机的硬件资源有超级计算机、精密绘图仪、高档多媒体输入/输出设备等，软件资源有人型的计算程序、图形处理程序、大型数据库、联机公共检索目录等。

(4)用户服务组信息资源。用户服务组信息资源，包括新闻组(Usenet Newsgroup)、邮件列表(Mailing List)、专题讨论组(Discussion Group)、兴趣组(Interest Group)等。用户服务组信息资源相对其他信息资源具有信息交流广泛性、交互性、直接性等特点，因此也成为一种最丰富、最自由、最具有开放性的资源。

(5)对等传输信息资源。对等传输 P2P 是 Peer to Peer 的英文缩写，还有 Point to Point 点对点下载的意思。P2P 让人们通过互联网直接交互，可以直接连接到其他用户的计算机交换文件，使得网络上的沟通变得更直接，真正地消除中间商。P2P 在下载的同时，其所使用的计算机还要继续作为主机上传，采用这种下载方式，人越多速度越快，但其缺点是对硬盘损伤比较大，并且占用内存比较多，影响整机速度。

二、教育信息资源

教育信息资源有广义和狭义之分。广义的教育信息资源是指教育过程中师生所接触、获得的一切教育信息来源。狭义的教育信息资源是指以电子化、数字化、网络化为技术特征的教育信息资源。正是由于多媒体技术将教育信息以数字化方式储存、处理，以多媒体方式呈现，以超文本结构链接，网络技术又将教育信息大规模、集成化地传播和交换，才使得此类教育信息资源更加重要。

(一)教育信息资源的分类[①]

教育信息资源的类型非常丰富，包括各种各样的媒体资源，如数字音频、数字视频、多媒体软件、教育网站、电子邮件、在线学习管理系统、计算机模拟、电子书籍(EBs)、电子期刊(EPs)、数据库、虚拟图书馆、电子百科、电子论坛等。教育信息资源的分类方法很多，下文介绍常见的几种分类方法。

1. 按资源提供的功能及服务对象分类

教育信息资源可分为三类：学习资源、备课资源和科研资源。

(1)学习资源。学习资源是指供学习者使用的教育信息资源，包括各个学科的课程、讨论、试题库、教学软件、网上教程等。

(2)备课资源。备课资源是指供教师备课使用的教育信息资源，包括各种课程资料、教学软件、指导教案、学术会议资料、交流心得等。网络为教师制作各种教学材料提供了丰富的教学资源，有助于优化教学设计。

(3)科研资源。科研资源是指供教育管理部门、教育科研工作者使用的教育信息资源，包括教育方面的政策法规、各种教育新闻、教学设计信息等。

2. 按资源的组织形式分类

教育信息资源主要包括媒体素材、题库、案例、教学软件、网络课程、网络支撑环境和资源管理系统。

(1)媒体素材。媒体素材是指教学信息的载体，是构成各种资源的基础，包括五大类：文本类素材、图形(图像)类素材、音频类素材、动画类素材、视频类素材。

(2)题库。题库是指按照一定的教育测量理论，在网络系统中实现的模拟学科题目的集合，题库是一种有效的教育测量工具。

(3)案例。案例是指网上具有现实指导意义和教学实践意义的代表性事件或现象。

(4)教学软件。教学软件是指实现信息技术与学科整合教学活动的工具软件，根据运行平台可分为单机版教学软件和网络版教学软件，网络版教学软件需要标准浏览器环境支持。

---

① 林铭等：《现代教育技术——理论与实践》，北京，电子工业出版社，2013。

（5）网络支撑环境。网络支撑环境是网络环境教学正常开展的保障，可为网上教育的施教者和学习者提供完整的教学辅助、教学管理与学习指导工具，包括网络课件写作工具、多媒体素材集成软件、网上答疑、网上讨论、在线测试系统软件、工具软件以及应用软件等。

（6）教学资源管理系统。教学资源管理系统是指对网上各类教学资源以及各类教学活动进行统一管理的数据库系统软件等，如网上注册及教师以网络管理员身份登录到远程服务器进行教学资源管理与数据收集都需要教学资源管理系统的支持。

3. 按资源的传播媒介分类

教育信息资源可分为盘载教育资源和网络教育资源。传统的媒介资源（如纸质教材等）和空中资源（如广播、电视等）不在此范围。

（1）盘载教育资源。盘载教育资源是指以光盘、磁盘、硬盘等为承载媒介的资源。目前最重要的是光盘教育资源，即主要指以光盘为载体的各种电子出版物。广义上讲，还包括光盘局域网信息资源。

（2）网络教育资源。网络教育资源是指通过计算机网络可以利用的各种信息资源的总和，包括光盘局域网信息资源、传统的联机检索信息资源、狭义的网络信息资源（是针对传统的联机网络资源而言的，主要指团体、机构、公司及个人提供的信息资源）。

（二）常见教育信息资源介绍

教育信息资源的类型很多，下文简要地介绍几种常见的教育信息资源及其特点和内容。

1. 电子书籍

电子书籍主要是指那些名家的经典著作，如莎士比亚的著作、金庸的小说。

2. 电子期刊

电子期刊主要有三种类型，分别是电子报纸、电子杂志、电子新闻和信息服务（NIS）。电子期刊已经成为主要的网上信息资源。随着大量的期刊在网上发行，获得电子期刊越来越容易，且其内容基本与印刷期刊的内容相同。由于电子期刊制作和发行成本比较低，读者人数越来越多，专业化电子期刊也得到迅猛的发展，数量也越来越多。

3. 数据库

数据库是指大量信息对象的集合，允许用户根据某些属性进行检索。网上有各种各样的数据库，例如专题数据库、图书目录和地址簿、中国万方数据库、法律法规库、优秀博硕士学位论文数据库，等等。

4. 电子百科全书

电子百科全书（包括电子辞书）是近几年才开始发展起来的。不过，最著名的百科全书——《大英百科全书》，在1999年6月就已经有了在线服务。相比印刷的百科全书，电子百科全书能够提供更广泛、更及时的信息（包括三维动画、声音和视频等），电子百科全书的另一个优点是它基于超文本的设计，易于浏览查询。

5. 教育网站

教育网站是服务于教育活动的网站，是网络教育环境下教育资源的主要体现形式。但教育网站是一个宽泛的概念，目前尚无统一的分类方法。一般来说，主要包括以下类型：教学类（提供较完整的课程教学或辅导）、教育类（通常把目标瞄准课外、校外教育）、研究类（通常由教育研究者和学科教师创建，提供与教学研究相关的资源）、资源类（分门别类地提供各种教育资源）、综合类（在一定程度上综合了以上几类教育网站的功能）等。

6. 电子论坛

由 Usenet、BBS 之类的技术支持的网上讨论系统称为电子论坛。电子论坛中的信息不如电子百科那样权威和规范，不如电子期刊那样严肃和专业，但形式活泼，内容新鲜，也不乏真知灼见。

7. 虚拟图书馆

虚拟图书馆是一个比较宽泛的概念，可以泛指各种有组织的网上信息库，本书主要指由比较严肃的学术和科研机构建立的网上信息库，这些信息库往往集中于一个或几个专题，广泛收集网上的学术作品和相关网站地址，按一定规则进行分类编目，有的用超文本建立索引，有的用关键词检索。有些虚拟图书馆是在传统图书馆基础上发展而成的。此类虚拟图书馆由于有专业人员对信息进行筛选和组织，信息质量比较高，具有很高的参考价值。

第二节　幼儿教育信息资源的获取

引导案例3-1 ▶

张老师的绝招

张老师是某幼儿园特级教师，她热爱自己的职业，她的课堂深受孩子们喜爱，她的课件美观，有丰富的图片、视频、动画资源；她对幼儿教育有着深刻独到的见解，发表了很多的学术论文。在经验交流会上，老师们问她，教学上为什么我们总是受困于没有好的教学材料，做不出好的课件？我们最头疼的还是发表学术论文，我们写一篇都难，您又是怎么做到多产而且高质量的呢？张老师笑笑："其实也没什么特别的绝招，其实我只是充分利用了网络信息资源，要说绝招的话，可能是我比大家先掌握了网络信息资源获取的方法而已。课堂教学，我充分地利用网络搜集素材，学习他人的经验，然后把它们综合到我的教学中；学术论文的写作，自己的研究是关键，然而还是站在巨人的肩膀上，这时候，学术文献的学习很关键，我们一般的老师可能就是苦于查找有用的学术资源。"

思考：教育信息资源的获取有哪些途径和方法？如何才能提高获取信息的效果和效率？在这个案例里，你觉得熟练掌握教育信息资源获取的方法对于教师来说有哪些优势？

一、基本信息资源的获取

(一)图形图像资源的获取

计算机图片分为位图和矢量图两大类：位图以像素点构成，放大时图像清晰度会降低；而矢量图通过一系列的计算机指令来记录和描述图形，放大时图形清晰度不受影响。制作 PPT 多媒体课件时，常用的位图有 jpg、png 等格式，常用的矢量图形有 ai、eps、wmf 等格式。

扫一扫看视频

1. 图片资源推荐

百度图片(http://image.baidu.com)。国内最为常用的图片搜索引擎，用户可以文搜图(输入关键词查找图片)，还可以图搜图(上传图片搜索相关信息)。

素材中国网(http://www.sccnn.com)。素材中国网提供了大量精美图片、矢量素材、psd 素材、图标、字体等素材，是极有创意的素材网站和设计之家。

千图网(http://www.58pic.com)。该网站提供矢量图、psd 素材、PPT 模板、视频、配乐等大量免费设计元素。

昵图网(http://www.nipic.com)。网站素材库提供海量原创素材，如摄影作品、视频素材、PPT 模板、矢量图、psd 文件等高清图片。

我图网(http://www.ooopic.com)。我图网是为用户提供正版设计作品交易的平台，专注正版设计作品交易，包括背景墙素材、PPT 模板、淘宝素材、视频素材等设计作品。

懒人图库(http://www.lanrentuku.com)。网站提供大量精美图片、psd 素材、矢量图、png 图标等素材。

阿里巴巴图标库(http://iconfont.cn)。该图标库功能很强大，且图标内容很丰富，提供矢量图标下载、在线存储、格式转换等功能。

2. 百度图片的检索技巧

检索技巧一：筛选图片

在浏览器中打开百度图片搜索引擎，如果简单查询结果难以满足用户个性化的需求，用户可以设置图片尺寸、颜色、类型等筛选条件，过滤其他不符合需求的检索结果。例如，某教师需要一幅渔歌唱晚的漓江美景作为课件背景，检索下载的步骤如下。

初步搜索。登录百度图片搜索界面，输入关键词"漓江"，点击"百度一下"，或者直接按回车键，开始搜索与漓江相关的图片。

设置筛选条件。点击搜索结果页面顶部的"图片筛选"选项，设置尺寸为"大尺寸"，颜色为"橙色"，类型为默认的"全部类型"，查看筛选结果。

图 3-2-1　图片筛选

下载图片。将鼠标放置在查选结果缩略图上时，缩略图左下角显示该图片的标题、尺寸等信息，右下角有"下载原图"和"按图片搜索"按钮，如上图的第 1 排第 2 幅。点击"下载原图"按钮，将图片下载到本地计算机上。如果教师拟将图片应用于 PPT 教学课件中，点击缩略图，查看原图，在原图上右击鼠标，选择"复制图像"命令，将原图复制到剪贴板中，切换到幻灯片页面，按【Ctrl＋V】组合键粘贴图片即可，无须将图片下载到指定路径，然后再将图片插入幻灯片的烦琐操作。

检索技巧二：以图搜图

许多图片搜索引擎提供以图搜图的功能，比如必应网、搜狗搜图、百度图片等，可以通过上传本地图片或者复制图片地址，查找图片信息，搜索相似图片。

(1)百度识图。

如果想了解网页中图像的信息，在图像上右击鼠标，选择"复制图片地址"快捷命令，将图片网址复制到剪贴板中。

图 3-2-2 复制图片地址

登录百度图片搜索页面，点击检索栏右侧的照相机图标，弹出"识图"对话框，在搜索栏中右击鼠标，粘贴图片地址，点击"识图一下"按钮，开始识图。也可直接将图片拖曳至识图搜索栏中，进行识图。

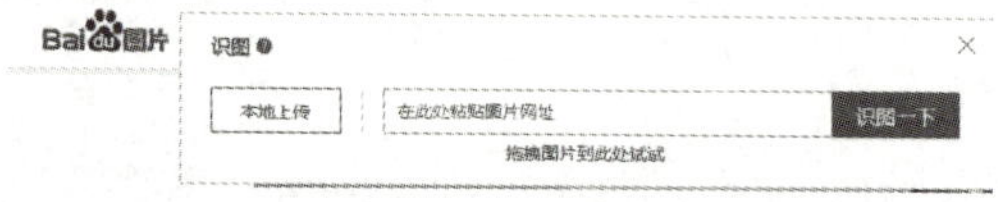

图 3-2-3 "百度识图"对话框

识图之后，即可看到图片的相关信息。使用智能手机的百度图片搜索，可以帮助用户随时随地拍照，上传图片，查询陌生动物、植物、风光、建筑等的相关信息，快捷又实用。

图 3-2-4 查看图片信息

（2）搜索相似图。

除了识图功能以外，百度图片搜索还具备搜索相似图的功能。这个功能可以帮助教师在制作课件时，查询到更大尺寸和更精美图片。使用百度图片搜索图像资源，如未能满足用户需求，点击图片右侧"相似图片"栏中的"更多"选项，浏览器打开"百度识图——以图搜图，发现更多"的新页面，在页面中选择"更多尺寸"或者"相似图片"选项，查询相关图片。

图 3-2-5　查找相似图片

3. 透明背景图片的获取

带有背景的素材图片插入课件时，与课件背景无法融合，显得非常突兀，影响课件的美观性，如下图右边白色背景的酒杯图片。透明背景的图片或图标能与课件背景较好地叠合，是课件中常用的图片素材，如下图左边透明背景的酒杯图片。获取背景透明的图片的方法有多种：下载 png 格式图片；下载 ai、eps 等格式的矢量图；利用 PPT 删除图片素材背景；利用美图秀秀或 Photoshop 软件删除图片素材背景等。

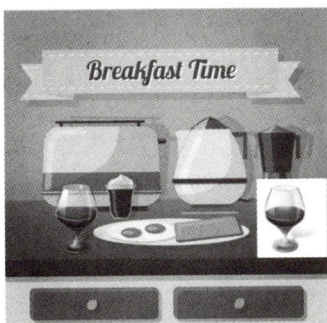

图 3-2-6　png 格式图片应用案例

png 格式图片支持透明效果，可以为原图像定义 256 个透明层次，使得彩色图像的边缘能与任何背景平滑地融合，从而彻底地消除锯齿边缘。这种功能是 gif 和 jpeg 所没有的。以下载透明背景的酒杯图片素材为例。

基本搜索。使用 360 浏览器登录必应网（http://cn.bing.com），选择搜索资源类型为"图片"，输入关键词"酒杯"，开始搜索相关图片。

设置筛选条件。点击页面的右上角筛选器图标，打开筛选器，"类型"选择为"透明"，筛选出透明背景图片。

下载图片。在搜索结果中点击所需图片的缩略图，预览原图，如果原图背景为灰白方格相间的图案，则说明图片背景是透明的。在图片上右击鼠标，选择"图片另存为"快捷命令，默认的保存格式为 png。点击"保存"按钮，即可下载透明背景图片素材。

图 3-2-7　在必应网搜索 png 图片

还可以登录其他的资讯网，如千库网(http://588ku.com)，下载 png 图像。

图 3-2-8　千库网

4. 矢量图形的获取

矢量图形因具有支持透明效果、放大时图形清晰度不受影响、文件体积较小等优点，成为制作课件常用的图形素材之一。用户可以使用 Adobe Illustrator 或者 PowerPoint 等软件自主绘制矢量图，也可以在资讯网上下载矢量图素材。

下载矢量图。登录矢量图素材资讯网，如素材中国网（http://www.sccnn.com），选择矢量图库栏目，或者在网站的搜索栏中输入关键词，在类别中选择矢量图库，搜索矢量图素材。点选所需的素材，预览素材内容，如果满意，下载素材。

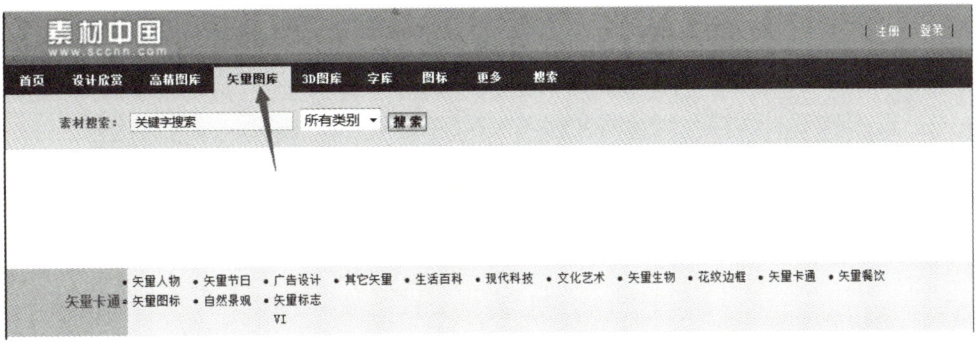

图 3-2-9　在素材中国网下载矢量图

打开矢量图。下载安装 Adobe Illustrator(AI)软件，打开解压文件夹中的 ai 或 eps 矢量图素材文件。

选择矢量图素材。使用 AI 工具栏中的选择工具，在图形编辑区中点选或框选所需的素材，或者打开图层面板，点位到素材所在图层。按【Ctrl＋C】组合键，将图片素材复制到剪贴板中。打开幻灯片，按【Ctrl＋V】组合键，粘贴矢量图素材。

图 3-2-10　使用 AI 选取矢量图

图 3-2-11　矢量图在课件中的使用

5. 图标的获取

与文字相比，图标更直观形象，更能吸引学生的注意力；与图像相比，图标更为抽象简约，去除旁枝末节，突出重点，使读者在瞬间抓住关键信息。精美图标与简洁文字的搭配已成为平面设计的潮流。在课件中适当使用图标，可以使教学信息更形象生动，更容易被理解和记忆，使画面更富有设计感。

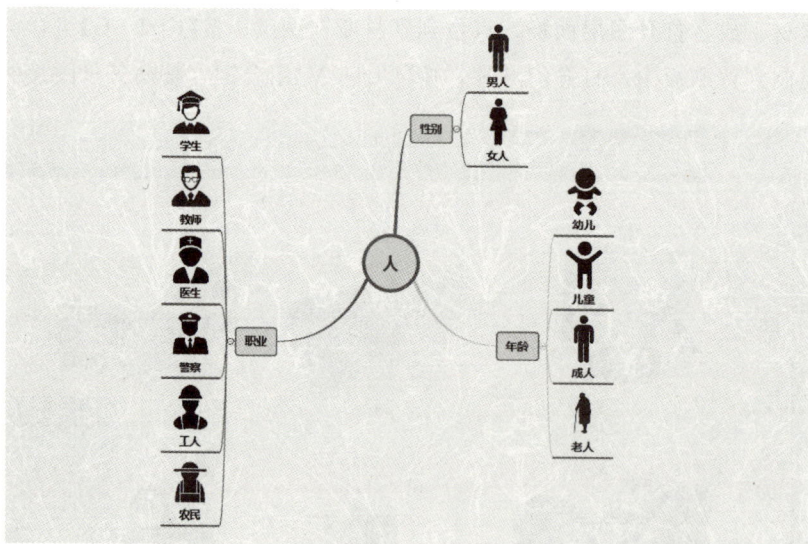

图 3-2-12　图标的应用

许多资讯网提供丰富的图标资源，如素材中国网、昵图网等综合素材网，可以在分类的栏目中查找某种类别的图标。如果需要检索具体的图标，可以在图标搜索网站中进行检索，如阿里巴巴图标库。

输入关键词。登录阿里巴巴图标库，在搜索栏中输入关键字（中文或英文），按回车键，查看查询结果。

下载图标。将鼠标放置在所需图标上，点击下载图标，弹出图标设置对话框，选择网站预设颜色或者输入 RGB 颜色值设置图标颜色，在尺寸设置栏中选择或输入数值，设置图标大小，选择下载 svg、ai 或 png 格式。完成下载后，点击右上角的"关闭"按钮，关闭图标设置对话框。

图 3-2-13　阿里巴巴图标库

图 3-2-14　下载、收藏图标

收藏图片。点击图片设置对话框中的五角星按钮，可在线收藏该图标。点击页面顶部的【图标管理】选项，选择【我的收藏】选项，可以查看收藏的图标。点击【图标管理】/【我的图标】/【下载历史】，可以查看下载的历史记录。

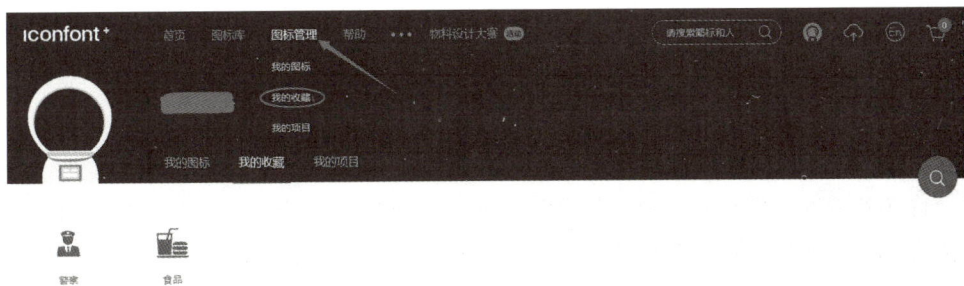

图 3-2-15　查看收藏

（二）音频资源的获取

教学中常用的音频可分为音乐（配乐）、音效、人声（诵读）等几种不同类型，音频的格式主要有 MP3、WAV、WMA、M4A 等。获取网络音频资源的方式主要有：网页链接直接下载、音频客户端（如百度音乐）下载、浏览器插件（如 360 浏览器的 FVD Downloader 插件）下载、音频处理软件（如 Adobe Audition 软件）录制等。推荐的音频素材网站主要有：站长素材网、爱给网、音效网、喜马拉雅网、听力课堂网、中小学音乐教育网等。

扫一扫看视频

1. 链接点下载

有的资讯网提供音频素材下载的链接站点，如站长素材网、爱给网等，点击下载链接，或者利用鼠标右键快捷菜单"目标另存为"命令，或者使用迅雷等下载软件，即可下载网站中的音频素材。下文介绍从站长素材网查询下载音效的操作方法。

搜索音效。登录站长素材网（http://sc.chinaz.com），选择音效栏目，在搜索栏中输入关键词，如"公鸡"，点击"搜索"按钮。

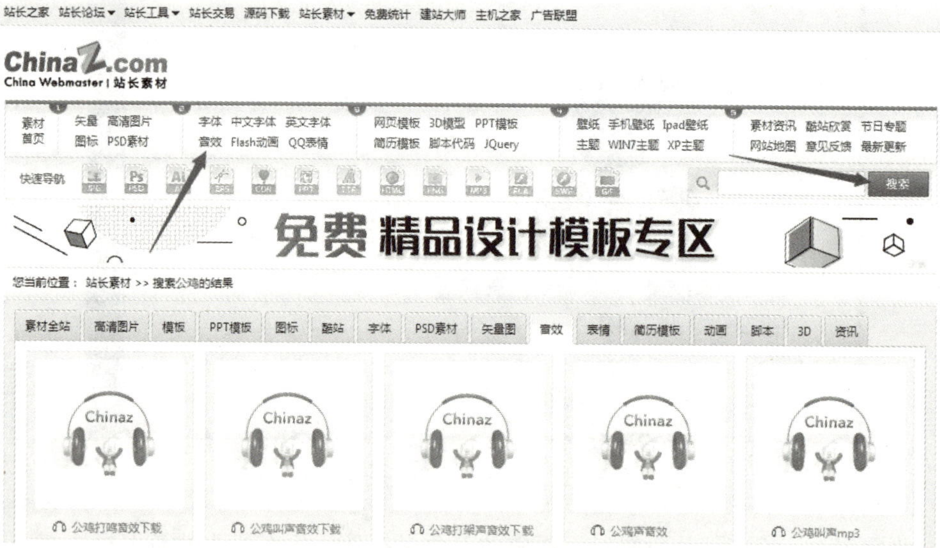

图 3-2-16　在站长素材网检索音效

预览音效素材。将鼠标放置在搜索结果上，加载预览音效素材。

下载音效素材。单击音效素材图标，在页面底部选择下载 WAV 或者 MP3 格式。在任意链接上右击鼠标，选择"从链接另存文件为"命令。在弹出的对话框中指定下载文件存储路径，输入文件名，点击"保存"按钮，开始下载。

2. 使用音频客户端下载

许多音频客户端具有本地音频播放、在线音频播放、音频格式转换等功能，界面美观，操作简单。目前流行的音频客户端有：酷狗音乐、百度音乐、QQ 音乐等。下文以百度音乐为例，介绍在线音乐检索与下载的操作。

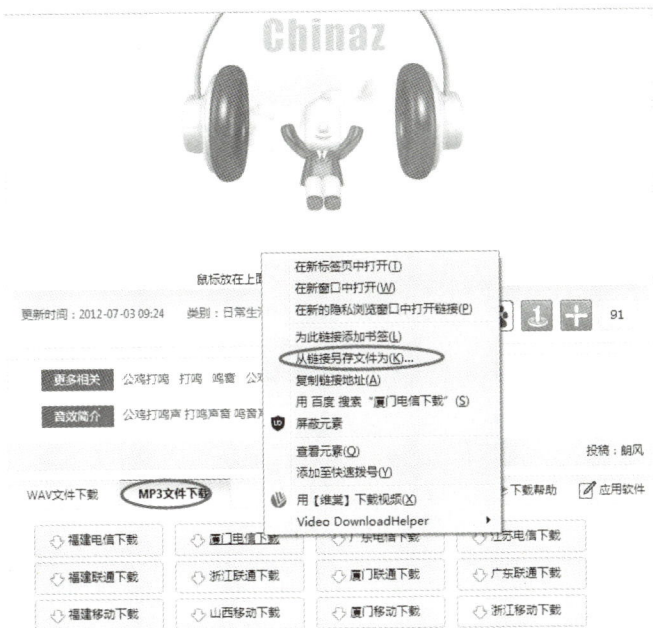

图 3-2-17 从链接点下载音效

登录百度音乐。下载安装百度音乐软件，启动软件，使用百度账户或者 QQ 账户登录百度音乐。

输入关键词。在搜索栏中输入关键词，然后点击搜索图标，或者直接按回车键，开始搜索。

下载音乐。在搜索结果中选择音乐，点击"播放"按钮预览音乐。点击"更多"按钮，在下拉菜单中选择"下载"命令，或者点击左下角"歌曲下载"按钮，弹出"下载歌曲"对话框。在对话框中选择下载音乐的品质，音频码流越高，音质越好，文件体积越大。点击"立即下载"按钮，开始下载。

图 3-2-18 百度音乐客户端界面

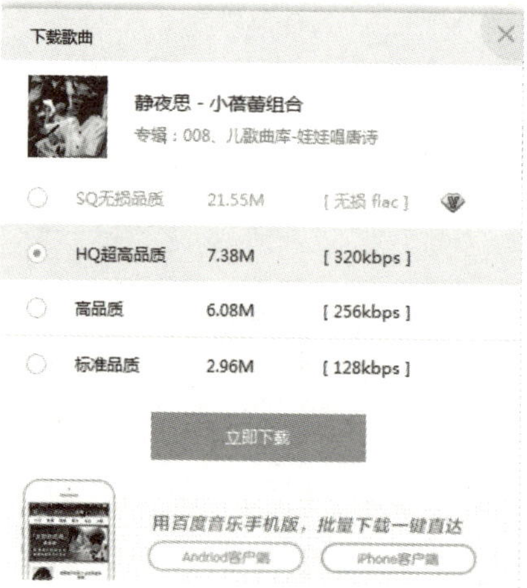

图 3-2-19　下载音乐

使用音乐。选择主界面左边的"歌曲下载"选项，在已下载的音频文件上右击鼠标，选择"打开文件所在目录"快捷命令，查看文件存储的文件夹，将文件拖动到PowerPoint 幻灯片中即可。

图 3-2-20　查看文件存储路径

3. 利用浏览器插件下载

插件是一种遵循一定规范的应用程序接口编写出来的程序，使用浏览器相关插件，可以帮助用户识别并下载网页中的多媒体文件。下文以 360 浏览器媒体下载插件为例，介绍网页中音频素材的下载方法。

安装插件。启动 360 浏览器，点击右边的【管理扩展】按钮，在下拉列表中选择【扩展中心】选项，打开 360 应用市场，选择安装"Fvd Downloader"插件。完成安装后，浏览器插件栏显示【下载媒体】插件图标。

图 3-2-21 360 浏览器

搜索音频资源。利用 360 浏览器登录喜马拉雅网站（http://www.ximalaya.com），在右边的搜索栏中输入关键词，开始搜索音频素材。

下载音频资源。播放网页中音频资源，点击插件栏中的【下载媒体】插件图标，识别当前网页中正在播放的媒体文件，点击"下载"按钮，开始下载音频文件。

图 3-2-22 安装 Fvd Downloader 插件

图 3-2-23 使用插件下载网页中的多媒体素材

4. 利用音频制作软件录制立体声混音

如果网站不提供下载链接，浏览器插件也无法识别媒体文件，在 Internet 缓存文件夹中也无法查找到媒体文件，可考虑使用音频软件录制立体声混音。下文以下载音笑网上的音效素材为例，介绍使用 Adobe Audition 音频制作软件下载音频素材的操作步骤。

设置系统声音。在任务栏右边的小喇叭上点击鼠标右键，选择"录音设备"选项，打开系统"声音"设置对话框，在录制设备列表中的"立体声混音"选项上右击鼠标，选择"设置为默认设备"命令。

设置 Audition 软件的音频输入设备。下载安装 Adobe Audition CC，启动软件。点击【编辑】/【首选项】/【音频硬件】菜单命令，打开音频硬件设置对话框，设置默认输入为"立体声混音"。

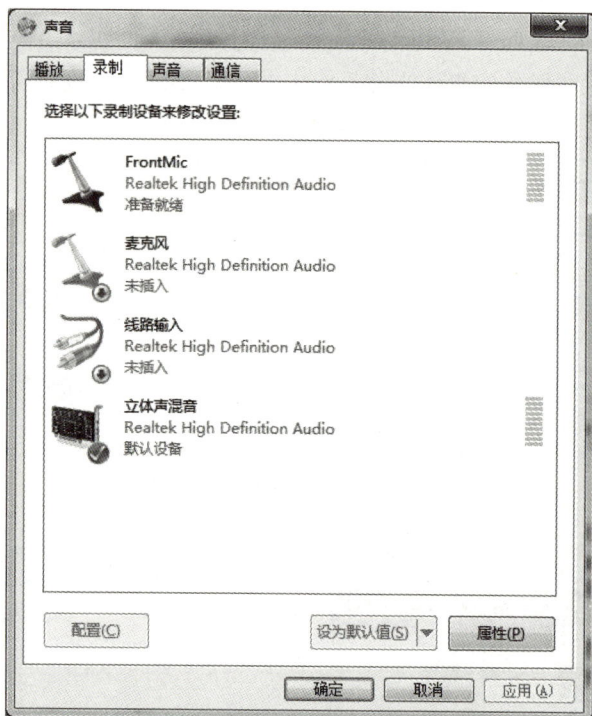

图 3-2-24　设置系统声音

图 3-2-25　设置 Au 中的"音频硬件"

录制音频。新建波形文件，在播放控制区中点击"录音"按钮，开始录制音频。播放网页中的音频，音频被 Audition 软件所拾取。点击播放控制区中"停止"按钮，停止录制。在编辑区中拖动鼠标选择多余波形，按【Del】键删除。按【Ctrl＋S】组合键，保存音频文件。

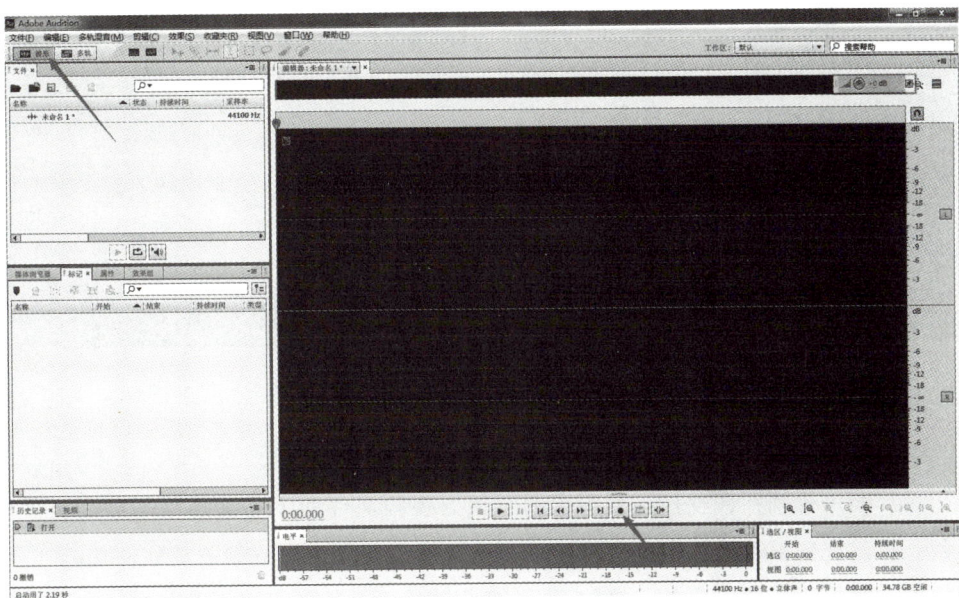

图 3-2-26　录制音频

利用 Adobe Audition 新建文件、录音、剪辑、保存等操作可参看音频素材处理部分。需要强调的是：先录音，再播放网页中的音频，以保证录制音频素材的完整性。

(三)视频资源的获取

1. 使用客户端下载

目前国内主要有优酷、土豆、腾讯、爱奇艺、央视等视频客户端。下文以优酷视频客户端为例，介绍视频检索与下载的基本方法。

登录客户端。下载安装优酷视频客户端，启动并登录客户端。

搜索视频资源。在搜索栏中输入关键词，点击搜索图标或者直接按回车键，搜索视频资源。

扫一扫看视频

下载视频资源。在搜索列表中，点击所需视频的缩略图，播放视频。点击播放窗口右上角的下载按钮，弹出视频下载对话框。选择下载内容，选择下载视频的画质，指定文件存储路径，设置下载完成后是否转码以及转码的格式等选项（建议转码，以便使用其他常用的视频播放软件播放下载的视频文件）。点击"开始下载"按钮，开始下载视频素材。

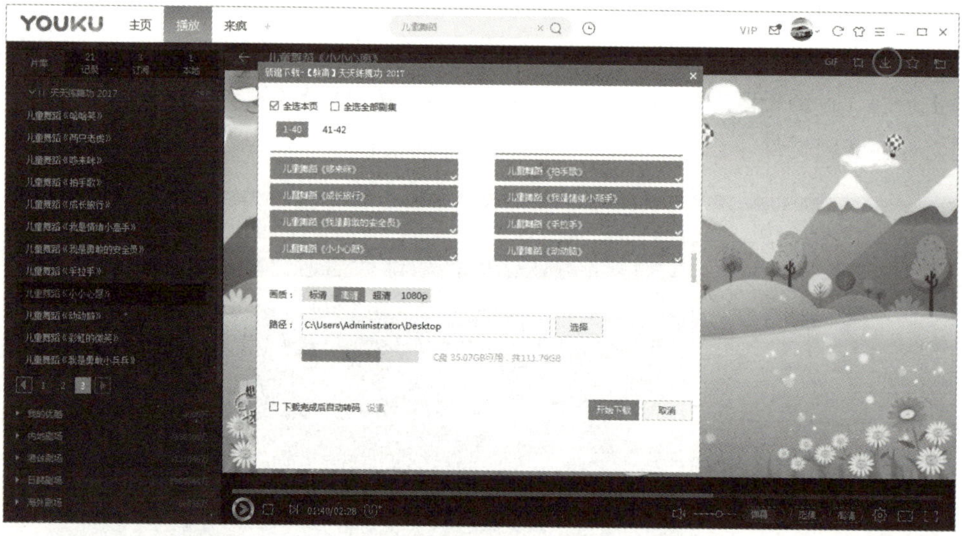

图 3-2-27　优酷客户端下载视频

2. 使用视频下载软件

用户利用视频下载软件,到嗅探网页搜寻视频文件的下载地址,下载网页中的视频。目前视频下载软件主要有维棠、硕鼠、稞麦等。维棠视频下载软件功能齐全,集搜索、解析、下载、合并、播放 FLV 视频功能为一体,可以下载优酷、土豆、新浪、爱奇艺等网站上的视频文件,是常用的视频下载软件之一。下文以维棠软件为例,介绍网页中视频下载的操作方法。

搜索视频。在百度视频上输入关键词,搜索视频资料。在搜索结果中点击视频缩略图,在新标签页中播放视频。

图 3-2-28　百度视频

下载视频。选择并复制地址栏中的网址，启动维棠 FLV 视频下载软件，点击主界面左侧的【下载】选项，点击"新建"按钮，打开"新建任务"对话框，复制的网址自动粘贴到下载链接栏中。指定保存路径，设置清晰度等参数，点击"立即下载"按钮，软件解析视频地址，解析成功后，开始下载视频文件。完成下载后，软件默认自动合并视频片段。

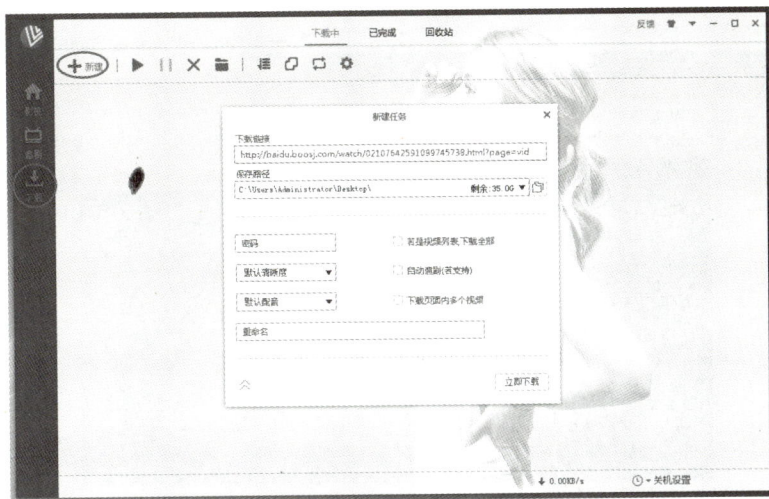

图 3-2-29　维棠下载视频

3. 利用浏览器插件下载

利用浏览器插件下载视频文件，不需要安装独立的下载软件，而且操作简单快捷，是常用的多媒体文件下载方式。下文以下载央视网中的视频为例，介绍插件下载的操作方法。

安装插件。启动火狐浏览器，点击右边的【菜单】按钮，在菜单中选择"附加组件"选项，搜索并添加 Video DownloadHelper 附件（也可添加其他视频下载附件）。完成安装后，在页面右上角的插件栏中会出现插件图标。

图 3-2-30　安装插件

播放并下载视频。重启浏览器,查询并播放视频,点击"Video DownloadHelper"插件图标,显示当前网页中播放的多媒体文件。选择画质(分辨率、码流越大,画面越清晰,文件也越大),点击右边的下载按钮,选择下载选项,开始下载视频文件。

图 3-2-31　利用插件下载网页中的视频

4. 利用录屏软件录制屏幕

如果无法查找到网页中视频的下载地址,可以利用录屏软件,将视频播放的画面录制下来。目前录屏软件有很多,如 TechSmith 公司的 SnagIt 和 Camtasia Studio(以下简称 CS)、屏幕录像专家等软件。下文以 CS 为例,介绍录屏的基本操作方法。

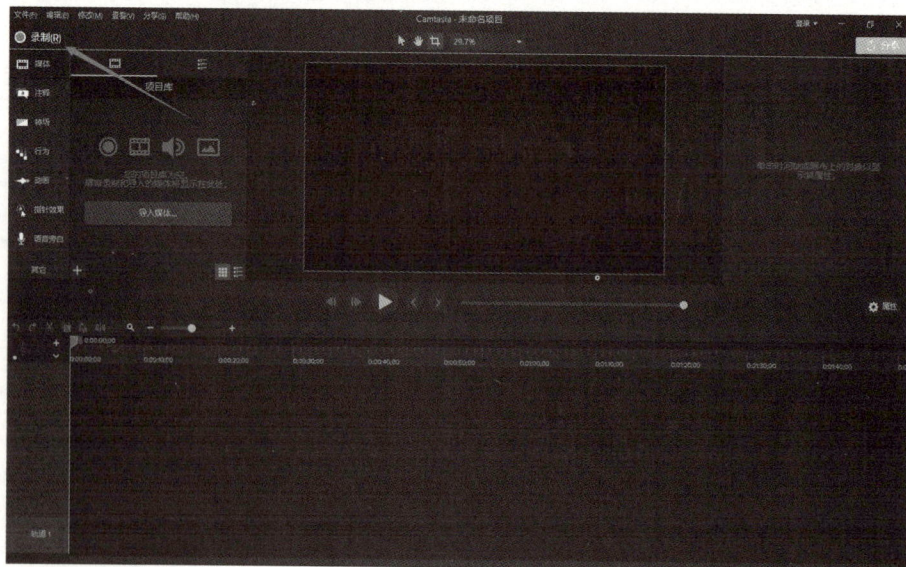

图 3-2-32　CS 界面

录屏设置。下载安装 CS，启动 CS 软件，点击【屏幕录制】按钮，打开屏幕录制对话框。在"选择区域"选项组中，选择"自定义"，并设置自定义录制区域，在"录像设置"选项组中，选择"音频开关"，勾选"录制系统声音"。

图 3-2-33 录屏设置

录制屏幕。点击【rec】录制按钮，开始录制屏幕。录制结束后，按【F10】键停止录制。保存录制项目，回到 CS 主界面。

分享视频。点击菜单栏中的【分享】/【本地文件】命令，弹出"生成向导"对话框，按照向导设置生成视频的格式、尺寸、码率等参数，生成视频文件。

关于 CS 的操作技巧在微课制作章节中有更详细的介绍。

图 3-2-34 分享视频

二、幼儿教学课件资源的获取

观摩他人教学课件,可以借鉴他人教学设计思路,学习课件制作技巧,丰富教学资源,可以在百度文库或在相关专业的资讯网中检索下载教学课件。

(一)在百度文库中获取幼儿教学课件

"百度文库"是百度为网友提供的信息存储空间,是供网友在线分享文档的开放平台。在这里,用户可以在线阅读和下载课件、习题、论文报告、专业资料、各类公文模板、法律文件、文学小说等多个领域的资料。平台上所累积的文档,均来自热心用户的积极上传,百度自身不编辑或修改用户上传的文档内容。用户通过上传文档,可以获得平台虚拟的积分奖励,用于下载自己需要的文档。注册并登录百度网站后,用户在文库中上传和下载教学课件。对于上传用户已标价的文档,下载时需要付出虚拟积分。当前平台支持主流的 doc(docx)、ppt(pptx)、xls(xlsx)、pot、pps、vsd、rtf、wps、et、dps、pdf、txt 文件格式。

(1)打开百度文库。在浏览器地址栏中输入网址 https://wenku.baidu.com,或者从百度主页中进入百度文库。

(2)登录百度。如果尚未登录,选择右上角的"登录"按钮,用百度账号和密码,登录百度。

图 3-2-35　百度登录界面

(3)输入关键词。在搜索栏中输入关键词,如果有多个关键词,在关键词之间插入空格,如"大大小小 幼儿数学"。

(4)设置文件格式和相关性排序。如果查询 PPT 课件,则选择文件格式为 ppt;如果搜索教学设计方案或者讲课稿,则选择文件格式为 doc 格式。根据需要,用户在相关性排序中,按"最多下载""最新上传"或者"最受好评",可快速查询到所需的文档。

（5）查看文档的相关参数。用户可以查看文档标题、概要、网友对文档的评价、文档上传的时间、页数、下载券、贡献者等信息。有部分文档需要下载券，用户可以通过上传分享自己的文档，或者交费的方式获得下载券。

（6）预览文档。单击文件标题，预览文档内容，如果满意，点击"马上下载"按钮，将课件下载到本地计算机上。

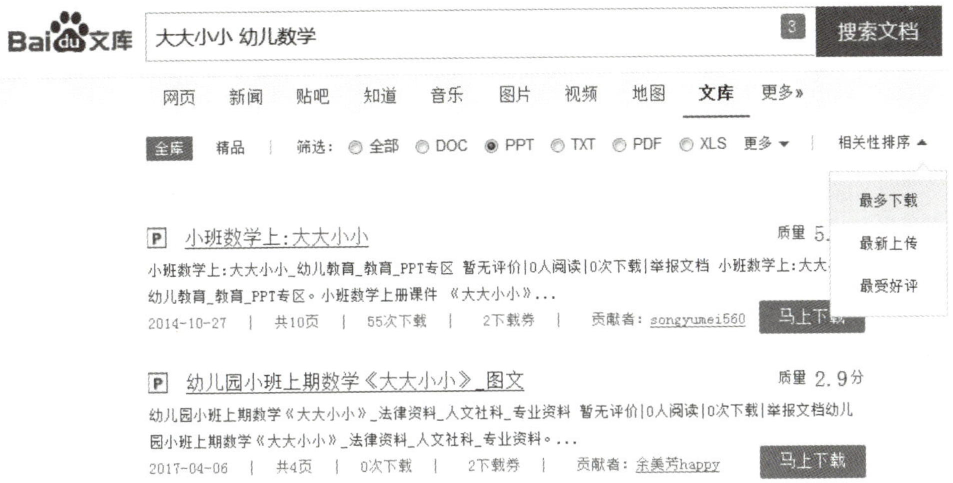

图 3-2-36　使用百度文库搜索课件

（7）进阶搜索。如果某个贡献者提供的相关资源非常适合自己的需求，可以点击贡献者，查看贡献者提供的相关资源，进行进阶检索。

(二)在专业资讯网中获取幼儿教学课件

在百度等搜索引擎中，用户可以通过输入关键词，查找到名称相同或相近的教学课件；在专业资讯网中，用户可以通过分类目录，查找到某种类型的教学课件。有些网站是免费的资讯网站，免费提供课件；而有些则是有偿的资讯网站，需要注册账号，缴纳会员费，用户才能下载网站中的课件。第一 PPT 课件下载网(http://www.1ppt.com/kejian)是一个免费的资讯网。该网站中幼儿栏目，提供了幼儿园不同学科活动的课件，用户可以免费下载。

再如幼教网(http://www.youjiao5.com)，该网站为3～7岁的幼儿家长和老师提供最权威、最全面、最实用的幼儿教育资讯，是一个有偿资讯网站。用户可以利用 QQ 登录该网站，利用支付宝充值，获取金币，然后下载网站中的课件。

图 3-2-37　第一 PPT 课件下载网

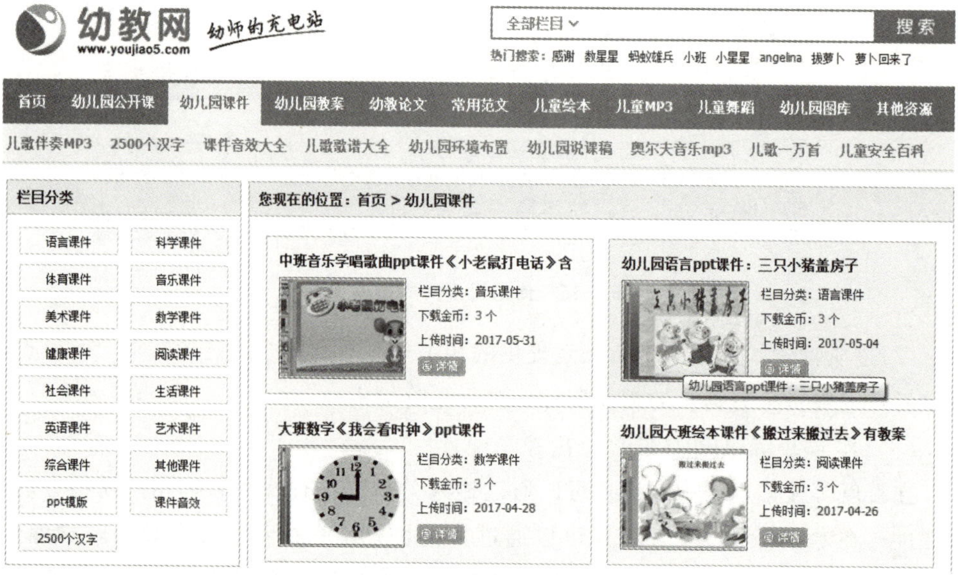

图 3-2-38　幼教网

三、学术资源的获取

(一)CNKI 文献检索

1. CNKI 简介

CNKI 工程是以实现全社会知识资源传播共享与增值利用为目标的信息化建设项目，由清华大学、清华同方发起，始建于 1999 年 6 月，如今建成了世界上全文信息量规模最大的"CNKI 数字图书馆"，并正式启动建设《中国知识资源总库》及 CNKI 网格资源共享平台。

CNKI 默认的期刊的文件格式为 CAJ，学位论文的格式为 NH 或者 KDH，这几类属于清华同方自己开发的文件格式，浏览器为 CAJViewer，因此用户若要阅读从

CNKI 下载的文献，首先需要安装该浏览器。可以直接从 CNKI 的软件中心，下载 CAJViewer 相应版本。除了对自有浏览器的支持之外，CNKI 的期刊论文还有常用的 PDF 格式版本，因此，如果要阅读 PDF 格式的文献，还需要下载 PDF 阅读器。现在比较常用的 PDF 阅读器为 Adobe Reader、Foxit Reader 等。

2. 登录 CNKI

一般的大学或职业院校甚至中小学均购买了中国期刊全文数据库、中国学术期刊网络出版总库、中国优秀硕士论文全文数据库、中国博士论文全文数据库、中国重要会议论文全文数据库、中国重要报纸全文数据库、中国专利数据库等。由于采取了 IP 控制的访问控制方式，因此很多学校只有在校内也就是 CNKI 允许的 IP 范围内才能够访问 CNKI 的上述数据库。

另外，国家图书馆或各省市级图书馆也会购买 CNKI 数据库，一般办理了借书卡的读者可以免费访问、检索并下载需要的资料。

进入 CNKI 后用户会看到如图 3-2-39 所示的界面。

图 3-2-39　知网首页

用户可以通过限定查找主题、全文、篇名、作者、单位、关键词、摘要、文献来源等方式查找需要的期刊、博硕士论文、会议、报纸、外文文献、专利、成果等文献。

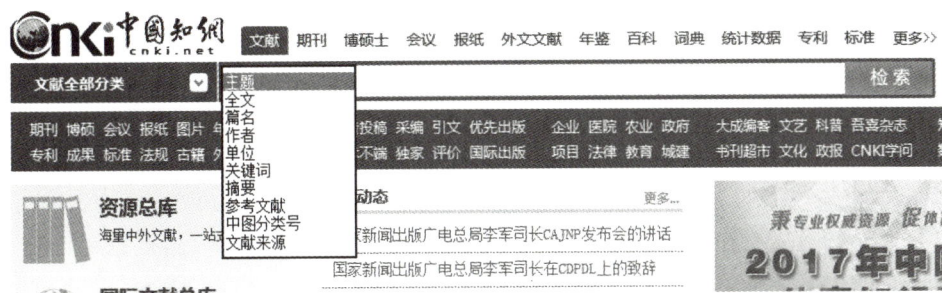

图 3-2-40　文献查找方式

3. 单库检索

如果想要搜索期刊论文用鼠标左键单击"期刊";如果想要搜索博硕士论文,则点击"博硕士"。如查找主题为"绘本教学"的期刊论文,检索提交后得到如图 3-2-41 所示结果。

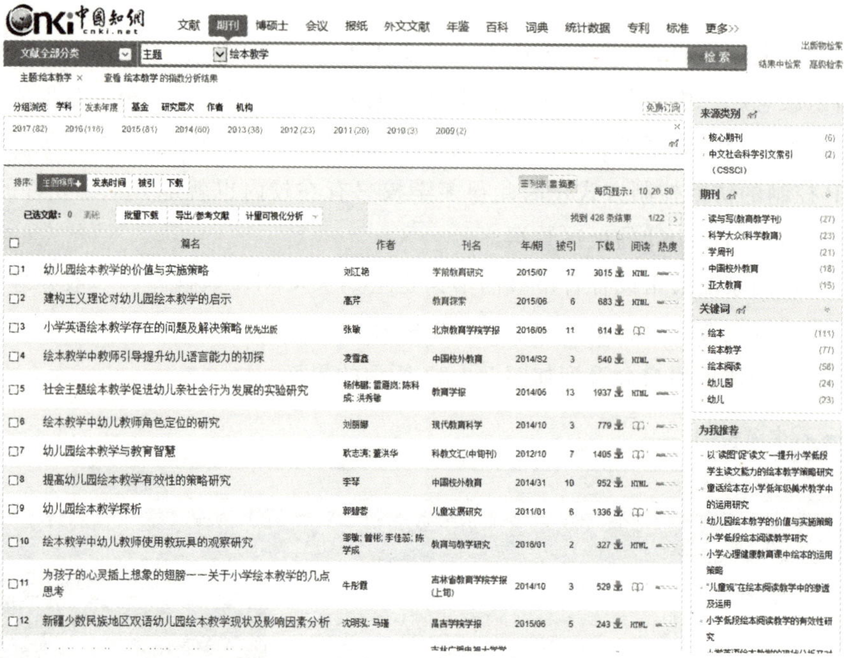

图 3-2-41　"绘本教学"主题的期刊论文检索结果

根据上述步骤检索出来的文献,数量为 428 条,范围大、数量多,有些不一定是我们需要的文献,因此我们需要对检索结果进行限制。可以利用期刊论文数据库中的"高级检索",进行进一步的精确检索。

进入期刊数据库,输入检索条件,如篇名为"绘本教学"或含"绘本阅读"并且篇名含"幼儿",限定时间为 2010 年至 2017 年,来源类别为"全部期刊",检索提交,如图 3-2-42 所示。

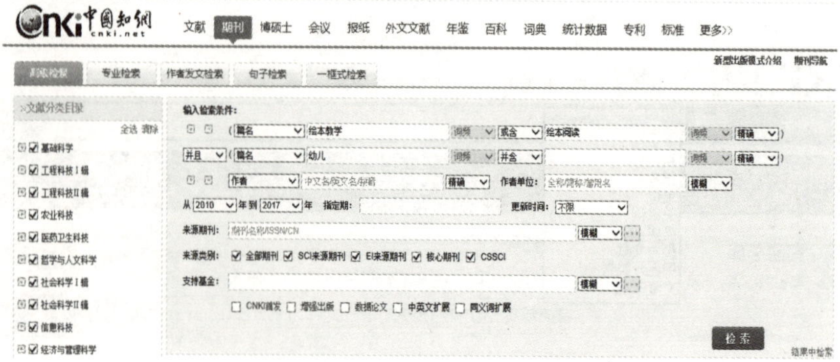

图 3-2-42　"幼儿绘本教学"高级检索

检索结果如图 3-2-43 所示，共检索到相应的期刊论文 90 篇。

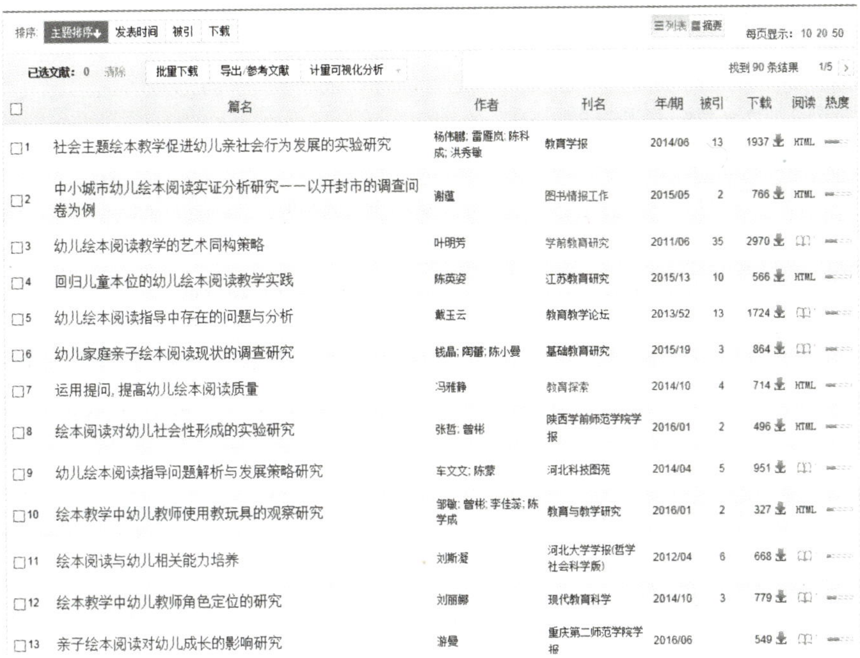

	篇名	作者	刊名	年/期	被引	下载	阅读	热度
1	社会主题绘本教学促进幼儿亲社会行为发展的实验研究	杨伟鹏;雷雁岚;陈科成;洪秀敏	教育学报	2014/06	13	1937	HTML	
2	中小城市幼儿绘本阅读实证分析研究——以开封市的调查问卷为例	谢蓝	图书情报工作	2015/05	2	766	HTML	
3	幼儿绘本阅读教学的艺术同构策略	叶明芳	学前教育研究	2011/06	35	2970		
4	回归儿童本位的幼儿绘本阅读教学实践	陈英姿	江苏教育研究	2015/13	10	566	HTML	
5	幼儿绘本阅读指导中存在的问题与分析	戴玉云	教育教学论坛	2013/52	13	1724	HTML	
6	幼儿家庭亲子绘本阅读现状的调查研究	钱晶;陶馨;陈小曼	基础教育研究	2015/19	3	864		
7	运用提问,提高幼儿绘本阅读质量	冯雅静	教育探索	2014/10	4	714	HTML	
8	绘本阅读对幼儿社会性形成的实验研究	张哲;曾彬	陕西学前师范学院学报	2016/01	2	496	HTML	
9	幼儿绘本阅读指导问题解析与发展策略研究	车文文;陈蒙	河北科技图苑	2014/04	5	951		
10	绘本教学中幼儿教师使用教玩具的观察研究	邹敏;曾彬;李佳蓉;陈学成	教育与教学研究	2016/01	2	327	HTML	
11	绘本阅读与幼儿相关能力培养	刘斯爱	河北大学学报(哲学社会科学版)	2012/04	6	668		
12	绘本教学中幼儿教师角色定位的研究	刘丽娜	现代教育科学	2014/10	3	779		
13	亲子绘本阅读对幼儿成长的影响研究	游曼	重庆第二师范学院学报	2016/06		549		

图 3-2-43　"幼儿绘本教学"高级检索结果(一)

用户还可以根据自己的需要进一步精简，如选定"来源类别为核心期刊"，则结果如图 3-2-44 所示，检索到 6 篇。

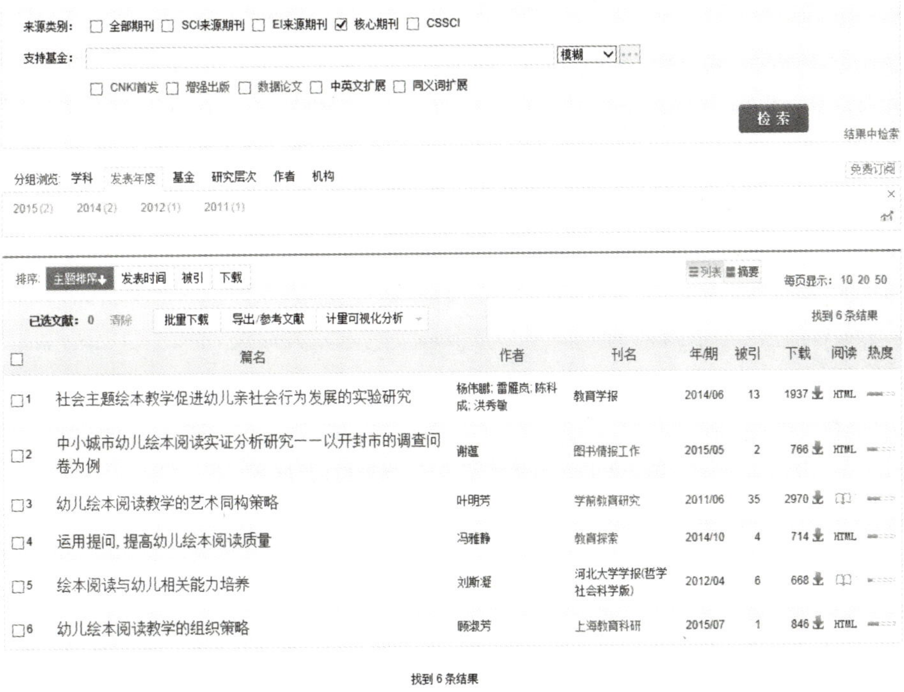

	篇名	作者	刊名	年/期	被引	下载	阅读	热度
1	社会主题绘本教学促进幼儿亲社会行为发展的实验研究	杨伟鹏;雷雁岚;陈科成;洪秀敏	教育学报	2014/06	13	1937	HTML	
2	中小城市幼儿绘本阅读实证分析研究——以开封市的调查问卷为例	谢蓝	图书情报工作	2015/05	2	766	HTML	
3	幼儿绘本阅读教学的艺术同构策略	叶明芳	学前教育研究	2011/06	35	2970		
4	运用提问,提高幼儿绘本阅读质量	冯雅静	教育探索	2014/10	4	714	HTML	
5	绘本阅读与幼儿相关能力培养	刘斯爱	河北大学学报(哲学社会科学版)	2012/04	6	668		
6	幼儿绘本阅读教学的组织策略	顾淑芳	上海教育科研	2015/07	1	846	HTML	

找到 6 条结果

图 3-2-44　"幼儿绘本教学"高级检索结果(二)

对于检索获得的文献信息，可以分组浏览，获得相应的统计数据，如可统计研究该方向或内容的作者、机构、时间、基金支持等。图 3-2-45 所示为作者所在机构。

分组浏览：学科　发表年度　基金　研究层次　作者　机构

西华师范大学(3)	江苏省常州市钟楼区怀德苑幼儿园(2)	西南大学(2)	武汉城市职业学院(2)
黔南民族师范学院(2)	常熟理工学院(1)	江苏省张家港市锦丰中心幼儿园(2)	江苏省徐州幼儿高等师范学校(1)
河北省邢台市图书馆(1)	福建省厦门市莲龙幼儿园(1)	内蒙古华能伊敏煤电有限责任公司(1)	河北省秦皇岛市北戴河区蔡各庄小...(1)
河南师范大学(1)	江苏省常熟市实验小学(1)	安徽省淮北市直第一幼儿园(1)	>>

图 3-2-45　对检索结果按"作者所在机构"分组浏览

用户也可以对检索获得的信息按发表时间、被引次数及下载次数等进行排序。图 3-2-46 和图 3-2-47 分别为对上面检索结果按照发表时间和被引次数进行排序的结果。

排序：主题排序　发表时间↓　被引　下载　　　　　　　　　　列表　摘要　每页显示：10 20 50

已选文献：0　清除　批量下载　导出/参考文献　计量可视化分析　▾　　　　找到 90 条结果　1/5　>

	篇名	作者	刊名	年/期	被引	下载	阅读	热度
□1	探究幼儿绘本教学中音乐元素的渗透方法策略 优先出版	王瑛	黄河之声	2017/09		13	HTML	
□2	浅谈如何在幼儿绘本教学中激发学生的想象力	胡成伟	才智	2017/19		1	HTML	
□3	从绘本中来 到生活中去——基于绘本阅读的幼儿种植活动的实践研究	罗晨娟	科学大众(科学教育)	2017/06		6		
□4	幼儿绘本阅读在农村幼儿美术教育中的问题及对策分析 优先出版	王鹏;张瑞卓;杨莉	北方文学(下旬)	2017/05		46		
□5	"阅"绘本之乐，"品"故事之蕴——谈绘本阅读促进幼儿行为品质的养成	唐玮	读与写(教育教学刊)	2017/04		46	HTML	
□6	幼儿绘本阅读教学探索与创新策略	高芳	中国校外教育	2017/08	1	55	HTML	
□7	优化绘本教学，让幼儿"读"享快乐	齐蒙生	华夏教师	2017/03		49		
□8	论幼儿阅读习惯的培养对推进幼儿趣味绘本阅读的意义研究	袁玉冰	科教文汇(下旬刊)	2017/02		48		
□9	兴趣是最好的老师——关于如何提高幼儿趣味绘本阅读的思考	温联凤	科教文汇(中旬刊)	2017/02		39		
□10	浅谈绘本阅读中幼儿能力的培养 优先出版	王一梦	学周刊	2017/09		195	HTML	
□11	幼儿阅读心理与绘本阅读指导	惠雪莉;阳德华	陕西学前师范学院学报	2017/01	1	261	HTML	
□12	大班绘本阅读中幼儿创造性阅读指导策略	王艳萍	读与写(教育教学刊)	2017/01		147	HTML	
□13	幼儿绘本阅读教学常见缺陷和对策	苏雯	才智	2017/02		80		
□14	全语言视角下的幼儿英文绘本阅读活动	李鹤艺	荆楚学刊	2016/06		124	HTML	

图 3-2-46　对检索结果按"发表时间"排序

	篇名	作者	刊名	年/期	被引	下载	阅读	热度
□1	幼儿绘本阅读教学的艺术同构策略	叶明芳	学前教育研究	2011/06	35	2970		
□2	社会主题绘本教学促进幼儿亲社会行为发展的实验研究	杨伟鹏;雷雁岚;陈科成;洪秀敏	教育学报	2014/06	13	1937	HTML	
□3	幼儿绘本阅读指导中存在的问题与分析	戴玉云	教育教学论坛	2013/52	13	1724		
□4	绘本教学中幼儿语言能力的培养	刘丽春	传奇·传记文学选刊(理论研究)	2012/01	11	1099		
□5	回归儿童本位的幼儿绘本阅读教学实践	陈英姿	江苏教育研究	2015/13	10	566	HTML	
□6	绘声绘色 畅游绘本——浅析绘本阅读对幼儿的教育价值	李倩	教育教学论坛	2012/15	8	1296		
□7	幼儿绘本阅读教学的多元智能功能和模式解析	王梅;朱德全	教育教学论坛	2012/28	8	1199		
□8	浅谈幼儿早期阅读之绘本阅读	周芯	科技信息	2011/16	8	1118		
□9	绘本阅读与幼儿相关能力培养	刘斯凝	河北大学学报(哲学社会科学版)	2012/04	6	668		
□10	以绘本教学为载体培养幼儿积极、健康的情绪情感的策略	张连霞	科技与企业	2011/01	6	884		
□11	幼儿绘本阅读指导问题解析与发展策略研究	车文文;陈蒙	河北科技图苑	2014/04	5	951		
□12	在绘本阅读中提高幼儿的语言表达能力	陈美琴	江苏教育研究	2015/17	4	360	HTML	
□13	绘本阅读辅导课程对幼儿情绪能力影响的实验研究	钟聪	中外企业家	2014/03	4	562		
□14	如何提高幼儿绘本阅读的自主性	张丽	基础教育研究	2014/11	4	315		
□15	徜徉绘本 读出新意——浅谈绘本教学中幼儿自主阅读能力的培养	管筱芬	内蒙古教育(职教版)	2014/07	4	335		
□16	运用提问,提高幼儿绘本阅读质量	冯雅静	教育探索	2014/10	4	714	HTML	
□17	幼儿家庭亲子绘本阅读现状的调查研究	钱晶;陶蕾;陈小曼	基础教育研究	2015/19	3	864		

图 3-2-47 对检索结果按"被引次数"排序

4. 跨库检索

跨库检索,顾名思义,指同时跨越两个或两个以上的数据库进行检索。用户可以在首页检索时,选中"文献",在右上角点击"跨库选择",勾选需要选择的数据库,如图 3-2-48 所示,即可在后续的检索中实现跨库检索。比如,在高级检索中,输入如图 3-2-42 所示的检索条件,得到检索结果如图 3-2-49 所示。

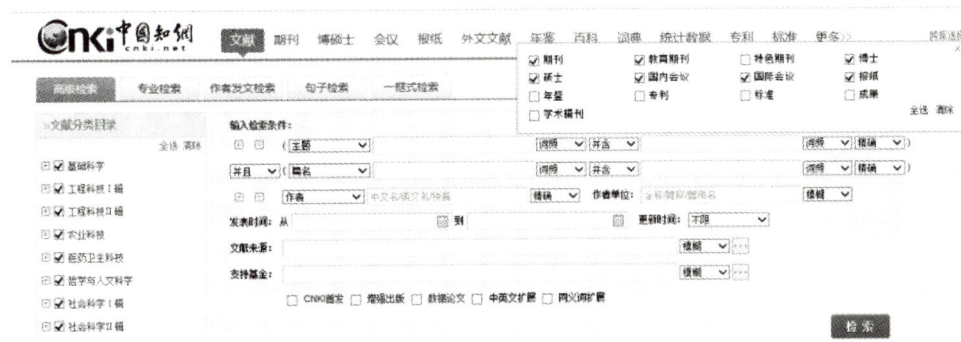

图 3-2-48 跨库高级检索

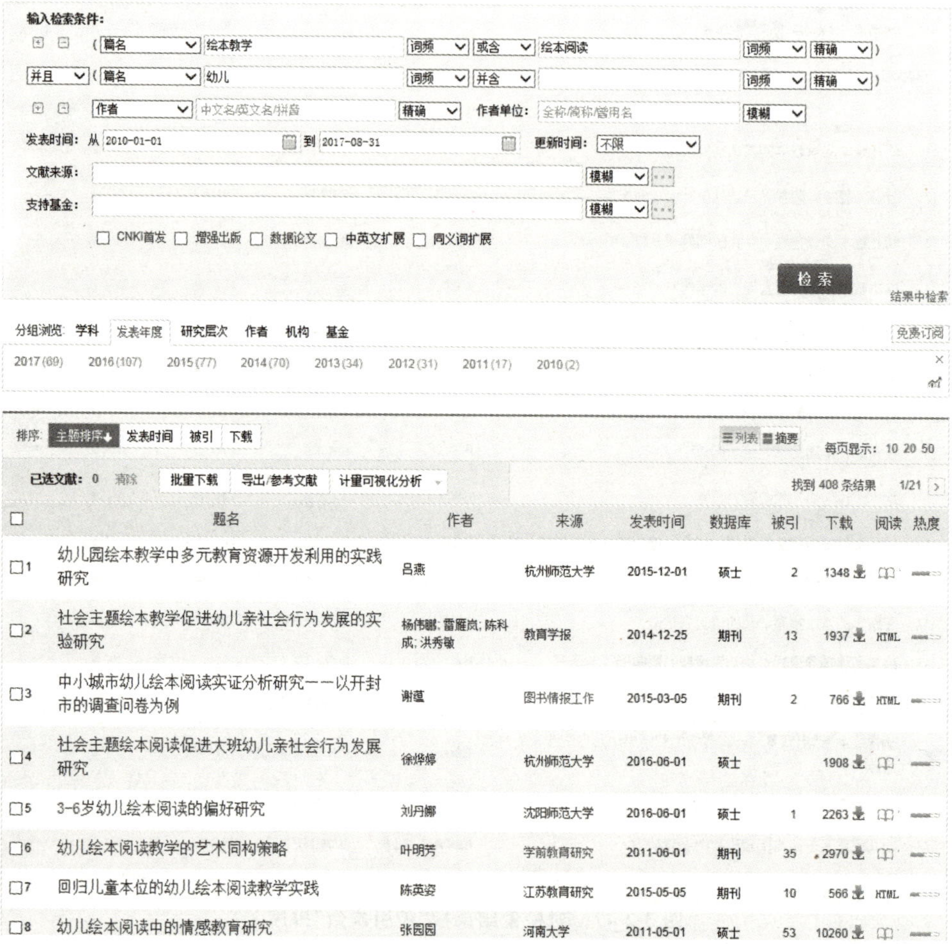

图 3-2-49 "幼儿绘本教学"跨库高级检索结果

通过比较用户可以发现，跨库检索相比单库检索，检索结果丰富得多，包括期刊论文、硕士学位论文等多个数据库。

5. 检索结果处理

在检索结果界面中点击检索结果中的篇名，就会进入下载界面，该界面详细列出了该期刊论文或者学位论文的元数据。

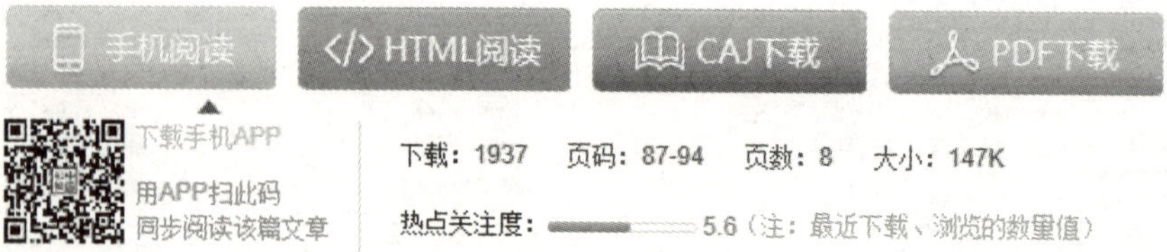

图 3-2-50 期刊论文等下载界面

根据需要点击链接下载文档（CAJ 文档或 PDF 文档）到本地硬盘，然后双击用 CAJViewer 或 PDF 阅读器打开。

学位论文的下载界面和期刊论文的下载界面略有不同，首先是元数据的不同，其次是下载方式的不同，请尝试图中标注的不同下载方式。

图 3-2-51 学位论文下载界面

(二)读秀学术搜索

1. 读秀简介

读秀是由海量全文数据及资料基本信息组成的超大型数据库。其以 430 多万种中文图书、10 亿页全文资料为基础，为用户提供深入内容的章节和全文检索，部分文献的原文试读，以及高效查找、获取各种类型学术文献资料的一站式检索，是一个真正意义上的学术搜索引擎及文献资料服务平台。

如果学校图书馆已经购买服务，则可以直接从学校图书馆主页进入，也可以直接在浏览器中输入网址 http://www.duxiu.com 进入。

图 3-2-52 读秀学术搜索首页

2. 读秀学术文献传递

如需要获取孙杰远主编教材《教育统计学》电子版，用户可选择"图书"类别，在检索框中输入"教育统计学"，点击"中文检索"，得到如图 3-2-53 所示的界面。

图 3-2-53 显示，搜索结果多达 256 条，有必要进一步搜索，可以在结果中搜索，也可以直接用高级搜索，如图 3-2-54 所示，直接指定书名与作者，即可得到唯一的搜索结果。

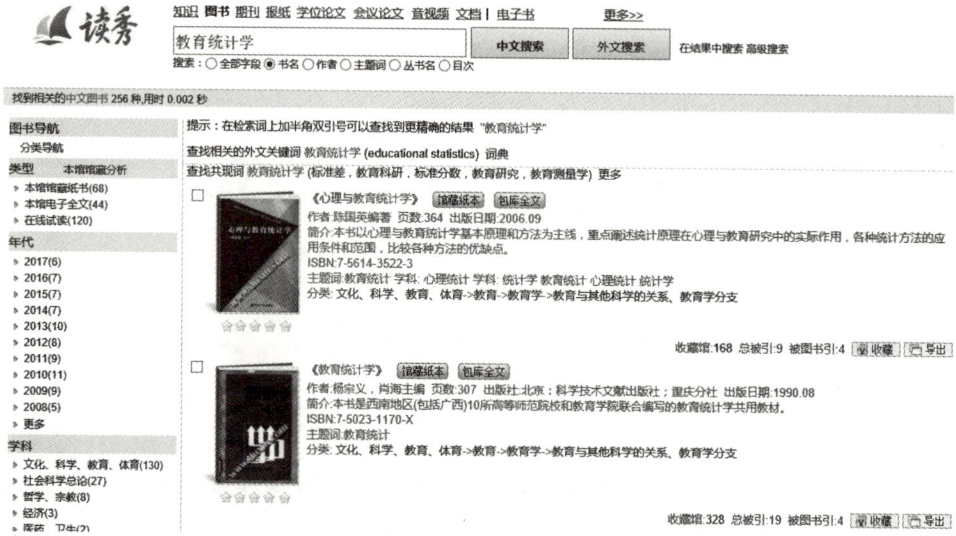

图 3-2-53 《教育统计学》检索结果

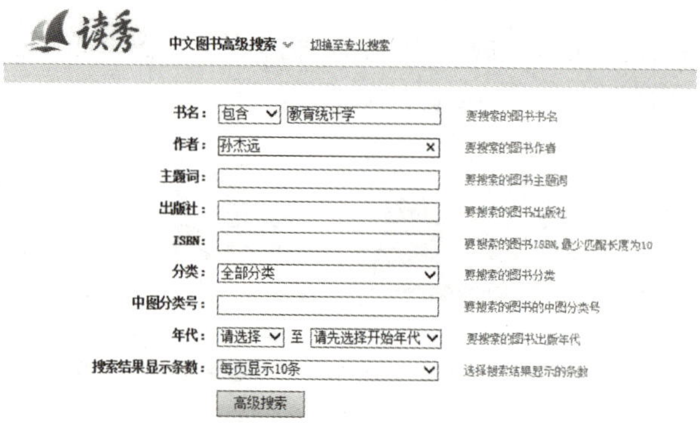

图 3-2-54 高级搜索界面

点击搜索结果的相应链接，即可得到如图 3-2-55 所示书籍的详细信息。

点击图书馆文献传递，进入如图 3-2-56 所示的界面。

认真填写如图 3-2-56 所示各选项信息，确保各信息的准确性，特别是邮箱地址。一次咨询的范围一般为 50 页以内。确认无误后，确定提交，出现如图 3-2-57 所示界面，说明本次文献传递咨询提交成功。

耐心等待，可到相应的邮箱中查看邮件。一般在两小时之内读者可以收到相应的邮件，有些外文文献所需等待时间可能会稍长。进入如图 3-2-58 所示的邮件界面。

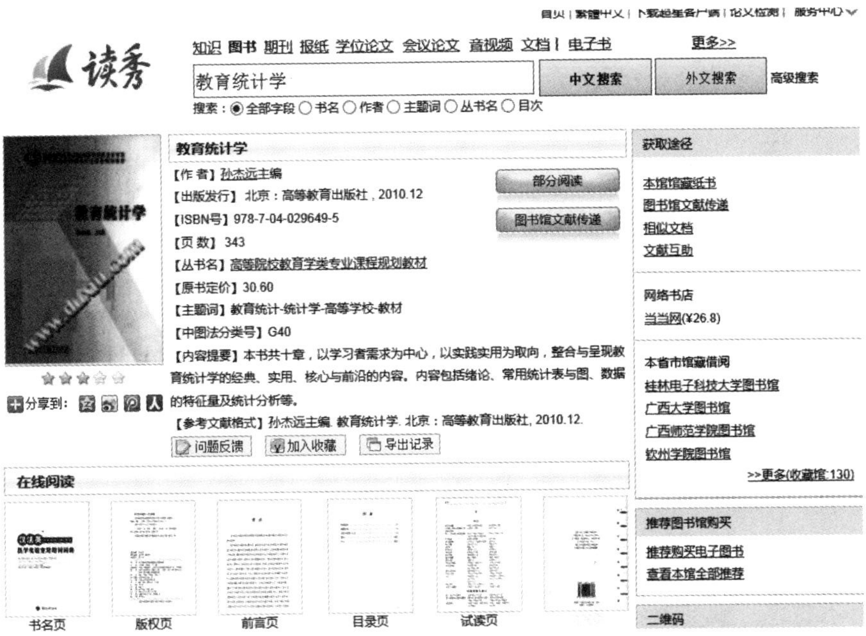

图 3-2-55 《教育统计学》信息

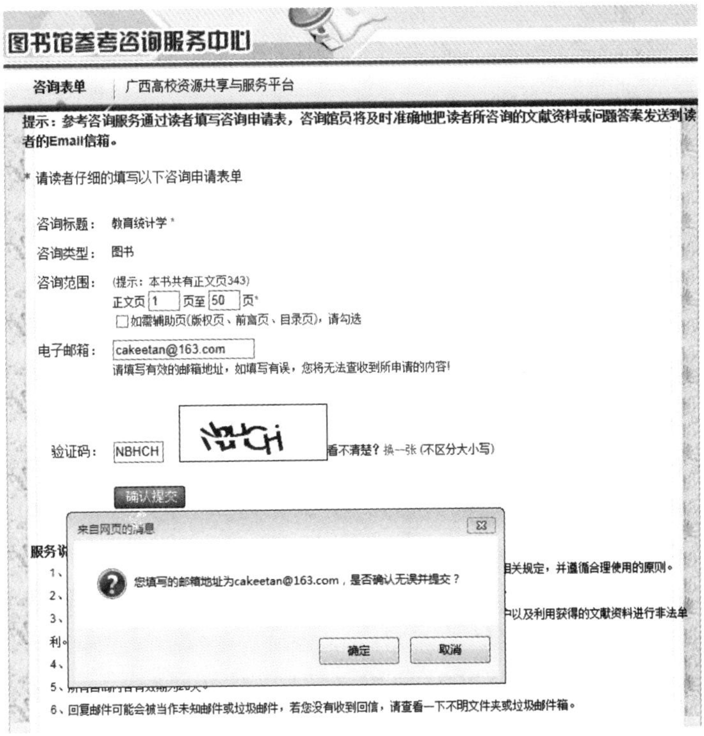

图 3-2-56 文献传递界面选项

图 3-2-57　文献传递咨询成功界面

图 3-2-58　邮件界面

点击阅读，读者进入如图 3-2-59 所示的阅读界面，可进行文字提取、截图，打开 PDF 文档（右击另存为，可下载该 PDF 文档到本地）、打印等。

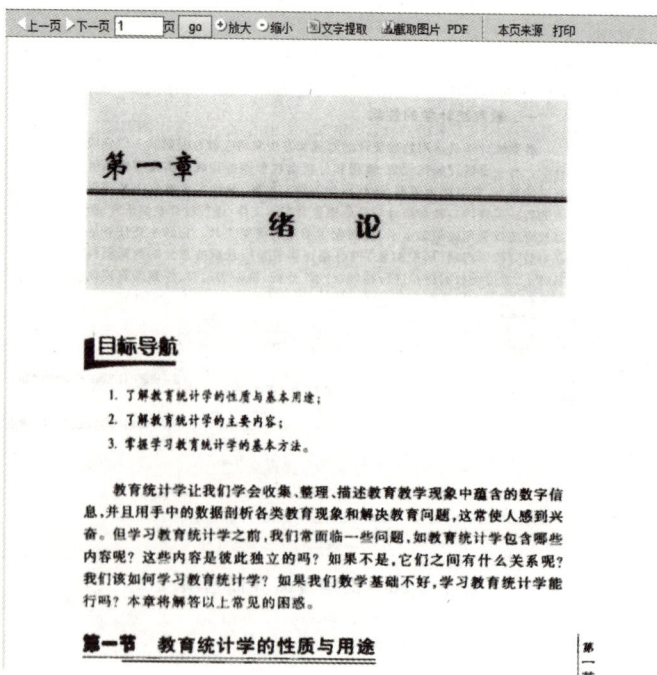

图 3-2-59　《教育统计学》阅读界面

(三)百度学术搜索

如果没有图书馆账号，也没有购买相应的如知网、读秀等数据库账号，用户还可以尝试百度学术搜索。以下继续以百度学术搜索为例进行介绍。

百度学术搜索是百度旗下的提供海量中英文文献检索的学术资源搜索平台，2014 年 6 月初上线。涵盖了各类学术期刊、会议论文，旨在为国内外学者提供最好的科研体验。百度学术搜索可检索到收费和免费的学术论文，并通过时间、标题、关键字、摘要、作者、出版物、文献类型、被引用次数等细化指标提高检索的精准性。

1. 进入百度学术搜索

很多人不知道百度学术搜索的入口，笔者简单介绍一下：我们可以直接输入百度学术搜索网址 http://xueshu.baidu.com，也可以直接在百度中检索"百度学术搜索"，还可以打开百度首页，点击"更多"，如图 3-2-60 所示。

图 3-2-60　百度首页界面

在百度产品大全中我们就可以看到百度学术搜索了。

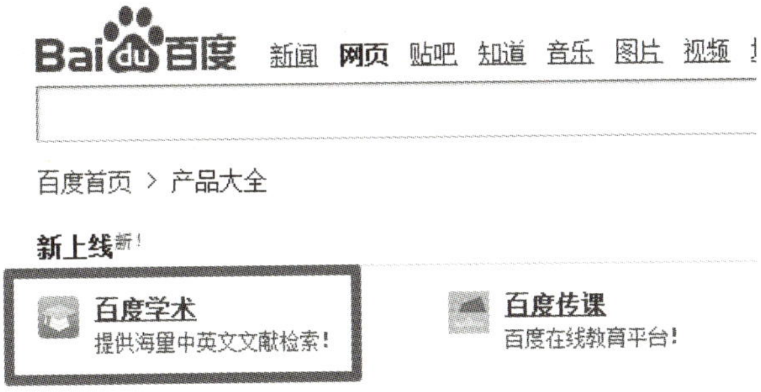

图 3-2-61　百度学术所在位置

进入如图 3-2-62 所示的百度学术首页页面。

2. 百度学术检索

在百度学术搜索网址中点击搜索框右侧的下三角，这时我们就可以通过检索词、作者、出版物以及发表时间等进行详细的搜索。

图 3-2-62　百度学术首页页面

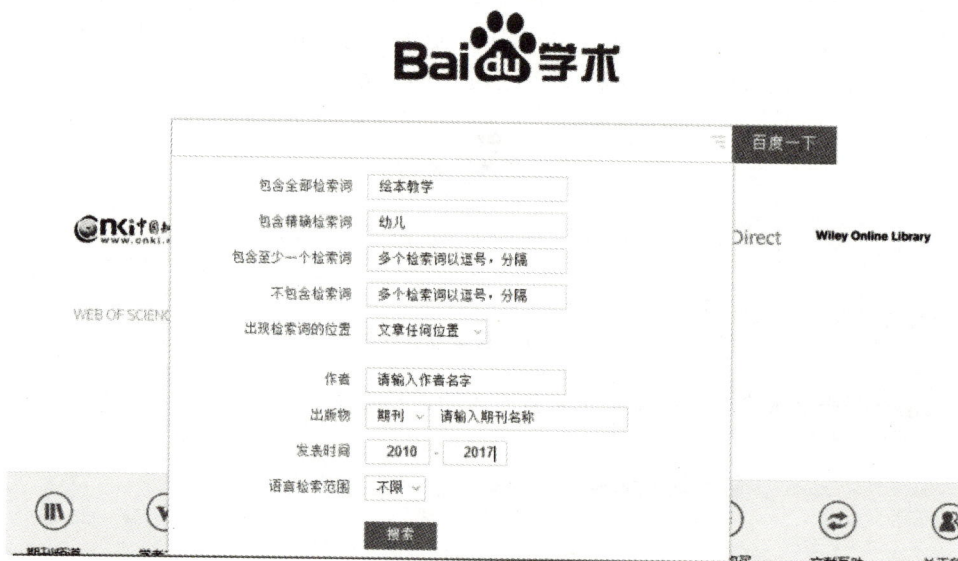

图 3-2-63　百度学术中的高级检索框选项

　　如图 3-2-63 所示，用户继续用"绘本教学"＋"幼儿"，对 2010—2017 年的期刊文献进行检索，得到如图3-2-64 所示的检索结果。

　　使用百度学术搜索找到相应文献后，我们可以通过相关性、被引用频次以及发表时间进行排序，还可以点击右侧的高级筛选，对文献进行更加精确的查找。图 3-3-65 所示为按被引量进行的排序。

3. 查看并获取需要的文献

　　利用百度学术搜索查找文献简单、高效而且十分精确，我们点击筛选出来需要查看的文献。

Baidu学术　　绘本教学"幼儿"　　　　　　　　　　　　百度一下　　订阅

找到约5,500条相关结果　　　　　　　　　　　　　　　　　　　Jↆ 按相关性

时间　　　　∨

2010-2017　　×

领域　　　　∧

教育学　（3089）

中国语言文学　（849）

心理学　（325）

+

核心　　　　∧

北大核心期刊　（48）

CSSCI索引　（34）

中国科技核心...　（26）

+

关键词　　　∧

绘本阅读

幼儿教育

教学活动

+

类型　　　∧

期刊

学位

会议

社会主题绘本教学促进幼儿亲社会行为发展的实验研究

杨伟鹏，雷雳岚，陈科成，... - 《教育学报》 - 2014 - 被引量：6

摘　要：为检验依托绘本的社会性教育对幼儿亲社会行为发展的促进效果,研究采用前测—后测、非对等控制准实验设计,从北京市一所普通公立幼儿园中选取3个中班的91名...

来源：知网 / 万方 / 维普 / 豆丁网 / 道客巴巴 ∨

亲社会行为　中班幼儿　实验研究　　　　　　　↓ □ ‹› ♡

绘本教学中幼儿语言能力的培养

刘丽春 - 《传奇·传记文学选刊》 - 2012 - 被引量：6

发展幼儿语言表达能力是幼儿园教育的核心问题,而早期绘本阅读活动是幼儿园语言教育的有效组成部分.在此探讨了绘本阅读在幼儿语言教育中的作用和如何运用绘本教学提...

来源：知网 / 万方 / 爱学术

语言表达能力　教学中　阅读习惯　　　　　　　↓ □ ‹› ♡

绘本教学中幼儿语言能力的培养

辛艳 - 《城市建设理论研究:电子版》 - 2012 - 被引量：4

幼儿期是学习语言的最佳时期,能引导他们进行绘本阅读讲述活动,对培养他们的创造、想象和表达能力都有很大帮助.本文阐明了绘本教学对幼儿语言能力培养的重要意义,...

来源：万方

语言能力　教学中　　　　　　　　　　　　　　□ ‹› ♡

浅谈绘本教学中幼儿低效自主阅读现象及应对策略

潘儿娜　《都市家教月刊》　2012　被引量：4

图 3-2-64　百度学术中"绘本教学'幼儿'"检索结果

找到约5,500条相关结果　　　　　　　　　　　　　　　　　Jↆ 按被引量

幼儿绘本阅读中的情感教育研究

张图图 - 《河南大学》 - 2011 - 被引量：53

学前阶段的教育目标之一是培养幼儿积极健康的情感,塑造幼儿的完整人格,因此,家长及幼儿园都非常注意对幼儿进行情感方面的教育。对孩子进行情感教育有很多途径,但绘...

来源：知网 / 万方 / 豆丁网 / 道客巴巴 / 爱学术

情感教育　教育研究　幼儿中　绘本阅读　　　　↓ □ ‹› ♡

情绪主题绘本促进幼儿情绪能力发展的行动研究

刘婵 - 《西南大学》 - 2010 - 被引量：50

幼儿情绪能力是指幼儿能够辨识、理解自己与他人情绪,并在此基础上进行调节、控制和适当表达情绪的能力,主要由情绪识别与表达、情绪理解和情绪调节三个维度构成。幼...

来源：万方 / 知网 / 豆丁网 / 道客巴巴 / 爱学术

能力发展　情绪能力　行动研究　幼儿情绪　　　↓ □ ‹› ♡

儿童绘本教学现状研究

姚雪皎 - 《杭州师范大学》 - 2011 - 被引量：47

本研究主要运用问卷调查法、访谈法对杭州市儿童绘本教学现状进行了调查,目的在于:(1)当前幼儿园和小学教师对绘本和绘本教学的认识现状,了解当前教师进行绘本教学中...

来源：知网 / 爱学术

教学现状　绘本阅读　　　　　　　　　　　　　↓ □ ‹› ♡

幼儿绘本阅读教学的艺术同构策略

叶明芳 - 《学前教育研究》 - 2011 - 被引量：31

绘本一般借助于文字和图画共同讲述一个完整的故事,内容贴近幼儿生活,兼具文学性与艺术性,蕴涵着丰富的教育价值.利用绘本进行教学时,教师应努力利用其中的多元艺术...

来源：维普 / 知网 / 万方 / 豆丁网 / 道客巴巴 ∨

百度一下　订阅

Jↆ 按相关性
　　按相关性
　　按被引量
-后　　按时间降序

图 3-2-65　检索结果按被引量排序

图 3-2-66　查看需要的文献

此时我们就通过百度学术搜索进入文献的所在地方了，有些文献需要付费，有些文献是免费下载使用的，我们可以自己去鉴别。一般免费下载的文献是可以直接点击免费下载的，如无免费下载链接，可以尝试求助全文。

四、资源的分享

(一)利用网盘分享

网盘，又称网络 U 盘、网络硬盘，是由互联网公司推出的在线存储服务，服务器机房为用户划分一定的磁盘空间，为用户免费或收费提供文件的存储、访问、备份、共享等文件管理功能，并且拥有高级的世界各地的容灾备份。用户可以把网盘看成一个放在网络上的硬盘或 U 盘，不管你是在家中、单位或其他任何地方，只要你连接到互联网，就可以管理、编辑网盘里的文件。不需要随身携带，更不怕丢失。

扫一扫看视频

目前，国内比较流行的网盘主要有百度网盘、QQ 微云、华为网盘等。下面以百度云盘为例，介绍利用网盘共享文件的基本操作。

百度网盘(原百度云)是百度推出的一项云存储服务，首次注册即有机会获得 2T 的空间，已覆盖主流 PC 和手机操作系统，包含 Web 版、Windows 版、Mac 版、Android 版、iPhone 版和 Windows Phone 版。用户可以轻松将自己的文件上传到网盘上，并可跨终端随时随地查看和分享。

上传共享文件。输入账号和密码，登录网盘。点击界面工具栏中的【上传】选项，或者将文件直接拖曳至文件管理窗口中，上传本地文件。

文件管理。点击工具栏中的【新建文件夹】选项，或者在文件管理窗口空白处单击鼠标右键，选择"新建文件夹"命令，在网盘中新建文件夹。将文件拖曳至文件夹中，对文件进行分类管理。点击界面左侧栏不同文件类型选项，显示网盘中所选类型的所有文件，这种智能分类方式方便客户查找文件。

图 3-2-67　百度网盘界面

共享文件。勾选所需共享的文件或文件夹，点击工具栏中的【分享】选项，弹出分享文件对话框，设置分享形式。若设置为公开分享，任何用户均可查看和下载；若设置为加密分享，其他用户需要输入密码方可查看和下载。设置完成后，点击"创建链接"，弹出链接地址和密码，点击"复制链接及密码"，通过 QQ 或微信等方式发送给好友。

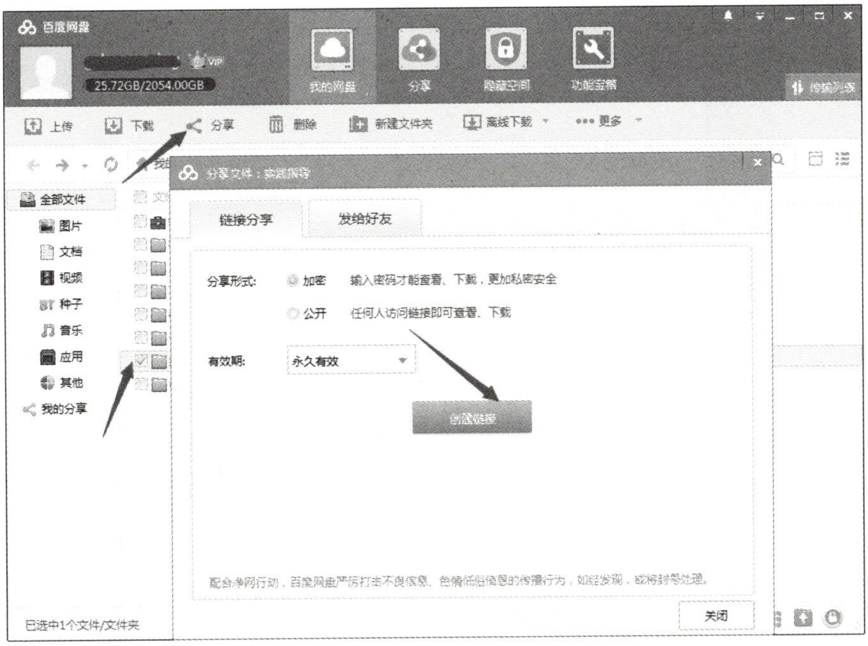

图 3-2-68　百度网盘共享文件

管理分享。点击左侧栏中的【我的分享】选项，可对分享的文件进行管理，如查看分享的时间等信息、复制分享链接和密码、取消文件分享等。

(二)利用 WPS 分享

利用 WPS 可以快捷分享办公文件，如电子文档、电子表格、演示文稿、PDF文档等。

登录 WPS。启动 WPS2016，使用 QQ 账号登录。

分享文件。在 WPS 中打开文本、表格或演示文稿。选择【云服务】/【分享】，弹出"分享文件"对话框，点击【生成链接】按钮，将文件上传至云服务。

设置分享方式。电子文档分享分为链接分享、网页分享、邮件分享三种。可以复制分享链接，发送给好友，也可设置分享到微信好友、QQ 好友、QQ 空间、新浪微博、人人网等，还可以利用 WPS 移动版扫描二维码，在手机上查看。如果拟将共享文件设置为私密分享，应添加访问密码。

图 3-2-69　利用 WPS 共享文档

第三节　幼儿教育多媒体课件制作与开发

一、幼儿教育多媒体课件概述

(一)幼儿教育多媒体课件概念与分类

1. 什么是幼儿教育多媒体课件

课件，是具有一定教学功能的软件及配套的教学文档，可用于实现和支持特定教程的计算机辅助教学。

多媒体课件，就是把文字、图形、声音、动画和视频等多种媒体按照一定的教学目标和教学方式进行集成和融合的课件。

幼儿教育的多媒体课件有视频课件、幼儿数字故事课件、Flash 动画课件、幼儿学习网站、PPT 课件、电子杂志等，随着技术的发展，近年来还出现了 VR/AR/MR 课件、虚拟课件。新技术、新手段大大激发了学龄前儿童的好奇心，带给儿童全新的科学体验。

在学前教育资源的开发中，根据教学目标制定教学策略，综合运用多种制作工具集多种媒材为一体，以实现学前教育交流功能的课件，为学前教育的多媒体课件。

2. 幼儿教育多媒体课件的特性

(1)教学特性是多媒体课件的根本特性。

(2)软件特性是多媒体课件的固有特性。

(3)多媒体特性是多媒体课件的显著特性。

3. 幼儿教学多媒体课件的基本类型

(1)练习与操练型课件。这是发展和应用最早的一类 CAI 软件，是实现程序教学的基本方式。练习与操练的教学方式都是通过大量的提问—回答—判断反馈，使幼儿建立起问题与回答之间的牢固联系，从而理解与掌握该项知识与技能技巧。练习与操练型课件的基本过程是，计算机逐个或一批批地向幼儿提出问题，当幼儿给出回答后，计算机判断其正确情况，并根据幼儿回答的情况给予相应反馈，以促进幼儿掌握某种知识与技能技巧。

一般来说，练习与操练型课件应遵循的原则包括小步子原则、积极反馈原则、及时强化原则、自定步调原则等。

(2)教学模拟型课件。这类课件指利用计算机模拟自然科学或社会科学的某些规律，产生某种与现实世界相似的现象，供幼儿观察，帮助幼儿认识、发现和理解这些规律与现象的本质。其特点是：①能激发学习动机，模拟的对象对幼儿来说是一个未知的世界，对未知世界的好奇心有助于幼儿去探索其中的奥秘。②时效性，模拟对象的实际时间和空间尺度可能很大或很小，一般不易为幼儿接触或观测，而通过计算机模拟则不受时间和空间的限制。③安全性和经济性。④重复性。所以，模拟型课件近年来逐渐受到许多教育学家和心理学家的关注，被认为有助于培养幼儿的能力，成为发展较快的一种课件类型。

(3)游戏型课件。寓教学于游戏之中，课件提供和控制一种富有趣味性和竞争性的教学环境，激发幼儿的学习动机，使幼儿在富有教学意义而且教学目标明确的游戏活动中得到训练或是有所发现，取得积极的教育效果。游戏型课件不同于电子游戏，它强调教学性，有着明确的教学目标和具体的教学内容，并且含有经过仔细考虑的教学策略。

游戏型课件应该具有如下一些特点：①教学目标与游戏竞争目标的一致性，即从初始状态出发，经过游戏参与者的决策和动作，最后一定能够达到的胜、负或平局状态；游戏竞争目标的实现也是教学目标的实现。②积极的参与性。必须有两方或以上的游戏参与者，其中的一方可以由计算机扮演，学习者要积极地参与游戏竞争。③明确的游戏规则，即游戏参与者采取决策和动作时所必须遵守的规则约定，规则应包含所要达到的教学目标、所要教学的规律与知识。④娱乐性和趣味性。为了达到寓教于乐的教学效果，游戏性课件要有很强的娱乐性和趣味性，包括生动活泼的画面、恰如其分的音乐、巧妙的构思、夸张的想象等。⑤时间性，即游戏应在有限时间内到达目标状态，而不是无休止地一直继续下去。

（二）多媒体课件制作的常用工具

课件的制作是在课件设计的基础上，用编程语言或编著软件将课件的内容按预定的结构和方式组成一个完整的课件程序，并经过必要的后期处理，形成课件成品的过程。

多媒体课件制作工具很多，但无论采用什么软件来制作课件都要考虑课件的教学内容和教学过程两个方面，既要设计和制作与课程内容有关的素材并导入或输入课件中，又要设计和制作与教学进程相关的程序控制。对于幼儿园课件的制作来说，教师掌握一定数量的与教学内容有关的素材与掌握课件的程序设计技巧一样重要，甚至有时候更重要。

（1）幼儿园课件集成主要采用课件编著软件。大部分的编著软件界面友好、使用方法简单，教师们经过简单的培训就能掌握。这方面的软件很多，可分为基于图标和流程线的多媒体编著软件，如 Authorware、IconAuthor；基于卡片和页面的多媒体编著软件，如 PowerPoint、ToolBook；基于时间轴的多媒体编著软件和基于网页制作的多媒体编著软件，如 FrontPage、Dreamweaver、Flash 等。

（2）图像编辑工具：Fireworks、Photoshop。

（3）动画制作工具：Flash、3D-MAX。

（4）音频编辑工具：Wavestudio、Goldwave。

（5）视频编辑工具：Premiere、会声会影、超级解霸等。

（三）多媒体课件的制作流程

通常，我们可以把多媒体教学软件的开发分成计划、设计、开发三个阶段，覆盖选题→学习者分析→教学设计→系统结构设计→原型开发→稿本设计→素材制作→系统集成→评价和修改→发布和应用整个流程。

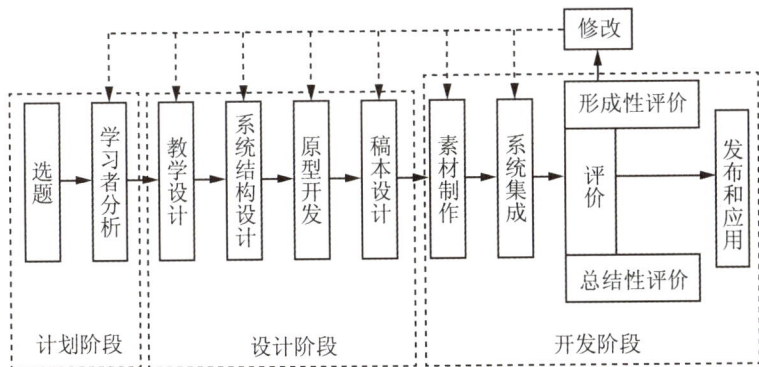

图 3-3-1 多媒体课件制作的一般流程

第一阶段：计划

1. 选题

采用多媒体课件的目的是提高课堂效率、优化课堂教学结构、增加课堂教学信息量。因此，在选材立意时首先要考虑课件的开发价值，即这堂课是否有必要使用课件。因此，要选择那些学生难以理解、教师不易讲解清楚的重点和难点问题，特别是要选择那些能充分发挥图像和动画效果、不宜用语言和板书表达的内容作为课件制作选题的首选内容。

2. 学习者分析

分析学习者的目的是了解学习者的学习准备(学习者开始新的学习时，他原有的知识水平或原有的心理发展水平对新的学习的适应性)情况及其学习风格。可以根据课件开发描述说明中定义的课件服务对象，对学习者的需求要有一个总体范围的估计。分析的内容包括学习者群体的类别、规模、分布、特征等，也可以调查和预测学习者的学习动机、操作风格、注意度等，只有认真分析学习者特征，才能设计出符合学习者需求的多媒体课件。由于学习者特征可以从不同角度和不同层次分类，因而有多种具体的分析内容和方法。具体可以参考本书后面教学设计章节相关内容。

第二阶段：设计

3. 教学设计

教学设计是课件制作中的重要环节，课件效果的好坏、课件是否符合教学需求，关键在于教学设计。设计者应依据先进的教育理念与思想，根据教学目标和学习对象的特点，分析教学内容，合理地选择和组织教学媒体和教学方法，形成优化的教学系统结构。具体方法可以参照本书后面教学设计章节相关内容。

4. 系统结构设计

进行系统结构设计实际上就是对多媒体课件的总体设计，其设计的要点包括：页面设计、层次结构设计、媒体的应用设计、知识点的表示形式设计、练习方式设计、页面链接设计、交互设计、导航设计等内容。

在进行系统结构设计时，要注意以下几方面。

(1)最大限度地满足学习者在获取学习资源上的要求。充分发挥课件优势，为学习者提供丰富的学习资源，是我们制作多媒体课件的首要目标。

(2)保证课件结构清晰、界面连贯、运行高效，多媒体课件应当结构良好，给用户一个文档结构统一、显示风格一致的用户使用界面。

(3)页面设计美观大方，让学习者不但能够方便快速地得到需要的信息，还能得到一种美的享受。

5. 原型开发

在开始制作多媒体课件之前，选择一个相对完整的教学单元，设计制作出这个教学单元的课件原型，通过原型设计，确定多媒体课件的总体风格、界面风格、导航风格、素材的规格以及编写稿本的要求和内容。

原型应该表现以下细节。

(1)媒体元素的布局和效果。

(2)课件的基本类型特点。

(3)课件内容的逻辑关系和学习顺序。

(4)学习者控制与交互的类型和效果。

课件原型制作完成之后，技术人员在制作课件的过程中，依据课件原型和制作稿本进行制作，课件的风格和特点要与课件原型的风格和特点一致，技术人员也可充分利用课件原型的模板进行制作，以节省人力和时间投入，但要注意的是不能完全照搬和千篇一律，要体现出不同学习内容的具体特点。

6. 稿本设计

选好一个适宜的课件题目后，随即进行稿本的编写工作。稿本设计是根据教学内容特点与系统设计的要求，在一定的学习理论的指导下，对每个教学单元的内容和安排以及各单元之间的逻辑关系进行设计，设计出具体的表现形式，写出讲解的文稿，设计要显示的文体，所使用的图形表格、图片、动画视频等，还要写出页与页之间连接的交互方式等具体内容。稿本描述了学生将要在计算机上看到的细节，它是设计阶段的总结，也是技术制作人员制作课件的依据。

稿本包括文字稿本和制作稿本，文字稿本是按照教学过程的先后顺序描述每一个环节的教学内容及其呈现方式的一种形式，其主要目的是规划教学软件中知识内容的组织结构，并对软件的总体框架有一个明确的认识；制作稿本包含学习者将要在计算机的屏幕上看到的细节，例如，用各种媒体展示的教学信息，计算机提出的问题，计算机对学习者各种回答(正确的或错误的)的反馈等。

稿本编写类似影视剧的"编剧"，包括课件内容如何安排、声音如何表现和搭配、是否需要加入动画或视频、加在什么地方、课件如何与学生交互(包括按钮设计、热区响应、下拉菜单响应、条件响应、文本输入响应、时间限制响应、事件响应)等。

可以说，稿本制作是整个课件制作的核心。一个课件的好坏主要取决于课件稿本的编写质量，文字、声音、图像、动画、视频等各种要素要搭配合理，衔接要流畅、自然。要注意的是并非各种媒体采用得越多，课件的教学效果就越好。初学制作课件的人员尤其要注意这一点。

什么样的内容适合用什么样的媒体来表现，并不是多用录像和动画表现就是好课件，有的内容可以仅用文字说明，有的可用图像，而讲解操作过程用录像就比较清楚。

除了图像外，声音的选用也很重要，应把背景音乐和文字解说分开，背景音乐选用 MIDI 乐曲，数据量小，而语音解说只能使用录制的波形文件。同时注意用背景音乐和语音解说都要设置按钮来控制开和关，方便用户选择。

第三阶段：开发

7. 素材制作

媒体素材设计就是设计和构思为了表达学习内容所需要的各种素材或各种媒体，如文本、图像、声音、动画、视频和虚拟现实等。媒体的选择是为所要表达的学习内容服务的，要克服媒体素材设计与学习内容相脱离的弊端，避免"为媒体表现而设计媒体"的现象，努力做到"为内容表现而设计媒体"，因此，在选择使用图像、声音、动画、活动视频等各种媒体时，目的是表达学习内容、突出学习主题，不能不顾主题思想的表达，只顾追求时髦、好看。

稿本写好后，应根据系统的要求，着手准备稿本中涉及的各种素材，包括说明文字、配音、图片、图像、动画、视频等，有些素材可以直接在素材库软件中找到，对于没有的素材，必须通过软件加工编辑得到。素材的准备是课件制作中工作量最大、最烦琐的环节，课件制作人员在时间安排上要充分考虑到这一点。在课件制作过程中，媒体素材制作是一个比较重要的环节，在本节本部分内容之前已专门介绍。

8. 系统集成

前面的工作做好后，就可以使用多媒体课件开发工具进行制作了。多媒体课件制作工具很多，如简单的有 PowerPoint，常用的有 Authorware、ToolBook、方正奥思、蒙泰瑶光、多媒体大师等。网络版有 Microsoft Frontpage、Macromidea Dreamweaver、Macromidea Flash 等。当然，还有一些专用的课件开发工具，在此不一一赘述。以下简单介绍 PowerPoint 和动态 PPT 制作软件 Focusky。

(1)PowerPoint(演示文稿)。

Microsoft Office PowerPoint(PPT)，是微软公司推出的演示文稿软件。制作者可以用其表达某一主题，将文字、图形、图像、声音和视频等信息集成在一起，并通过设置灵活的交互与丰富的动态效果来增强其感染力，形成多媒体作品。

PPT 作品可以在投影仪或者计算机上进行演示，也可以将演示文稿打印出来，制作成胶片，以便应用到更广泛的领域中。利用 Microsoft Office PowerPoint 不仅可以创建演示文稿，还可以在互联网上召开面对面会议、远程会议或给观众展示演示文稿。PowerPoint 演示文稿的格式后缀名为 ppt、pptx，也可以保存为 PDF、图片格式等。2010 及以上版本可保存为视频格式。演示文稿中的每一页就叫幻灯片，每张幻灯片都是演示文稿中既相互独立又相互联系的内容。

（2）动态 PPT 制作软件 Focusky。

Focusky，是一款新型多媒体幻灯片制作软件，操作便捷性以及演示效果超越 PPT，主要通过缩放、旋转、移动动作使演示变得生动有趣。

使用者除了可以完全免费使用其制作炫酷幻灯片演示文稿，还可以制作产品说明、纪念册、商业手册、公司报告、时事报道、视频等。

特点：

①快速简单的操作体验。所有操作即点即得，在漫无边界的画布上，拖曳移动也非常方便，大部分人可以在 1 小时内学会基本操作。

②软件自带精美的模板。Focusky 提供许多精美的模板，可以快速地制作出好看的多媒体幻灯片。

③3D 演示特效打破常规。传统 PPT 只是一张接一张播放，而 Focusky 打破常规，模仿视频的转场特效，加入生动的 3D 镜头缩放、旋转和平移特效，像一部 3D 动画电影，给听众视觉带来强烈冲击。

④思维导图式的体验。自由路径编辑功能让您轻易创建出思维导图风格的幻灯片演示文稿，以逻辑思维组织路线，引导听众跟随您的思维去发现、思考。

⑤多种输出格式。Focusky 支持多种输出格式，如 HTML 网页版、＊.EXE、视频等，可以上传网站空间在线浏览，或者在 Windows 和苹果电脑上本地离线浏览。

Focusky 动画演示大师是一款易学易用的幻灯片演示文稿制作软件、课件制作软件、微课制作软件，功能多样且操作简单，3D 缩放、旋转、移动的页面切换方式令人耳目一新，以下介绍怎样高效制作酷炫动态 PPT。

①新建空白项目（也可选择路径布局或者模板），可以根据需要添加背景颜色和 3D 背景、图片背景、视频背景这三种背景图片。

②添加路径和物体，可以根据需要添加矩形窗口、圆形窗口、方括号帧、不可见帧这四种路径，通过设置路径的大小和角度实现 3D 缩放、旋转、移动的切换效果；添加图形、图片、文本、视频、音乐、图标、公式、超链接、角色、SWF、特殊符号、艺术图形等各类物体。

③自定义动画，根据需要给路径和物体添加动画，包括进入、强调、退出动画，以及动作路径。

④设置选项，根据需要在选项里对关于、分享、预加载、展示、企业标志、加密这六个方面进行设置。

⑤预览，可从当前路径进行预览或是从头预览工程查看效果。

⑥输出，根据需要将制作好的 PPT 输出到云端、分享到微信以便随时随地查看，也可输出成 Windows 应用程序、视频、Flash 网页、HTML5 网页、压缩文件、PDF 等格式文件。

课件集成不是要等所有的素材制作完毕后才开始，而是稿本最后修改完善后就开始，已完成的素材随即编入程序，未完成的可以在以后插入。可以先制作工作流程图，依次完成每一步工作，也可以先完成基本框架，再补充完善。按这种顺序集成，编制人员的思路清晰连贯，易于检查错误，工作效率比较高。

在课件集成阶段需要加强管理。首先是要及早编制好素材文件列表，包括素材编号、文件名及路径、内容特征、文件大小、图像尺寸、音频和视频长度、制作人、使用情况备注等。在集成过程中，要用素材文件列表跟踪素材的使用情况。其次是做好版本控制，应该很清楚地知道自己或者项目组成员使用的是否为素材文件的最终版，并且确保最终集成的课件是一个完善的版本。

9. 评价和修改

在课件制作过程中，要不断地对课件进行评价和测试修改工作，它是课件制作过程的重要组成部分，也是课件质量的保证。

评价包括形成性评价和总结性评价，并且是属于面向学习资源的评价。形成性评价是在课件开发的过程中实施的评价，它为提高课件质量提供依据，它的目的在于改进课件的设计，使之更加符合教学的需要，便于提高质量和性能；总结性评价是在课件开发结束以后进行的评价，其目的是对课件的性能、效果等做出定性、定量的描述，确认课件的有效性和价值，为课件更新提供改进意见，并总结课件制作经验。评价内容通常包括学习者的反应、态度和学习者使用课件的具体情况以及学习者在预期环境中的行为变化等。

10. 发布和应用

课件制作完成后，用户可以用以下几种方式来发布自己的作品：磁盘、光盘和网络。多媒体课件经过多次修改完善后，就可以投入使用。教师除自己在教学中使用外，同时还可以进行交流、推广或发行。教师在实际教学中使用课件后，可能会发现这样或那样的不足，因此，课件投入使用并不是万事大吉，还需要不断地收集课件在教学应用中的反馈信息，不断地对课件进行修改、完善与升级，使之更加适合教学的要求，达到实用、好用之目的。

(四) 多媒体课件的应用

1. 课件的放映

（1）放映前的设置。

①节的设置。节功能将演示文稿中幻灯片模块化，也就是将多张幻灯片编成组，便于演示与管理。切换到普通视图，在幻灯片缩略图

扫一扫看视频

之间，需要添加节标题之处，单击鼠标右键，选择"新增节"快捷命令，添加节标题。在节标题上单击鼠标右键，可进行对节标题重命名、删除节等操作(见图 3-3-2)。

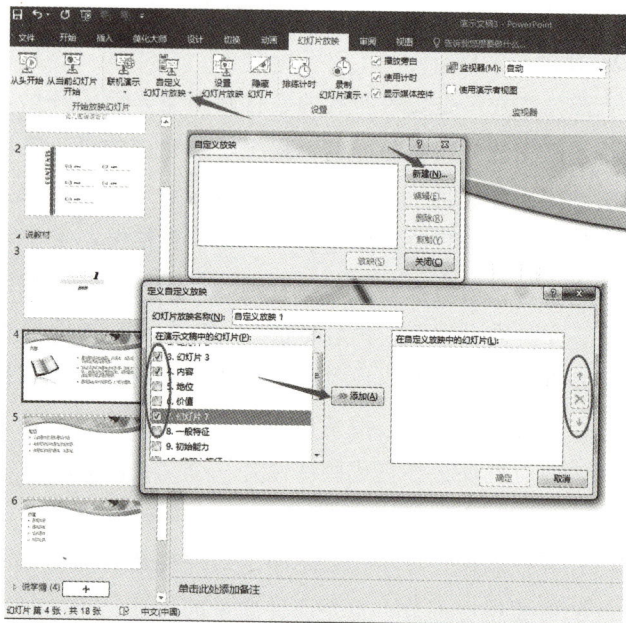

图 3-3-2　节的设置

图 3-3-3　自定义放映的设置

②演示部分内容的设置。同一演示文稿，面对不同对象，可以选择演示部分内容。选择放映课件中的部分幻灯片有两种方法：第一种是减法，即隐藏多余的幻灯片。在不希望展示幻灯片的缩略图上单击鼠标右键，选择"隐藏幻灯片"命令，隐藏多余的幻灯片。第二种是加法，即在自定义放映列表中添加需要演示的幻灯片。在功能区中点选【幻灯片放映】/【开始放映幻灯片】/【自定义幻灯片放映】，弹出"自定义放映"对话框。点击"新建"按钮，弹出"自定义放映"对话框，勾选放映的幻灯片，点击"添加"按钮，勾选的幻灯片显示在"在自定义放映中的幻灯片"列表中，通过右边的上下按钮，调整幻灯片播放的顺序。单击"确定"按钮，返回"自定义放映"对话框，点击"放映"按钮，开始以自定义的方式放映演示文稿中的部分幻灯片。自定义放映设置好后，下次利用时，点击【自定义幻灯片放映】下方三角按钮，选择相应的自定义放映即可(见图 3-3-3)。

(2)放映中的设置。

①定位到幻灯片。在幻灯片放映过程中，用户可以自由切换和定位。在键盘上输入数值，按回车键，快速定位到指定页码，如按数值【5】键后，按回车键，直接跳转到第五张幻灯片。在放映视图中，单击鼠标右键，选择"查看所有幻灯片"命令，点击幻灯片缩略图，跳转到指定幻灯片。在右键快捷菜单中选择"上次查看过的(V)"，跳转到上次放映的幻灯片(见图 3-3-4)。

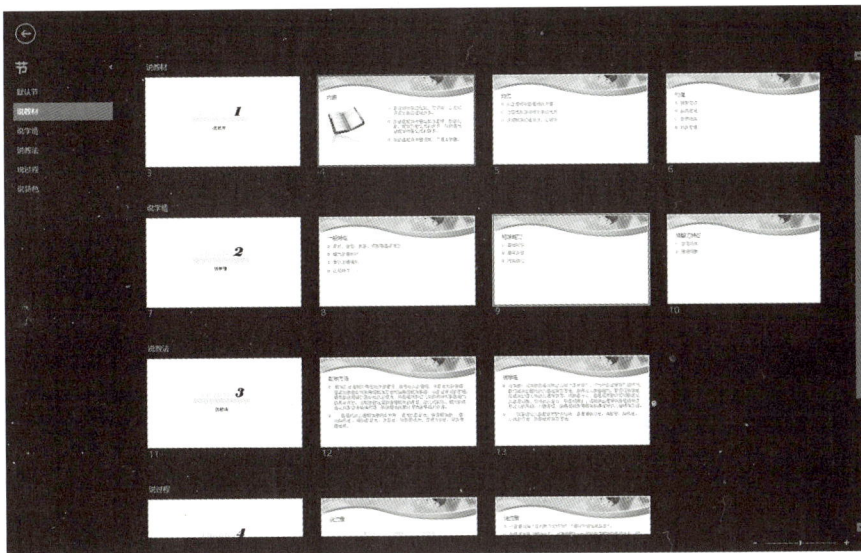

图 3-3-4　定位幻灯片

②为重点内容做标记。在演示文稿放映过程中，用户可以利用画笔在幻灯片上添加圈注、勾画等操作，以吸引听众注意力和增强演示文稿的表达能力。在放映视图中单击鼠标右键，选择"鼠标指针"/"笔"命令，当鼠标指针变成点状时，在幻灯片上拖动鼠标，进行勾画和圈注。

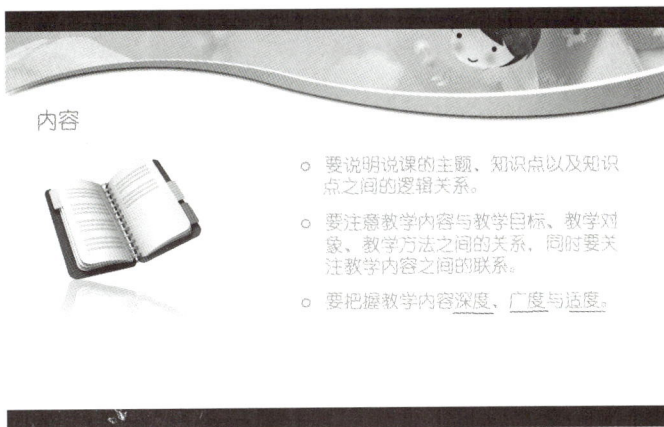

图 3-3-5　添加标记

③利用演示者视图。在制作课件时，如果把讲稿全部搬到幻灯片中，画面不美观，也不利于听众抓住要点。如果教师想避免"照本宣科"的嫌疑，将课件制作得比较精练，在讲演过程中可能会遗漏某些细节。该如何避免这样的问题呢？可以利用"演示者视图"功能，使讲演者能够看到观众所看不见的备注信息。

将计算机与投影仪连接后，按【Win＋P】组合键，打开屏幕设置面板，选择"扩展"选项，即将投影仪设置为拓展的屏幕。

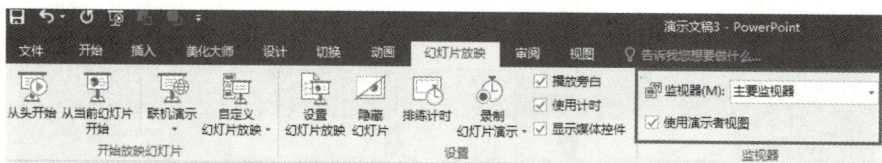

图 3-3-6 "扩展"屏幕

在【幻灯片放映】面板，【监视器】功能组中，设置监视器为"主要监视器"，勾选"使用演示者视图"选项，计算机上显示幻灯片和备注的内容，而投影仪上则只显示幻灯片中的内容。

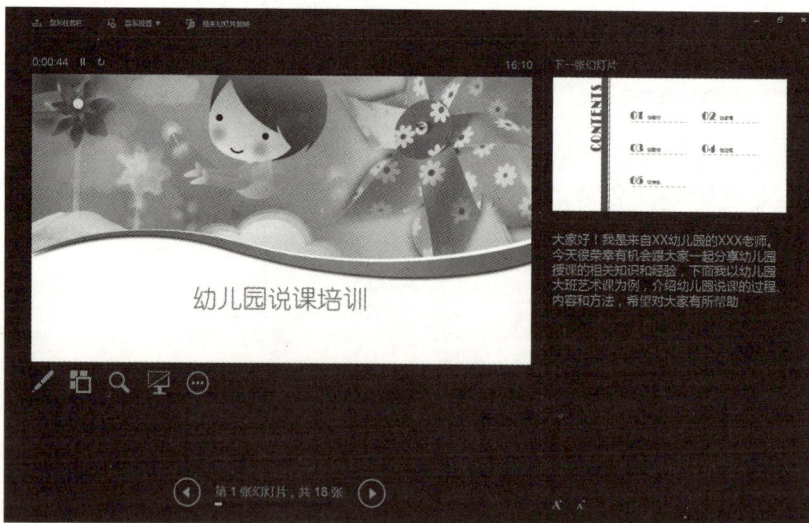

图 3-3-7 使用演示者视图

如果教师在备课时，尚未连接投影仪，但想预览"演示者视图"效果，以便做好充分准备，可以在计算机放映幻灯片时，单击鼠标右键，选择"演示者视图"命令，进入演示者视图。左边窗口是听众所看到的内容；右边部分是演讲者看到的内容，上边是下一张幻灯片缩略图，下边是当前幻灯片的备注信息。

图 3-3-8 预览"演示者视图"

2. 课件的打印

课件制作完成后，有时需要打印，做成讲义或者留作备份等。

打开演示文稿，选择【文件】/【打印】菜单命令，在【打印】窗口中设置打印的范围、版式、色彩等选项。

扫一扫看视频

打印范围。默认打印全部幻灯片；可选择打印其中一节，如"说教材"一节；或者选择自定义范围，如"1-6"，打印第一张到第六张幻灯片。

打印版式。设置一张打印纸上放置几张幻灯片，横向或纵向打印。如图 3-3-9 所示，选择"3 张幻灯片"，纵向打印，以这种方式打印课件，做成学习材料，方便学生学习新知的同时撰写心得与总结。

打印色彩。根据实际需要，选择彩色、灰度、纯黑白的方式打印。

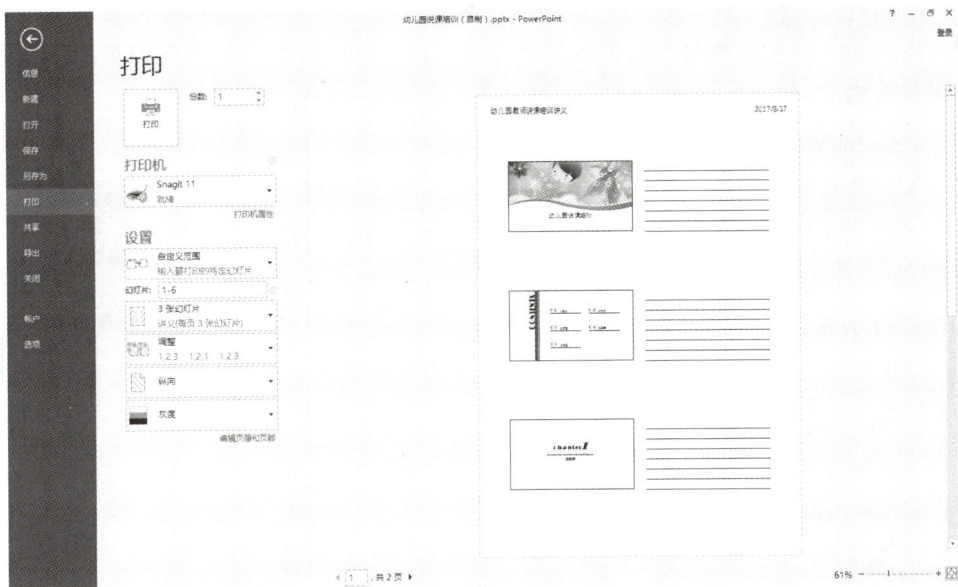

图 3-3-9　课件的打印

3. 格式的转换

演示文稿转换为 PDF 格式。如果担心自己制作的课件在其他电脑上无法播放（如放映幻灯片的电脑所安装的 Office 版本较低），或者无法按原先设计的样式显示（如放映幻灯片的电脑上没有相应的字体），又或者担心他人修改自己的课件，用户可将演示文稿转换为安全性和易读性较高的 PDF 格式。操作的方法很简单，利用【文件】/【另存为】菜单命令，设置保存类型为 PDF 格式即可。

扫一扫看视频

演示文稿转换为 Word 文档。如果需要引用演示文稿中的部分文字内容，采用逐页复制的方式效率低下，可在大纲视图中快速复制文本内容。在功能区中选择【视图】/【演示文稿视图】/【大纲视图】命令，切换到大纲视图。在左侧的大纲视图中拖动鼠标选择所需的文本内容（按【Ctrl】键，可选择不连续的内容），按【Ctrl＋C】组合键复制选择的内容，在 Word 文档中粘贴即可。要注意的是：只有文本占位符的文本才会在大纲视图中显示，而文本框中的文本无法在大纲视图中显示。如果要将整个演示文稿的文本占位符中的文本内容转换为 Word 文档，可以将演示文稿另存为 RTF 格式，然后利用 Word 文档打开 RTF 格式文件。

二、多媒体课件素材处理要点

获取的多媒体素材有时需要加工处理，才能满足教学需求。素材是多样的，加工的工具和方法也是多样的，要根据素材的类型、特点和加工的需求，选择合适的工具和方法。本章主要介绍图像、音频、视频三种类型多媒体素材处理的基本方法。

(一)图像素材的处理

目前常用的图像处理的软件主要有功能强大的 Photoshop 和操作便捷的美图秀秀，Powerpoint 的图像处理功能也日渐强大。在处理图片时，用户可以根据图像处理的复杂程度、操作的便捷性以及个人习惯，选择处理的工具和方法。

1. QQ 截图

截图的软件有很多，如 Snagit、HyperSnap、红蜻蜓、抓图精灵等。腾讯 QQ 是一款常用的社交软件，同时具有截图的功能，还可以对截取的图像进行标注，因此，它成为一款获取图像的常用工具。以下介绍 QQ 截图与添加标注的操作方法。

扫一扫看视频

QQ 截图。连接网络，登录 QQ，打开所需截取的图片，按【Ctrl＋Alt＋A】组合键，选择截图区域。

添加标注。选择画面截取的区域之后，弹出截图工具栏。如果需要对所截取的图像添加标注，在工具栏中选择矩形、椭圆、箭头、笔刷、马赛克、文本等工具，设置工具的属性，如笔画大小、颜色等，在图形中添加标注即可。

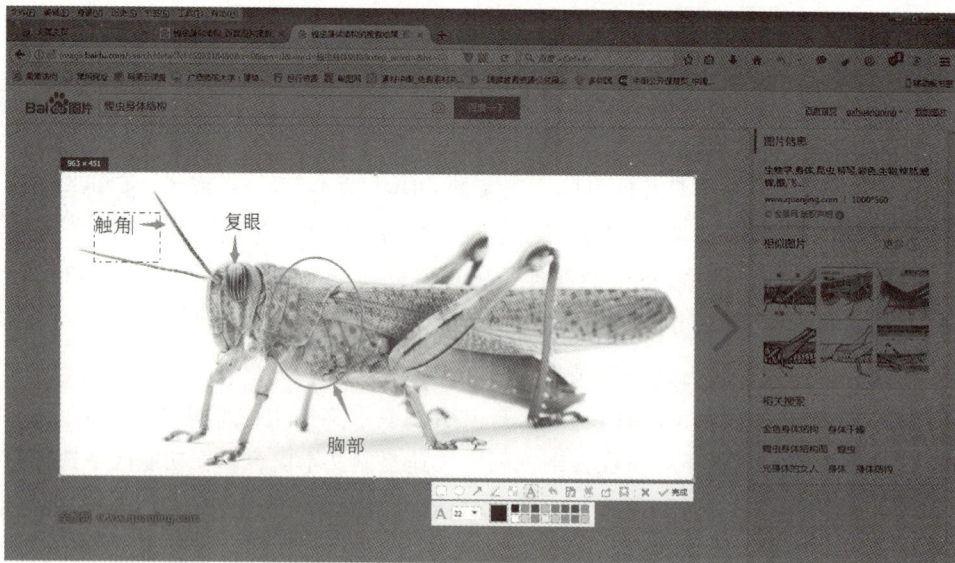

图 3-3-10　QQ 截图添加标注

利用截取的图像。完成图像截取后，点击工具栏中"完成"按钮，或者双击鼠标，所截取的图像就会复制到剪贴板中。打开演示文稿或者电子文档等，按【Ctrl＋V】组合键，将图像粘贴到所需的位置。如想取消截图，用户可以点击工具栏中的"退出截图"按钮，或者按【Esc】取消键，取消截图操作。

2. 图像的基本处理

对图像的基本处理包括大小、裁剪、旋转、亮度、对比度、色彩、清晰度等的处理。可以在 PowerPoint 的"设置图片格式"窗格中设置，也可以利用 Photoshop 的【图像】菜单中的各项命令调整，还可以在美图秀秀的"美化图片"模块中设置。美图秀秀是一款免费的图像处理软件，界面直观，操作简单，为广大用户所喜爱。下文以美图秀秀为例，介绍图像基本处理的操作方法。

扫一扫看视频

打开图像文件。启动美图秀秀，选择"美化图片"功能。单击界面右上角的【打开】按钮，选择待处理图像。

图 3-3-11　美图秀秀软件工作界面

调整图像。在【美化】选项卡中，对图像的亮度、对比度、色彩、清晰度、大小等进行调整。点击【撤销】按钮可撤销上一步操作，点击【撤销】按钮旁边的下三角按钮，显示操作记录，撤销到指定步骤。如果想恢复原图，直接点击【原图】按钮即可。

保存图像。点击界面右上角的【保存与分享】按钮，设置图像保存的路径、类型、画质等参数，点击"保存"按钮即可。

图 3-3-12　调整图像

3. 删除图像背景

在课件中使用图片素材时，有时原图背景会影响画面的美感。删除图像背景的工具和方法有很多，利用美图秀秀删除图片背景的操作十分快捷。

打开图像。启动美图秀秀，选择"美化图片"功能，在美图秀秀中打开待处理图像。

扫一扫看视频

抠除背景。单击界面左侧栏中【抠图笔】工具，选择"自动抠图"样式，拖动鼠标选择保留的范围，软件自动识别主体与背景。如果对所选的区域不满意，选择【删除笔】模式，拖动鼠标选择删除的区域，蚁行线所围成的封闭区域是选取的区域。

图 3-3-13　抠除图像背景

　　保存透明背景图像。如果需要更换图片背景，可以点击图像下方【完成抠图】按钮，退出抠图窗口，选择图像背景。如果希望保存透明背景的图片素材，点击图像下方【保留为透明背景】按钮，设置保存路径，默认保存类型为透明背景的 png 格式。

图 3-3-14　保存透明背景图像

4. 去除图像水印

　　网络的图片素材有时带有网站或作者添加的水印，以防侵权。如果需要抹除水印，可以选择使用 Adobe Photoshop 或者美图秀秀软件，美图秀秀操作相对直观简单。

　　打开图像。启动美图秀秀，进入"美化图片"功能，打开待处理图片。

　　去除水印。点选左侧栏【消除笔】工具，在图片的水印上涂抹。涂抹时要注意调整画笔的大小和图像的缩放比例，涂抹尽量不要超出水印的范围。

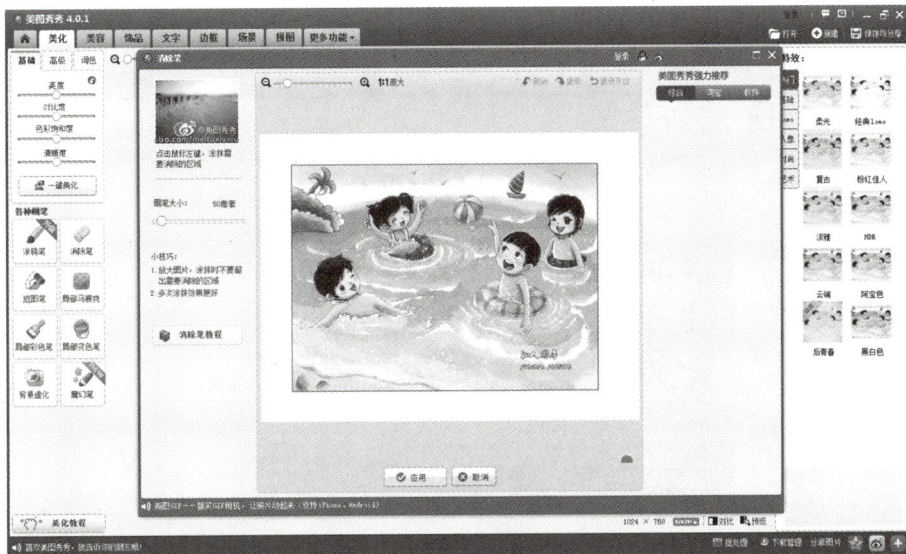

图 3-3-15　去除图像水印

保存图像。完成涂抹后，点击图像下方的【应用】按钮，退出消除笔窗口，点击主界面右上角的【保存与分享】按钮，保存图像即可。

5. 制作半透明图像效果

图 3-3-16　原图

图 3-3-17　效果图

制作演示文稿时，如果背景图片色彩过于鲜亮、清晰度过高，会对主题文字造成干扰，可将背景图片制作为半透明效果。制作图片半透明效果的方法有很多，如利用 Photoshop 图层面板中的不透明度选项，调整图片透明度，然后将图片保存为支持透明效果的 png 格式，再插入幻灯片中；或者在幻灯片中插入矩形，用背景图片填充该矩形，调整矩形的不透明度（在幻灯片中不能调整图片的不透明度，可以调整

扫一扫看视频

形状的不透明度）；还可以利用遮挡的方式制作背景图片半透明效果，即用半透明的形状遮盖在背景图层之上。下文介绍利用遮挡法制作半透明背景效果的操作方法。

插入形状。利用 PowerPoint 打开有清晰背景的演示文稿，在幻灯片中插入矩形形状，覆盖幻灯片全部或局部，将矩形调整至文字层和背景层之间。

设置形状格式。在矩形图形上点击鼠标右键，选择"设置形状格式"快捷命令。在弹出的设置形状格式窗格中，设置矩形为无线条，填充色为白色，透明度调整至合适大小，即可以得到半透明背景的效果。

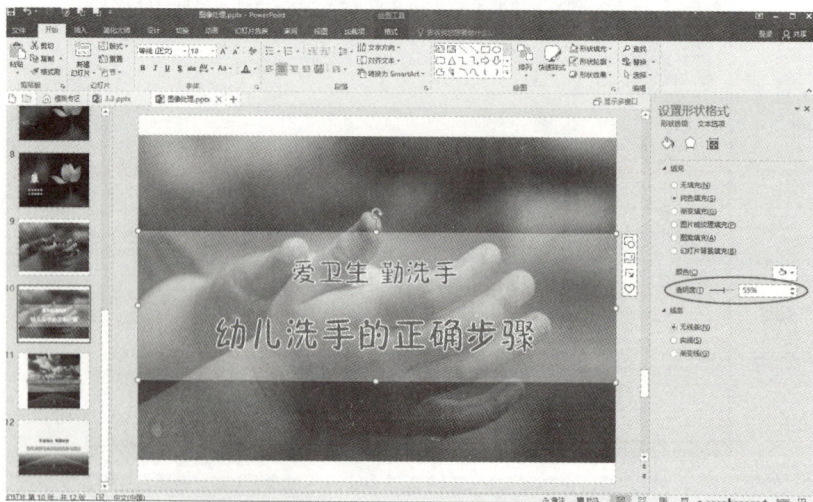

图 3-3-18　调整填充矩形透明度

6. 制作渐变透明图像效果

图 3-3-19　原图

图 3-3-20　效果图

　　清晰的背景、亮丽的色彩，有时会对演示文稿中的文字造成视觉干扰。渐变半透明背景图片，可以留出放置文本的局部，突出文字内容，又可使背景自然过渡。制作渐变透明图像效果的方法很多，如在Photoshop 图层面板中为该图层添加渐变蒙版，然后将图像保存为支持透明效果的 png 格式；在 PowerPoint 中使用遮挡法制作渐变透明背景效果，即在背景图层上添加渐变的形状图层。下文介绍使用遮挡法制作渐变透明背景效果的操作方法。

扫一扫看视频

　　插入矩形图形。在背景层之上、文字层之下，插入矩形图形。

　　设置形状格式。在矩形图形点击鼠标右键，选择"设置形状格式"快捷命令，打开"设置形状格式"窗格，设置图形填充色为渐变填充，设置渐变方向、色标颜色、透明度等属性。需要说明的是渐变色的设置：添加色标，在渐变色标设置栏中空白处点击鼠标；移动色标，选择并左右拖动色标；删除色标，选择并向下拖动色标；设置色标，选择色标后再设置其颜色、透明度和亮度等属性。

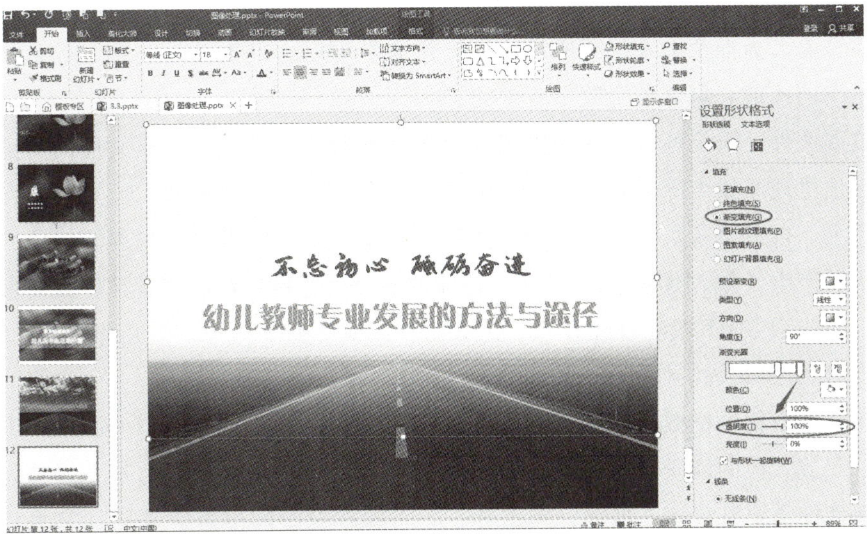

图 3-3-21　设置渐变填充

(二)音频素材的处理

1. 音频处理的基础知识

(1)声音的分类。

声音是由物体振动产生的,以声波的形式传播,通常把正在发声的物体叫声源。声音根据不同的依据有不同的分类方法。

①按照频率分类。声波的频率是声源振动的频率,即每秒声源来回往复振动的次数。频率的单位通常用 Hz(赫兹)来表示,简称赫。按照声波频率的不同,声音可以分为次声波、超声波和人耳可听声三种。

扫一扫看视频

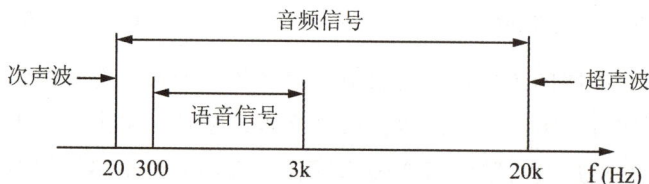

图 3-3-22　声波的频率界限

人耳可以听到的声音频率范围是 $20Hz \sim 20kHz$,频率高于 $20kHz$ 的声波,称为超声波;频率低于 $20Hz$ 的声波,称为次声波。一般音乐的频率范围在 $40Hz \sim 5000Hz$,人说话的频率范围在 $100Hz \sim 800Hz$。

②按照内容分类。一般来说,声音按内容分类,可分为语音、音乐和音响三种。语音是由人的发音器官发出,负载一定的语言意义的声音;音乐是指有旋律的乐曲;音响是节目中除了语音和音乐以外所有声音的统称。

③按照存储形式分类。声音按照存储的形式不同,基本可以分为模拟音频和数字音频,数字音频又可以分为波形文件和合成声音。

模拟信号是指用连续变化的物理量(时间、幅度、频率、相位等)表示的信息。数字信号是人为抽象出来的不连续信号,它通常可以由模拟信号获得。数字信号的取值是不连续的,取值的个数是有限的。

波形文件是采集各种声音的机械振动而得到的数字文件,波形文件的特点是可以很好地重现原始声源的效果,常常用于音乐歌曲等声音的录取,但文件的存储空间比较大。合成声音由计算机通过一种专门定义的语言来驱动一些预置的语言或音乐合成器产生,如 MIDI 声音。MIDI 传输的不是声音信号,而是音符、控制参数等指令,它指示 MIDI 设备要做什么、怎么做,如演奏哪个音符、多大音量等。

(2)声音的物理特性。

声音是由物体机械振动或气流扰动引起的弹性媒质发生波动产生的。声音必须通过空气或其他的媒质进行传播,形成声波,因此声音具有波形的基本属性。声音的物理特性主要有频率、振幅、频谱等。频率即单位时间内声源来回往复振动的次数。声波的振幅是指振动物体离开平衡位置的最大距离。频谱是频率谱密度的简称，是频率的分布曲线。

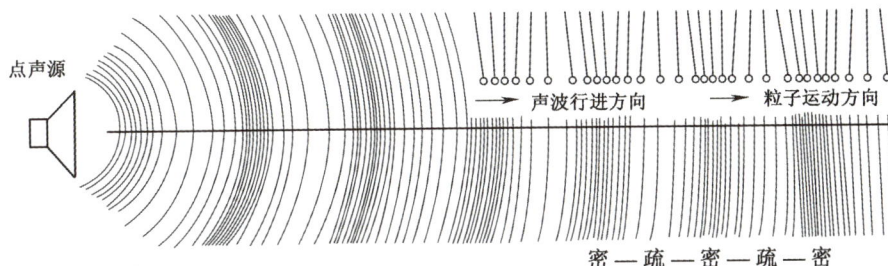

图 3-3-23　声音的传播

（3）声音的心理特性。

人们通常利用音调、音量、音色描述对一个声音的主观心理感受。

人耳对声音高低的感觉称为音调。音调主要与声波的频率有关，声波的频率高，则音调也高。

人耳对声音强弱的主观感觉称为音量，也称响度。声音的响度与声波的振幅和频率有关。人耳对中频较为敏感，也就是说相同的振幅，中频的声音感觉比高频和低频更响。相同频率的声音，振幅越大，则音量越大。音量通常以分贝（dB）表示。

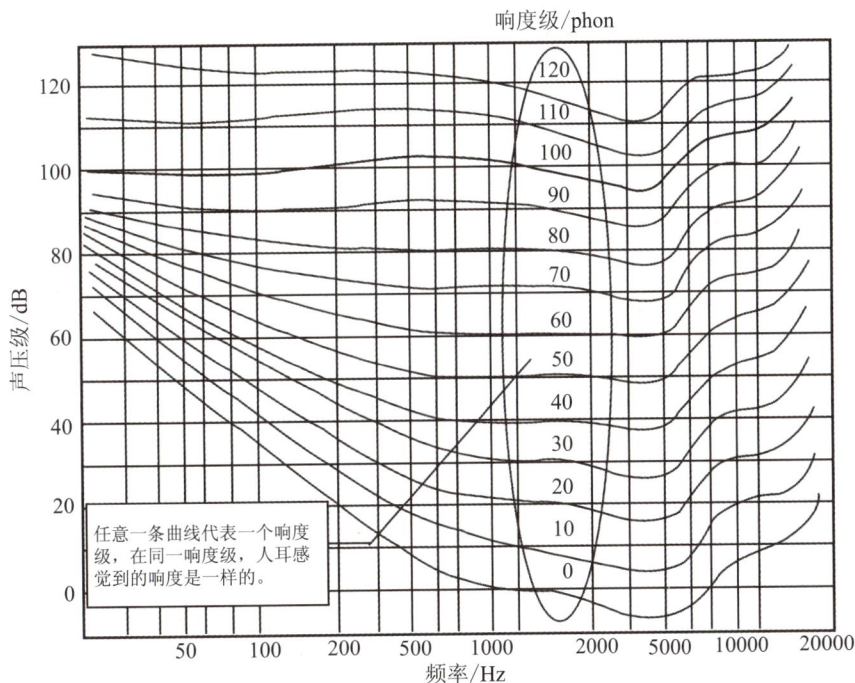

图 3-3-24　等响度曲线

音色是人们区别具有同样响度、同样音调的两个声音之所以不同的特性，或者说是人耳对各种频率、各种强度的声波的综合反应。人们能够分辨具有相同音高的钢琴和小号声音就是因为它们具有不同的音色。音色取决于声波的频谱。

（4）音频数字化。

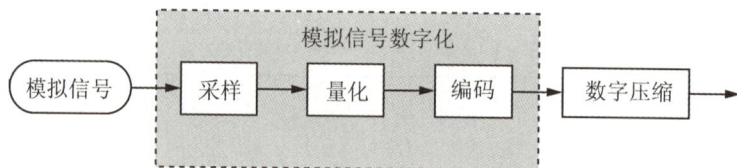

图 3-3-25　模/数转换过程

模拟音频信号是一个在时间上和幅度上都连续的信号，它的数字化过程如下所述。

①采样：在时间轴上对信号数字化。也就是，按照固定的时间间隔抽取模拟信号的值，采样后就可以使一个时间连续的信息波，变为在时间上取值数目有限的离散信号。

②量化：在幅度轴上对信号数字化。也就是，用有限个幅度值近似还原原来连续变化的幅度值，把模拟信号的连续幅度变为有限数量的、有一定间隔的离散值。

③编码：用二进制数表示每个采样的量化值（十进制数）。

数字音频的质量取决于采样频率、量化位数和声道数三个因素。采样频率是指单位时间内的采样次数。根据奈奎斯特（Nyquist）采样理论：只要采样频率 $f(1/T)$ 高于输入信号最高频率的两倍，则经过采样后的采样信号能够包含原模拟信号的全部信息，且经过反变换和低通滤波后可不失真地恢复原模拟信号。因此，为了保证声音不失真，采样频率最好在 40k 左右。

量化位数，又称为量化精度或采样位数，简单地说就是描述声音波形的数据是多少位的二进制数据。

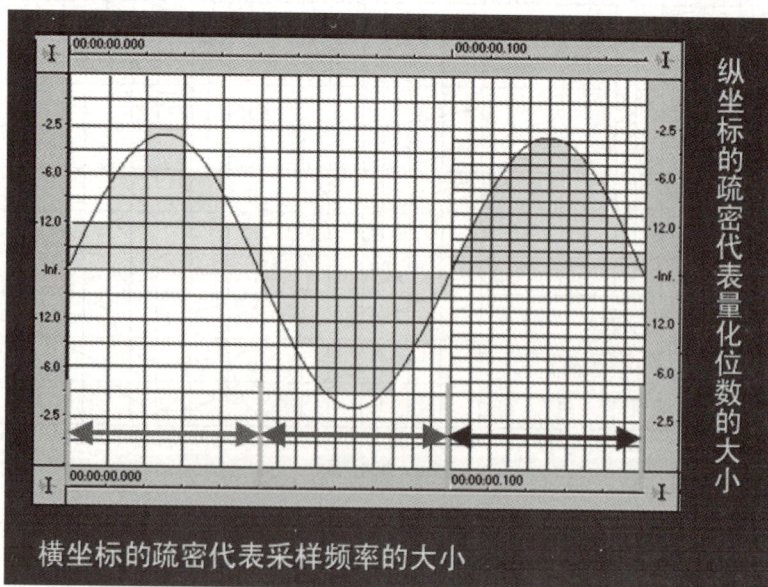

图 3-3-26　采样频率、量化位数对保真度的影响

采样频率越高，量化位数越多，则音频的保真度越高，但文件也越大，因此我们要在保真度和文件的大小之间找一个平衡点。

声音的通道个数称为声道数，是指一次采样所记录产生的声音波形的个数。记录声音时，如果每次生成一个声波数据，称为单声道；如果每次生成两个声波数据，称为双声道，也称立体声。

2. 音频素材录制

获取音频素材的方法主要有三种：网络下载、提取影片中的音频、自主录制。前文已经就部分内容做过介绍，不再赘述。在此主要就从影片中提取与处理音频素材做一个简单介绍。

扫一扫看视频

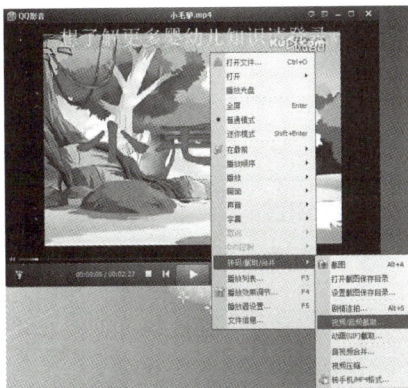

图 3-3-27　从影片中提取音频

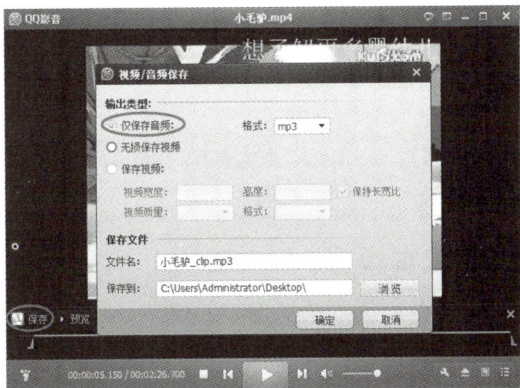

图 3-3-28　设置音频保存格式及路径

利用 QQ 影音软件播放影片文件，在播放窗口中右击鼠标，选择【转码/截取/合并】/【视频/音频截取】命令，切换到视频/音频截取模式。点击截取时间线上【保存】按钮，弹出"视频/音频保存"对话框。在"输出类型"选项组中选择仅"保存音频"选项，并设置保存文件格式，输入文件名，指定文件存储路径，点击"确定"按钮，即可提取影片中的音频。

音频制作软件通常具备录制音频、转换音频格式、编辑合成音频功能，常用的音频制作软件主要有 Adobe Audition CC，GoldWave，Sony Sound Forge 等。下文以 Adobe Audition CC 为例，介绍音频的录制与编辑合成。

音频录制的基本步骤：

（1）插入麦克风。将麦克风插入声卡的麦克风插孔，台式电脑可以选择主机箱后面或前面的麦克风插孔。

（2）设置系统声音。在任务栏的右边小喇叭图标上单击鼠标右键，选择"录音设备"快捷命令，弹出系统"声音"设置对话框，在"录制"选项卡中选择录音设备并单击鼠标右键，选择"设置为默认设备"快捷命令。点击"属性"按钮，打开"麦克风属性"对话框，在"级别"选项卡中，设置麦克风的增益；在"高级"选项卡中，设置麦克风的默认格式，即录音的声道数、位深度和采样频率，如"2 通道，16 位，44100Hz"。点击"确定"按钮，返回系统"声音"设置对话框，切换到"播放"选项卡，用同样的方法设置播放设备各项参数，即设置播放设备的增益、声道数、位深度和采样率，使播放设备和录音设备的声道数、位深度和采样率一致。

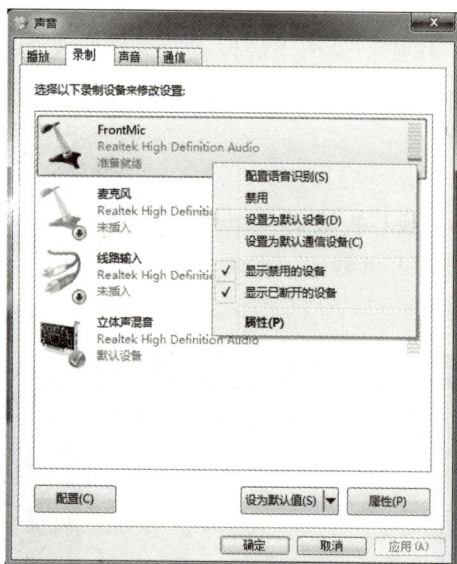

图 3-3-29　设置系统声音

图 3-3-30　设置麦克风属性

（3）设置 Audition 输入设备与输出设备。启动 Adobe Audition CC 软件，选择
【编辑】/【首选项】/【音频硬件】菜单命令，弹出音频硬件设置对话框，将"默认输入"
和"默认输出"与系统声音设置一致。

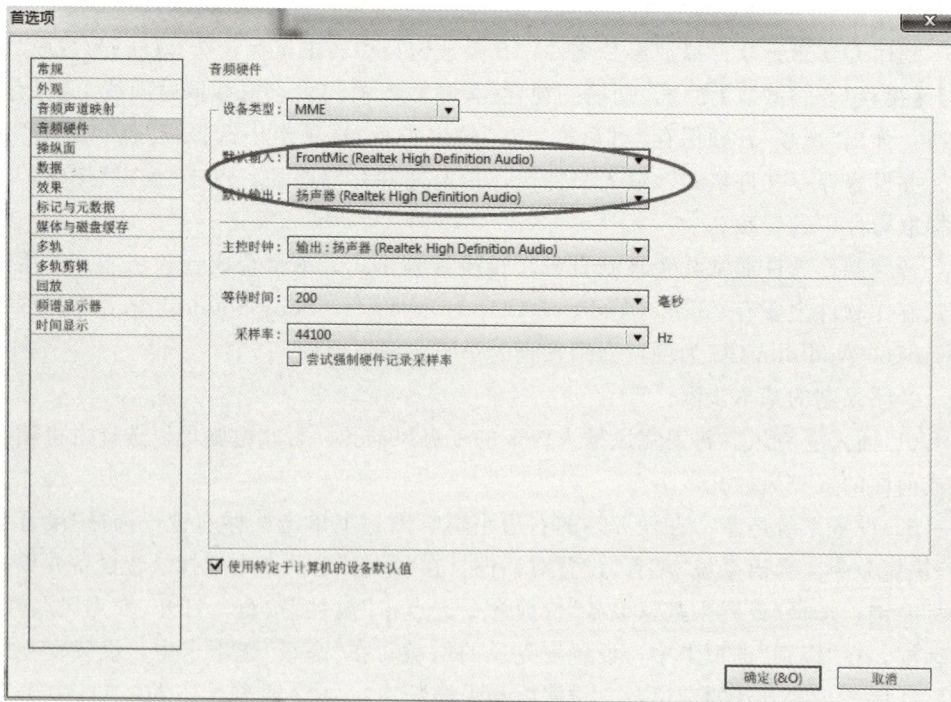

图 3-3-31　设置默认输入与默认输出

（4）新建音频文件。点击工具栏上的"波形"按钮，弹出新建音频文件对话框，输入文件名，设置采样率、声道数和位深度（建议将新建音频文件的采样率和位深度设置与录音设备和播放设备一致，如图 3-3-32 设置为 16 位深度和 44.1kHz 采样率）。

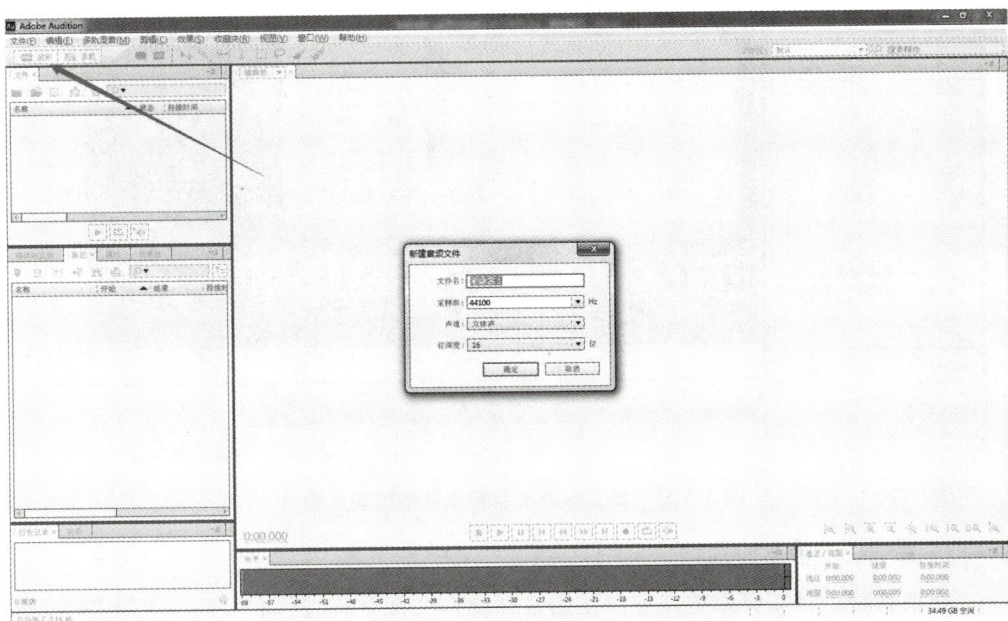

图 3-3-32　设置新建音频文件的采样率、声道数和位深度

（5）开始录音。点击工作区下方的"录音"按钮，开始录制麦克风声音，在工作区中预览声音波形。如果波形偏小，则会影响音频的信噪比；如果波形过大，则会产生削波失真。按照第二步，调整系统声音录制设备的增益至合适大小。

（6）保存音频文件。

完成录音后，按工作区下方的"停止"按钮，停止录音。选择菜单栏中的【文件】/【保存】命令，输入文件名，设置文件存储路径、文件格式，点击"确定"按钮即可。wav 格式是未经压缩的音频格式，文件码流较大，如 2 声道、16 位深度、44.1k 采样率，则 wav 格式的码流是 1411.2kbps（$2×16×44.1=1411.2$）。如音频文件仍需进行后期的编辑与修改，建议保存为该格式，以保证音频质量。与 wav 格式一起保存的文件还有 pkf 文件，该文件是波形显示缓冲文件，如果计算机运行速度足够快，或者音频时间不长，可以将其删除。如果已经完成音频录制，不需要后期编辑，建议将文件保存为 MP3 音频压缩格式（可以设定码流的大小，码流越高，音质越好，文件也越大），以便在课件中使用或在网络上传输。

图 3-3-33　设置保存的音频文件的格式及路径

3. 音频素材的基本剪辑

如果音频素材需要修剪，可以使用音频制作软件对其进行必要的剪辑。与文本的处理相似，音频素材的剪辑的基本步骤是，先在编辑软件中打开文件，然后选择需处理的区域，再进行复制、粘贴、删除等操作。

（1）打开文件。

扫一扫看视频

在 Audition 中打开音频文件的方法有三种。

①选择【文件】/【打开】菜单命令，或者在"文件"管理面板的空白处右击鼠标，选择"打开"命名，弹出"打开文件"对话框，选择音频文件，点击"打开"按钮。

②在 Windows 资源管理器查找到所需的文件，将文件拖曳至文件管理窗口中。

③在"媒体浏览器"面板中查询文件，双击打开文件。如果面板较小，可将鼠标放置在面板边沿上，拖曳鼠标，调整面板大小。按键盘上的【～】键（波浪键），可将当前选择的面板扩展至满屏，再次按波浪键，可退出面板扩展显示。

（2）选取波形。

①选择部分波形。在工作区中拖曳鼠标，高亮显示的波形是被选中的区域。如需调整选择区域，将鼠标放置在时间标尺中边界标记点，当鼠标指针变成双向箭头时，左右拖动鼠标即可调整选择区域的边界。按住【Shift】键，在选区外单击鼠标，也可调整选择的区域。在工作区中任意位置单击鼠标，可取消选区。在工作区中滚动鼠标中键，可缩放波形时间显示比例。

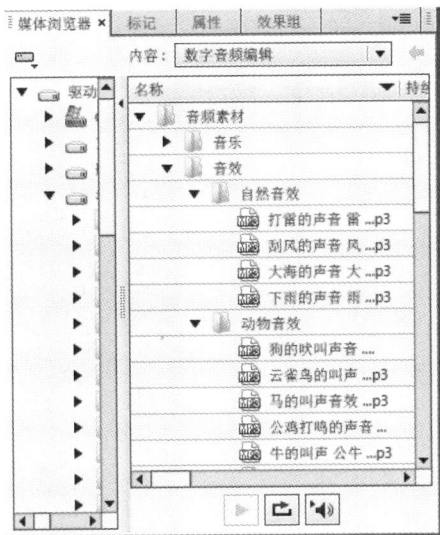

图 3-3-34　"媒体浏览器"面板

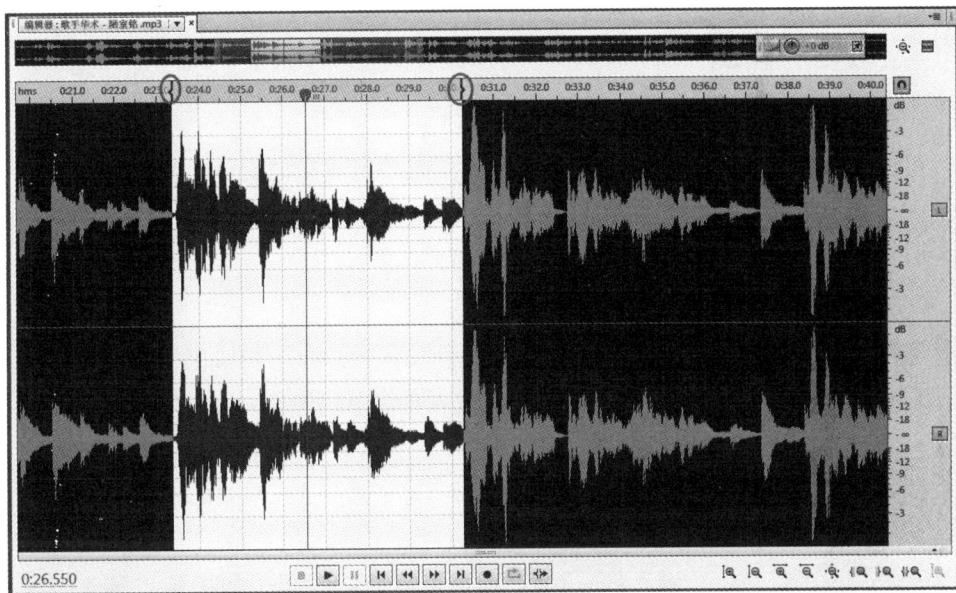

图 3-3-35　选择部分波形

②选择一个声道的波形。单击编辑区右边的【L】和【R】按钮，可以使左声道或者右声道处于可编辑或者不可编辑状态，如此即对其中的一个声道进行选择与编辑。

③选择整个波形。选择【编辑】/【选择】/【全选】菜单命令，或者按【Ctrl＋A】组合键，或者在工作区中三击鼠标左键，可选择整个波形。

（3）复制波形。

①复制到剪贴板。在选择的区域中右击鼠标，选择"复制"命令，或者按【Ctrl＋C】组合键，可将选择的波形复制到剪贴板。

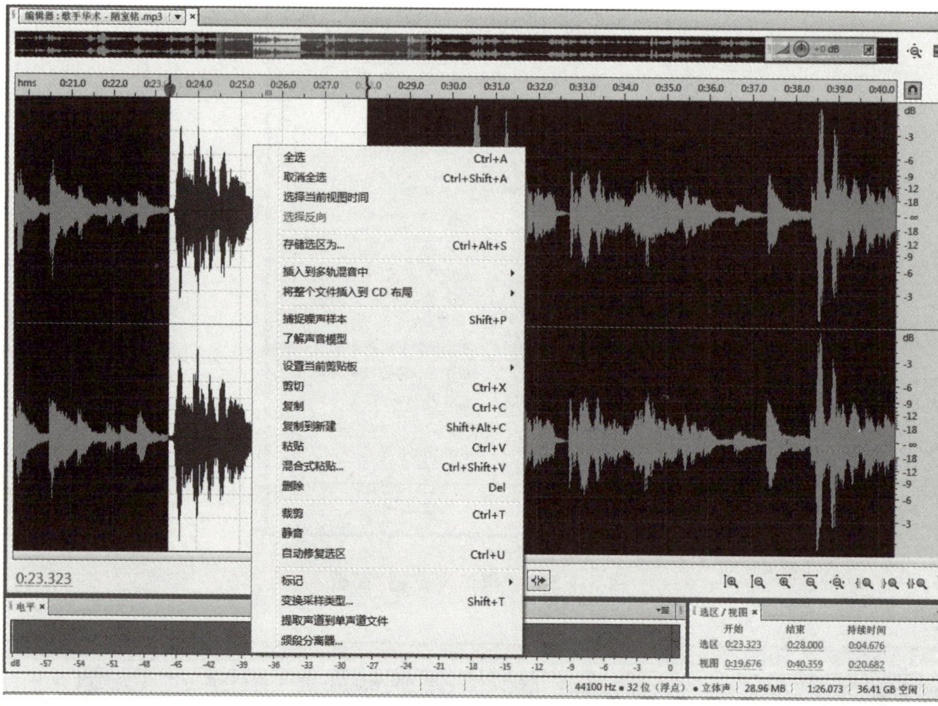

图 3-3-36　复制部分波形到剪贴板

　　②复制到新建。如需将选择区域的波形复制并生成新的文件，然后对其加以编辑，不需要复制、新建、粘贴等步骤，可直接在选区上右击鼠标，选择"复制到新建"快捷命令，选择的区域即可复制到新建的文件中。

　　(4)粘贴波形。

　　粘贴就是将剪贴板中暂存的内容添加到新的区域。在工作区中单击鼠标，将播放头定位到粘贴处，按【Ctrl＋V】组合键，或者单击鼠标右键，选择"粘贴"命令，粘贴剪贴板中的内容。如需将剪贴板中的内容与播放头后的波形混合，则选择"混合粘贴"鼠标右键快捷命令。

　　(5)删除波形。

　　选取删除的区域，按键盘【Del】键，即可删除所选波形。如果是想删除某段声音，但后面的波形不往前移动，即波形的时长不变，则应在选区内单击鼠标右键，选择"静音"命令，将选择区域静音。如需插入静音，在工作区中单击鼠标，定位播放头，选择【编辑】/【插入】/【静音】命令，在播放头后面插入指定时长的静音。如需删除音频文件，在"文件"管理面板中选择该文件，按【Del】键进行删除。

　　(6)剪切波形。

　　剪切波形是保留所选区域，删除非选区域波形的操作。在选区内单击鼠标右键，选择"剪切波形"，或者按【Ctrl＋T】组合键，即可完成波形裁剪。

4. 噪声的去除

Audition 是一款功能强大的音频处理软件，其降噪功能可以很好地去除音频素材中的噪声。操作步骤如下。

(1)选择噪声样本。在工作区中拖曳鼠标，选择噪音波形(在录制音频时，应预先录制几秒环境噪声)。

(2)捕获噪声样本。在菜单栏中选择【效果】/【降噪/恢复】/【降噪处理】命令，弹出"效果—降噪"对话框，点选"捕获噪声样本"按钮，分析噪音的频谱成分与强度。

(3)对整段波形降噪。点击对话框中"选择完整文件"按钮，选取整个波形文件，点击"应用"按钮，以所捕获的噪声样本对整个波形文件进行降噪。

需要说明的是：降噪是一种破坏性操作，过度的降噪处理会导致声音变形，若噪声的频率与有用声音信号的频率相同或相近，降噪对音质的损伤更大，因此录音时，需要尽量避免环境杂音或硬件产生的噪声。另外，在不同的环境下，噪声的频率与幅度也不一样，更换录音环境，需重新进行噪声采样。

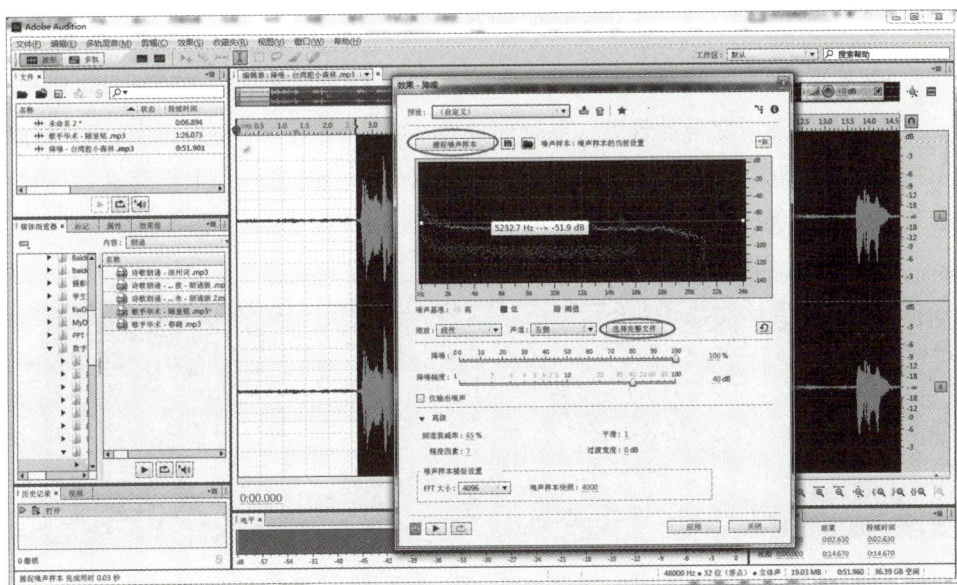

图 3-3-37　对音频进行降噪处理

5. 音量的调整

调整音量(波形振幅)的方法有很多，下面介绍几种常用的操作。

(1)调整整个波形的音量。在工作区中单击鼠标，取消波形选区，将鼠标放置在调整振幅浮动条上，当鼠标指针变成双向箭头时，左右拖动鼠标，调整波形振幅，或者直接输入增益的数值。

(2)调整部分波形的音量。在工作区中拖动鼠标，选取待处理部分波形，同样用上述方法调整部分波形的振幅。

扫一扫看视频

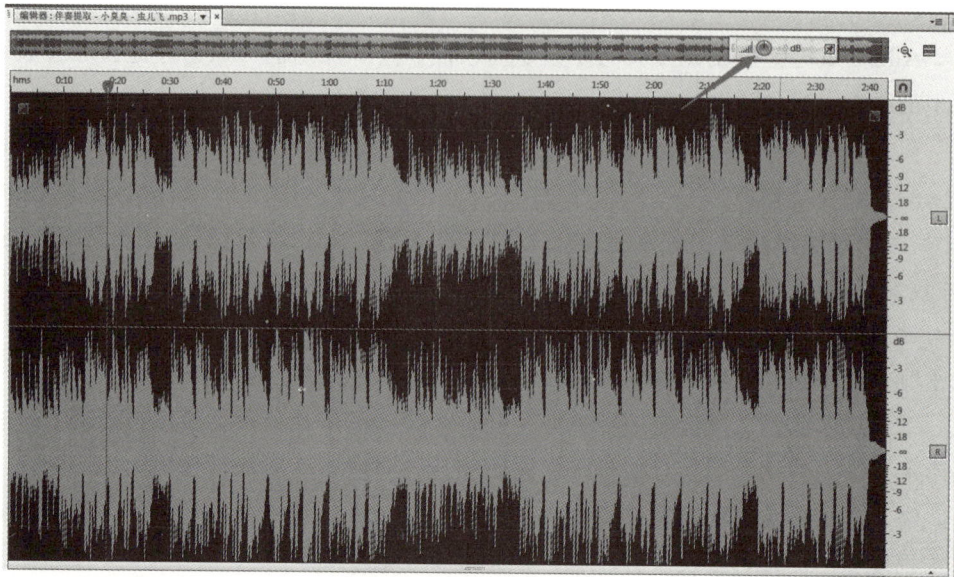

图 3-3-38　调整波形的音量

（3）制作淡入/淡出效果。音频淡入效果是指声音由弱逐渐变强的效果，淡出效果是指声音从强逐渐变弱的效果。将鼠标放置在淡入（淡出）浮动按钮上，当鼠标变成双向十字箭头时，左右拖动鼠标，可调整淡入（淡出）的时长，上下拖动鼠标，可调整音量线的曲度。

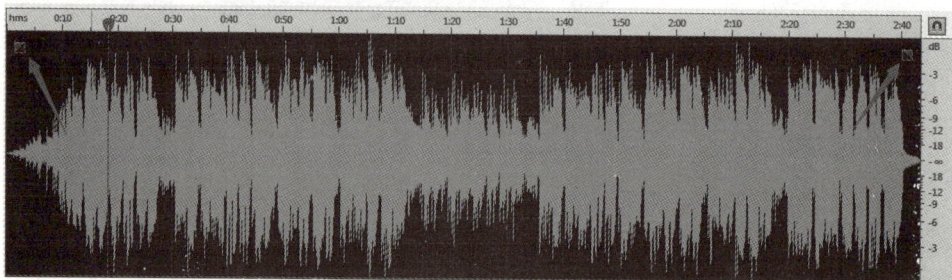

图 3-3-39　设置音频波形的淡入（淡出）效果

6. 效果器的使用

Audition 软件内置丰富的效果器，如果仍不能满足用户需求，还可以到网络上下载效果器插件。使用效果器的方法有两种：方法一是使用菜单中的效果器，方法二是使用"效果组"面板。利用菜单中的效果器对波形文件进行的是破坏性处理，而"效果组"面板中的效果器对波形文件是非破坏性处理。并非所有的效果有对应的非破坏性处理，因此在"效果组"面板中的效果会比菜单中的效果差许多。而使用"效果组"面板中的效果器方便之处在于，它对所应用的效果器可进行便捷管理，如进行关闭、移除、编辑、顺序调整的操作。下文介绍几种在音频素材处理中常用的效

扫一扫看视频

果器。

（1）混响效果。

在录音室中录制的声音，虽然比较干净，但声音过于干涩，感觉好像在空旷的室外所听到的声音，缺乏真实感，适当添加混响效果，可以模拟出在厅堂、走廊等环境下的声音效果。

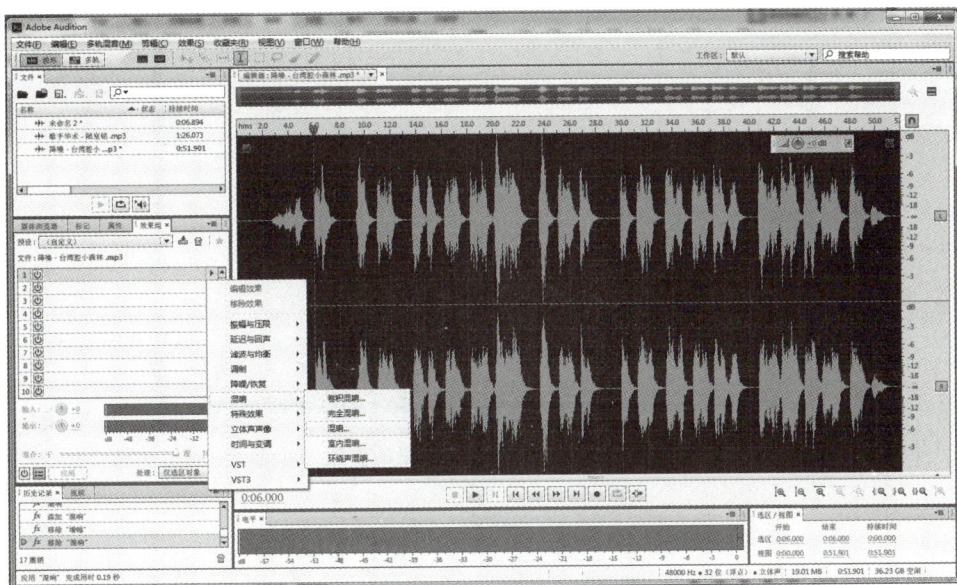

图 3-3-40　使用"效果组"添加混响效果

打开"效果组"面板，点击右边的三角形按钮，在弹出的效果器快捷中选择【混响】/【混响】选项，在弹出的警告对话框中点击"确定"，弹出"组合效果—混响"对话框，设置各项参数。如果对各项参数不是很熟悉，可以在预设栏中选择软件预设的各种效果，还可以点击面板中的"显示帮助信息"按钮，了解效果器各项参数的设置。如果对自己调整的效果较为满意，点击"收藏"按钮，将其添加到收藏夹中，下次使用时，只需从【收藏夹】菜单中调取即可。完成设置后，关闭对话框。按空格键，播放波形文件，预览效果。

在"效果组"面板中显示已应用的效果器。如需关闭效果器，点击效果器左边的"切换开关状态"按钮即可；如需去除已添加的效果器，右键单击"效果器"面板中的效果器，选择"移除所选效果"命令，或者按【Del】键。

（2）伸缩与变调效果。

伸缩与变调效果器可以伸缩声音和调节声音音调，此效果器可用于模拟不同角色，如通过降调与降速，模拟老人低沉、舒缓的声音。操作方法如下。

打开音频文件，在菜单栏中选择【效果】/【时间与变调】/【伸缩与变调】命令，弹出"效果—伸缩与变调"对话框，设置各项参数，点击"预览"按钮，预览效果。完成设置后，点击"应用"按钮，将效果应用于波形文件。

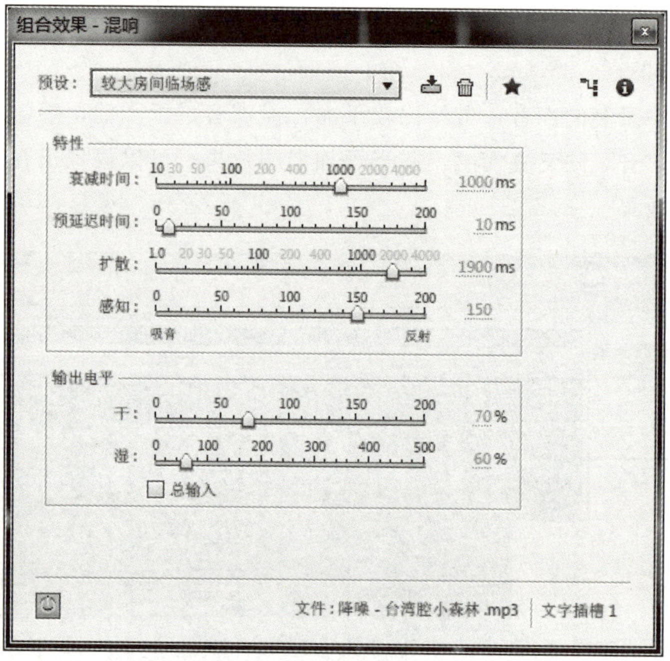

图 3-3-41 设置混响效果的参数

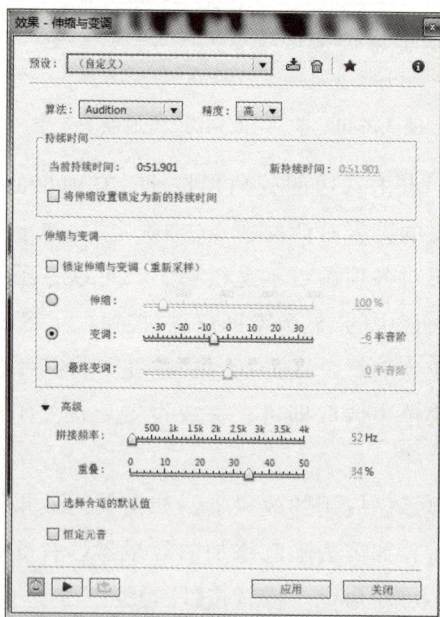

图 3-3-42 设置伸缩与变调的参数

（3）电话语音。

电话传送的语音频率范围在 300～3400 Hz，可以利用 FFT 滤波器模拟电话语音效果，也可以利用收藏夹中设置好的电话语音效果，快捷制作电话语音效果。

选择应用效果的区域波形（如果没有选区，效果器将应用于整个波形），在菜单栏中选择【收藏夹】/【电话语音】命令。按空格键，预览效果。

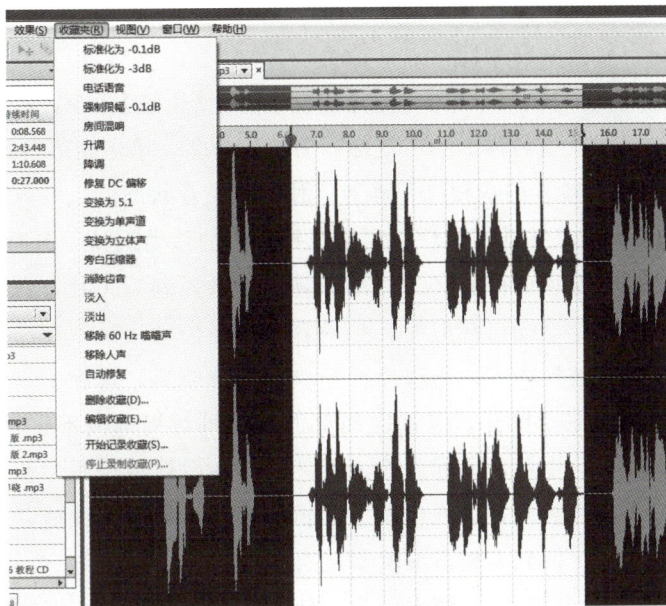

图 3-3-43 设置电话语音效果

7. 音频的合成

利用 Adobe Audition 多轨编辑器，可合成多个波形文件，如人声、音乐与音效的混合，操作步骤如下。

(1)新建混音项目。点击工具栏上的"多轨"编辑器按钮，打开"新建多轨会话"对话框，设置混音项目名称、存储路径、采样率和位深度等参数，进入多轨编辑视图。

扫一扫看视频

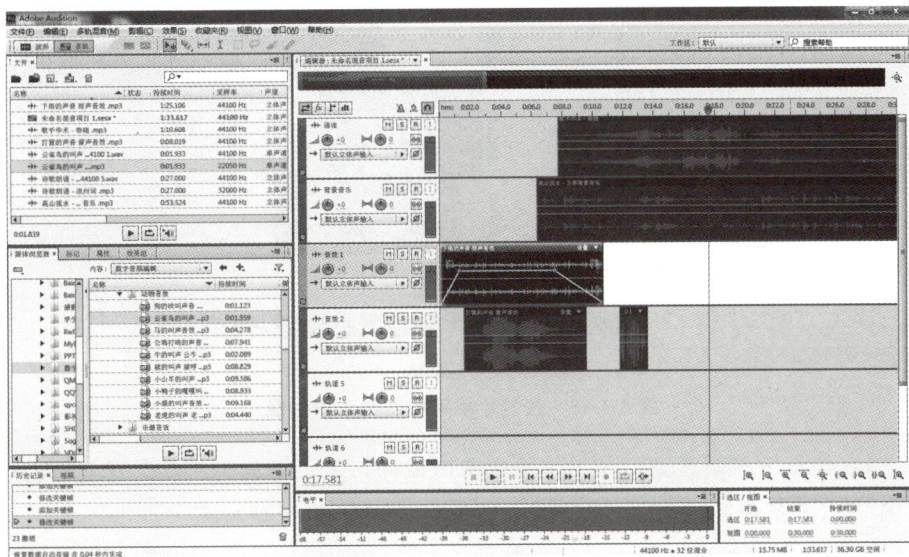

图 3-3-44 多轨编辑视图

（2）添加音频素材。将波形文件从"文件"管理面板或"媒体浏览器"面板中拖动到轨道上。如果音频素材与项目文件的采样率不一致，会弹出转换采样率的警告窗口，点击"确定"按钮，转换采样率即可。

（3）管理声音轨道。在菜单栏中选择【多轨混音】/【轨道】命令，可对轨道进行添加、删除等操作。在轨道名称上单击鼠标，为轨道命名。单击轨道名称右边的【M】、【S】、【R】可分别使该轨道的音频处于静音、独奏或录音状态。

（4）剪辑音频块。①移动音频块。利用工具栏中的移动工具，选择音频轨道中的音频块，将其拖动到合适的位置。②切割音频块。选择剃刀工具，在音频块上单击鼠标，切割音频块。③滑动已裁剪的音频内容。选择滑动工具，在已经切割的音频块上拖动鼠标，滑动波形内容。④选择音频块的部分波形。选择工具栏中的时间选择工具，在音频块上拖动鼠标，点选区局部波形，可对局部波形进行复制、剪切、删除等操作。在音频轨中单击鼠标，取消选区。⑤在单轨道视图中编辑。使用移动工具，双击轨道中的音频块，进入单轨道编辑器视图。编辑完成后，点击工具栏中的"多轨"编辑器按钮，回到多轨道编辑器视图模式。

（5）调整音量。①设置淡入/淡出效果。使用移动工具，单击选择轨道中的音频块，拖动音频块首尾的淡入/淡出浮动滑块，为音频块添加淡入/淡出效果。②调整局部音量。使用移动工具，选择音频块，在音频块中的黄色音量包络线上单击鼠标，添加音量包络线控制节点，上下拖动控制点，可以调整波形局部的音量。

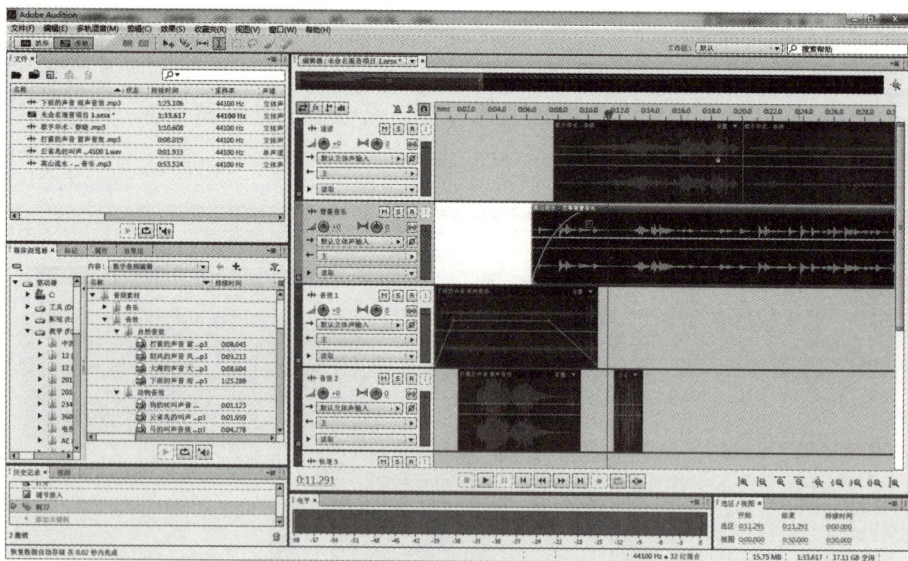

图 3-3-45　在多轨视图中调整波形音量

（6）在伴音下录制音频。在工作区中单击鼠标，定位播放头。点选音频轨道设置区中的"R"（准备录制）按钮，使该声音轨道处于可录制音频状态。点击工作区下方的"录音"按钮，播放轴开始走动，在其他声音轨道的伴音下录制音频。

(7)导出多轨混音。完成音频合成后，选择【文件】/【导出】/【多轨混音】/【整个会话】菜单命令，弹出"导出多轨混音"对话框，输入文件名，设置保存路径、格式、码流等参数，点击"确定"按钮，导出合成音频。

(三)视频素材的处理

1. 视频的截取

摄录或下载的视频素材可能会有错误或多余的部分，需要将其裁剪，截取其中有用部分。截取视频的工具有很多，如绘声绘影、Adobe Premiere、格式工厂、暴风影音，等等。不同软件，其具备的功能不一样，操作也有所差异，应根据所需处理的复杂程度和操作的便捷性，选择适合的工具。

扫一扫看视频

如果只需对视频进行简单的截取操作，如裁剪素材的开始和结尾多余的部分，建议使用 QQ 影音软件。QQ 影音是一款常用的视频播放软件，安装包小、CPU 占用少、播放流畅清晰，还具有视频截图、剧情连拍、视频截取和 GIF 截取功能，可以帮助用户将精彩片段截取出来独立保存。不仅如此，QQ 影音还提供音视频转码、压缩、合并等实用的小工具。下文介绍使用 QQ 影音截取视频素材的操作方法。

(1)播放视频文件。下载安装 QQ 影音，选择使用 QQ 影音播放视频素材。

(2)设定截取范围。点击播放窗口右下方的"影音工具箱"按钮，点选工具箱中"截取"工具。在视频播放窗口的下方显示视音频截取的工具栏。滑动截取起点标记和终点标记，设定截取范围。

图 3-3-46 视频的截取

(3)保存截取内容。点击工具栏中"保存"按钮，弹出"视/音频保存"对话框，在输出类型中选择"无损保存视频"选项(如需转换成其他视频格式，在输出类型中选择

"保存视频"选项，设置视频的格式、分辨率、质量等参数），输入文件名，指定文件存储路径，点击"确定"按钮，开始保存截取范围的视频内容。保存结束后，点击工具栏中右边"关闭"按钮，或按【Esc】取消键，退出视频截取状态。

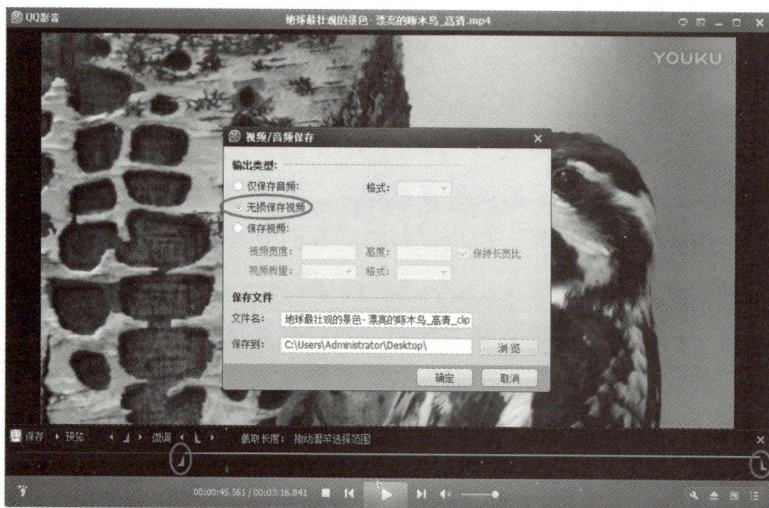

图 3-3-47 设置视频保存

与其他工具相比，使用 QQ 影音截取视频的优势在于，它能够在不转换、不压缩视频格式的情况下截取视频，从而保证视频的画质不受影响，而且操作十分快捷。

2. 视频的合并

视频合并是将几个视频素材拼接在一起，以形成一个完整视频的操作。使用视频编辑软件可以完成视频合并，但视频编辑软件安装费时，占用空间大，运行占用内存多，操作过程繁杂。利用常用的视频播放软件 QQ 影音，就可以快捷实现视频合并。

（1）添加合并文件。启动 QQ 影音，单击播放窗口右下角的"影音工具箱"按钮，点选"合并"工具，弹出"音视频合并"对话框。点击"添加文

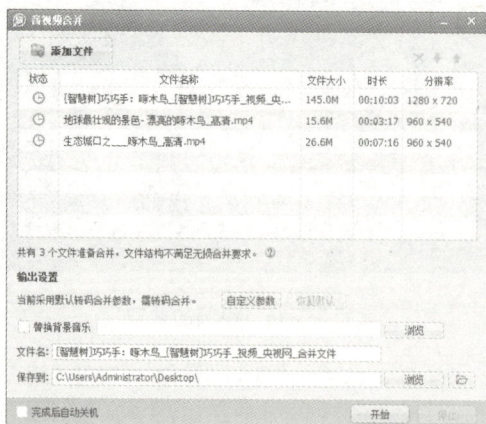

扫一扫看视频

图 3-3-48 视频的合并

件"按钮，添加合并的视频文件。

（2）调整合并顺序。在文件列表中显示合并文件的相关信息。合并是从上而下依次进行的。如需调整视频文件的先后顺序，点选视频文件，点击右上角的"上移"或"下移"按钮。如需删除视频，点击"删除"按钮。

（3）设定合并参数。如果合并的几个视频在格式或分辨率、码率上不一致，无法满足无损合并的要求，软件会自动设定默认转码合并参数，可以根据自己的需求自定义参数。点击输出设置选项组中的"自定义参数"按钮，在弹出的对话框中设置合并视频的分辨率、格式和码率、帧频率等参数。设置完成后，点击"确定"按钮，返回"音视频合并"对话框。

（4）合并视频。输入文件名，设定保存路径，点击"开始"按钮，开始合并视频。

如果需要将原视频中的音频去除，替换为背景音乐，勾选"替换背景音乐"选项，指定背景音乐文件。

3. 格式的转换

在制作课件或者编辑视频时，也许会遇到视频格式不兼容、无法导入软件中的情况，这时需要转换视频文件的格式。转换视频格式软件有很多，如格式工厂、魔影工厂、QQ 影音、暴风影音等。下文以格式工厂为例，介绍视频格式转换的方法。

扫一扫看视频

（1）启动格式工厂。格式工厂支持多种格式的视频、音频的转换、合并等操作，界面直观友好、操作便捷。软件操作界面大致可分为菜单栏、工具栏、功能区、任务栏等区域。

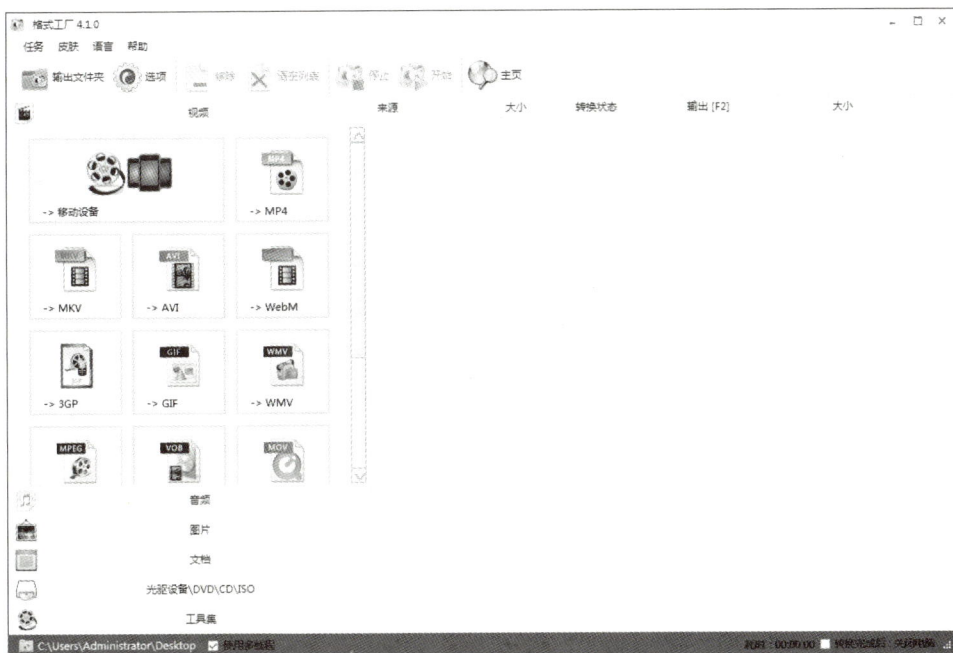

图 3-3-49　格式工厂主界面

（2）设置转换格式。在功能区中选择"视频"选项，在列表中选择输出视频格式，如 MP4 格式，弹出转换格式设置对话框。点击"输出配置"按钮，弹出"视频设置"子对话框。设置视频、音频、字幕、水印、高级等各类参数，如果用户对参数不熟悉，可以选择使用软件预设配置。设置完成后，点击"确定"按钮，退出"视频设置"对话框，返回输出任务设置对话框。

图 3-3-50　设置输出选项　　　　　图 3-3-51　设置视频参数

（3）添加源视频文件。点击"添加文件"按钮，添加一个或多个源视频文件。设定输出文件夹，点击右上角的"确定"按钮，回到格式工厂主界面。

（4）开始转换格式。在任务区中显示已经设置的转换任务，可以根据需求，继续添加其他格式转换的任务。点击工具栏中"开始"按钮，软件开始执行视频格式转换任务。

4. 视频剪辑的基本过程

　　视频剪辑大致可以分为获取素材、节目编辑、影片输出三大步骤。素材类型主要有视频、图片、音频、动画、字幕等，素材的来源主要有摄像机、照相机、手机、扫描仪、碟片以及网络上下载的各种图文声像数字化材料。节目编辑主要包括画面编辑、配音、配乐、添加字幕等。影片输出是将编辑好的节目封装成可在其他平台上播放的视频文件。影片的制作就好比产品的生产，要有原料、生产线和产

扫一扫看视频

品，素材文件是影片制作的原料，项目文件是影片制作的生产线，影片文件是影片制作的产品。视频编辑的软件有很多，较为常见的有会声会影、爱剪辑、Adobe Premiere 等。会声会影软件界面友好，操作简便，被广大非专业人士所喜爱。下文以会声会影 X9 为例，介绍视频剪辑的基本操作。

　　（1）启动会声会影。会声会影界面由步骤面板、菜单栏、播放器面板（包括预览窗口和导览面板）、素材库面板、时间轴面板（包括工具栏和项目时间轴）等几个部分组成。

图 3-3-52　会声会影 X9 工作界面

（2）导入素材。将素材文件从 Windows 资源管理器中拖曳至媒体素材库面板。

（3）添加素材。从素材库面板中，将视频、图片、动画、字幕、音频等不同类型的素材，拖曳到时间轴中相应的视频轨、覆叠轨、标题轨、声音轨、音乐轨等轨道上。

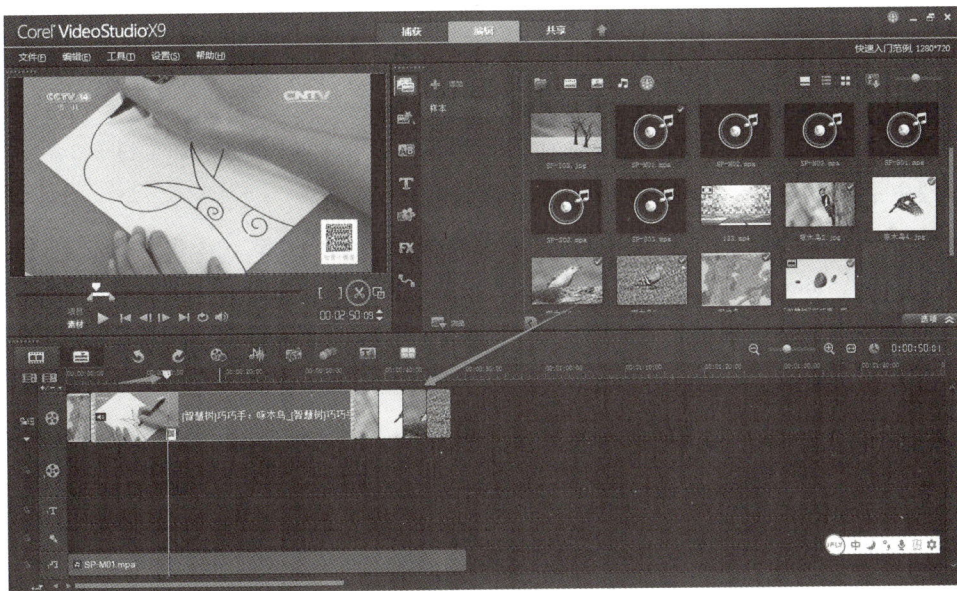

图 3-3-53　添加素材

（4）修整素材。拖动时间轴中的播放头，将其定位到修整处，点击导览面板中的"剪刀"工具，分割素材，选择需剪除的片段，按【Del】键删除。

（5）输出影片。单击步骤面板中的【分享】选项，切换到分享面板，设定输出文件格式，输入文件名，指定保存路径，单击"确定"按钮，输出影片文件。

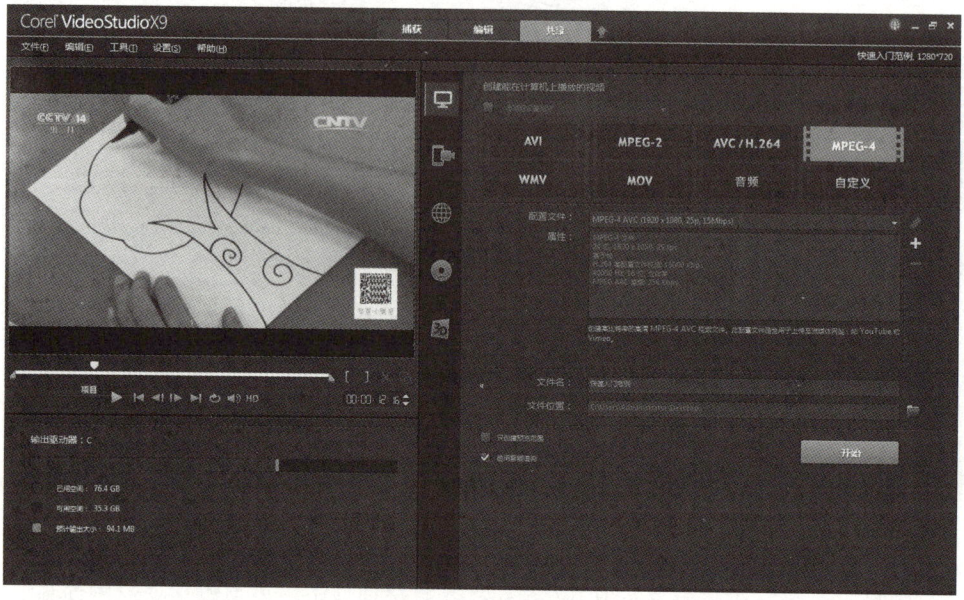

图 3-3-54　输出影片

5. 视频的基本剪辑

（1）导入素材。

导入素材就是将素材引用到项目文件中，以便节目编辑时调用。导入素材的方法有三种：①从资源管理器中将素材文件拖曳到媒体素材库面板中。②在媒体素材库面板的空白处单击鼠标右键，选择"插入媒体文件"命令。③在菜单栏中选择【文件】/【将媒体文件插入到素材库】命令。

扫一扫看视频

同类型的素材有多种格式，同种格式又有不同的编码方式，如视频素材有 avi、mpg、wmv、mov、flv 等不同的文件格式，并非所有的格式都被会声会影所兼容。如果遇到素材不可导入的情况，应考虑使用诸如格式工厂的转换软件，将文件转换为软件所支持的格式。

（2）管理素材。

添加文件夹。如果导入的素材较多，堆放在同一文件夹下，查找费时费力，导致编辑工作效率低下，则有必要对素材进行有效管理。单击素材库面板中的"添加"按钮，添加文件夹，并对文件夹命名，然后将素材拖动到文件夹中，归整文件。

以不同形式呈现素材。使用媒体素材库面板上边的"显示/隐藏"开关，可以显示/隐藏图片、视频、音频等不同类型的素材。还可以根据个人喜好，选择列表视图、缩略图视图、按名称排序等不同的方式显示素材库中的文件。

删除素材。在素材库中选择不需要的素材，按【Del】键删除。需要说明的是：素材库的缩略图只是一个链接，而不是素材本身，因此，删除素材库中的素材引用并不意味着删除原素材文件，而在 Windows 资源管理器中删除、移动或重命名原素材文件，则会导致项目文件无法链接原素材文件。

添加素材。在节目中添加素材的方法有三种：①从素材库面板中将素材拖动到轨道上。②利用【文件】/【将媒体文件插入到时间轴】菜单命令，直接将素材插入时间轴中。③从资源管理器中将素材拖动到时间轴的轨道上。

预览素材。单击素材库面板中的素材，在预览窗口预览素材内容。用户可根据需要，在导览面板中设置预览窗口呈现节目内容或素材内容。

修整素材。如果需要截取视频、音频或动画等与时间维度有关素材的局部内容，可以在导览面板中修整后，再添加到节目中。操作方法有两种：①拖动导览面板中橙色修整标记，设定利用素材的起点和终点。②在导览面板中将滑轨移动到修整的起点/终点，点击"开始"/"结束"标记。完成修整后，从预览窗口中将素材拖动到轨道上。

（3）设置素材。

双击时间轴中的素材，打开素材选项面板（素材类型不同，其选项面板不同，面板中的参数也有所差异），即可设置素材的相关参数。

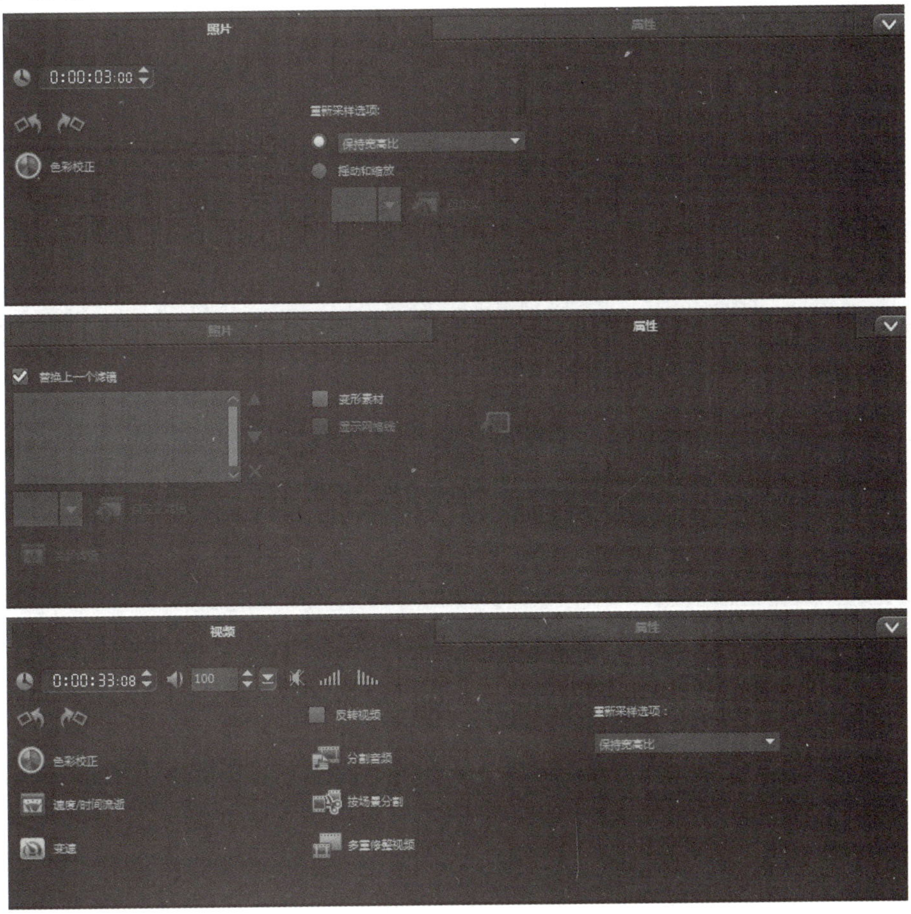

图 3-3-55 选项面板

调整时长。调整素材播放时长的方法有两种：在"照片"或"视频"选项面板的区间输入数值；在时间轴中选中素材，将鼠标放置在素材首尾边沿上，鼠标指针为双向箭头时，左右拖动鼠标，裁剪视频素材首尾的多余部分。

调整色彩。单击"照片"或"视频"选项面板中的"色彩校正"按钮，弹出"色彩校正"子面板。完成设置后，点击右上角的"关闭"按钮即可。

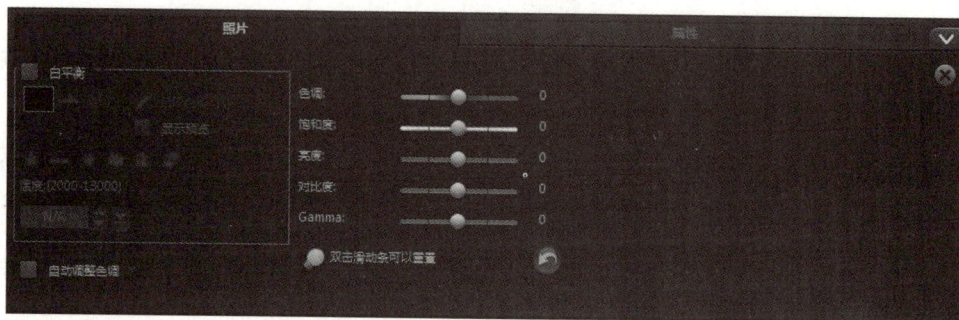

图 3-3-56 "调整色彩"子面板

变形素材。在"属性"选项面板中勾选"变形素材"选项，使素材处于变形状态，在预览窗口中显现变形控制点（黄色控制点为缩放控制点，绿色控制点为变形控制点），拖曳控制点，或在变形框内右击鼠标，在快捷菜单中选择素材变形方式，即可变形素材。

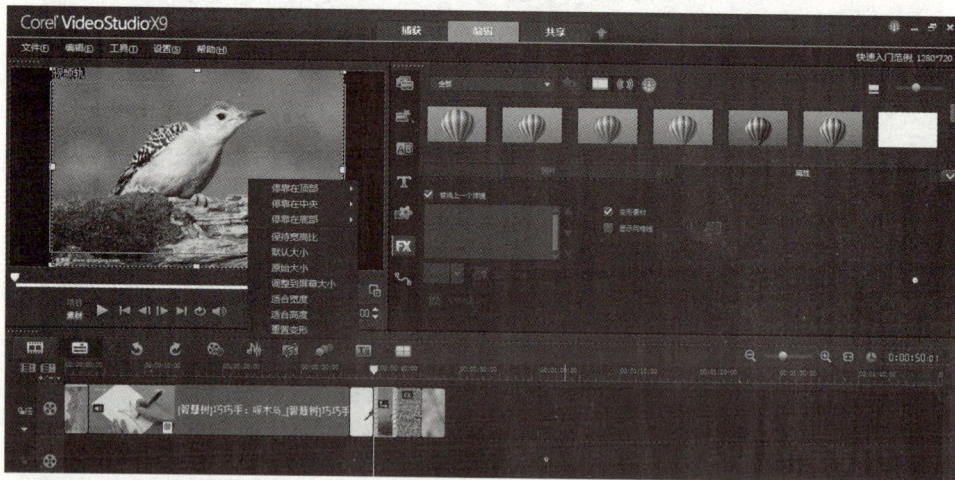

图 3-3-57 变形素材

（4）添加滤镜。

添加滤镜。切换到滤镜素材库面板，将所需的滤镜拖放到时间轴中的视频或图片上。

设置滤镜。在素材的"属性"选项面板中设置滤镜，选择软件预设的滤镜模式。如果尚未达到所需的效果，点击"自定义滤镜"按钮，设置滤镜各项参数。

删除滤镜。在使用滤镜列表中，选择要删除的滤镜效果，点击"删除"按钮。

图 3-3-58 添加滤镜

（5）应用转场。

转场就是影视中场景的转换。在场景之间添加转场效果，可以使场景之间的过渡更加自然和生动有趣。

添加转场。切换到转场素材库，将选择的转场效果拖曳到时间轴的两个素材之间。左右拖动播放头，预览转场效果。

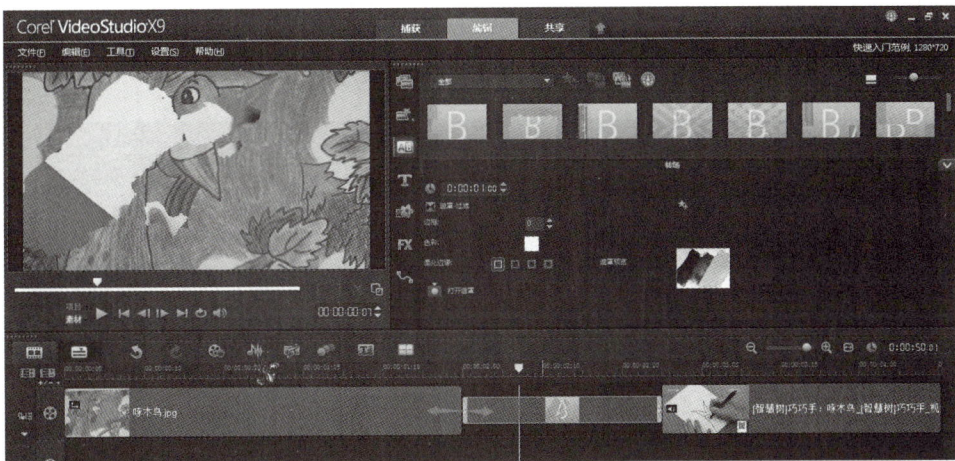

图 3-3-59 添加转场

设置转场。在时间轴中选择转场素材，将鼠标放置在转场素材边沿上，当鼠标指针变为双向箭头时，左右拖动鼠标，可改变转场的时长。在转场素材上双击鼠标，打开"转场"选项面板，对转场进行更具体的设置。

删除转场。在转场素材上点击鼠标右键，选择"删除"命令即可。

（6）利用覆叠轨。

覆叠就是在视频轨的画面上叠加另一个画面，主要用于制作画中画和抠像效果。

画中画效果。将图片或视频素材放置在时间轴的覆叠轨上，在预览窗口中调整覆叠素材的位置、变形等，鼠标右键快捷菜单可以便捷设置覆叠素材的对齐与变形方式。双击覆叠轨上的素材，打开"属性"选项面板（同一种类型的素材，放置在不同类型轨道上，选项面板也有所差异）。在面板中，设置覆叠素材的对齐和进入/退出的运动方式。

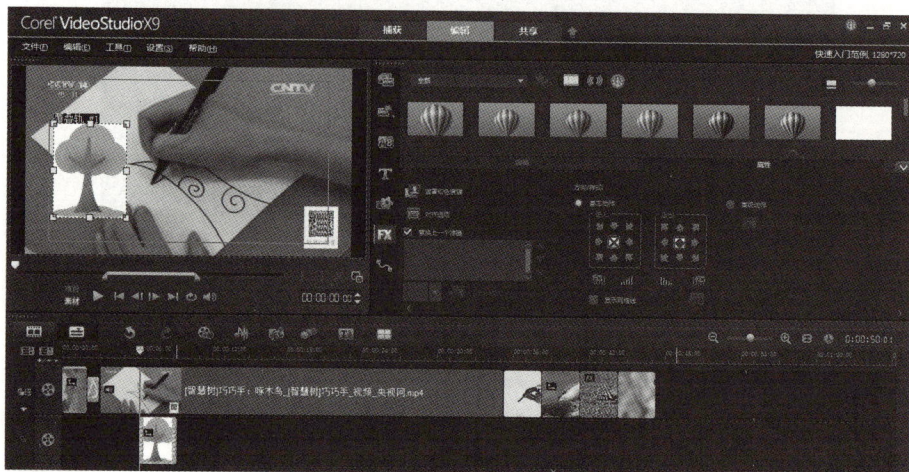

图 3-3-60　覆叠效果

抠像效果。点击覆叠素材"属性"选项面板中的"遮罩和色度键"按钮，打开子面板。勾选"应用覆叠轨选项"复选框，在"类型"下拉列表中选择"色度键"。使用吸色管，点选抠除颜色，设定色彩相似度，预览效果，满意后关闭面板。

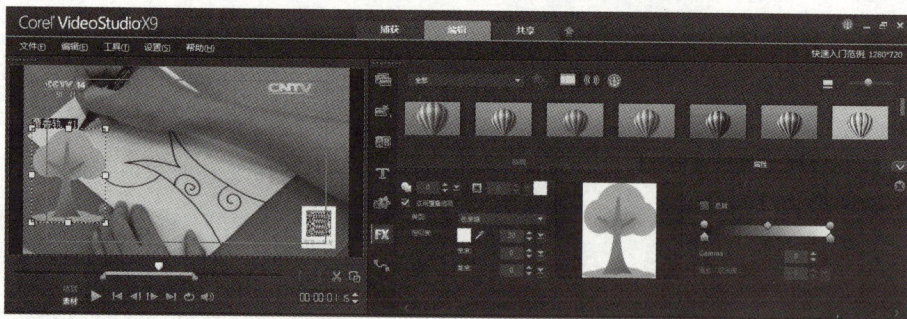

图 3-3-61　抠像效果

6. 音频的基本剪辑

（1）配乐的添加。

配乐，也就是背景音乐，具有渲染气氛、表达情感、增强节奏等作用。音频剪辑的操作方法与视频剪辑的操作方法相似。

添加配乐。将配乐拖动到时间轴中的音乐轨上。

扫一扫看视频

剪辑配乐。选择音乐轨道上的配乐，将鼠标放置在素材边沿，当鼠标指针为双向箭头时，左右拖动鼠标，裁剪音频的首尾多余部分。如果需要切除中间多余的部分，可以拖动播放头，点击导览面板中的"剪刀"工具，分割素材，选择并删除多余的部分。

设置配乐。双击音乐轨上的配乐素材，打开"音乐和声音"选项面板。在选项卡中设置配乐的音量、淡入/淡出效果、音频滤镜效果等。

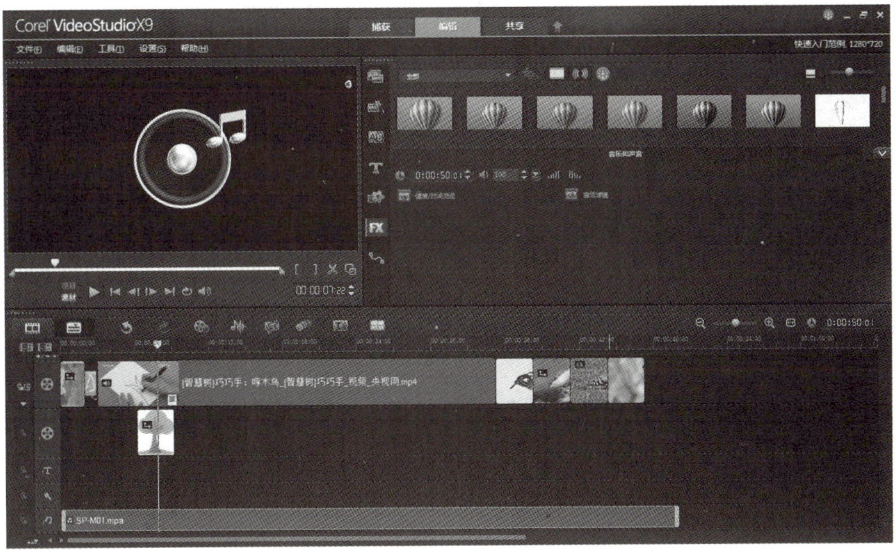

图 3-3-62　设置配乐

音量调整。单击工具栏中的"混音器"按钮，切换到音频视图模式。视图中显示了音频波形和音频包络线。在包络线单击鼠标，添加控制点，然后上下左右拖动控制点，调整音频的音量。如需删除视频素材中的音频，右键单击视频轨上的视频素材，选择"分离音频"快捷命令，选择音频，按【Del】键删除。

图 3-3-63　音频视图模式

（2）解说的添加。

解说是教学片中传达教学内容的语音信息。制作教学片时，可以先录制解说，再编辑画面；也可以先编辑画面，后录制解说。

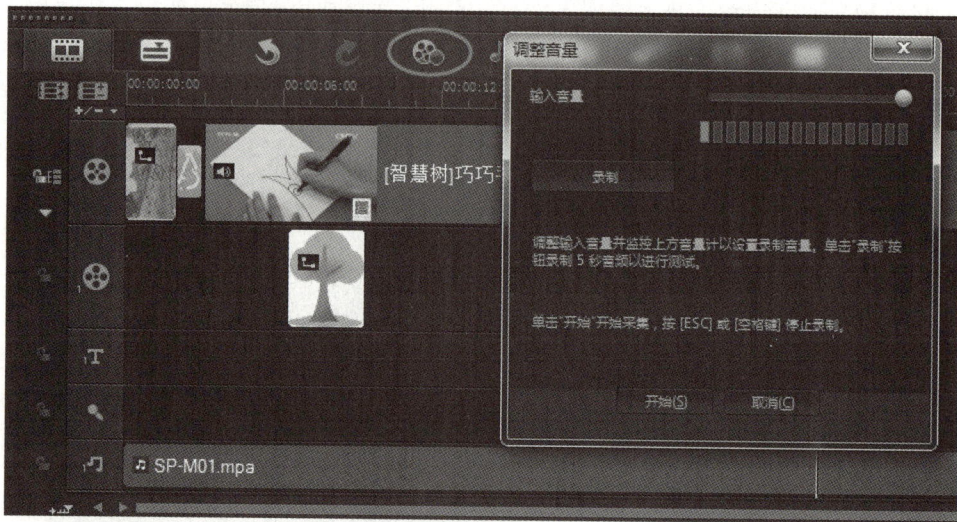

图 3-3-64 录制解说

确定解说位置。在时间线上点击鼠标，将播放头定位到添加解说的位置。

试音。单击工具栏中的"录制与捕获选项"按钮，在列表中点选"画外音"按钮，弹出"调整音量"对话框。试音并观察录音电平大小，滑动"输入音量"滑块，调整输入音量。点击"录制"按钮，试录 5 秒音频，测试录音效果。

录制解说。完成设置后，点击"调整音量"对话框中的"开始"按钮，开始播放节目，根据节目画面录制解说。按【Esc】键或空格键停止录制，在声音轨道上显示已录制的声音素材。需要注意的是，录制解说的音频素材默认添加在声音轨道上，因此，录制解说时，声音轨道上录制解说的时间范围不能被其他音频所占用。

降噪。在非专业的录音环境中录制的解说通常有一定的噪声，会影响教学信息的传递。双击音频素材，打开"音乐和声音"选项面板，点击"音频滤镜"按钮，弹出"音频滤镜"对话框。在可用滤镜列表中选择"删除噪音"滤镜，点击"选项"按钮，弹出"删除噪音"对话框，设置阈值，点击"确定"按钮，应用音频滤镜。如果软件自带的降噪滤镜仍未达到预期的效果，可以使用其他音频制作软件对声音进行降噪处理。鼠标右键单击声音轨道上的音频素材，选择"打开文件夹"命令，即可找到素材文件所在位置。

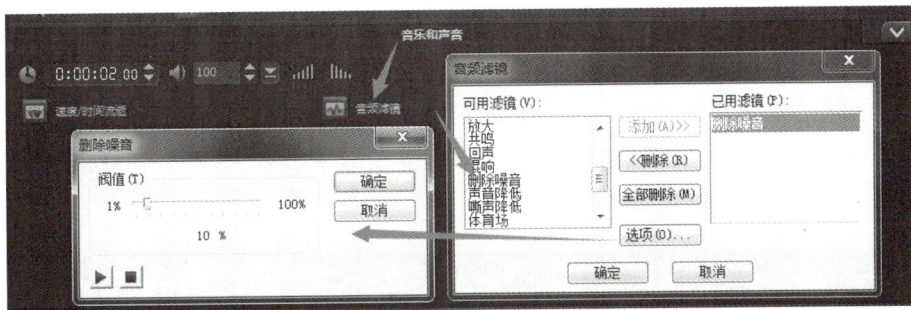

图 3-3-65 音频降噪

7. 字幕的添加

在适当的时间点、适当的画面位置添加字幕，有助于学生对教学内容的理解，增强影片的艺术性和感染力。

（1）添加字幕。

方法一：新建字幕。点击素材库面板中的"标题"，切换到标题素材库。在预览窗口中双击鼠标，输入字幕，在时间轴中调整字幕出现和消失的时间点。

扫一扫看视频

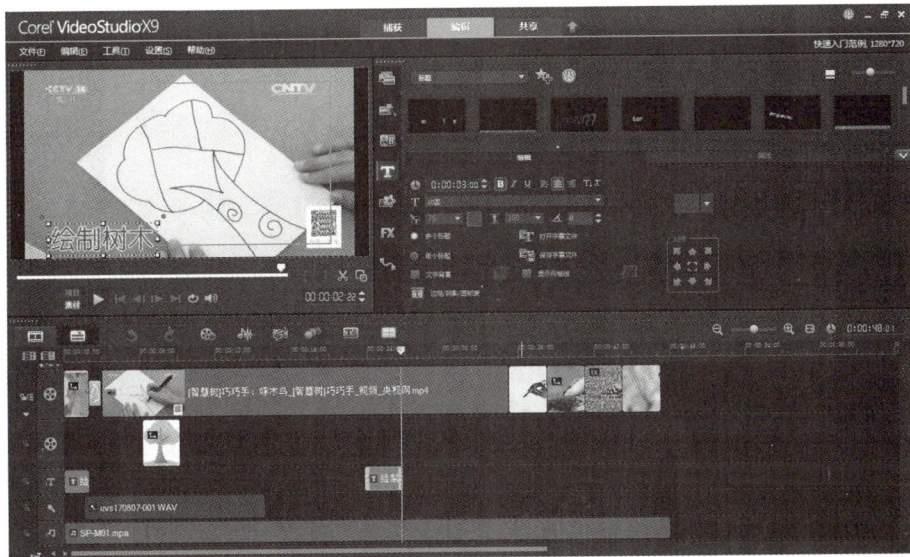

图 3-3-66 新建字幕

方法二：引用样式。从标题素材库面板中选择一种标题样式，拖动到标题轨上，双击标题轨上的素材，双击预览窗口中的字幕，将样式中的文字修改为自己的文字。

（2）设置字幕属性。

双击标题轨上的标题素材，使字幕处于可编辑状态。在预览窗口中，可对字幕进行位置调整、缩放、旋转等操作。在标题"编辑"选项面板中，可设置标题的字体、字号、颜色、对齐等。

（3）制作动态字幕。

切换到标题"属性"选项面板，选择"动画"选项，勾选"应用"复选框，在动画类型下拉列表中选择所需动画类型，在预设列表中选择软件预设的标题动画效果。如软件预设的动画不能达到预期效果，单击"自定义动画属性"按钮，在弹出的对话框中设置动画各项属性。

图 3-3-67 标题属性面板

8. 影片的输出

影片输出是将视频编辑中引用的素材文件，按照项目文件的编辑设计，拼接在一起，以指定的封装格式渲染成一个完整的影片，以便在其他平台和终端上播放和使用的过程。操作步骤如下。

（1）选择终端。在步骤面板中选择【分享】，切换到【分享】步骤面板。选择分享终端（默认是电脑终端），软件根据所选择的终端，预设一些终端所支持的视频格式、分辨率、码流等。

扫一扫看视频

图 3-3-68 "分享"步骤面板

（2）选择格式。根据不同需求，选择输出视频格式。每种格式又预设了多种配置方案。

（3）设置参数。如果用户有特殊的需求，可以选择自定义各项参数，设置主要参数有格式、分辨率、帧频率、码率等。

（4）渲染输出。完成参数设置后，输入文件名，指定保存路径，点击"开始"按钮，开始渲染影片。

2018 年 4 月，会声会影发布最新版本 Pro 2018，新增的功能主要有：

（1）全新视频编辑快捷键，不仅可以在预览窗口直接对媒体进行裁剪、尺寸调整和定位，还可以将媒体与全新智能工具相结合等。

（2）全新简化时间线编辑，自定义工具栏中的图标，快速访问最常用的工具。通过全新空间调整轨道高度，全屏编辑。

（3）全新平移和缩放控件，使用全新灵活控制方法动作或在场景上平移时让观众犹如亲身体验。

（4）全新分屏视频，同时显示多个视频流并创建令人印象深刻的宣传或分享您的最新旅行中的精彩瞬间。

（5）全新透镜校正工具，快速移除广角相机或运动相机中的失真现象并且数分钟创建专业级视频。

三、幼儿教育多媒体课件制作要点

(一)幻灯片内容的构建

多媒体课件具有多样性、集成性和交互性等性质。在幻灯片中添加和设置文本、图形、图像、音频、视频和动画等不同类型的素材，构建幻灯片的内容，是课件制作的首要任务。

1. 文本

以文字呈现教学内容，省时又省力（但对听众理解课件内容而言，可能是费时又费力），因此文字成为课件中最为常用的教学内容表达形式。幻灯片是讲演的辅助手段，呈现的时间有限，因此对文字的处理应力求简洁精练、重点突出、逻辑清晰。下文从技术的角度，介绍课件制作过程中对文字处理的常用方法。

扫一扫看视频

（1）字体。

文本的基本设置主要包括字体、字号、颜色、位置等。字体可以分为衬线字体和无衬线字体两大类。衬线字体，如宋体，笔画的开始和结束有一定的修饰，笔画粗细不一，投影时细小的笔画无法显示，会影响学生的阅读。无衬线字体，如黑体，笔画的开始和结束没有额外的修饰，笔画粗细相同，投影效果较好。

①添加字体。

不同的字体，给人不同的感觉，如宋体的雅致、隶书的古朴、草书的洒脱、黑体的厚重等。在制作课件时，教师根据主题和情感表达的需要，选择合适的字体。如果系统没有所需的字体，那么该如何增添新字体呢？

下载字体。在百度上搜索下载字体，或者在字体下载大宝库（http://font.knowsky.com）等资讯网中下载字体。如果遇到不认识的字体，可将图片上传至求字体网（http://www.qiuziti.com），识别并下载字体。

添加字体。将字体文件复制粘贴到"C:\Windows\Fonts"文件夹中。

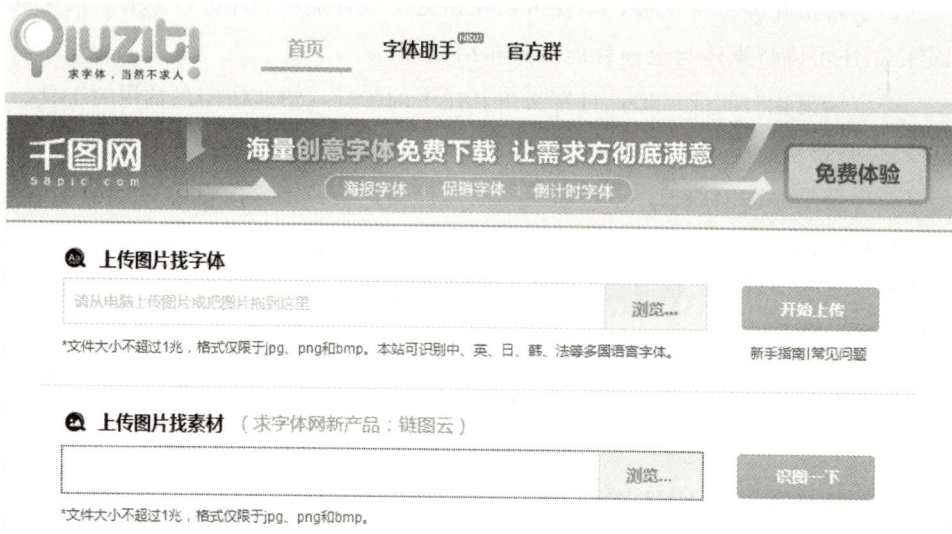

图 3-3-69　下载字体

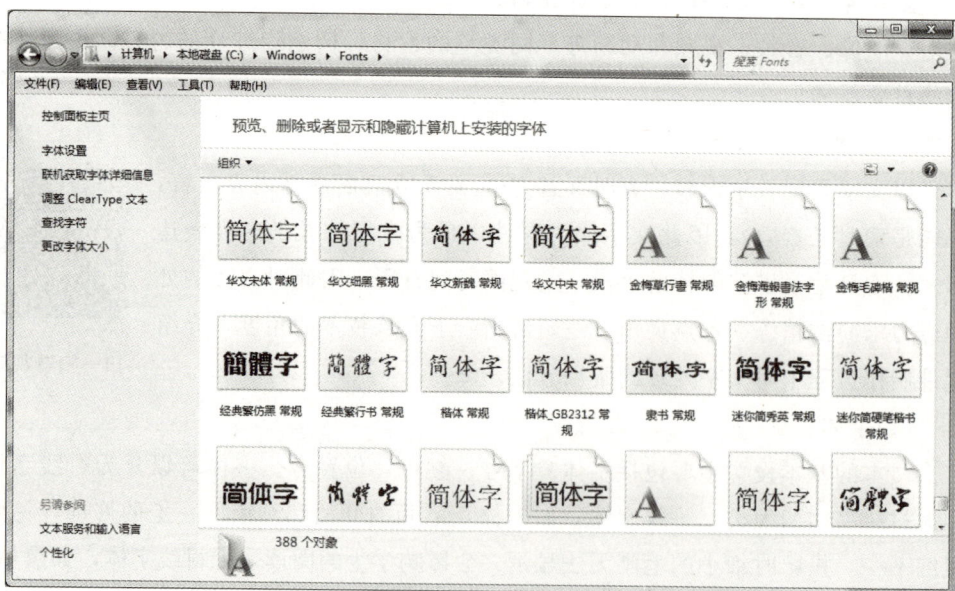

图 3-3-70　添加字体

应用字体。重新启动 PowerPoint 软件，选择文本或文本框，在【开始】选项卡，

【字体】功能组的字体列表中选择使用新增的字体。

②替换字体。

替换整个课件的某种字体。选择【开始】选项卡，【编辑】功能组，【替换】命令右边的下三角按钮，选择【替换字体】命令，在弹出的"字体替换"对话框中设置替换字体。

图 3-3-71　替换字体

将整个课件标题与正文替换为设计的字体搭配。选择【设计】/【变体】/【字体】/【自定义字体】命令，设置中文和英文、标题和正文的字体。

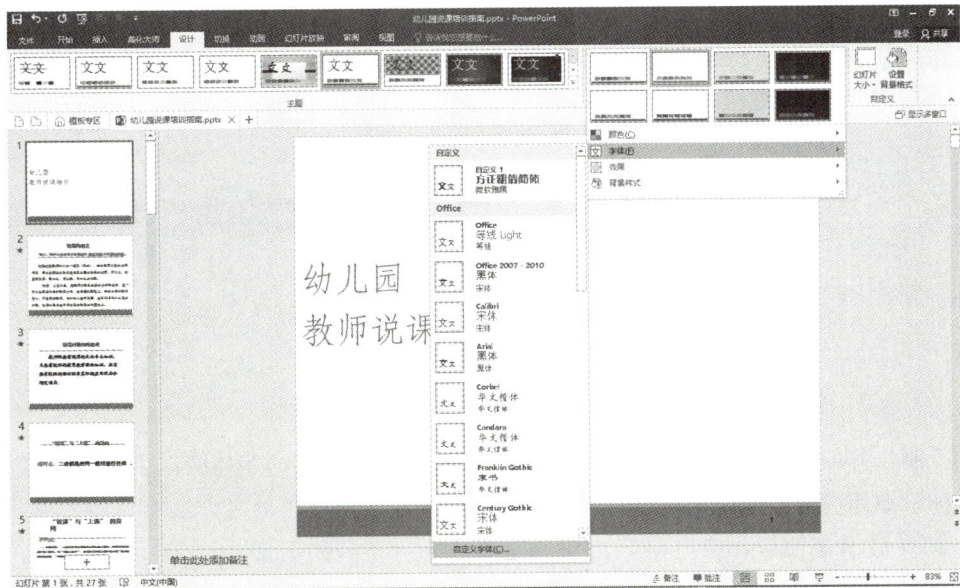

图 3-3-72　更改字体搭配

图 3-3-73 新建主题字体

替换课件部分文字字体。点击【视图】/【演示文稿视图】/【大纲视图】按钮，切换到大纲视图，在大纲视图中选择文本（按【Ctrl】键可选择不连续区域的文本），然后在【开始】选项卡中设置文本字体。需要说明的是，大纲视图中只呈现文本占位符中的文本，不显示文本框中的文本。

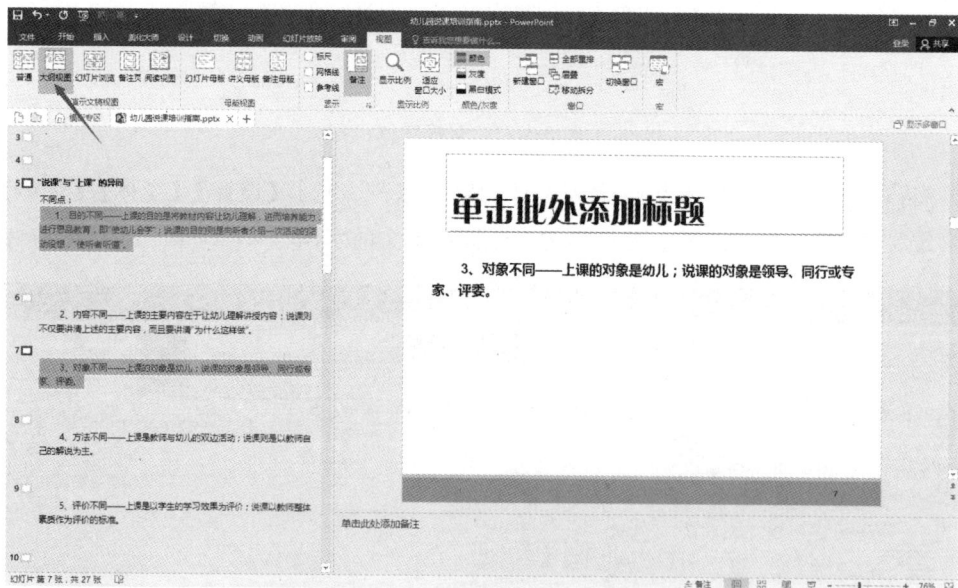

图 3-3-74 替换部分文字字体

③嵌入字体。

制作好的 PPT 课件在其他计算机上播放时，部分文本的字体变成了软件的默认字体，原因是播放幻灯片的计算机缺少课件中使用的字体。处理办法有三种：第一，将 PPT 文件图像化，即另存为 PDF 格式，这种方法的缺点是 PPT 课件中的动画无法呈现，文档也不便编辑。第二，将字符或字体嵌入 PPT 演示文稿，这种方法的不足是文件所需内存会变大。第三，在播放的计算机上安装课件使用的所有字体，这种方法方便软件的后续编辑。以下介绍在 PPT 文件中嵌入字体的操作方法。

选择【文件】/【选项】菜单命令，打开"PowerPoint 选项"对话框，选择"保存"选项卡，勾选"将字体嵌入文件"复选框。

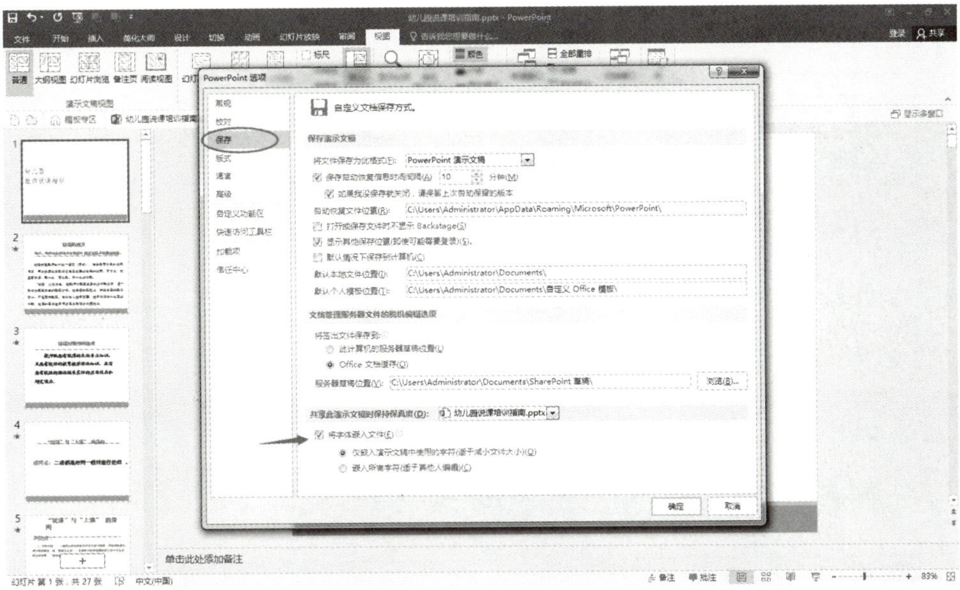

图 3-3-75 嵌入字体

选择嵌入的方式：

• 仅嵌入演示文稿中利用的字符（适用于缩小文件）：只是将这个 PPT 中出现该字体的字符进行了打包，产生的文件较小，在任何计算机上都能正常预览，但不能编辑。

• 嵌入所有字符：将这个 PPT 中所涉及的字体完全嵌入，文件非常大，在任何计算机上都能预览和编辑。

（2）项目符号与编号。

添加项目符号或者编号，可以使罗列的观点层次更加分明，课件画面更加美观。手动输入项目符号或者编号，操作烦琐，且不便修改，因此建议使用【项目符号和编号】命令。

插入项目符号与编号。选择文本或文本框，单击【开始】/【段落】/【项目符号】命令，添加默认项目符号。选择【开始】/【段落】/【编号】，添加默认编号。单击【项目符号】旁边的下三角按钮，选择其他形式的项目符号。

自定义项目符号与编号。点选下拉列表中的"项目符号和编号（N）…"，弹出"项目符号和编号"对话框，调整项目符号的大小与颜色。如果默认的几个符号未能满足用户需要，点击右下角的【自定义】按钮，新增自定义符号，并设置其大小、颜色等属性。

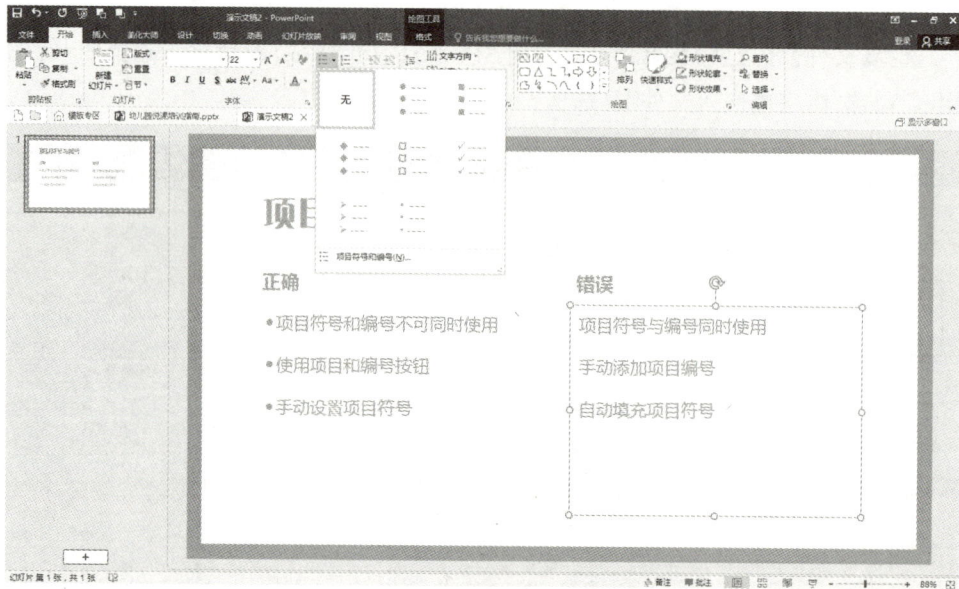

图 3-3-76　添加项目符号与编号

图 3-3-77　调整项目符号的颜色、大小

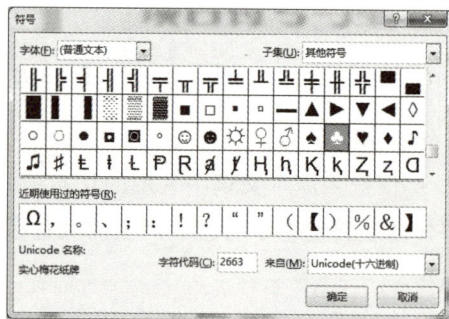

图 3-3-78　自定义项目符号

新增图片项目符号。如果简单的符号未能满足用户个性化的需求，可以选择图片作为项目符号。单击对话框中的"图片"按钮，选择图片，设置大小。

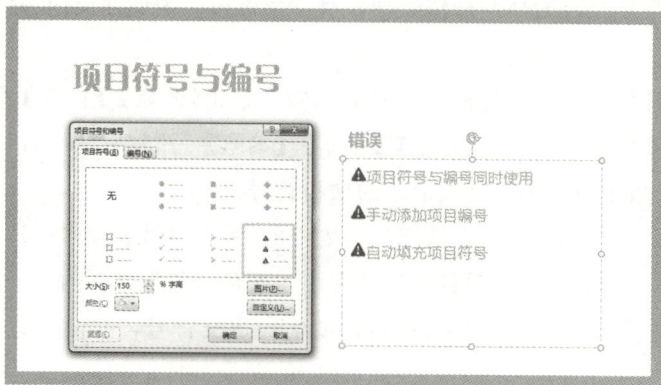

图 3-3-79　新增图片项目符号

（3）艺术字制作。

①填充效果。

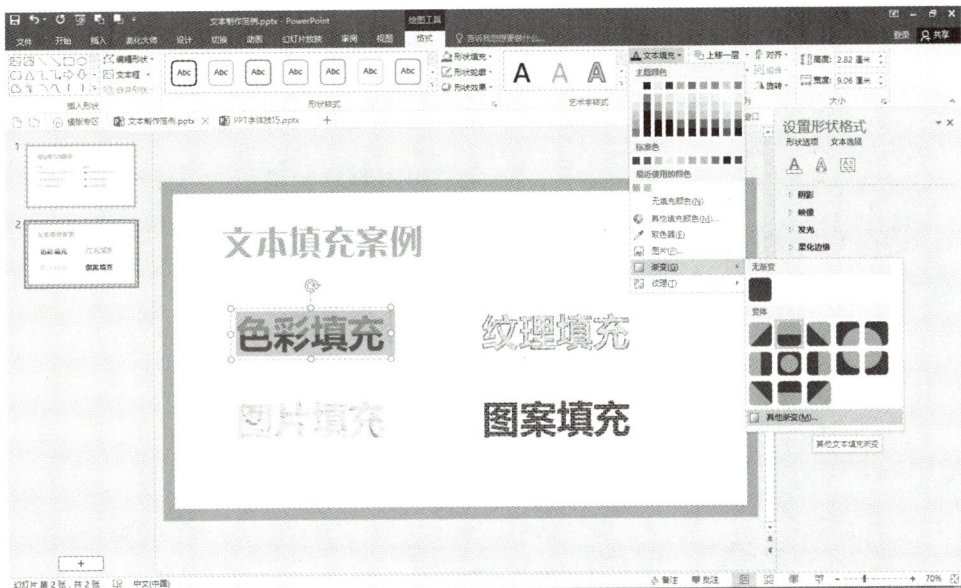

图 3-3-80　艺术字填充效果

在【格式】/【艺术字样式】/【文本填充】选项中，设置文本不同的填充方式，达到美化艺术字效果。下文通过几个小案例介绍几种填充样式的操作方法。

双色字效果。在【格式】选项卡、【艺术字样式】功能组、【文本填充】的下拉列表中选择【渐变】/【其他渐变】命令，在幻灯片的右边弹出"设置形状格式"窗格（注意：该窗格中有"形状选项"和"文本选项"两组，这几个案例均在"文本选项"组中设置相关属性）。设置渐变色标时，在渐变色彩条上单击鼠标，添加色标；向下拖动色标，删除多余的色标；左右拖动色标，调整色标的位置。选择色标，设置色标的颜色、透明度等属性。

粉笔字效果。选择文本，在"设置形状格式"窗格的"文本选项"组中，选择"文本填充与轮廓"选项卡，选择"图片或纹理填充"，在纹理选项中选择"新闻纸"。选择文本框，按【Ctrl＋C】组合键复制文本框，按【Ctrl＋Alt＋V】组合键，弹出"选择性粘贴"对话框，选择图片（png），将文本转换为图片。选择图片，在【格式】/【调整】/【艺术效果】中，选择"粉笔素描"效果。

图片填充字效果。选择文本，打开"设置形状格式"/"文本选项"/"文本填充与轮廓"，选择"图片或纹理填充"，在"插入图片来自"选项中，选择"文件"或"剪贴板"，将图片填充到文本中，制作图片填充文字效果。

图 3-3-81　渐变填充

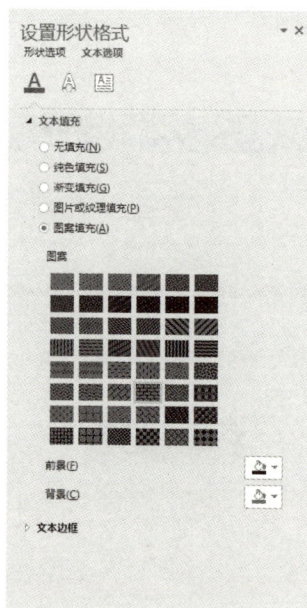

图 3-3-82　图案填充

　　砖墙文字效果。在"文本选项"/"文本填充与轮廓"中，选择"图案填充"，选择"横向砖形"，设置前景与背景颜色，制作砖墙图案填充效果。

　　②变形。

　　透视变形文字效果。选择文本框，在【格式】/【艺术字样式】/【文本效果】/【三维旋转】/【透视】选项中选择添加预设的透视效果。如仍未满足效果需求，在"设置形状格式"/"形状选项"/"效果"/"三维旋转"窗格中设置旋转与透视的参数。点击"重置"按钮，可重置至初始状态。

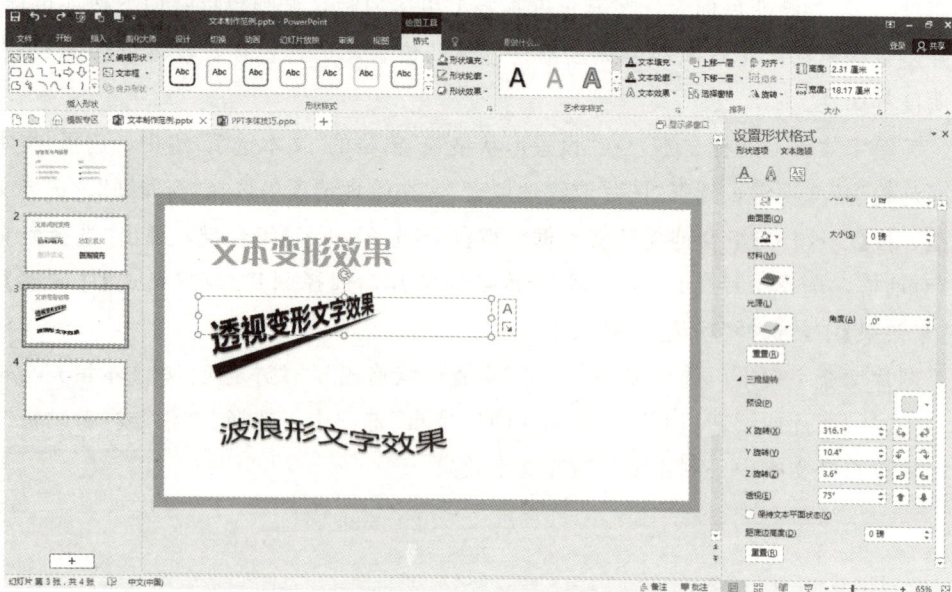

图 3-3-83　透视变形文字效果

波浪形文字效果。选择文本框，在【格式】/【艺术字样式】/【文本效果】/【abc 转换】/【弯曲】选项中，选择预置的转换效果，如"波形 1"文字效果，然后根据需要调整波浪变形的控制点即可。

图 3-3-84 波浪形文字效果

2. 图像

人们常说"图文并茂""文不如表，表不如图"，足以说明图形图像在信息表达中的重要作用。图片的内容是关键，图片的清晰度、色彩、与文字搭配的样式也会影响信息的传达和画面的美感。

(1)图片样式的使用。

选择图片，点击图片工具【格式】选项卡，在【图片样式】功能组中设置图片样式。可以选择使用预设的样式，快速设置样式效果。如仍未达到预想效果，在【图片边框】、【图片效果】、【图片版式】等选项中进一步设置，或者在"设置图片格式"窗格中进行更具体的设置。使用样式后，如果图片的清晰度下降，在【格式】/【图片样式】/【图片效果】/【预设】中选择"无预设"选项。

扫一扫看视频

(2)图片背景的删除。

多余的背景，会影响图片与背景的融合。删除图片背景，可以制作出图片合成的效果。使用 PowerPoint 删除背景功能，可以快捷实现简单的抠图效果。

选择图片，选择图片工具【格式】/【调整】/【删除背景】命令，软件自动识别图片背景，将其设定为删除区域。如果未能达到理想效果，用户可通过调整控制点，调整背景范围，利用【标记要保留的区域】和【标记要删除的区域】对删除的区域进行微调。在已删除背景上单击鼠标右键，选择"另存为图片"快捷命令，在弹出的对话框中，设置保存的图片类型为 png 格式(支持透明效果的图片格式)，以便下次直接调用。

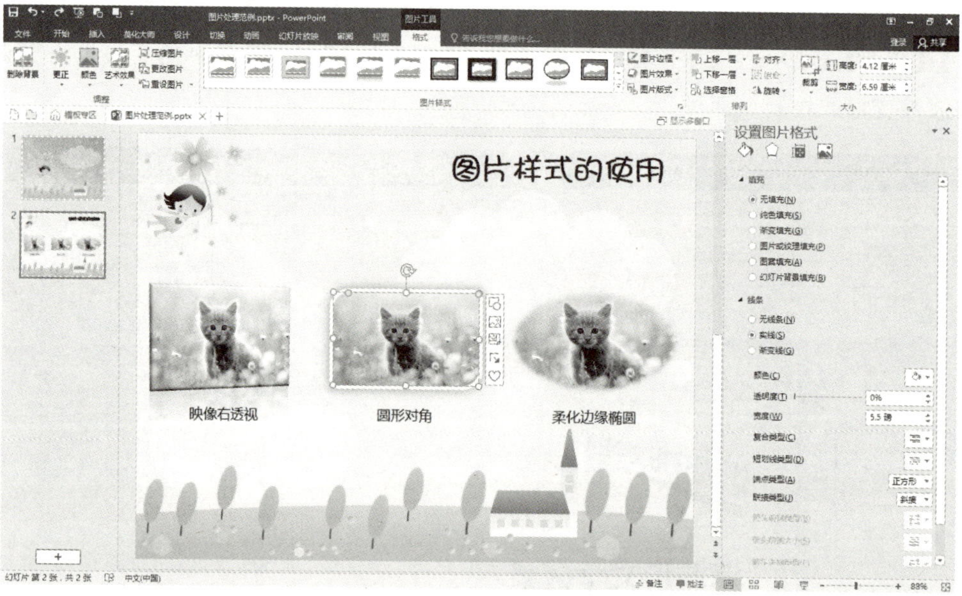

图 3-3-85　图片样式的使用

图 3-3-86　原图

图 3-3-87　效果图

（3）图片的裁剪。

在不影响图像信息表达和涉嫌侵权的情况下，利用裁剪功能，可以去除图片中不必要的信息，如水印，还可以使用不同的形状裁剪图片，使画面更富有设计感，如图 3-3-88 所示。

选择裁剪形状。选择图片，在图片工具【格式】/【大小】/【裁剪】/【裁剪为形状】中选择椭圆，在纵横比中选择"1：1"，即可得到圆形的裁剪效果。在裁剪状态下，移动图片，可调整裁剪的偏移量，也可以在"设置图片格式"窗格中对裁剪的偏移量进行调整。

设置图片格式。在图片上右击鼠标，选择"设置图片格式"命令，弹出"设置图片格式"窗格，设置图片大小、边框、投影等效果。

复位图片。如果对裁剪或添加的边框、阴影的效果不满意，需要恢复图片的原始状态，选择【格式】/【调整】/【重设图片】命令。

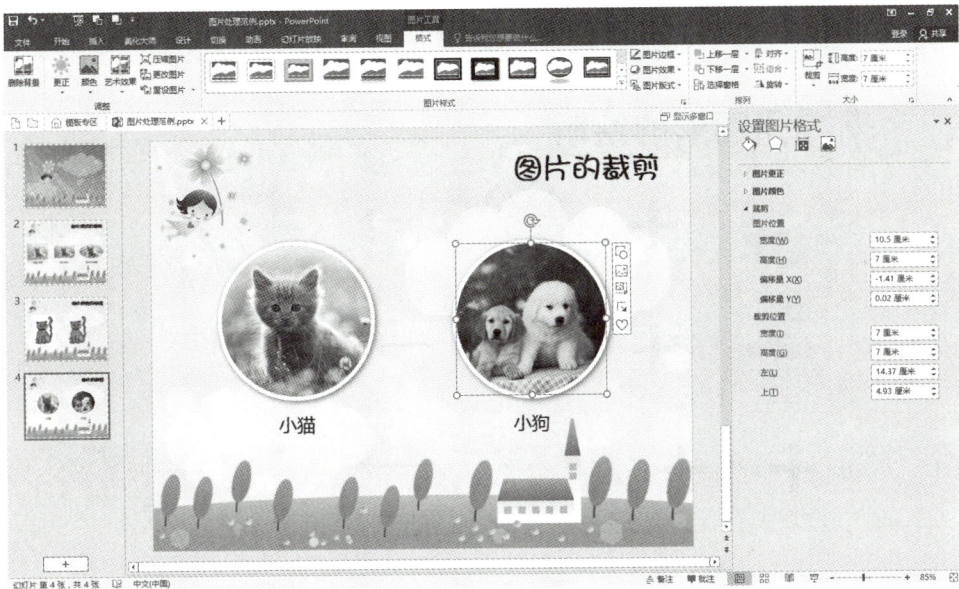

图 3-3-88 图片的裁剪

（4）图片背景的拓展。

文字与图像融合，是课件制作常用的设计方法。如果图片没有预留文字空间，可以考虑使用背景相似色彩填充或者拉伸背景的方式拓展图片背景。以下介绍拉伸背景的操作方法。

图 3-3-89 原图

图 3-3-90 效果图

①复制图像。在 PPT 中插入图片，调整图片大小，并放置在合适的位置。复制图片，将复制图片与原图对齐重叠。

②裁剪背景。裁剪上一图层右边的图像部分，只留左边颜色单纯的背景。

③伸拉背景。拖动左边的变形控制点，伸拉裁剪部分的图像。由于没有具体图像，伸拉的部分与原图很好地融合。

3. 图形

（1）常用图形的绘制。

课件中所需的图形我们一般从网络上下载，但有些简单的图形可以使用 PPT 自主绘制，使图形更符合自己个性化的需求。以下以按钮、标题背景、项目符号等常用的简单图形为例，介绍图形绘制与设置的操作方法。

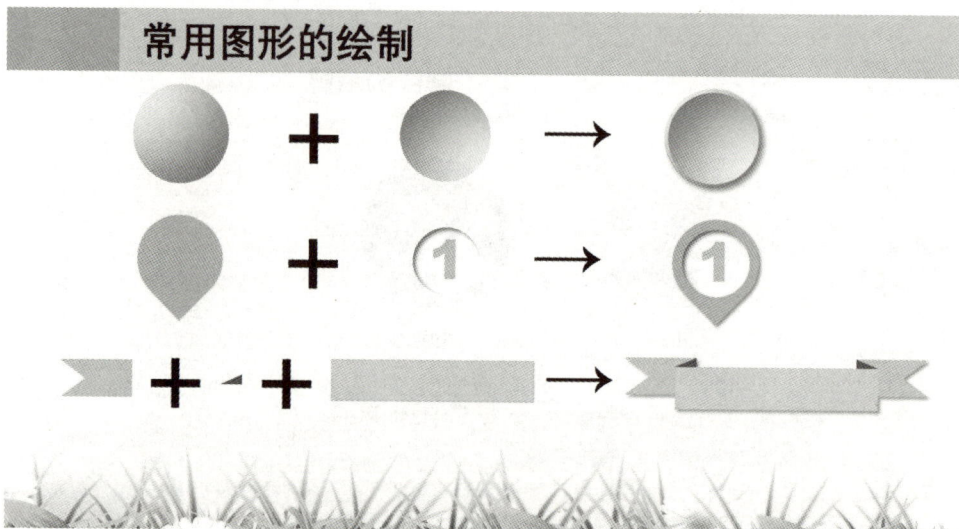

图 3-3-91　常用图形的绘制

　　圆形按钮的绘制。选择椭圆绘制工具，按【Shift】键，绘制圆形 A。再绘制一个比圆形 A 略小的圆形 B，对齐叠放在圆形 A 的上方。在"设置形状格式"窗格中，设置两个圆形为渐变色填充，渐变方向相反。添加和设置阴影效果，即可绘制出具有立体效果的圆形按钮。

　　泪滴形项目符号的绘制。插入泪滴形状和圆形，对齐叠放，调整旋转角度，设置阴影效果，添加文本，即可制作出一个别致的项目符号。

　　标题背景的绘制。使用三角形剪除矩形，制作花边效果，绘制矩形幅面，调整幅面和花边的层次与位置，在两者交叉的空余处绘制三角形，制作幅面翻折效果，组合花边与翻折，复制并水平翻转，制作另一侧花边，即可制作出带花边的横幅效果。

　　(2)简单图形的绘制。

　　使用合并形状、排列、组合等功能即可快捷绘制简单的图形，为课件增添个性化的图形素材。

　　下面通过几个小案例，介绍 PPT 图形绘制的基本方法。

　　①杯子的绘制。

　　绘制杯体。在插入形状中选择"同侧圆角矩形"，在幻灯片中绘制形状，调整其圆角角度，垂直翻转图形，使杯口朝上。

　　绘制杯柄。在形状中选择"同心圆"，调整位置和大小。

　　合成杯子。框选杯体和杯柄，点选绘图工具【格式】/【插入形状】/【合并形状】/【联合】命令，使两个形状形成一个整体。

简单图形的绘制

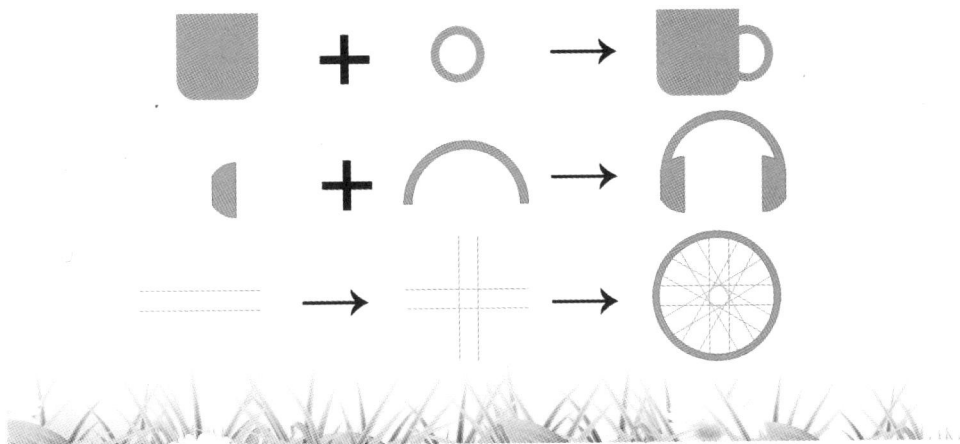

图 3-3-92　简单图形的绘制

存储图形。在图形上单击鼠标右键，选择"另存为图片"命令，保存类型设置为wmf 矢量图格式，以供在其他课件中利用。

②耳机的绘制。

听筒的绘制。插入圆形，在左右两侧分别插入矩形，先选择圆形，按【Ctrl】键，增选两侧矩形，选择【格式】/【插入形状】/【合并形状】/【剪除】命令，使用两侧的矩形剪除圆形，完成一侧听筒的绘制。复制、粘贴、翻转，得到另一侧听筒。

绘制支架。绘制圆环，使用矩形剪除圆环的另一半，完成支架的绘制。

合并形状。对齐听筒和支架，使用【合并形状】/【联合】，使听筒和支架联合为一个图形。

③车轮的绘制。

绘制两条对齐的水平线。按【Shift】键，绘制一条水平直线。按【Ctrl】键，拖动复制出另一条直线，并使两条对齐，按【Ctrl＋G】组合键将两条直线组合。

复制并旋转平行线组合。按【Ctrl】键拖动复制一个平行线的组合，并旋转 $90°$，上下左右与原组合对齐，使两个组合形成十字正相交形状。选择两个组合，按【Ctrl＋G】组合键，将两个平行线组合为一个十字形组合。

复制并旋转十字形组合。按【Ctrl】键拖动复制两个十字形组合，分别旋转 $30°$ 和 $60°$，选择三个组合，使它们横向和纵向都对齐，再次组合，使三个十字形组合合并为一个组合。

绘制车胎。绘制圆环，调整圆环的宽度，使圆环与辐条对齐，完成车轮的绘制。

④绘制花朵。

绘制花瓣。在幻灯片中绘制椭圆，在设置形状格式窗格中，设置形状为无线条，填充色为渐变，并设置渐变的颜色。

排列花瓣。复制出 5 个花瓣，选择所有花瓣，使用美化大师，使所有花瓣圆弧排序。

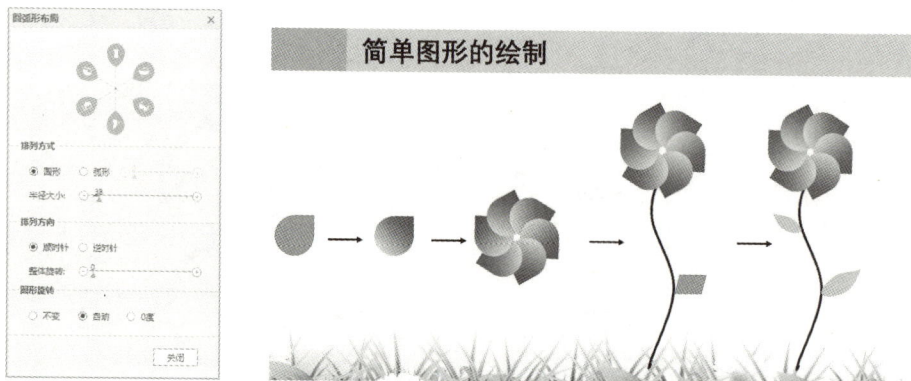

图 3-3-93　绘制花朵

绘制花茎。利用插入形状中的曲线，在幻灯片中绘制花茎。在曲线上右击鼠标，选择"编辑顶点"命令，可以对线条进行调整。

绘制叶子。插入平行四边形，进入"编辑顶点"模式，在编辑点上右击鼠标，选择"平滑顶点"，将角部顶点转换为平滑顶点。

(3)SmartArt 图形的使用。

合理利用 SmartArt 图形，可以使讲解的内容更直观，层次更分明，画面更具有设计感。

扫一扫看视频

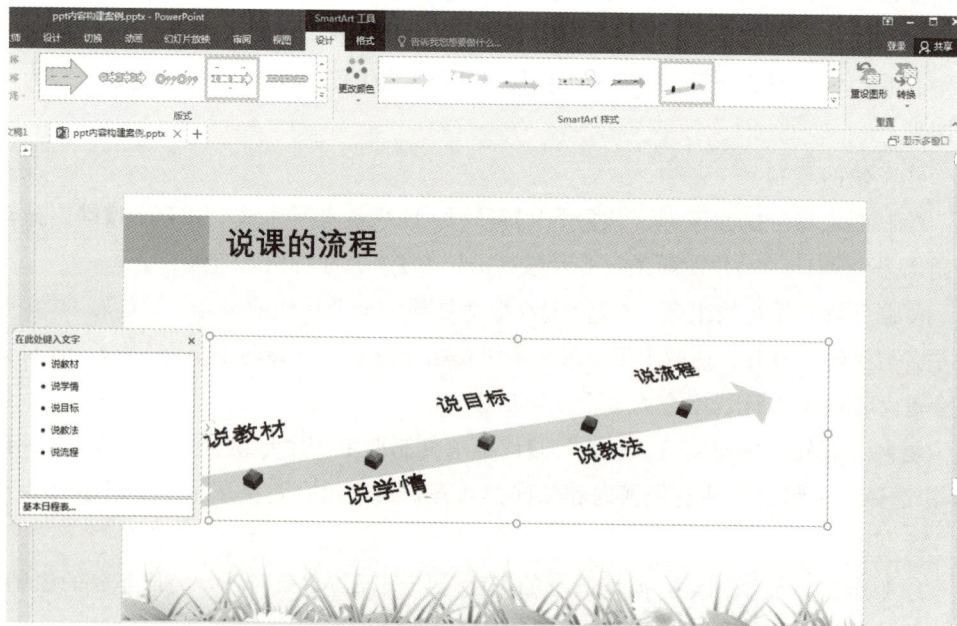

图 3-3-94　SmartArt 图形的使用

①插入 SmartArt 图形。单击【插入】/【插图】/【SmartArt】按钮，弹出"选择 SmartArt 图形"对话框，选择图形类型，点击【确定】按钮，在幻灯片中插入 SmartArt 图形。

②输入文字内容。点击 SmartArt 图形左边的三角形展开按钮，输入文本内容。如果幻灯片中已有文本内容，选择文本，单击鼠标右键，选择"转换为 SmartArt"命令，快速将文本转换为 SmartArt 图形。

③编辑图形。在 SmartArt 工具【设计】选项卡中，设置图形版式、颜色、样式等。在 SmartArt 工具【格式】选项卡中更改其形状，调整形状大小、样式、旋转角度等。选择 SmartArt 图形组中的任意对象，右击鼠标，选择"更改形状"快捷命令，即可更换预设的形状。

4. 音频

(1)插入音频。

方法一：在资源管理器中查找到要插入的音频素材，用鼠标拖曳到幻灯片中。

方法二：选择【插入】/【媒体】/【音频】/【PC 上的音频】命令，将音频素材插入幻灯片中。

扫一扫看视频

方法三：选择【插入】/【媒体】/【音频】/【录制音频】选项，从话筒中录制音频。

(2)设置音频。

选择幻灯片中的音频图标，在音频工具【格式】选项卡中设置音频图标的外观。选择音频工具【播放】选项卡，调整音频文件的音量及播放方式：使用【音频剪辑】功能裁剪音频首尾多余的部分；使用【音频样式】功能组中的【在后台播放】样式，将音频文件快捷设置为幻灯片的背景音乐。

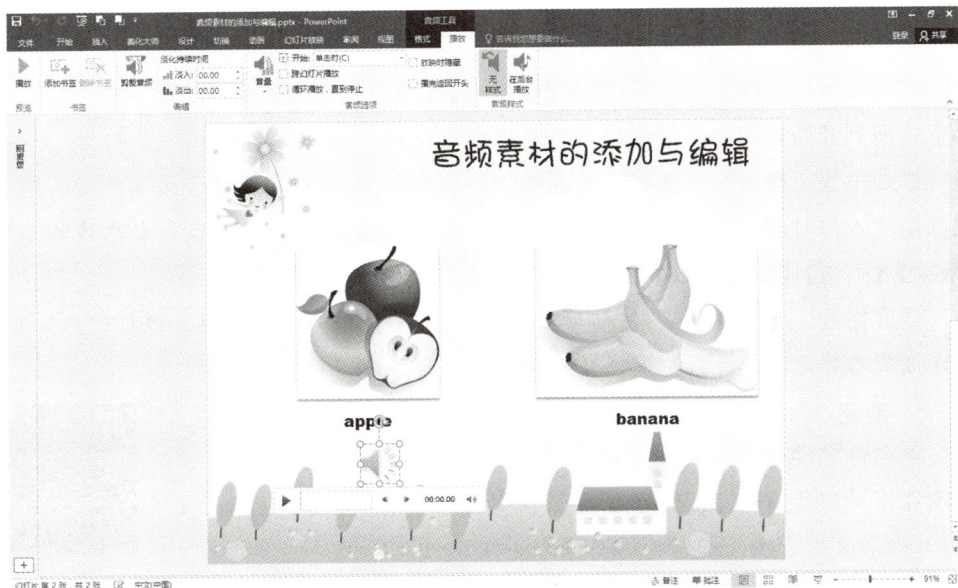

图 3-3-95　音频的设置

5. 视频

（1）插入视频。

插入视频文件的方法与插入音频文件的方法类似。可以将视频文件从资源管理器窗口中拖动到幻灯片中，也可以利用【插入】/【媒体】/【视频】的方式插入视频文件。还可以利用【插入】/【媒体】/【录制屏幕】的功能，录制屏幕视频，并将录制的视频插入幻灯片中。

扫一扫看视频

（2）设置视频。

在视频工具【格式】选项卡中，设置视频画面的颜色、样式等外观。在视频工具【播放】选项卡中控制视频文件的播放，常用视频播放控制如下。

图 3-3-96　视频的设置

剪裁视频。选择视频工具【播放】/【编辑】/【裁剪视频】命令，弹出"裁剪视频"对话框，拖到开始标记和结束标记，裁剪视频素材首尾多余的部分。

添加书签。教师在备课时，给课件中的视频添加书签，节省在课堂教学时搜索视频播放点的时间。在播放控制栏上拖动鼠标，定位到所需播放点，点击视频工具【播放】/【书签】/【添加书签】命令。

全屏播放。勾选视频工具【播放】/【视频选项】/【全屏播放】选项，播放幻灯片时，点击播放视频，可使视频全屏播放，便于学生观看学习。

6. 动画

在课件中使用的动画素材主要有 gif 和 swf 两种格式，其中 gif 是图片格式的动画，设置的方法与图片相同，不再赘述。swf 是 Flash 播放文件，插入幻灯片的操作方法如下。

扫一扫看视频

（1）打开【开发工具】选项卡。

在选项卡的空白处单击鼠标右键，选择"自定义功能区"命令，弹出"PowerPoint 选项"对话框，找到"开发工具"选项，点击"添加"按钮，点击"确定"按钮，在功能区中显示【开发工具】选项卡。

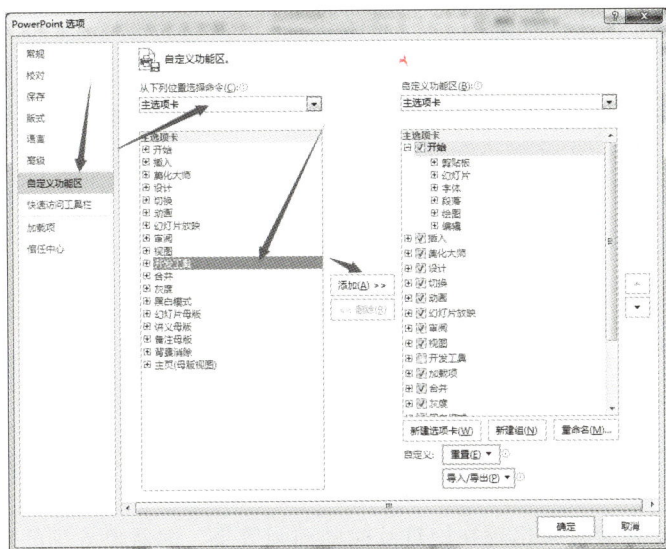

图 3-3-97　打开【开发工具】选项卡

（2）插入控件。

点击【开发工具】/【控件】/【其他控件】选项，弹出"其他控件"对话框，选择"Shockwave Flash Object"控件，点击"确定"按钮，返回幻灯片，鼠标指针变成十字形，拖动鼠标，绘制出动画控件。

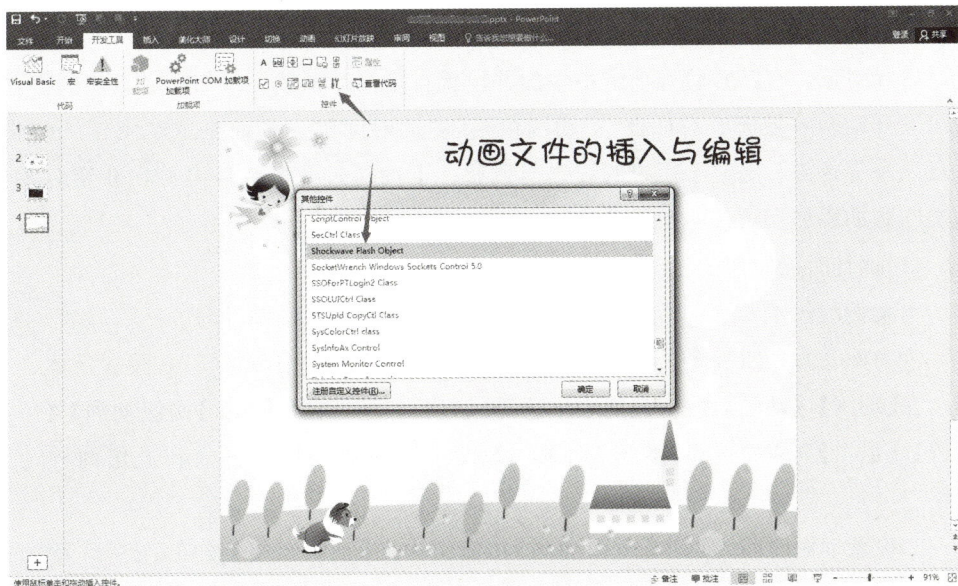

图 3-3-98　插入控件

（3）设置控件属性。

在控件上单击鼠标右键，选择"属性"命令弹出"属性"对话框。选择"Movie"属性，输入动画文件的路径、文件名及扩展名（注意扩展名不能省略），关闭"属性"对话框。放映当前幻灯片，预览插入的 swf 动画。

（二）课件动画的制作

1. 动画的类型

幻灯片的动画可分为两大类：幻灯片页面之间的切换动画，也称为"片间动画"；幻灯片对象的自定义动画，也称为"片内动画"。

（1）切换动画。

PowerPoint 2016 提供了三类幻灯片切换方案。

扫一扫看视频

细微型：幻灯片切换细小、简单。

华丽型：画面切换复杂、生动。

动态内容：主要针对幻灯片中的内容进行切换。

（2）自定义动画。

自定义动画分为四类。

进入：用于设置对象出现在幻灯片时的动画效果，即对象入场的动画方案。

强调：用于设置已出现在幻灯片中的对象的动画效果，即对对象有强调作用的动画方案。

退出：用于设置对象从幻灯片中消失时的动画效果，即对象退出场景的动画方案。

动作路径：设置对象沿指定路径移动的动画效果，即给对象一个固定的行走路线的动画方案。

2. 动画的添加与设置

选择对象，在【动画】选项卡中添加并设置自定义动画效果，如需更具体的设置，可以打开动画效果选项对话框。"动画窗格"中的时间轴直观地显示动画持续时长、先后顺序等效果，更便于用户的设置与调整。下面通过几个具体案例，介绍对象自定义动画的添加和设置的操作方法。

（1）倒计时的制作。

本案例的技术要点：给一个对象添加多个动画，设置动画计时。

①为同一对象添加多个动画。插入文本框，输入阿拉伯数字"5"，设置字体、字号。在【动画】/【动画】/【进入】列表中选择"缩放"动画，在【动画】/【高级动画】/【添加动画】/【退出】列表中选择"淡出"动画，为文本框对象添加了进入和退出两种动画效果。

②设置动画时间。点击【高级动画】功能组中的【动画窗格】按钮，打开"动画窗格"。按【Shift】键同时选择窗格中的进入和退出动画，在【计时】功能组中，设置"开

始"为"上一项动画之后","持续时间"为 0.3 秒。单击选择退出动画,在【计时】功能组中,设置退出动画"延迟"时间为 0.4 秒。在动画窗格的时间轴上,可见文本框的动画依次是:进入(0.3 秒)、停留(0.4 秒)、退出(0.3 秒)。

③复制出其他对象。复制文本框(其动画设置也被复制),将文本框的内容修改为相应的阿拉伯数字"4""3""2""1"。在动画窗格的时间轴中查看数字出现的顺序是否正确,如需调整,同时选择进入和退出,将其拖动到合适的位置。选择所有文本框,纵向横向对齐。点击窗格中的【全部播放】按钮,预览动画效果。

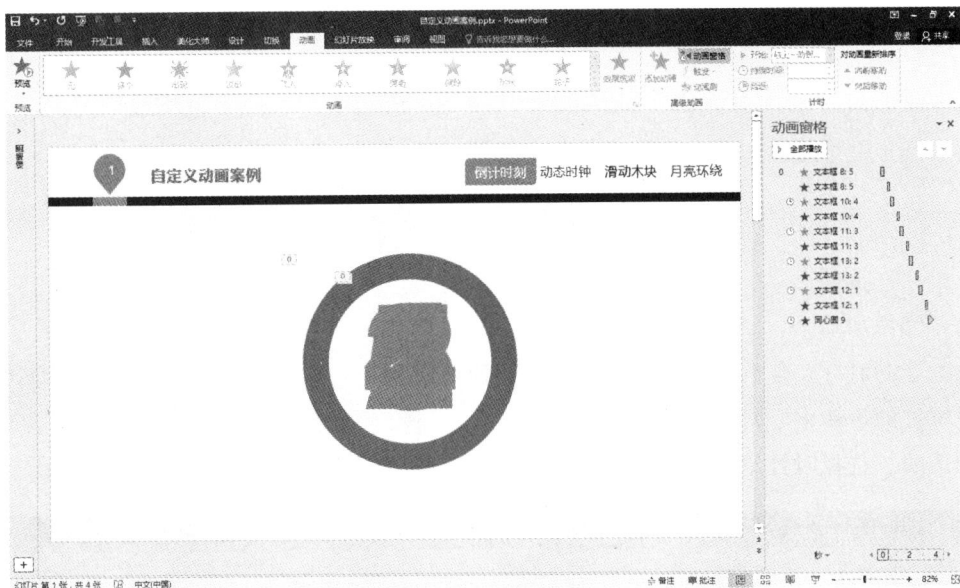

图 3-3-99　倒计时的制作

(2)动态时钟的制作。

本案例的技术要点:调整动画的中心,设置重复动画。

①绘制时钟。

绘制钟面。选择椭圆工具,按【Shift】键绘制外圆,渐变填充。绘制内圆,渐变填充,渐变方向与外圆相反。绘制内侧覆盖圆,纯色填充。使 3 个圆形对齐,按【Ctrl+G】组合键,形成钟面。

绘制刻度。绘制水平线,复制、旋转、对齐、组合,形成正十字形。复制、旋转、对齐、组合,形成辐射形。绘制覆盖正圆,与辐射线对齐、组合,形成时钟刻度图形效果。

合成时钟。对齐钟面和刻度,组合成钟盘。

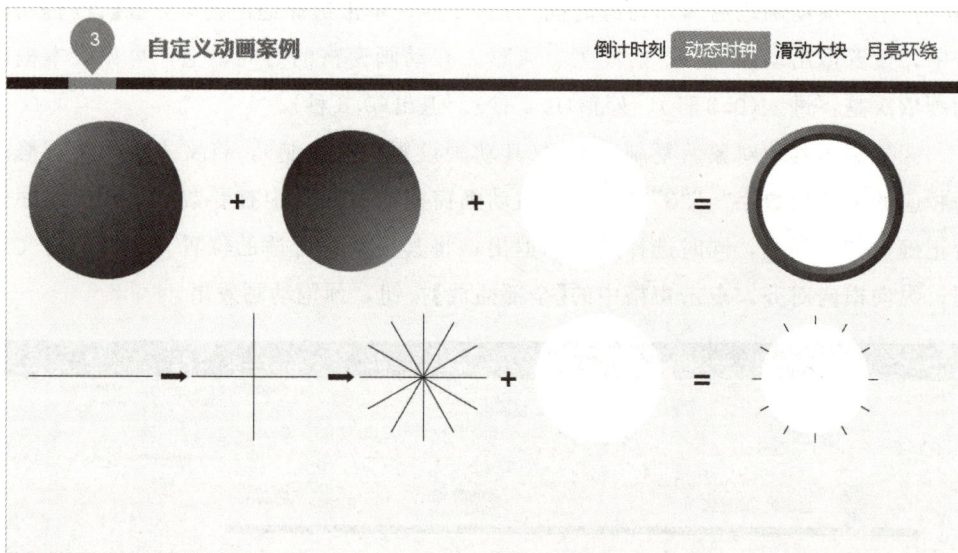

图 3-3-100　时钟的绘制

②添加动画。

绘制时针，复制时针，使复制图与原图首尾相连，并组合(此步骤的目的是调整陀螺旋的旋转中心)。选择组合中的复制图形，设置其填充色与线条色为无，使复制图透明。选择时针组合，在【动画】/【动画】/【强调】中选择"陀螺旋"动画。

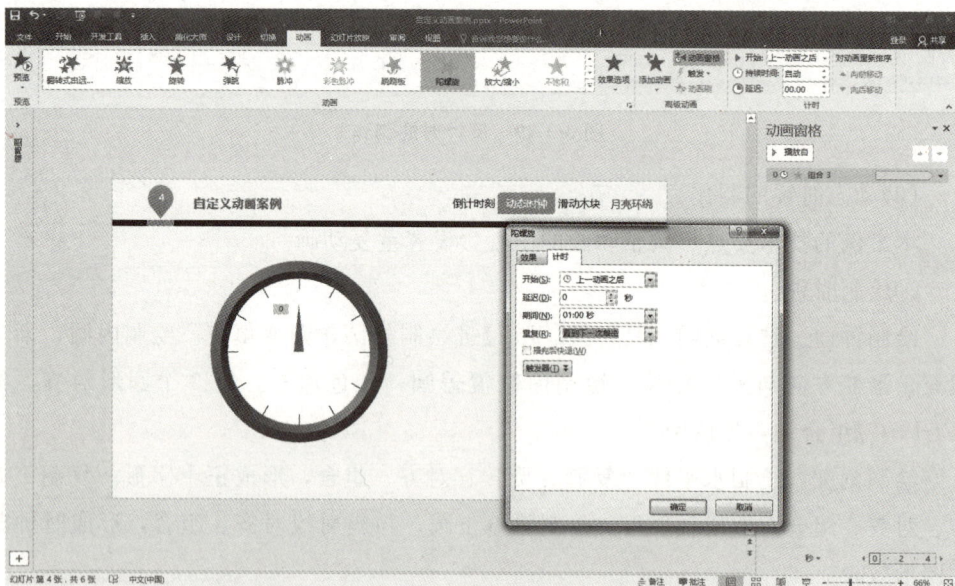

图 3-3-101　动画的添加与设置

③设置计时。

在"动画窗格"中鼠标右键单击陀螺旋动画，选择"计时"命令，弹出"陀螺旋"选项对话框，在"期间"中输入"60"，即设置动画持续时间为 1 分钟。"重复"选项设置为"直到下一次单击"，使指针连续旋转。用同样的方法制作分针，设置"开始"选项为与上一动画同时，动画持续时间为 1 秒。放映幻灯片，预览动画效果。

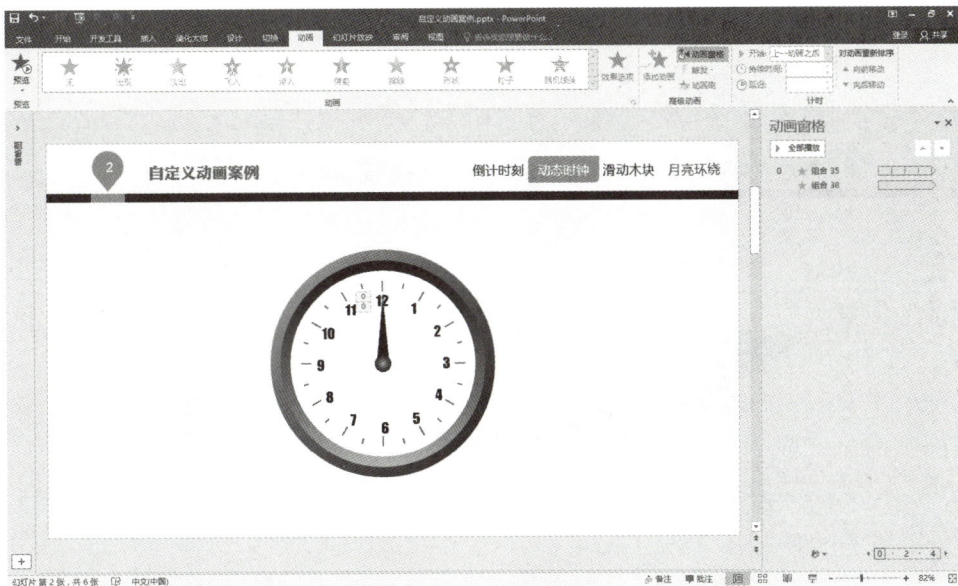

图 3-3-102　完成效果图

将对象与另一透明对象组合，调整对象缩放或旋转中心是常用的动画制作技巧之一。

（3）滑动木块的制作。

本案例的技术要点：设置变速动画，将一个动画分解为先后出现的两段动画。

①绘制对象。利用矩形工具绘制木板、木块，旋转并放置到合适的位置。

②添加动画。下滑木块先添加"对角线向右下"路径动画，再添加"消失"退出动画；平移木块先添加"出现"进入动画，再添加"向右"直线路径动画。每个动画的开始均设置为"上一动画之后"，运动的过程为下滑、消失、出现、平移。

图 3-3-103　下滑木块加速的设置

图 3-3-104　平移木块减速的设置

③设置动画。下滑木块因受重力加速度的影响，做加速运动，因此，在动画"效果"选项中将其设置为"平滑开始"；平移木块因受摩擦力的影响，做减速运动，因此将其设置为"平滑结束"。

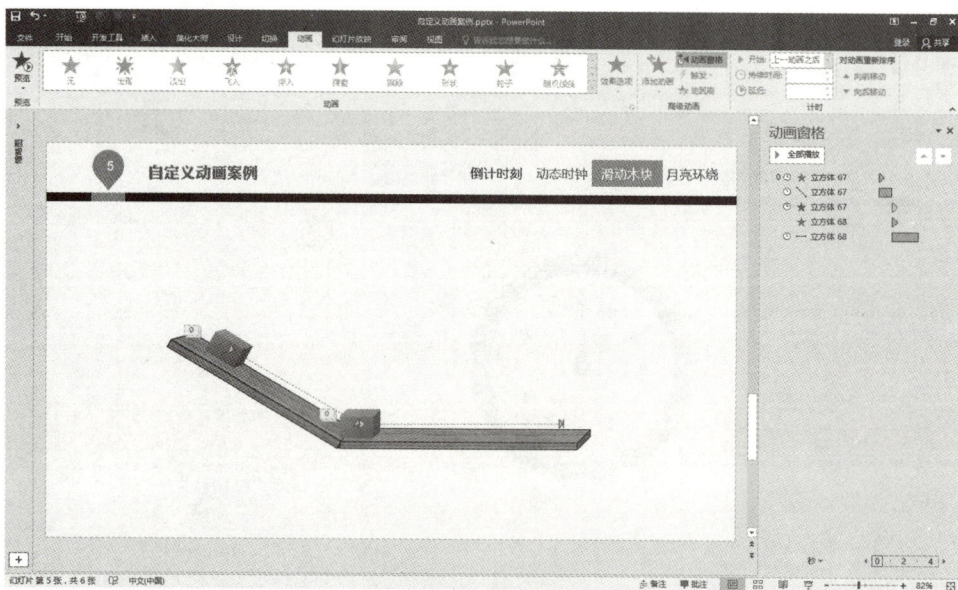

图 3-3-105　完成效果图

如果一个对象的动画无法随着路径方向的调整而自适应旋转，可以考虑使用多段连续动画实现。

（4）月亮环绕的制作。

本案例的技术要点：采用三明治的方法实现穿越物体的动画效果。

叠合前景与背景。将地球图片叠放在星空图片上，利用背景删除功能，删除地球图片的黑色背景。选择星空图片，在【设置图片格式】/【图片】/【图片更正】窗格中，调整星空图片的清晰度，以便突出主体。

①添加动画。绘制圆形月亮，给月亮添加"圆形扩展"路径动画，并调整动画运动的轨迹。

②设置动画。打开【圆形扩展】动画效果选项对话框，选择【效果】选项卡，取消"平滑开始"和"平滑结束"，在【计时】选项卡中，将"重复"选项设置为"直到下一次单击"，使月亮图形重复做匀速圆周运动。

③制作前景。复制地球图形，覆盖在月亮图形之上，并与原图纵横向对齐。裁剪覆盖地球图层的下半部分，保留上半部分，以达到月亮绕到地球背面的效果。完成后预览效果。

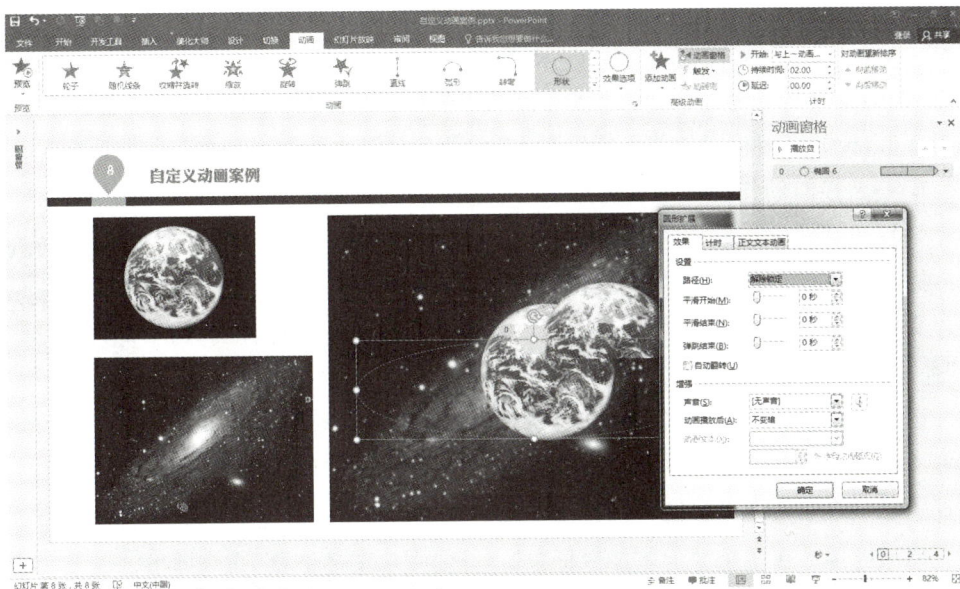

图 3-3-106 月亮环绕动画设置

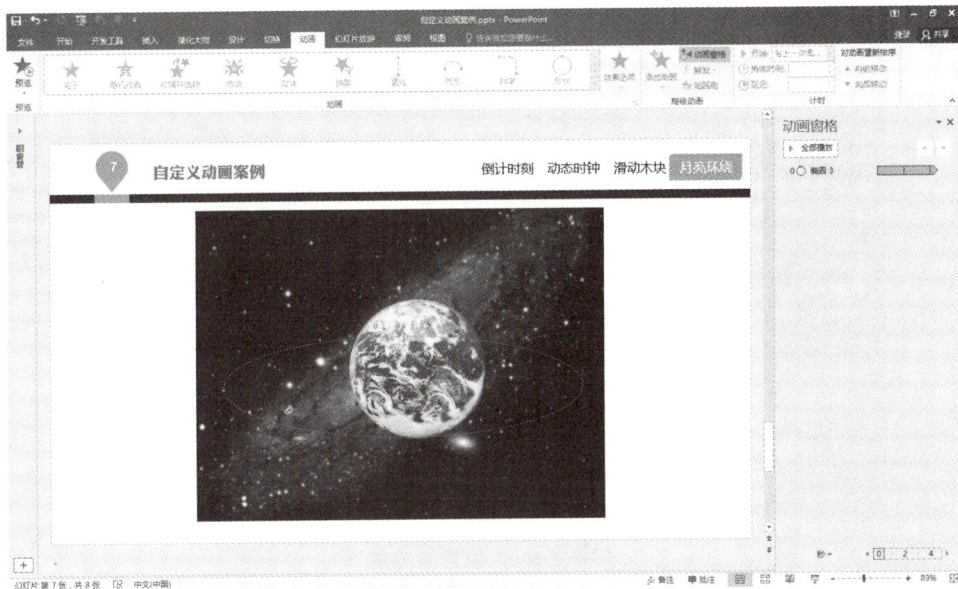

图 3-3-107 完成效果图

利用与背景相同的图形，遮挡动画的局部，是制作穿越效果动画的常用方法。

(三)课件交互的实现

多媒体技术的关键特征在于信息载体的多样性、集成性和交互性。制作交互课件的主要方法有动作按钮、超链接、触发器、ActiveX 控件、VBA 等。

超链接：可以实现课件中幻灯片之间的跳转，也可以实现演示文稿与其他文件或者 Internet 地址之间的链接。

　　触发器：可以实现单击幻灯片中的某个对象，如图片、图形、按钮、文本框等，触发一个操作，该操作可能是声音、视频或动画。

　　VBA(Visual Basic for Applications)是 Visual Basic 的一种宏语言，主要用来扩展 Windows 的应用程序功能，特别是 Microsoft Office 软件。

1. 超链接与动作功能实现交互

　　(1)超链接。

　　插入超链接。选择链接源，链接源可以是图片、图形、按钮、文本、文本框等幻灯片中的对象。在对象上单击鼠标右键，选择"超链接"命令，弹出"插入超链接"对话框。

扫一扫看视频

　　设置超链接。在"插入超链接"对话框中设置链接目标，可以链接到本文档中的其他幻灯片，也可以链接到其他的外部文件或 Internet 网页。如果需要重新设置链接，在链接源上单击鼠标右键，选择"编辑超链接"命令。

　　删除链接。在链接源上单击鼠标右键，选择"取消超链接"命令即可。

　　需要注意：如果链接源是文本，插入超链接后，文本颜色会发生变化且自动添加下划线，可能会影响课件的美观。因此，为避免这种情况的发生，建议选择文本框作为链接源。

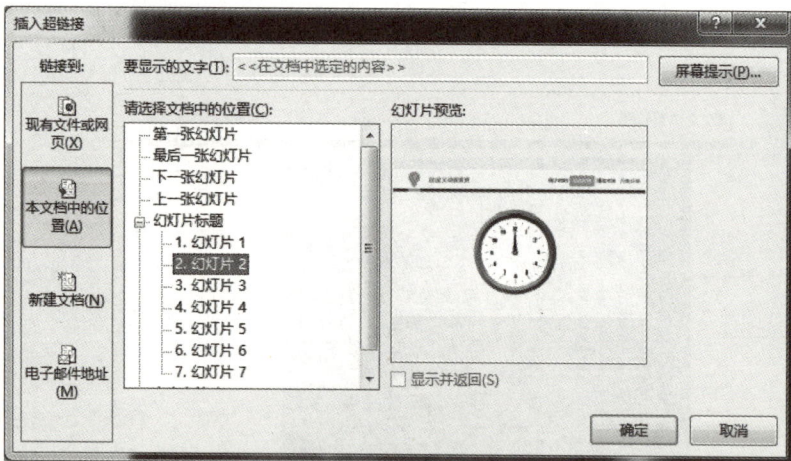

图 3-3-108　设置超链接

　　(2)动作功能。

　　动作功能与超级链接功能类似，但可以设置更多的选项，如鼠标点击和移过时的播放声音、突出显示等效果。选择幻灯片中的对象(可以是已插入超链接的对象)，在功能区中点击【插入】/【链接】/【动作】按钮，设置动作功能即可。

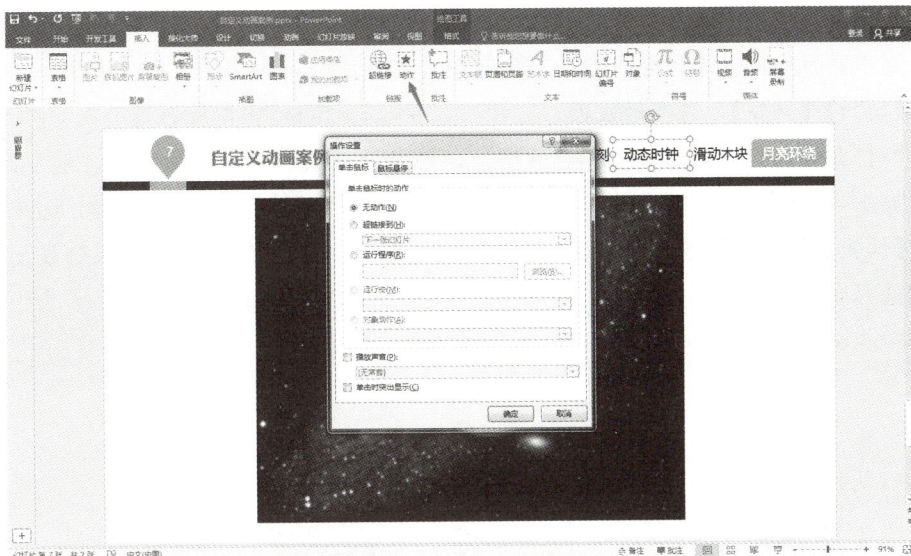

图 3-3-109　设置动作按钮

2. 触发器实现交互

使用触发器，你可以控制幻灯片中音频、视频或者动画的播放。制作的思路：先设计给对象添加动画，再设置动画的触发器。下文通过几个案例说明触发器动画的制作方法。

(1)灯泡开关的制作。

技术要点：以其他对象为触发器，控制对象的不同动画。

①添加元素。在功能区中，单击【美化大师】/【在线素材】/【形状】

扫一扫看视频

按钮，查找"灯"的素材，插入幻灯片中。在灯泡上绘制椭圆，并设置椭圆的填充色为径向渐变，边缘的透明度为100％，模拟灯光光照由强变弱的效果。插入两个图形，并分别制作"开"和"关"按钮。

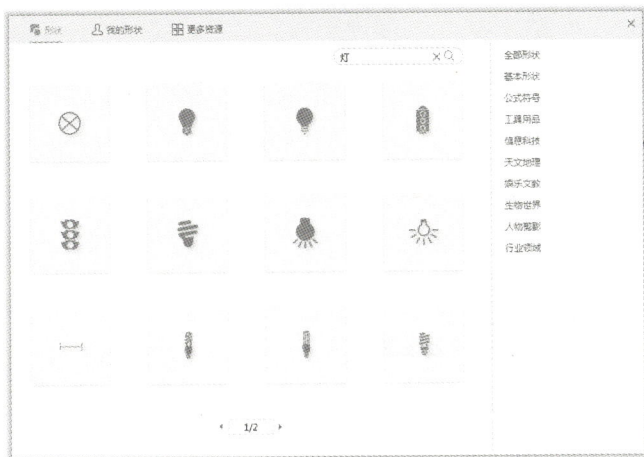

图 3-3-110　使用美化大师插入形状

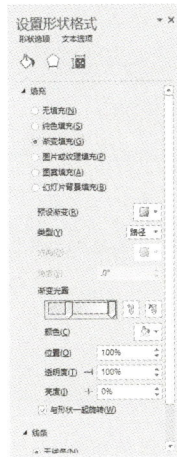

图 3-3-111　绘制亮光效果

②添加对象动画。选择光照椭圆，添加"出现"和"消失"的进入和退出动画。

③设置触发器。添加触发器的方法有两种：方法一，在功能区中，选择【动画】/【高级动画】/【触发】，选择触发器。方法二，在"动画窗格"中鼠标右键单击动画，选择"计时"命令，打开"效果选项"对话框，在触发器选项组中选择触发器。触发器列表中显示当前幻灯片中所有的对象，如果无法确认触发器的选择是否正确，选择【开始】/【编辑】/【选择】/【选择窗格】，打开"选择"窗格，点击右边的显示和隐藏开关，识别选择对象。

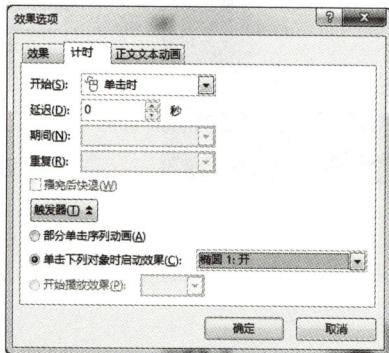

图 3-3-112　设置触发器

图 3-3-113　"选择"窗格

放映幻灯片，预览触发器动画效果。

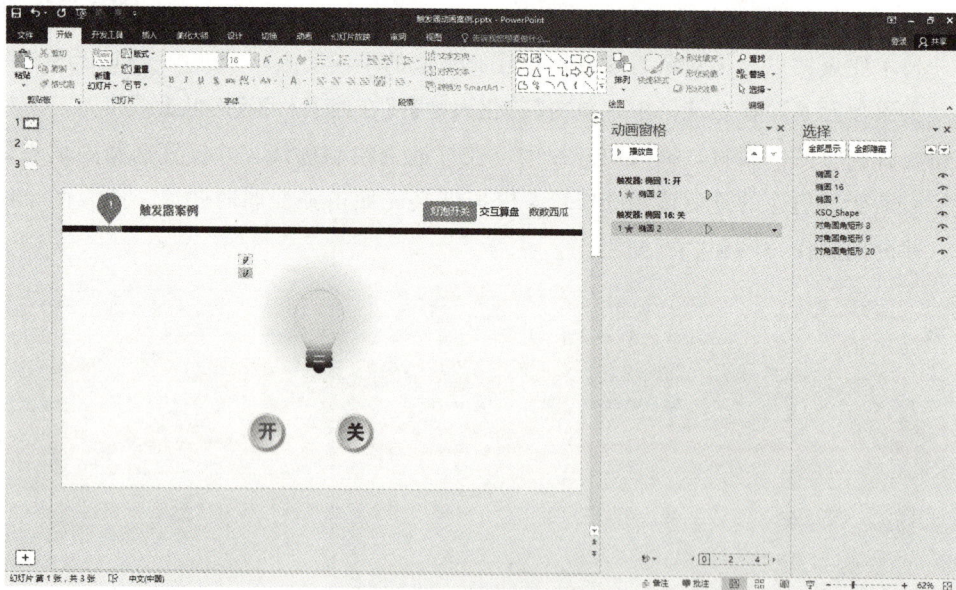

图 3-3-114　完成效果图

（2）交互算盘的制作。

本案例的技术要点：以对象本身为触发器，控制对象的多个动画。

①绘制对象。使用矩形图形绘制算盘的梁和档，使用圆角矩形绘制一个样本下

珠(先制作单个样本，再复制出其他对象，可避免重复设置对象动画)。

②添加动画。给下珠添加两个直线路径动画，在【动画】/【动画】/【效果选项】中分别设置"向上"和"向下"运动。将鼠标放置在运动路径上，当鼠标指针变成双向十字箭头时，拖动路径，使两条运动路径首尾对齐，方向相反。

③设置触发器。将算珠"向上"和"向下"动画的触发器都设置为算珠自身，即点击算珠时，算珠先向上运动，再次点击算珠时，算珠向下滑动。

④复制算珠。检查样例算珠的触发器动画设置无误后，选择样例算珠图形，按【Ctrl】键拖动复制下一个算珠，然后按【F4】键重复复制操作，复制同一档上的其他算珠。用同样的方法制作同一档上的算珠。框选已经制作好的样例档，按【Ctrl】键拖动复制下一档，然后按【F4】键复制其他档。

放映幻灯片，预览触发器动画效果。

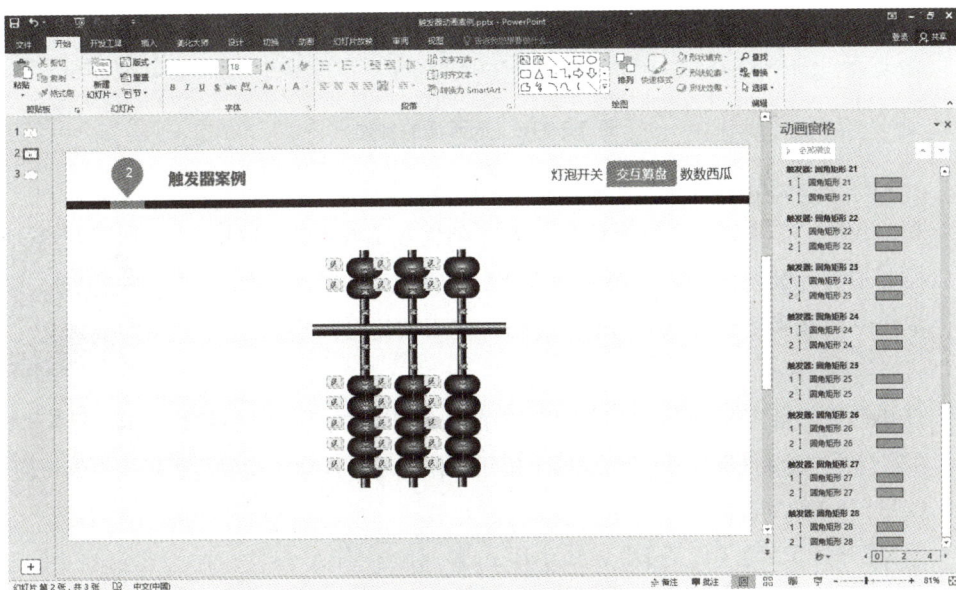

图 3-3-115 交互算盘的制作

(3)数西瓜的制作。

本案例的技术要点：以其他对象触发进入动画，以对象本身触发退出动画。

①添加对象。在幻灯片上插入圆形，并在其上添加西瓜图片。

②添加动画。给西瓜图片添加"进入"和"退出"的两种动画。

③设置触发器。将"进入"动画的触发器设置为圆形，"退出"动画的触发器设置为西瓜图片自身。

④复制其他对象。框选西瓜图片和圆形，使两者纵横向对齐。利用【Ctrl】键拖动的方式复制下一组西瓜和圆形，按【F4】键复制其他组图形。

放映动画，预览效果。

图 3-3-116　数西瓜的制作

3. VBA 实现交互

利用 VBA 可以实现更为复杂的交互，但需要有编程的基础。下面以控制幻灯片放映为例，说明使用 VBA 实现交互的基本操作。

本案例的技术要点：插入 VBA 代码，使用按钮触发宏。

（1）绘制按钮。

打开有对象自定义动画的幻灯片，如前面制作好的动态时钟幻灯片。在幻灯片中绘制"开始"和"停止"两个按钮，作为幻灯片动画播放与暂停的控制按钮。

扫一扫看视频

（2）打开 VBA 窗口。

选择【开发工具】/【代码】/【Visual Basic】，弹出 VBA 窗口。在工程窗口中，选择应用 VBA 的文件，点击鼠标右键，选择"插入"/"模块"命令，弹出模块窗口。

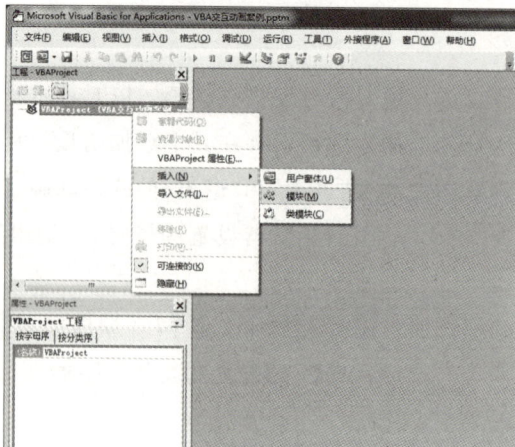

图 3-3-117　插入 VBA 模块

（3）输入代码。

在模块窗口中输入以下代码：

Sub Pause()

　　ActivePresentation. SlideShowWindow. View. State＝ppSlideShowPaused

End Sub

Sub Running()

　　ActivePresentation. SlideShowWindow. View. State＝ppSlideShowRunning

End Sub

然后关闭 VBA 窗口，回到 PowerPoint 窗口。

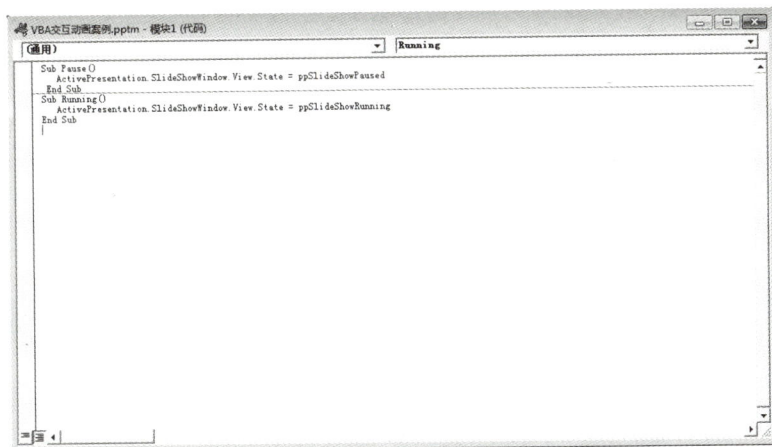

图 3-3-118　输入代码

（4）指定宏。

选择幻灯片中"开始"按钮，点击【插入】/【链接】/【动作】按钮，在"操作设置"对话框中，点选"运行宏"，并在下拉列表中选择"Running"。用同样的方法给"停止"按钮指定宏。

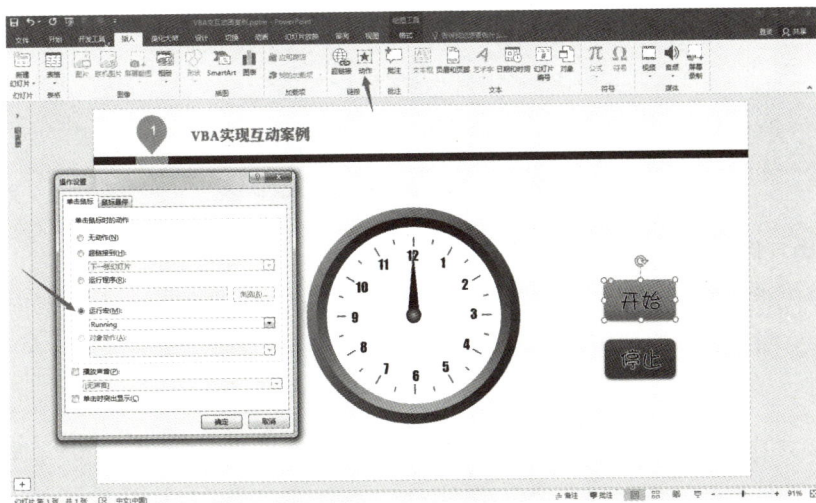

图 3-3-119　VBA 实现交互

（5）保存文件。

在保存文件时，选择文件类型为"启用宏的 PowerPoint 演示文稿"。放映幻灯片，预览交互效果。

（四）课件版式的设计

1. 模板的应用

PPT 模板为用户提供了精美的画面布局、合理的色彩搭配、清晰的逻辑框架，甚至炫酷的动画效果，用户在搭建好的框架内添加内容、修订文字、替换图片等简单的修改，即可以快速制作出美观、清晰、动人的 PPT，极大地提高了课件制作效率。

扫一扫看视频

（1）文本的输入。

打开幻灯片模板，选择幻灯片中需要修改的文字，直接输入自己的文本信息。如果文本被其他对象遮挡，无法显示或选择，在"选择窗格"中点击隐藏按钮，隐藏遮盖的对象，输入文本内容。如果发现文本字体变成默认的字体，是因为电脑上没有模板所应用的字体，下载并安装相应字体即可。

图 3-3-120　更改模板文本

（2）图片的更换。

右键单击要修改的图片，选择"更换图片"快捷命令，在弹出的对话框中选择所需的图片，替换模板中的图片。

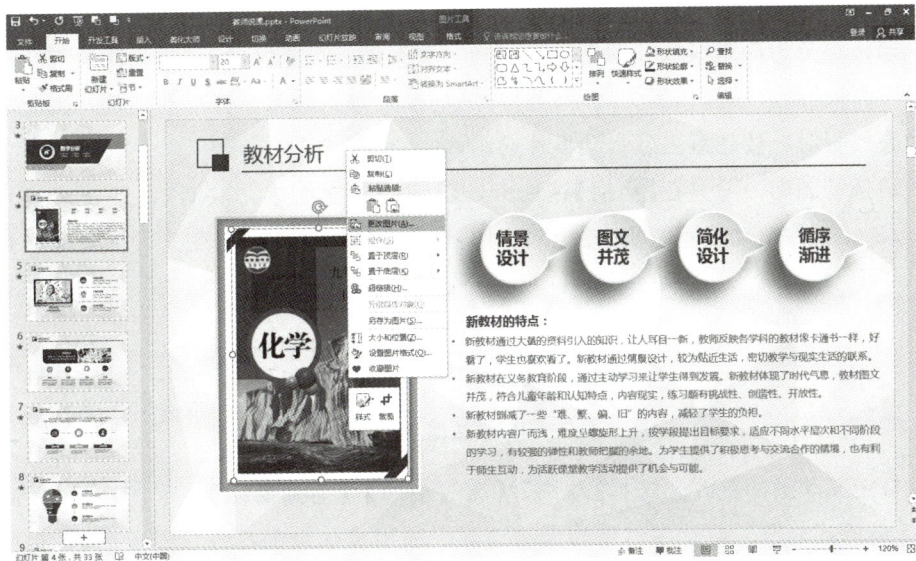

图 3-3-121 替换模板图片

（3）背景的修改。

单击【视图】/【母版视图】/【幻灯片视图】选项，切换到母版视图。选择要修改母版或版式，如果模板是以插入的图片为背景的，在图片上单击鼠标右键，使用"更换图片"快捷命令，替换背景图片。如果模板是以图片填充的方式为背景的，则在工作区空白处单击鼠标右键，选择"设置背景格式"命令，打开"设置背景格式"窗格，在窗格中更改幻灯片背景。

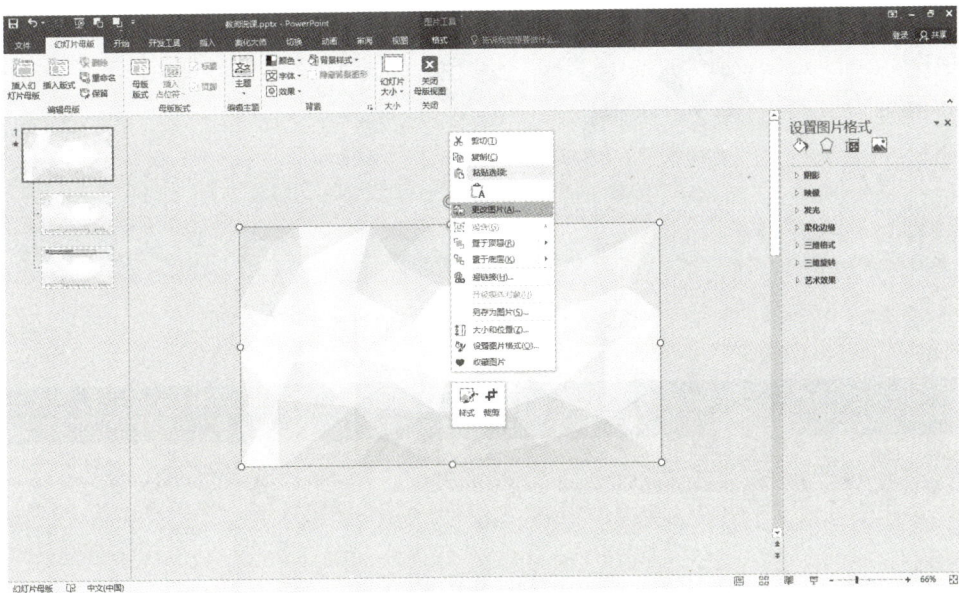

图 3-3-122 设置模板背景格式

（4）动画的修改。

模板可分为静态模板和动态模板两种。动态模板可能同时有"片间动画"和"片内动画"两种动画，模板作者为展示幻灯片的切换效果，通常设置自动换片，因此在使用动态模板时，要注意去除自动换片动画。

切换动画的去除。在【切换】选项卡，【计时】功能组中，取消"设置自动换片时间"选项，去除自动换片。点击【全部应用】命令，可以去除所有幻灯片的自动换片。

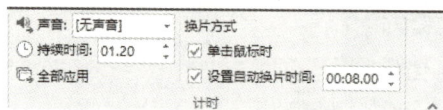

图 3-3-123　去除换片动画

自定义动画的更改。选择【动画】/【高级动画】/【动画窗格】命令，打开"动画窗格"，删除或修改幻灯片中对象的自动动画。利用美化大师可批量删除当前幻灯片、所选幻灯片或所有幻灯片中所有自定义动画。

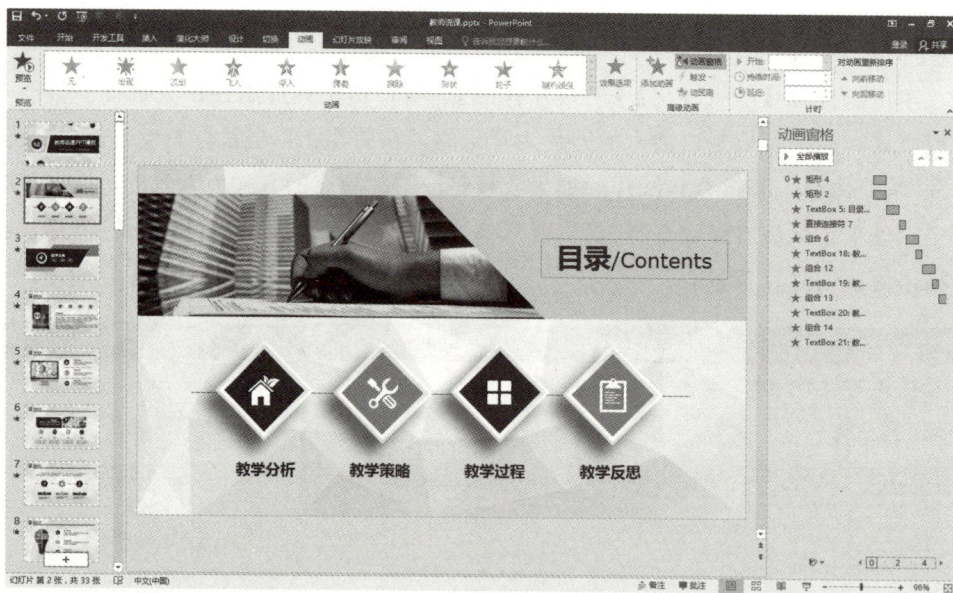

图 3-3-124　自定义动画的更改

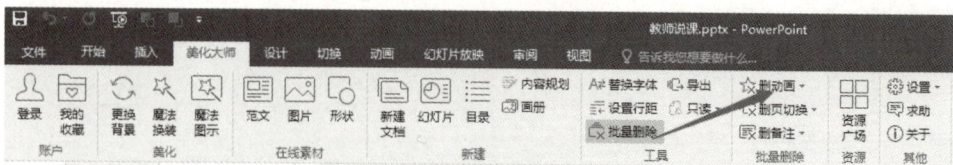

图 3-3-125　批量删除动画

2. 版式的设计

幼灯片母版，是存储有关应用的设计模板信息的幻灯片，包括字形、占位符大小或位置、背景设计和配色方案。幻灯片母版用于设置幻灯片的样式，可供用户设定各种标题文字、背景、属性等，只需更改一项内容就可更改所有幻灯片的设计。使用幻灯片母版可以使幻灯片的风格一致、内容统一，同时也便于后续修订。

扫一扫看视频

版式与母版的关系。版式指的是幻灯片内容在幻灯片上的排列方式，即页面的排版布局。母版有多个下属的版式，默认的情况下，1 个母版有 11 个版式，可以说母版是版式的集合。对母版的修改会影响所有的下属版式，从而影响演示文稿所有的幻灯片。对版式的修改则不会影响母版，只是影响应用该版式的幻灯片。

编辑母版。在功能区中选择【视图】/【母版视图】/【幻灯片母版】，进入母版视图。选择幻灯片母版，即可进行背景设置、Logo 添加、字体设置、项目符号与编号设定、新母版和版式添加、修改与删除等操作。

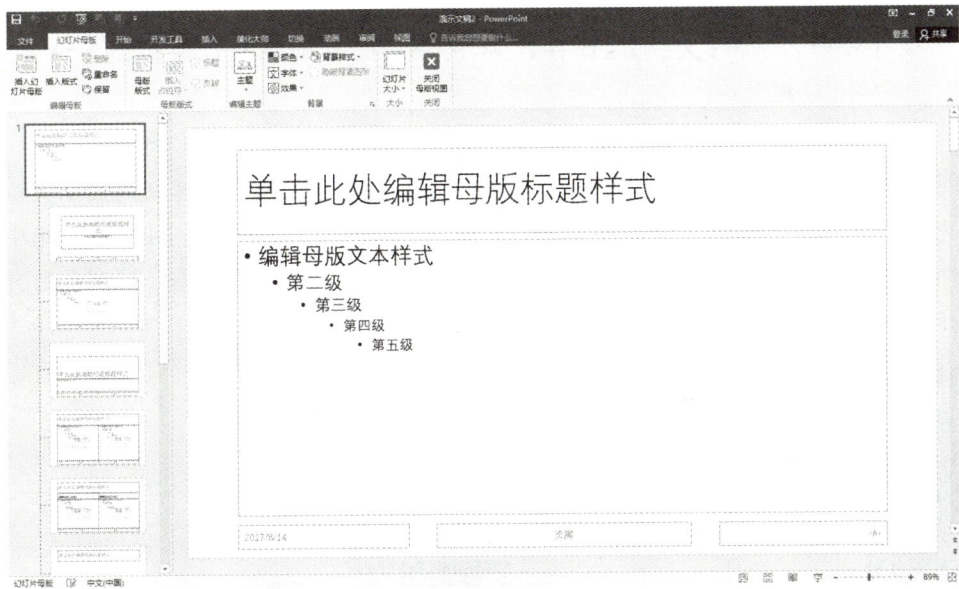

图 3-3-126　编辑母版

修改版式。选择需要修改的版式，插入占位符文本、图片占位符，调整文本、图表在幻灯片中的版式布局。

应用版式。关闭幻灯片母版视图，返回普通视图。按回车键，插入新幻灯片，在幻灯片的缩略图上或者幻灯片的空白处，单击鼠标右键，点选"版式"快捷命令，选择所需的版式。

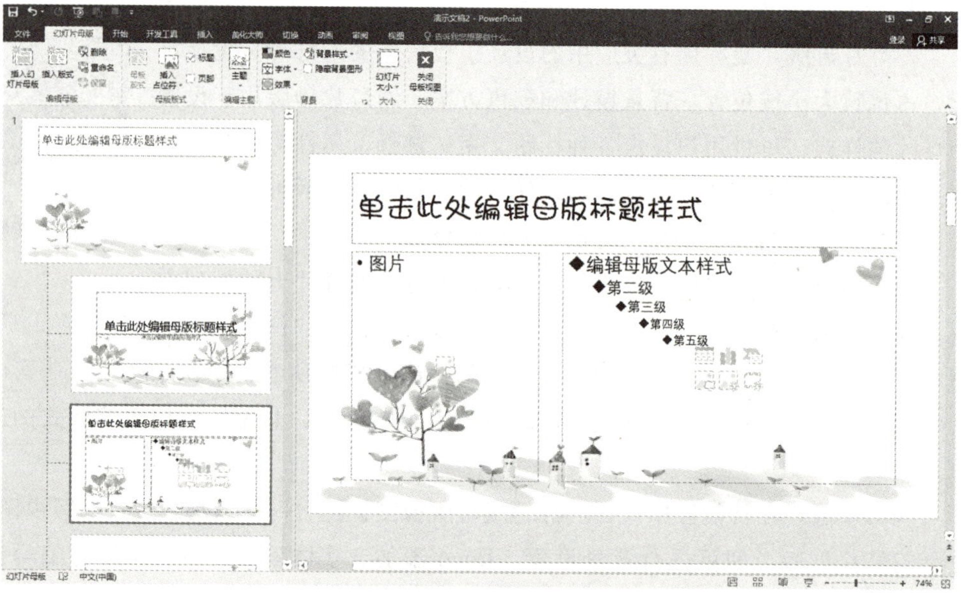

图 3-3-127　修改版式

　　保存模版。点击【文件】/【保存】，弹出"另存为"对话框，保存类型设置为 "PowerPoint 模板"。

　　应用模板。①模板应用于新建演示文稿。新建演示文稿，选择"自定义"，找到 自己新建的 PowerPoint 模板文件，点击"创建"按钮，利用模板创建新的演示文稿。 ②模板应用于已有演示文稿。打开演示文稿，在【设计】选项卡、【主题】功能组中， 点击右边的下拉三角形，点击"浏览主题"命令，选择自主制作的模板。选择幻灯片， 应用模板中的不同版式。

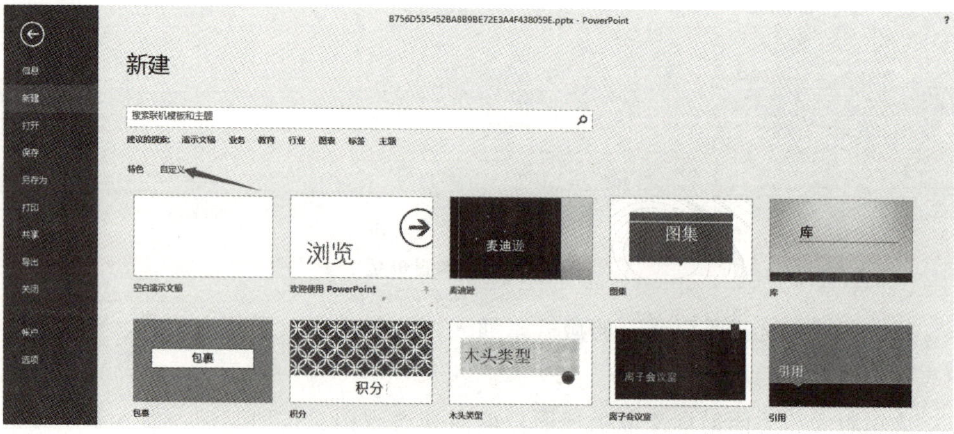

图 3-3-128　利用自定义模板创建演示文稿

图 3-3-129 应用模板

3. 美化大师的利用

美化大师是一款 Office 插件，优化与提升现有 Office 软件的功能及体验，为用户提供丰富的图片、图示、模板等在线资源，为快速制作美观、专业的 PPT 演示文稿提供便利的手段。

（1）美化大师的功能。

提供海量在线模版素材。专业模板、精美图示、创意画册、实用形状等，细致分类，不定期更新。

扫一扫看视频

一键美化，体验智能。美化魔法师，一键全自动智能美化，精美专业的 PPT 即刻呈现。

完美结合，共享畅快。完美嵌套在 Office 中，系统稳定，操作简易，运行快速。

（2）工作界面。

PPT 美化大师安装完成后，运行 PPT 程序，就会发现 PPT 美化大师已集成到 PPT 界面中。如图 3-3-130 所示，一是菜单栏中多出一个"美化大师"选项，二是界面的右侧多出一列工作图标。

（3）利用美化大师新建演示文稿。

搭建文档框架。新建 PPT 演示文稿，首先要构思文档的内容框架。选择【美化大师】/【新建】/【内容规划】，在弹出的"规划 PPT 内容"窗口中，输入并编辑封面标题，章节标题。注意：利用美化大师搭建文档框架，只能建二级目录结构。

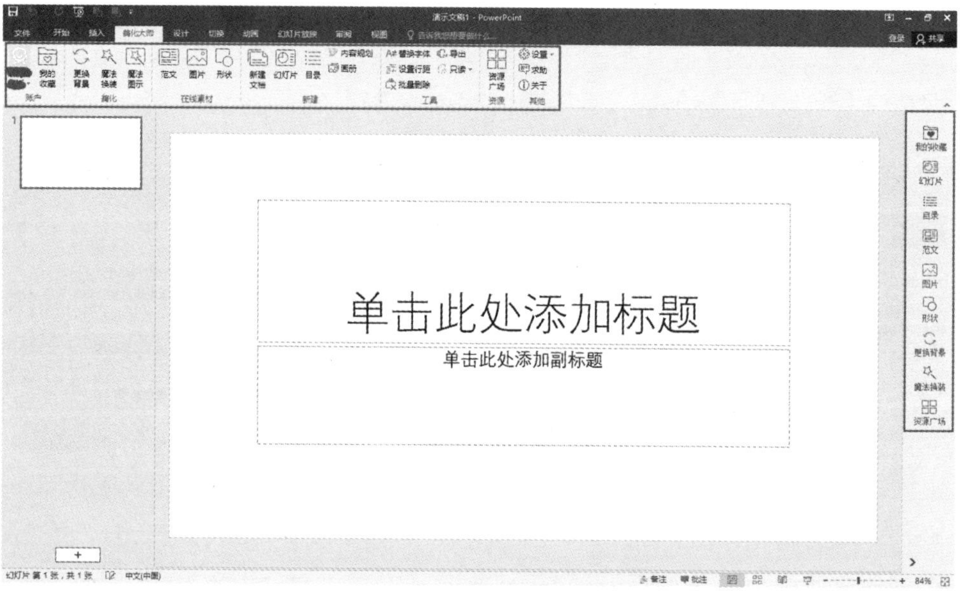

图 3-3-130 PPT 美化大师工作界面

图 3-3-131 使用美化大师搭建文档框架

　　选定主题风格。演示文稿应该有统一的风格，在左下角"风格"栏中选择与主题相一致的主题风格，点击"完成"按钮，生成包含封面、目录页、过渡页、内页等页面风格统一的演示文稿框架。

图 3-3-132　选定主题风格

　　插入幻灯片。完成框架的搭建后，可使用美化大师添加课件内容。在功能区中选择【美化大师】/【新建】/【幻灯片】，或者点击界面右边工作图标区中的【幻灯片】按钮，新建目录、章节过渡页、图示等不同类型的页面。比如在"说过程"的模块下插入常用的"复习旧课、导入新课、讲授新知、练习活动、评价总结"五个环节。在页面类型中选择"图示"，个数选择"5"，关系选择"流程步骤"，然后在备选区中选择理想的图示，点击右边的"插入（自动变色）"按钮，插入与幻灯片模板色彩搭配的图示，修改文本内容即可。

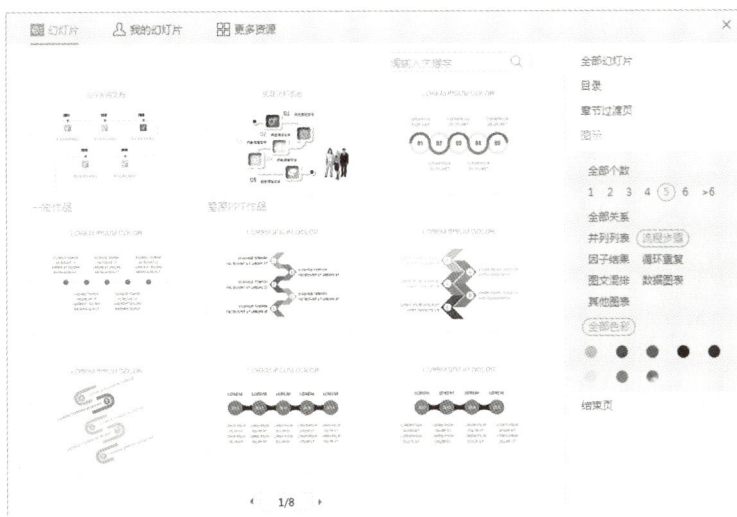

图 3-3-133　选择图示

图 3-3-134　应用图示

（4）利用美化大师插入在线素材。

在纯文本的幻灯片上添加图片或形状，可以帮助教学对象理解教学内容，也使幻灯片更加美观。

点击【在线素材】中的【图片】或者【形状】按钮，在弹出的对话框中，输入搜索关键词，如"教材"。如果无法搜到所需的内容，可利用同义词或近义词，如"课本""书籍"等。

点击备选区中的图片，预览效果，或者直接点击图片右下角的"插入图片"按钮，将图片插入指定位置。

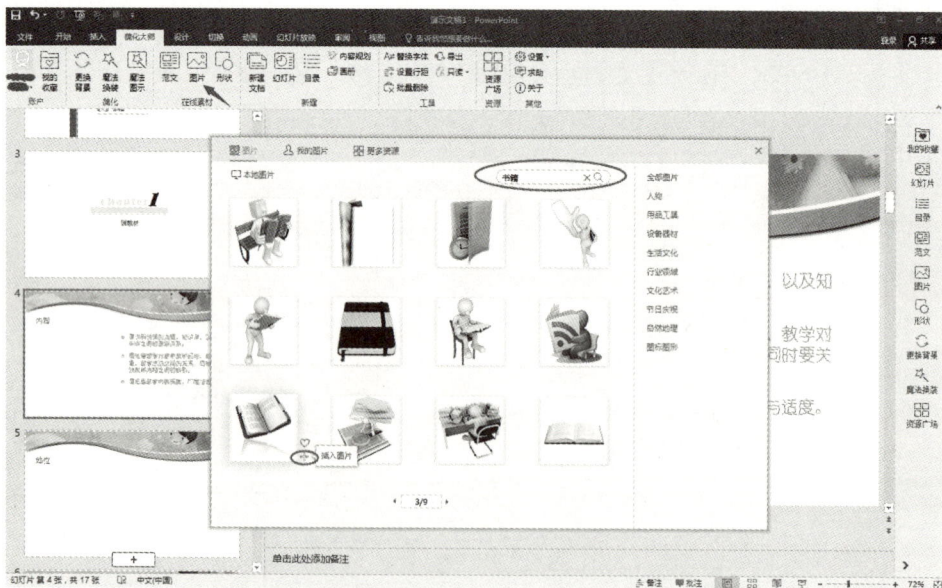

图 3-3-135　插入在线素材

（5）利用美化大师美化幻灯片。

美化大师具有一键全自动智能美化的功能，在功能区中点击【美化大师】/【美化】/【魔法换装】按钮，软件自动更换演示文稿模板。如果不满意，再次点击该按钮。需要注意的是，【魔法换装】的风格切换是完全随机不可控的，它会变成什么风格都是未知的，而【更换背景】则可以由制作者自己选择风格样式，选定的背景会自动匹配当前 PPT 的主题色。

对于单张幻灯片，可以利用【魔法图示】功能，对其进行快速的图文转换。与【魔法换装】功能一样，其转换的效果是不可控的。如果自动转换的页面不符合文字的逻辑与预期效果，可以使用【新建】/【幻灯片】功能，选择"图示"，然后根据文字的逻辑关系与所包含的要点个数筛选用户中意的图示。

（五）美术设计

幼儿教育多媒体课件类型多种多样，有视频课件、幼儿数字故事课件、Flash动画课件、幼儿学习网站、PPT 课件、电子杂志等，随着技术的发展，近年来还出现了 VR/AR/MR 课件、虚拟课件，新技术新手段大大激发了学龄前儿童的好奇心，带给儿童全新的科学体验。

在幼儿教育资源的开发中，根据教学目标制定教学策略，综合运用多种制作工具集成多种媒材为一体，实现学前教育交流功能的课件，就是学前教育的多媒体课件。

幼儿教育多媒体课件具有教育性、艺术性、技术性、限制性、交互性等特征。

1. 幼儿教育课件多媒体美术设计要点

（1）界面设计应符合学科的审美特点，要引导儿童形成健康的审美观。

学前教育的多媒体美术设计的特殊性就在于课件本身的形式美，就是对儿童进行审美教育，对学前儿童的审美感知、审美想象、审美情感三种心理因素有着重要的艺术熏陶作用。幼儿视觉审美上往往喜好具有童趣性、纯真性、艺术性、独特性的视觉构成形式，因此在进行美术设计时，教师要设计出符合幼儿认知特点、符合幼儿审美价值的界面，为学前儿童提供高雅、优美、可互动的多元化视觉之美，促进幼儿形成高雅的审美情趣，提高幼儿创造美的潜力。

（2）多媒体课件的界面尺寸有一定的限制性，设计要符合其规范性。

第一，屏幕分辨率有 800×600，1024×768、640×480、1280×960、1600×1200 几种规格。第二，色彩模式有 RGB、Index Color、Lab、Cmyk 几种，用户常选用 RGB 真彩色于屏幕显示。第三，多媒体美术设计中对分辨率有一定要求，分辨率以 dpi 表示，学习内容仅仅用于计算机呈现并不用于印刷，分辨率无须设置太高。

（3）界面设计要符合基本的审美规律，主要表现为一致性与和谐性。

①版式/风格的一致性。多媒体课件的版式设计是指基于电子屏幕显示尺寸的课件界面的排列形式，主要包括构成元素与构成形式。构成元素为点、线、面、色彩。

构成形式有变化与统一、对比与调和、对称与均衡、节奏与韵律、条理与反复、虚实与留白等。单个的版面设计往往需要传达图形图像、文字、声音等多种元素，画面包含的信息量大。而多媒体课件的版面设计是由多个版面集成的，因此往往用母版的形式达到版式一致性的视觉效果。母版的设计原则是简洁，以方便每一个版面不同数量、不同内容的呈现。

②色彩的和谐性。色彩学家伊顿曾言："色彩就是生命，一个没有色彩的世界在我们看来就像死的一般。"色彩对人的心理影响具有直接的识别性，由于在长期生活中聚集了共同的经验体验感，因此对人们而言色彩具有强烈的象征性。比如黄色、橙色往往让人联想到秋天，象征着丰收、富足等；绿色往往让人联想到春天，象征着生长、青春、生命等；白色往往让人联想到纯白的花朵、白雪、白纸、没有东西，象征着纯洁、虚无……色彩的和谐设计常用的方式是色调统一、邻近色和谐、类似色和谐、对比色对比与统一、色相对比与统一、消色和谐，等等。

③导航动作、动画切换的和谐性。多媒体课件界面的动作、动画方式不宜太多花哨，风格要一致。以 PPT 为例，其自带的动画方式提供了五十多种进入、退出、强调方式，提供了六十多种动作路径。在设计导航动作切换、选择动画进出的时候，要保持整体性、一致性、近似性的原则，不宜使用过多种类的动画切换方式，以免喧宾夺主分散学习者的注意力。

④音画的和谐性。音频素材主要是指配音、音效、背景音乐、歌曲。一个优秀的课件，其视觉元素与听觉元素的风格应统一在相同的情境中，给人以视觉美、听觉美的整体感受与享受。学前儿童对色彩、形态、节奏、律动的感知和认知都处于敏感期，设计有趣、健康的画面，配以和谐的音效，将在视觉上和听觉上增强学前儿童敏锐的艺术识别力。

⑤界面的友好性与易用性。学前教育资源的界面设计应符合幼教老师的使用习惯、符合幼儿的认知习惯。首先，主要菜单通常设置在左边或上方，且面积不宜过大。其次，中间主要区域呈现的是主要的交流信息。再次，课件清晰度要保证使用者与学习者能看清楚，音质要令人愉悦。最后，链接要顺畅，有一定兼容性。

（4）优秀的学前教育课件的评价指标。

①教学设计：教学目标明确，教学策略得当，有一定的交互性。符合幼儿的学习特征，能够运用于实际教学中，有推广价值。

②艺术性：界面美观，风格统一，立意新颖，具有想象力和个性表现力，符合幼儿的审美情趣。

③技术性：运行流畅，导航方便合理，新技术运用有效。

④友好性：符合用户习惯，使用上方便友好。

2. PPT 界面的美术设计

PPT，易学易用易修改、交互性强、包容性强，可插入音频、视频、图像、

Flash 动画、3D 模型等多种类型的文件，因此成为最广泛使用的制作软件。

PPT 课件的界面设计元素主要包括版式、文字、图形图像。

（1）PPT 的版式设计。

①PPT 版式设计要尽量做到布局合理、整体统一、简明易读、形式美观。

②界面上的功能区域划分明确，导航设计精简明了。

③色调统一：色彩的基本调子叫色调。色调分为冷色调与暖色调两种，另外还有灰色调，在版式设计中选其一即可。

（2）PPT 的文字设计。

①文本的层级关系设计：标题应醒目明确。正文是重要的内容展示文本，正文字体应清晰可见，常设置成黑色。次要信息不占据中间的主要展示区。

②字体字号设计：不同层级关系的文本，其字号字体要有所区别，同层级关系为平行关系，可用同种字体、字号。一般而言，每个界面至少包含两种、不多于五种的字体，每个界面至少包含两种字号。

③文本的数量设计：切忌书本搬家，不可直接把 PPT 做成文字版的"电子教案"。在设置界面的页边距时，可根据平面设计的原理设计，标题与装饰性文字可以不设页边距，正文应设置一定的页边距，否则影响学习愉悦感。要设置合理的行距、字距、页边距。一般而言，建议每页 6～9 行文字、每行不超过 20 个字。

（3）PPT 的图形图像设计。

①图形图像素材应选用有代表性、关联性、典型性的图像，选用清晰度高的视觉素材。

②遵循点、线、面构成的基本规律，遵循色彩构成的基本规律。

③兼容性强的图形格式有 jpg、png、tif，视频格式有 gif、mp4。

④图形、影像处理软件介绍：图片处理软件有 Windows 画图软件、ACDSee、我行我速、美图秀秀、光影魔术手等入门软件，还有 Photoshop、Freehand、CorelDraw、Adobe illustrator 等专业软件。动画软件除了入门级的 PPT、iebook 外，还有专业级的 Flash、3DMAX。建模软件有 C4D、犀牛。带录屏功能的入门级剪辑软件有喀秋莎（Camtasia Studio）、拍大师、KK 录像机，其他能同时处理视频、音频的剪辑软件有会声会影、爱剪辑；还有能实现视频处理、音频处理、特效等多功能的集成软件，如 Adobe After Effects、Vegas Movie Studio，等等。

四、幼儿教育课件开发案例赏析

（一）数字故事/动画课件《燕子妈妈笑了》

课件类型：幼儿数字故事、动画课件、互动游戏学习课件。

技术手段：Flash 语言、PPT 动画、GoldWave 音频处理。

多媒体美术设计：雅拙清新的风格充满童趣，绿色为主的色彩运用使画面色调

图 3-3-136 《燕子妈妈笑了》(曾凌梅/朱艺华)

统一，间以少许暖色点缀其间，减少太冷的感觉，营造了春天般的故事氛围。谜语导入符合学前儿童爱猜谜语的特点，谜语内容以图形、文字、拼音三重形式呈现，适合大班儿童不同的文字认知水平。

(二)PPT 课件《蝴蝶找花》

图 3-3-137 《蝴蝶找花》(李荷/李敏/朱艺华)

课件类型：幼儿数字故事、PPT 动画课件。

技术手段：Flash 语言、PPT 动画、GoldWave 音频处理。

多媒体美术设计：中班学习课件，由幼儿园教师、高校教育技术学系师生共同制作。标题中突出了"找"字，在视觉上传达了教学意图。三只蝴蝶的动态趋势各不相同，精准地表现了"找"的过程、结果。画面上部简洁的天空与下部繁星点点的花朵形成了繁简对比，色彩明朗活泼而不花哨。

(三)数字故事课件《龟兔赛跑》

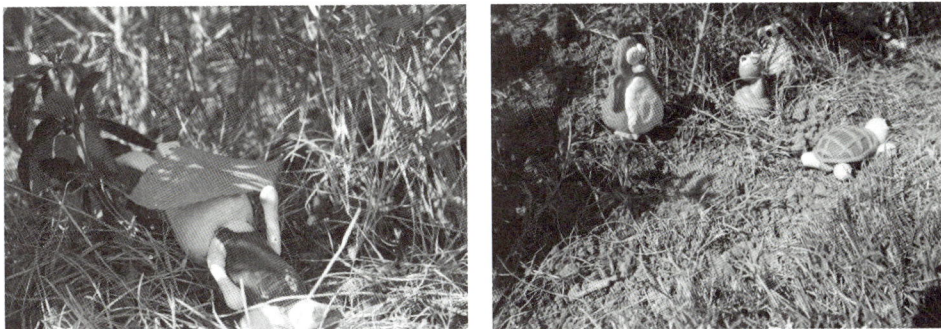

图 3-3-138 《龟兔赛跑》(覃军/李夏/黄婉璇/唐燕文/潘云/杨小芳/刘倩/韩钰/李善州/黄艺林)

课件类型：幼儿数字故事、PPT 动画课件、视频课件。

技术手段：黏土动画、作者配音、GoldWave 音频处理、摄影、会声会影剪辑。

多媒体美术设计：黏土动画充分体现了 DIY 的乐趣，凸显原创特色的同时还能激发师生的动手激情。掌握黏土技术、摄影技术是前期制作的关键，后期编辑要把握配音和配乐的节奏。

(四)游戏型学习课件《超级绿色 Fighter》

图 3-3-139 《超级绿色 Fighter》(陈健滢/何静/卢俊达/朱艺华)

课件类型：幼儿数字故事、动画课件、游戏型学习课件、电子杂志。

技术手段：Flash 动画、PPT 动画、GoldWave 音频处理、配音、手绘、Photoshop 图形处理、摄影。

多媒体美术设计：这是一个关于雾霾的环保教育课件。为了对比环境污染前后的情况，在色彩处理方面，课件前后的色彩饱和度、亮度有明显的对比。画面元素丰富。适合幼儿园大班、中班的师生分层使用。

(五)环保故事课件《Angel 寻韵四季》

课件类型：幼儿数字故事、动画课件、互动游戏学习课件、电子杂志。

技术手段：Flash 动画、PPT 动画、GoldWave 音频处理、配音、黑板画、手绘、Photoshop 图形处理、摄影、IEBK 编辑。

多媒体美术设计：这是一个关于雾霾的原创环保教育课件，具有童话色彩。用摄影、黑板画着色、后期涂抹等多种方法制造印象派风格的画面并以其作为背景。适用于幼儿园的社会领域活动。

图 3-3-140 《Angel 寻韵四季》(朱艺华/覃以凤/杨鹏铭/曾凌梅/黄明珠/郑文倩)

(六)其他课件

课件类型：原创幼儿数字故事、交互式环保游戏学习课件。

技术手段：轻土塑形、作者配音、GoldWave 音频处理、摄影、Photoshop 图形处理、PPT 动画、爱剪辑。

图 3-3-141 幼儿数字故事《谁吃了我的……?》(朱艺华/朱希雅)

图 3-3-142　环保游戏课件《动物伙伴不见了》(高静)

第四节　教育信息资源新应用

一、认知工具(思维导图)的应用

(一)简介

"概念图"也称思维导图,是一种用节点代表概念、连线表示概念间关系的图示方法,它是美国康乃尔大学的诺瓦克(Novak)博士根据奥苏贝尔(Ausubel)的学习理论提出来的,并将其应用于教学,使之成为一种教学工具。它除了用作辅助学生学习的工具外,还是教师和研究人员分析评价学生对知识的理解和构建的方法,也是人们产生想法(头脑风暴),设计结构复杂的超媒体、大网站,以及交流复杂想法的手段。

常用于制作概念图的工具包括 Mindmanager、Mindjet、Mindmap、Inspiration、Infomap、Axon Idea Processor、IHMC、Cmap、Activity Map、Visio、Personalbrain、Brainstorm 等。

对于幼儿来讲,Kidspiration 更加合适。

(二)Kidspiration 及其应用

Kidspiration 是 Inspiration 的儿童版本,适合 4~10 岁的孩子进行思维导图设计。它支持 Kidspiration 白板,提供 1400 多个图像的符号库,可以让学生自主在线建立概念图,能帮助开发思维能力;增强学生的阅读以及写作能力;建立数学概念的理解。它还可以把学生制作的视觉效果转换成书面文字。

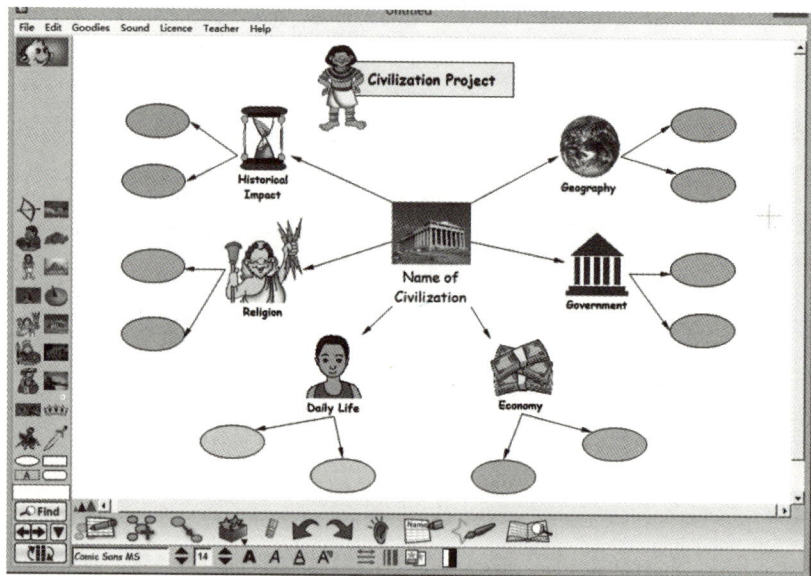

图 3-4-1　Kidspiration 界面

相对于其他概念图/思维导图工具，Kidspiration 软件的主要特性包括：

(1)界面配色活泼、简洁。

(2)添加了词、图配对功能，帮助儿童培养识字能力。

(3)加入韦恩图，使学生能够分辨类似事物之间的异同点。

(4)学生通过组合式图片、文本及会发音的单词构建结构图，来组织信息或表达他们的想法。

(5)工具条可以拖动到电子白板的最下方，使孩子能够很好地使用白板方便地表达、参与讨论。

(6)低年级的学生可以提高初级的读写能力，高年级的学生可以更好地组织写作素材提升理解或领悟能力。

(7)每个功能键在鼠标经过时可以发出标准的美式英语发音，具有语音提示、朗读、录制声音等功能，能够集中使用者的注意力，激发学生的学习兴趣。

(三)XMind 8 Pro 及其应用

制作思维导图的软件有很多，主要功能与操作方式大同小异。本节以 XMind 8 Pro 为例，介绍思维导图绘制的基本方法。

1. 思维导图内容的构建

(1)新建导图。

启动 XMind，点击工作区中的"新建空白图"按钮，新建默认的空白思维导图。或者点击工具栏上的【显示主页】按钮，新建结构图、树状图、时间轴、鱼骨图等不同类型的空白图，还可以利用软件自带的模板新建思维导图。

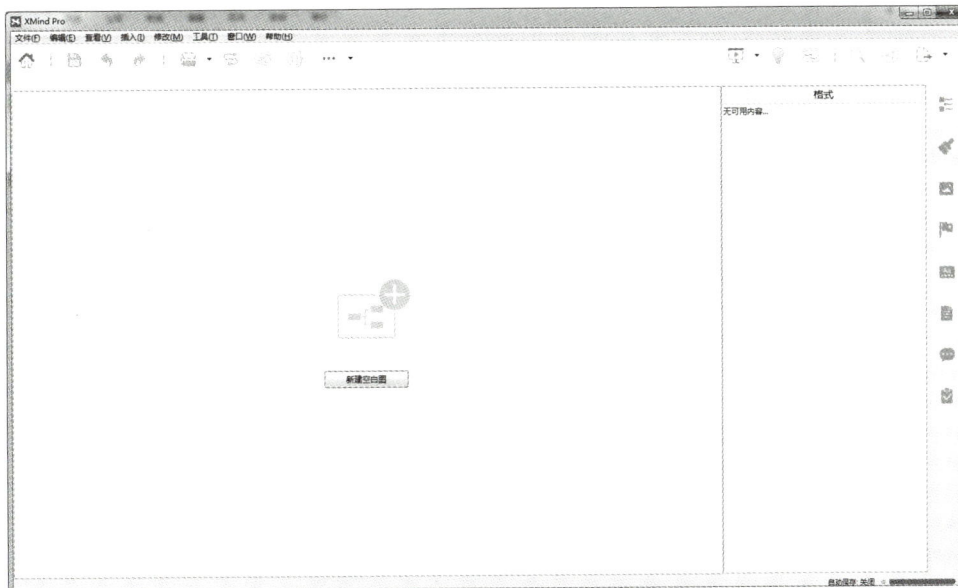

图 3-4-2　新建默认空白思维导图

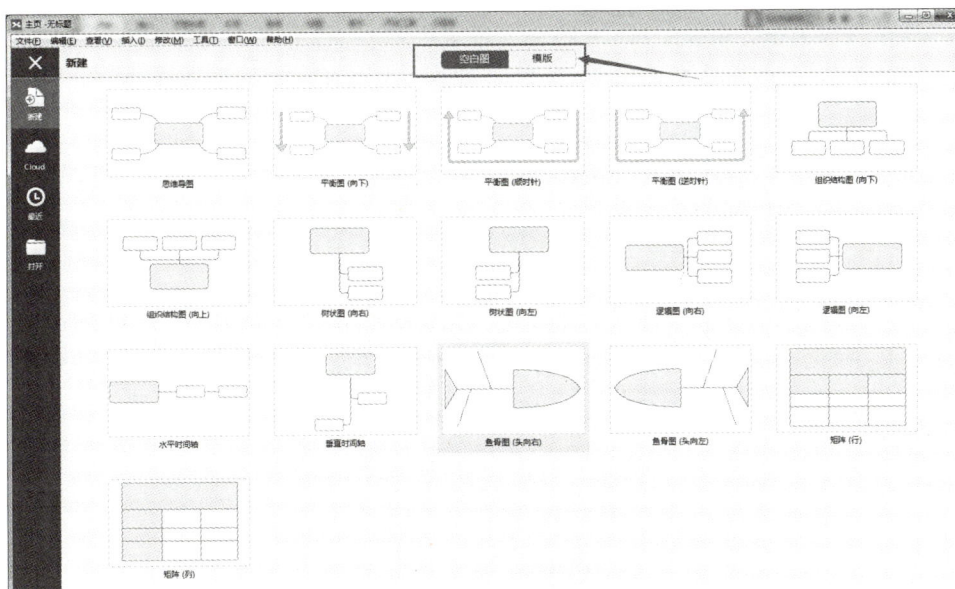

图 3-4-3　使用模板新建

（2）添加主题。

添加分支主题与子主题。选择【中心主题】，按回车键，添加分支主题（中心主题的子主题）。选择分支主题，按【Insert】键插入下级主题（按回车键插入同级其他主题）。

输入主题内容。选择主题，按空格键，输入主题内容，或者双击主题输入主题内容。

添加自由主题。如果无法确认新添加的主题从属于哪个主题，可以在工作区的空白处双击鼠标添加自由主题。

图 3-4-4　添加自由主题

（3）调整主题。

调整层级关系。选择主题（可以框选多个主题），利用鼠标拖曳到其他主题上，调整层级关系。按【Shift】键，拖曳选择的主题，可使主题变成自由主题。按【Ctrl】键拖曳主题，可复制主题。

调整主题位置。按【Alt】键拖曳主题，将主题移动到工作区的任意位置。

删除主题。选择主题，按【Del】键删除主题。

（4）添加主题信息。

利用右侧边功能缩略图添加主题信息。选择主题，点击右侧边的常用功能缩略图，打开、关闭和切换不同的功能视图，为主题添加备注、批注、图片、剪贴画等信息。

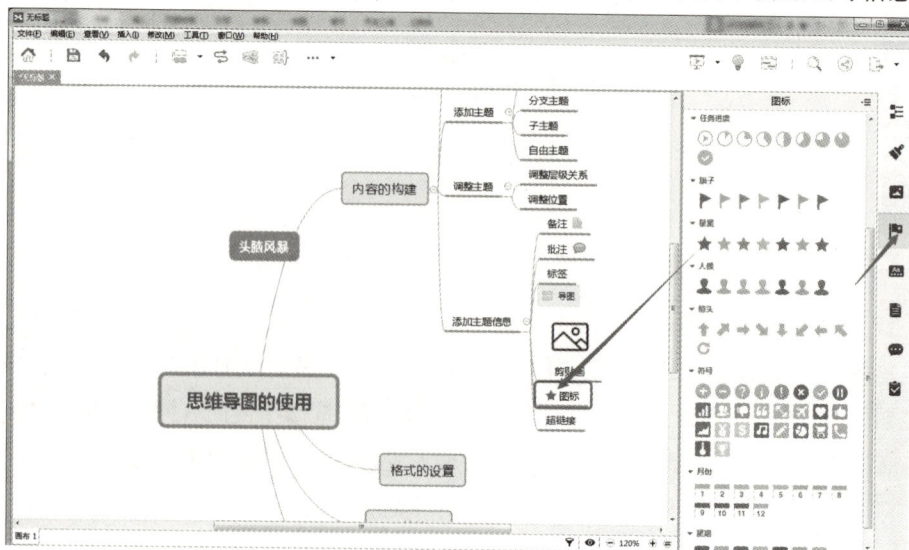

图 3-4-5　添加图标

利用鼠标右键快捷菜单添加主题信息。在主题上单击鼠标右键，选择相应的快捷命令，为主题添加信息，如添加超链接，可以链接到网站、文件或其他主题。

添加联系。选择建立联系的起点主题，点击工具栏上的【联系】按钮，在工作区中将联系终点拖动到相应联系主题，添加关系说明即可。

添加外框。框选主题，点击工具栏上的【外框】按钮，添加外框，表明主题的整体关系。

添加概要。选定副主题，或者框选多个主题，点击工具栏中的【概要】按钮，对导图局部进行概括说明。

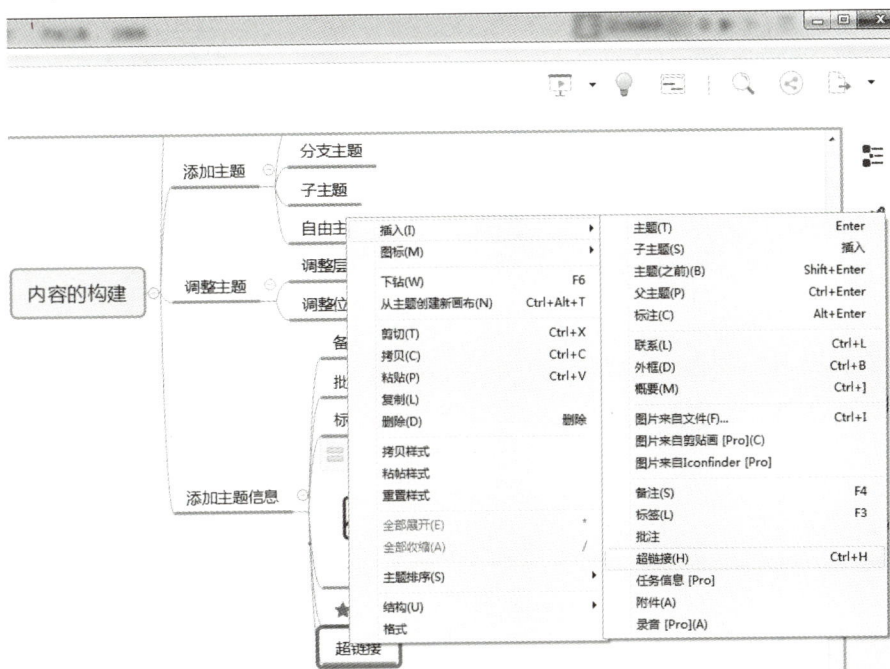

图 3-4-6　利用鼠标右键快捷菜单添加主题信息

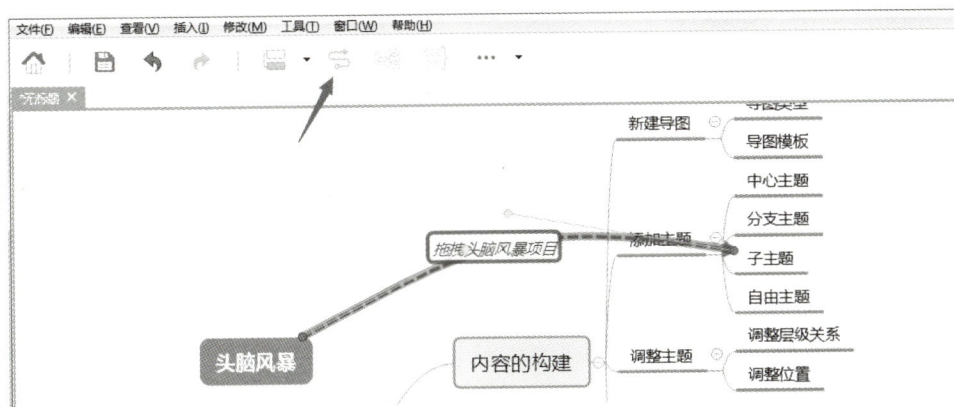

图 3-4-7　添加联系

图 3-4-8　添加外框

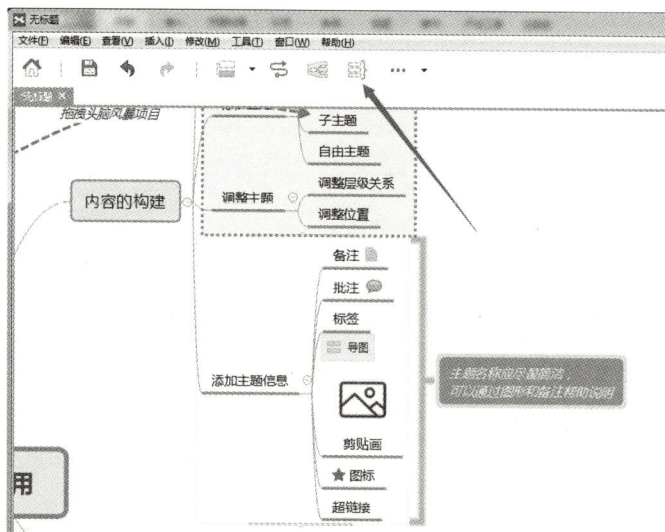

图 3-4-9　添加概要

2. 思维导图的美化

用户可以点击主界面右侧【风格】图标，选择应用软件自带的风格（相当于格式集合），当然也可以在【格式】窗格中自主设置画布、主题、外框、联系、图标等元素的格式。

（1）设置画布格式。

设置墙纸。在画布的空白处单击鼠标右键，选择【格式】命令，显示"画布格式"窗格。在"墙纸"选项组中，点击"选择墙纸"选项，选择所需的墙纸。拖动不透明设置滑块，设置墙纸不透明度。

设置线条渐细。在"高级"选项组中，勾选"线条渐细"选项。

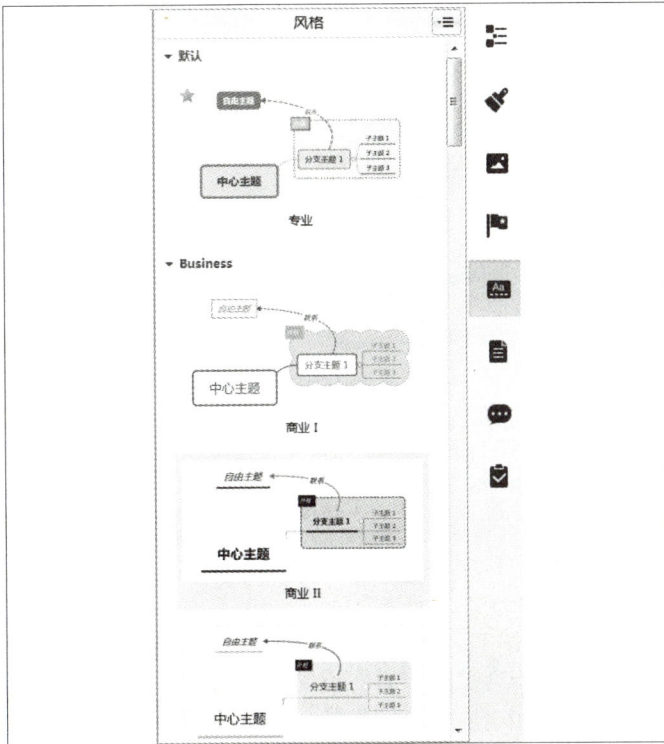

图 3-4-10　思维导图的美化

设置彩虹色。在"彩虹色"选项组中，勾选"多样分支颜色"，选择颜色样式。

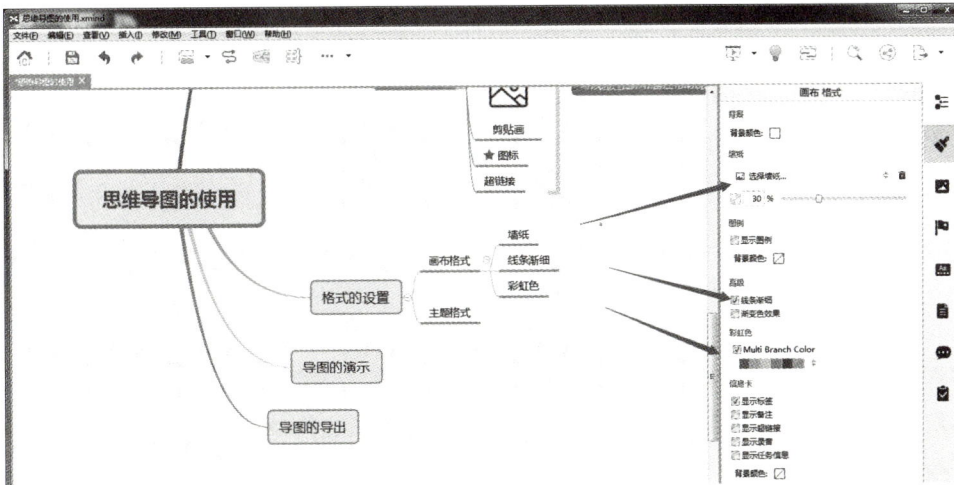

图 3-4-11　设置画布格式

（2）设置主题格式。

选择主题，点击主界面右侧的【格式】图标，打开"主题格式"窗格。在窗格中设置主题的字体、字号、外形、边框、线条、编号等属性。

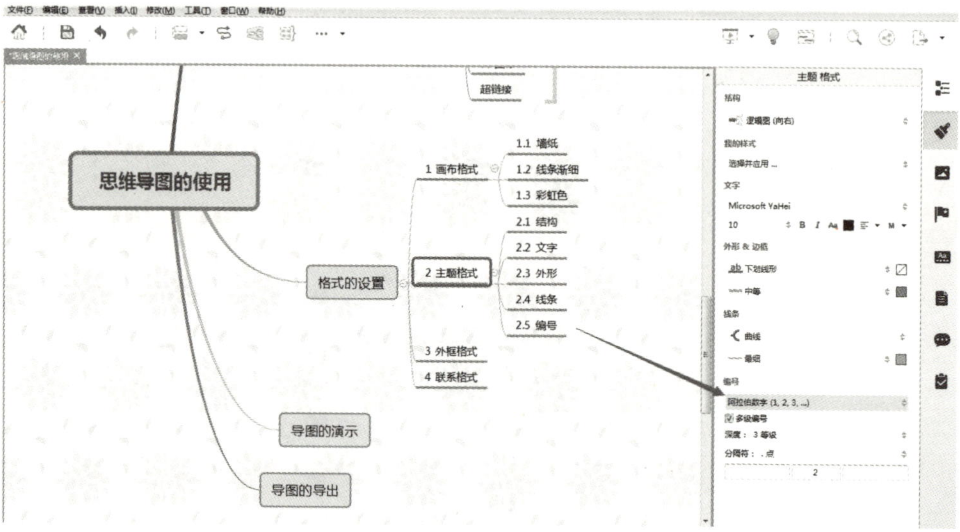

图 3-4-12　设置主题格式

3. 思维导图的演示

逐级展示。教师可以在课堂上绘制思维导图，也可以在课前预先制作好思维导图，保存扩展名为 .xmind 的文件。课堂开始前，利用相同版本或更高版本的 XMind 软件打开该文件。在中心主题或画布空白处右击鼠标，选择"全部收缩"命令，隐藏所有子主题。随着教学活动的推进，教师点击主题后面的【展开】按钮，依次显示子主题，引导学生逐步加深对主题的认识。另外，为了方便学生清楚观看思维导图，可在按【Ctrl】键的同时，滚动鼠标中键，改变思维导图的显示比例。

演示文稿展示。如果需要以幻灯片的形式展示思维导图，点击工具栏中的【演示】按钮，在下拉列表中选择【创建演示文稿】命令，进入幻灯片制作模式（幻灯片有制作模式、预览模式和播放模式三种视图模式）。选择不同层次主题或外框，点击【添加幻灯片】按钮，添加幻灯片，在界面左侧边显示幻灯片缩略图。点击缩略图，进入幻灯片预览模式，阅览幻灯片效果。拖动幻灯片缩略图，调整幻灯片的先后顺序。按【Del】键，可删除幻灯片。按【Esc】键退出幻灯片预览模式，回到幻灯片制作模式，继续添加幻灯片。点击【播放】按钮，进入幻灯片播放模式，全屏放映创建的幻灯片。按【Esc】退出幻灯片播放模式，退回幻灯片制作模式。点击【退出】按钮，退出幻灯片制作模式，回到思维导图制作界面。需要注意的是，这里的演示文稿并非 PowerPoint 或者 WPS 所能放映的演示文稿，而是利用 XMind 展示的思维导图不同主题或模块的幻灯片。

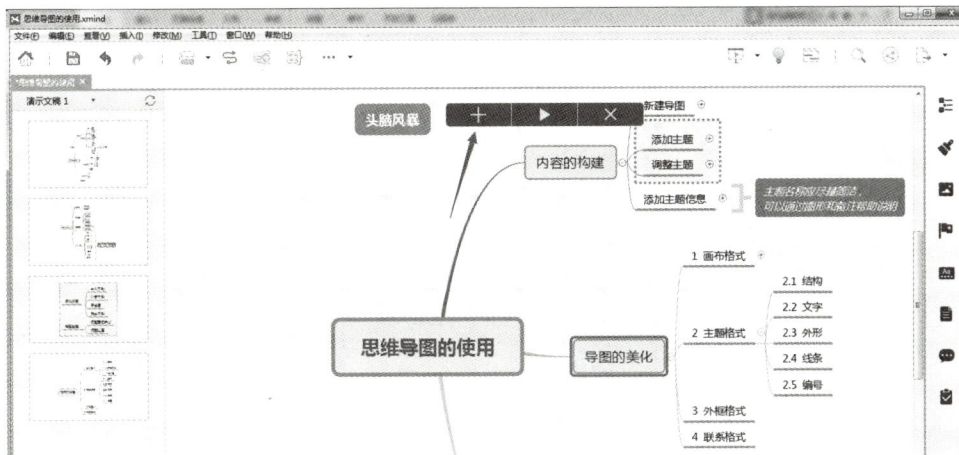

图 3-4-13　思维导图的演示

　　选择展示局部内容。在教学中，一堂课往往只针对课程中的某个章节，或者一个知识点进行深入的分析和讲解，那么教师可以在课程思维导图中选定当前课堂的教学主题，在右键快捷菜单中选择"下钻"命令，以该主题为中心主题，集中展示局部思维导图。点击中心主题上"上钻"按钮，或者点击标题下方的上钻级别，上钻至相应中心主题的思维导图。

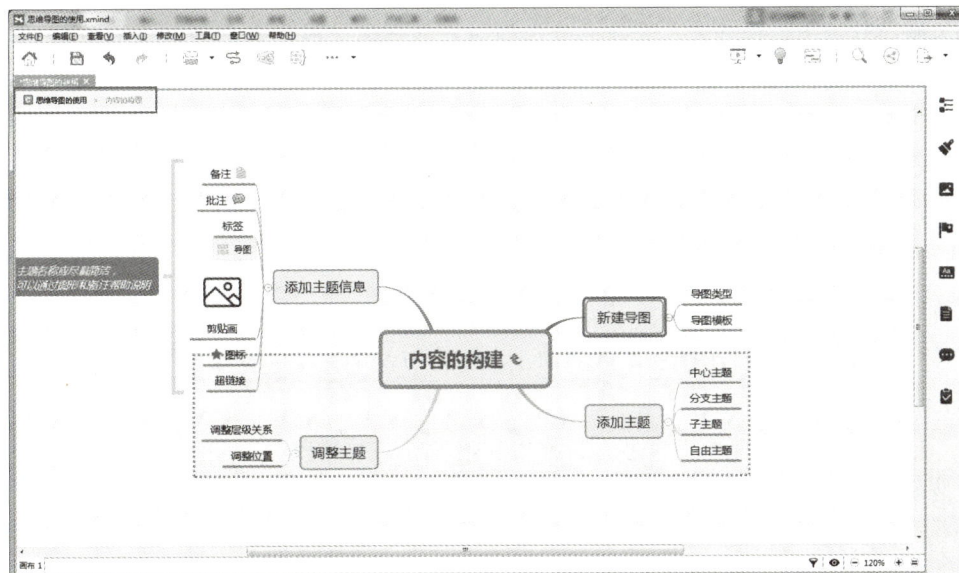

图 3-4-14　选择展示局部内容

4. 思维导图的导出

　　制作好的思维导图，可以导出为 FreeMind 和 Mindjet Mindmanger 等其他思维导图文件，也可以根据需要导出为 PPT 演示文稿、Word 文档、Excel 表格、JPG 图片、PDF 文档等多种文件格式（免费版导出功能受限）。点击工具栏中【导出】按钮，在下拉菜单中选择导出文件类型，按照向导，设置导出内容和保存文件路径，点击"完成"按钮，开始导出思维导图。

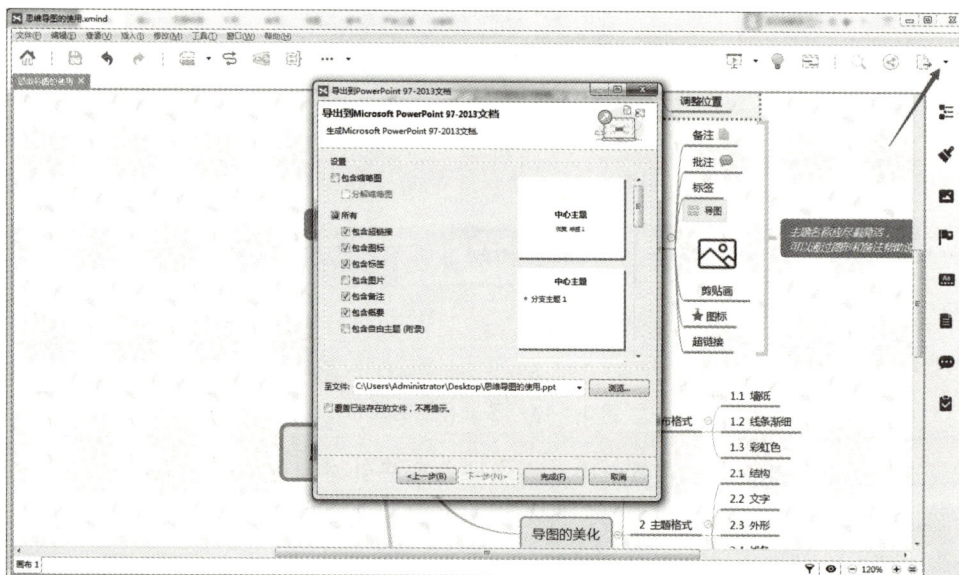

图 3-4-15　思维导图的导出

由于篇幅有限，本节仅介绍了常用功能的基本操作。XMind 功能强大，还有头脑风暴、甘特图、任务表、查找、分享等对日常教学、科研和管理非常有价值的功能。软件界面友好，操作简便，还有官方的在线教程（http://www.xmindchina.net/shouce.html）。

5. 概念图/思维导图的应用[①]

（1）辅助教学设计。教师利用概念图归纳整理自己的教学设计思路。

（2）辅助学生整理知识概念。概念图清晰地展现了概念间的关系，可以帮助学生厘清新旧知识间的关系。

（3）辅助学生进行头脑风暴的活动。在讨论中，学生可以将观点用概念图表达出来，以引导和激发讨论。

（4）辅助学生整理加工信息。在收集和整理资料的过程中，可使用概念图将多个零散的知识点集合在一起，帮助学生从纷繁的信息中找到信息间的联系。

（5）作为师生表达知识的工具。在教学过程中，教师可以利用概念图展示教学内容，学生可以利用概念图来分析复杂知识的结构。

（6）作为学习活动的交流工具。师生之间、生生之间可以使用概念图来进行交流，利用概念图软件，可以远程共同设计和交流概念图，促进学习者之间的相互理解。

（7）作为协作学习的工具。通过学生共同合作制作概念图，或者教师和学生共同

---

① 林铭等：《现代教育技术——理论与实践》，北京，电子工业出版社，2013。

合作来完成概念图，有助于协作小组成员之间共同发展认知和解决问题。

（8）作为辅助师生在教学活动中进行反思的工具。师生通过概念图的制作、修改、反思和再设计的往复循环，可以不断完善概念图，学会反思自己的学习过程，从而学会自我导向学习。

（9）作为教学评价工具，适用于教学活动的不同阶段的教学评价。例如，教师通过观察学生设计概念图的构图过程，了解其学习进展和内心思维活动的情况，以便给出及时诊断，改进教学，这样，概念图就是形成性评价的有效工具。同样，概念图也可以作为总结性评价的工具，它与传统的试题测试相比优点在于概念图为教师和学生提供的考试结果，已经不仅仅是一个抽象的分数，而且是学生头脑中关于知识结构的图示再现。教师和学生可以清晰地了解学生学习的状况，从而有效地帮助学生认识自我。

（10）作为辅助教学科研的工具。教师作为教育科研的行动研究者，可以利用概念图分析科研对象的各个要素、研究教学活动规律和总结教育科研的基本经验等。

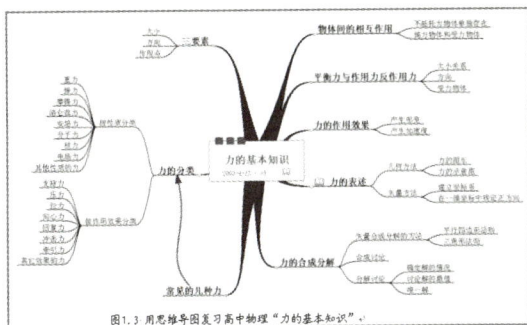

图 3-4-16　概念图 1

制作工具：Mindmanager　用途：学生复习

来源：齐伟教育网志

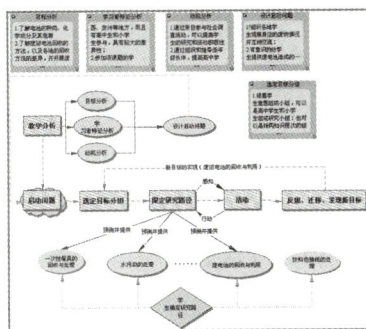

图 3-4-17　概念图 2

制作工具：Inspiration　用途：教师教学设计

来源：中国电化教育杂志

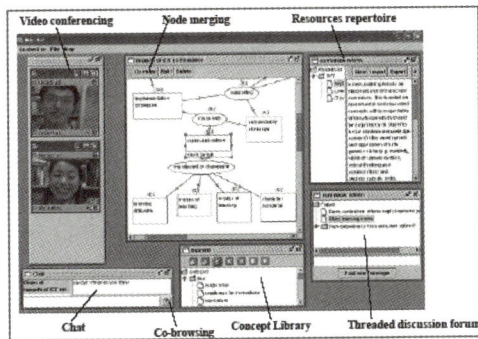

图 3-4-18　概念图 3

制作工具：香港浸会大学研究工具　用途：远程合作

来源：中国电化教育杂志

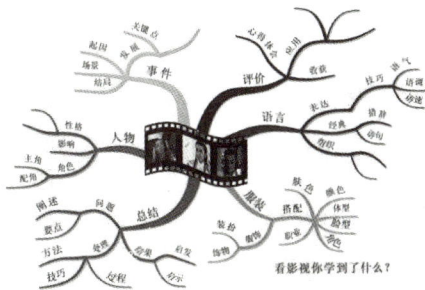

图 3-4-19　概念图 4

制作工具：Mindmap　用途：发散思维

来源：思维导图学院新浪博客

二、Web2.0 工具的应用

(一)博客与微博

博客(blog)也称为"网志""网上日志",是指个人或团体将每天的事件、意见和信息等发布到 web 上的一种流水记录形式,即在线日记。其作为一种快捷易用的知识管理系统,越来越受到教育工作者的关注并逐步被引入到教育教学领域中,因此教育博客是博客在教育教学中加以应用的表现形式。根据主要参与者的身份,教育博客划分为以下三类,即学生为主的博客、教师为主的博客和师生共同参与的博客。

微博,是一个基于用户关系的信息分享、传播以及获取的平台,用户可以通过各种客户端组建个人社区,以 140 字左右的文字更新信息,并实现即时分享。微博具有信息传播泛主体化、信息处理碎片化、信息交互背对脸、平台使用开放化等特点。

由于幼儿教育的特点,博客在幼儿教育中并不能发挥其优势,因此,博客的作用可能主要体现在教师成长上。

教育博客、微博对教师成长方面的作用有:

(1)促进学习。写 blog 可以促进教师对某些领域的不断学习和思考。

(2)记录收获。可以记录瞬间的灵感,对事物的感悟,经过多日思考和实践的结果以及对某个问题的解决方案等。

(3)共享知识。通过 blog 可以使教师之间实现知识共享,建立学习共同体。

(4)交流看法。在 blog 上可以发表各自观点想法,相互交流。

(5)反映成长。写 blog 可以反映出人的思考过程,而不仅仅是思考结果,记录了一个人思考和解决问题的成长过程。

(6)锻炼毅力。写 blog 不是一天两天的事情,需要长期坚持,需要耐心和毅力。

(7)家校互动。组建信息共享、微博家委会平台,促进家校互动。

(二)微信

微信是腾讯公司推出的,提供免费即时通信服务的聊天软件。用户可以通过手机、平板电脑、网页快速发送语音、视频、图片和文字。微信提供公众平台、朋友圈、消息推送等功能。

微信具有零资费、跨平台沟通、显示实时输入状态等功能,与传统的短信沟通方式相比,更灵活、更智能,且节省资费。支持二维码扫描,可以方便地随时随地扫描和记录二维码信息。支持邮箱绑定,通过用户设置微信绑定邮箱,可以利用微信实现在移动平台下处理邮件。支持朋友圈功能,用户可以根据自己的需要建立朋友圈或者加入需要的朋友圈。支持推送功能,任何用户都可以通过微信公共平台创建自己的公众账号,而且名字可以重复。通过公众账号,可以方便地实现信息发布、共享、推送等功能。

微信作为一个网络资源的传播者,其在学习中的作用类似于"中介公司"。虽然它无法对学习资源本身进行改善和优化，但是它通过良好的使用体验、庞大的用户群体、方便的传播平台，为学习者提供了更多的学习选择和更加丰富的交流方法。

微信用于教育教学的优势有：

(1)登录方便，可以直接用手机号码、QQ号、微信号申请账号，并支持手机、平板电脑、PC等登录微信。

(2)提供了一个较为广阔的应用平台，一旦有用户将相应的教育资源上传或共享至微信平台，所有用户都可以使用教育资源进行移动学习。

(3)可以对用户设置分组，并发布有声有图有文字的多媒体资讯信息。老师可以针对某个学生和某类学生进行有针对性的教学，增强教学的针对性。

(4)可以主动进行消息的精准推送，并可以在后台对用户进行跟踪，查看用户对推送消息的浏览情况。后台对用户进行跟踪保证了教学的时效性，使学生在遇到问题后能及时得到解答，从而提高教学的时效性。

(5)微信公众号可以及时推送信息，发布学校信息、学生学习情况，帮助家长了解学校的活动以及学生在学校的学习情况，也可以对家长进行培训、教育，提高素质。

三、新兴技术的应用

(一)虚拟现实技术的应用

虚拟现实技术(Virtual Reality，VR)是利用计算机生成一种模拟环境，并通过多种专用设备使用户"投入"到该环境中，实现用户与该环境直接进行自然交互的一门崭新的综合性信息技术。其目的是让用户使用人的自然技能对虚拟世界中的物体进行考察或操作，同时提供视、听、摸等直观而又自然的实时感知。

虚拟现实技术能将三维空间的意念清楚地表示出来，能使学习者直接、自然地与虚拟环境中的各种对象进行交互作用，并通过多种形式参与到事件的发展变化过程中，从而获得最大的控制和操作整个环境的自由度。这种呈现多维度信息的虚拟学习和培训环境，将为参与者以最直观、最有效的方式掌握一门新知识、新技能提供前所未有的途径。因此，该项技术的发展在很多教育与培训领域，诸如虚拟科学实验室、立体观念、生态教育、特殊教育、仿真实验、专业领域的训练等应用中，具有明显的优势和特点。

VR技术将是继多媒体、计算机网络之后，在教育领域内最具有应用前景的"明星"技术，它将使21世纪的教育与培训事业发生质的变化。它的"沉浸性""交互性""构想性"，不但非常有利于教学人员构建一种全新、多变的教学环境和教学手段，而且为学习者提供了一种可以进行交互、直观、自主探索的学习环境和学习方法，从而激发学生的学习积极性，在多方面提高教与学的质量和效果。

虚拟现实学习系统主要包括五个要素：专家、真实世界、认知模型、虚拟世界和学习者。根据这五个要素的相互关系可以将虚拟现实在教学中的具体应用分为四种类型：概念学习、技能训练、协作学习和科学研究。

概念学习：专家在真实世界进行研究，通过科学的方法建立相应的认知模型，通过计算机技术建立各种感知模型来创设虚拟环境，通过虚拟环境的反馈来调整自己的认知模型，并重新调整虚拟环境，直到与真实世界相符。

技能训练：和概念学习一样，专家首先创设和真实环境相符的虚拟环境。学习者通过操作虚拟环境来进行技能训练，并将学得的技能用于改造真实世界。

协作学习：和概念学习一样，专家首先创设和真实环境相符的虚拟环境。学习者一方面可以单独操作虚拟环境来进行知识学习，另一方面还可以通过虚拟环境与其他的介入者进行交流或协作，来共同完成知识的建构。

科学探究：和概念学习一样，专家首先创设和真实环境相符的虚拟环境。学习者可以单独或者和其他介入者进行合作来操作虚拟环境中的对象，进行探索研究，通过科学的方法建构自己的认知模型，再通过虚拟环境的检验来调整自己的认知模型。

(二)增强现实技术的应用

增强现实(Augmented Reality，AR)技术，是一种将真实世界信息和虚拟世界信息"无缝"集成的技术，用计算机实时产生三维信息来增强人对真实世界的感知。AR技术将虚拟对象准确地"放置"在真实环境中，让使用者处于一种融合环境中，使用者所感知到的只是一个真实和虚拟相融合的唯一存在的世界，并能与之交互。AR技术的实现需要一定的设备的支持，常见的是通过头戴式设备实现的，其中最著名的是谷歌眼镜，一个典型的应用场景：用户戴着AR眼镜，当他看到真实世界中的一家餐厅，眼镜会马上显示这家餐厅的特点、价格等信息。当然也可以通过移动终端(如谷歌的Project Tango)，甚至普通的手机也可以实现一些基本的AR功能。

AR技术主要有三个特点：虚实融合、实时交互性、三维跟踪(即三维空间中定位增添虚拟物体)。

1. AR在教育领域的应用特点

第一，AR技术能够将虚拟信息叠加到现实世界中的特性，可以使教学中原本枯燥的知识变成一个个生动的形象，从表现形式上吸引小朋友参与到教学中，提升对事物的兴趣，从而以互动的方式探查、研究更深层次的内容。

第二，融入增强现实技术后，以图片、视频、动画等多种方式表现教学内容，更直观、更易懂。像特殊地理地貌、历史人物事件、不容易接触到的事物等都可以通过AR技术展现在学生面前。

第三，增强现实技术特有的互动体验，让小朋友用眼看、用耳听、动手做、用脑想，真正实现多元化教育。

2. AR在教育领域的应用形式

(1)AR卡牌。

AR卡牌是最简单的一种应用形式。就是通过先进的AR技术让平面图片或卡牌"立体动起来"。用户只需要下载相应的专用软件，使用移动设备扫描 AR 卡，即可出现角色的立体图像。

图 3-4-20　AR 卡牌应用界面

扫描的对象是一张张单一的卡牌，每张卡牌对应一个三维模型以及相应的模型动画。安装 App 并打开后，在主界面可以选择观看动画，进入浏览模式和 AR 模式，在浏览模式中你可以逐一浏览所有模型，并可对其进行旋转与缩放等操作，在 AR 模式下将移动设备对准卡牌即可出现逼真的动物模型、动画与声音，点击还可以更换动画。

此类型的应用简单直接，非常适合儿童的早教。通过这些卡牌儿童不仅可以对动物的立体的形象有一个认识，同时这些活灵活现的动物对他们来说非常有趣，能极大地提高他们学习与探索的热情与能力。当然，卡牌不仅有动物，还可以有植物、动画人物等小孩所喜欢的内容。

（2）AR 书籍。

AR 书籍其实就是多张卡牌的一个集合，但其包含的内容多，相互之间的关系密切，有故事有情节，就是一部令人身临其境的小说。它还可以包含多种互动小游戏，比如趣味问答、现场挖宝等。读书不再是单纯地用眼睛去看文字，而是犹如亲身体验一般，这对孩子产生极大的吸引力。

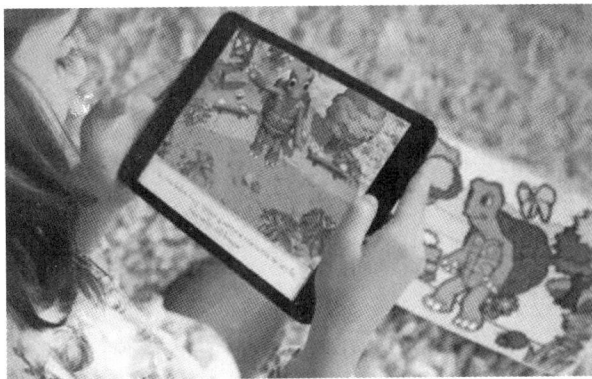

图 3-4-21　AR 书籍应用

（3）AR 游戏。

作为增强现实技术在教育中的重要应用领域，增强现实教育游戏使得学习者能够感受到高度的虚实结合性、实时交互性和沉浸性，在激发学习者极大学习兴趣的同时，通过其虚实融合的三维沉浸特性，为教学物体模拟、教学过程体验、教学结果呈现和师生交互提供了更为丰富的体验。

AR 增强现实技术可以用于生活的所有方面，但是最有趣的是用于体感游戏。通过 AR 技术创建接近生活的游戏，如运动、早教、休闲游戏等，提供给玩家们最棒的体验方式。目前，在 PC 端和移动端拥有大量的增强现实游戏，不过玩家都倾向于有控制手柄的游戏设备来增强游戏体验，化身为游戏中的角色，使用物理动作来控制游戏发展。随着 AR 增强现实技术的不断完善，这类游戏将显得更加逼真。

用于手机端的 AR 游戏也越来越受欢迎，如 colAR Mix(3D 填色游戏)是一个把传统填色游戏和前沿 AR 技术结合的儿童娱乐应用，它的操作非常简单：为空白的图案填色，然后用 colAR Mix 扫描后，就能得到这个图案的 3D 立体彩色效果。相比以往涂完作罢的方式，colAR Mix 创造性地为孩子们的画作提供了一个展示的舞台：360°可旋转的 3D 动画，配上美妙的音乐，好像一幅艺术品。

图 3-4-22　colAR Mix 游戏

（三）教育游戏的应用

从广义上说，教育游戏是指达成一定教育目的的各种游戏，如捉迷藏、躲猫猫等户外游戏，电视游戏、计算机游戏等；从狭义上说，教育游戏是一种构建具有趣味性、挑战性和体验性的多媒体虚拟环境，以促进教育内容与娱乐元素相融合渗透的计算机游戏软件。本书中所讨论的教育游戏是狭义的教育游戏。[①]

1. 教育游戏的类型

按游戏支持平台分，可分为单机教育游戏和网络游戏。

按照教育目标分，可分为认知类教育游戏、情感类教育游戏和动作技能类教育

---

① 　吴文娜：《教育游戏在幼儿教学中的应用研究》，硕士学位论文，山东师范大学，2009。

游戏。

按照常规的计算机游戏分类方法，可分为角色扮演类游戏、动作游戏、冒险游戏、模拟游戏、运动游戏、策略游戏、古典/益智类游戏与战争游戏等。

角色扮演类游戏俗称 RPG 游戏，一般具有丰富的故事内容、精致的人物角色设计、特定的历史背景，游戏者总是被一个个人物所吸引，而在扮演这些人物的同时，游戏者也会学到相应的知识。

战略类教育游戏，游戏者可以通过开采资源、扩充军队，逐步壮大自己的实力，向对手发起攻击，直到完全消灭对手，实现版图统一。游戏者在战略类教育游戏中必须注意全局的情况，对游戏者的管理能力要求也较高。

动作类教育游戏一般节奏很快，要求游戏者高度集中注意力并且具有快速的反应能力，同时对动作的准确程度以及游戏者及时准确的判断力都有很高的要求。这类游戏具有很强的挑战性，可以培养游戏者的动作技能。

模拟类教育游戏。模拟类教育游戏就是对某种情景进行虚拟的再现。游戏者可以对模拟场景事态的发展进行操控，增加一些相关经验。比如通过《鸦片战争》游戏，游戏者可以指挥打仗，对抗英军的非法入侵，但经过英勇的斗争结局却是割地赔款，相信游戏者对于那段历史会有更为深刻的体会。

按游戏内容分，可分为综合课程教育游戏和单科课程教育游戏。综合课程教育游戏一般设计的内容面广，提供的场景也比较华丽，游戏者可以从中受到方方面面的影响，可以在多种游戏进程中进行选择。游戏程序比较复杂，开发成本也高，一般由大型网络游戏公司开发。单科课程教育游戏一般是针对某单一学科比如数学、语文、英语等，其目的是辅助教学，相对于综合类的教育游戏，其开发时间、开发成本都相对较低。

根据 2006 年教育部颁布的《幼儿园教育指导纲要（试行）》规定的教育内容，可以将教育游戏按照教学内容分为健康、科学、社会、语言、艺术五大类。[①]

（1）健康类：培养健康生活的态度和行为习惯，有初步的安全和健康知识，知道关心和保护自己。此类游戏有《神气龟系列之牙齿的健康》《卡卡乐园系列之安全岛》等。

（2）科学类：激发幼儿的好奇心和探究欲望，发展认知能力。这一类的教育游戏最多，我们日常生活中常见的数字游戏、记忆观察、自然地理、玩具创作等都属于这一类，如《动画数学》《欢乐数学园》等。

（3）社会类：增强幼儿的自尊、自信，培养幼儿关心、友好的态度和行为，促进幼儿个性健康发展，如我们常见的"娃娃家"游戏以及《学雷锋》《粮食力量》等。

（4）语言类：提高幼儿语言交往的积极性，发展语言能力。这一类的教育游戏也

---

① 吴文娜：《教育游戏在幼儿教学中的应用研究》，硕士学位论文，山东师范大学，2009。

很多，如识字游戏、幼儿英语学习游戏等。

（5）艺术类：丰富幼儿的情感，培养初步的感受美、表现美的情趣和能力，如乐器认知、声响音乐、戏剧表演、动画设计等，都属于艺术类教育游戏，有《芭比娃娃系列游戏之超级电子琴》《Wa Wa Ya Ya 系列软件之美丽的秋天》等。

2. 教育游戏在幼儿教学中的应用优势

教育游戏在幼儿教学中的应用优势主要体现在以下几个方面。

（1）教育游戏不仅丰富了孩子们的早期教育，而且解决了传统教学模式中难以解决的一些问题。在现实生活中，老师和家长会告诉孩子一些注意事项，如不要把手放在开水壶上以防被烫到，不要触摸电源等。这些行为带有危险性，不能让孩子亲身去实验，而利用游戏就可以完成对这些事件的模拟。例如在游戏中让摸电源的小卡通人物表现出痛苦的表情来警示孩子，以后他就不会做这样的事情了。另外，利用游戏还可以让孩子学会诸如乘车、垃圾分类等社会行为，并在日常生活中加以运用。

（2）著名心理学家特瑞拉曾提出：人类的学习，1％是通过味觉，1.5％是通过触觉，3.5％是通过嗅觉，11％是通过听觉，83％是通过视觉。也就是说，人们通过听觉和视觉获得的信息是获得所有信息的94％。而教育游戏在教学中运用的优势正在这里。相对利用书本、模型、图片等常规教具进行教学的普通教学方式，教育游戏具有无可取代的交互性，并且可以进行个性化教学；同时，在教学环节上，无论是信息呈现、信息反馈、激起反应、控制反应、评价诊断，教育游戏都具有明显的优势。游戏包括动画、文字、图像、声音、色彩等信息，这是再好的书本也无法替代的综合传递信息的功能。因此它既适合幼儿园单科课程的教学，又有利于幼儿园对教学课程的整合。游戏画面带来的视觉冲击，游戏主人公的解说和背景音乐的听觉冲击，多种信息共同产生刺激促进幼儿智力发展，幼儿对在游戏中遇到的问题进行分析思考，尝试用各种方法解决问题，使幼儿以主导者的身份真正控制自己的学习过程，这是传统的教学方式所不能实现的。

（四）教育类 App 的应用

随着互联网经济的快速发展，App 俨然已经成为生活中必不可少的组成部分，购物、旅游、美妆、游戏、社交类……这些 App 产品满足了我们生活中各项需求，让你足不出户，便能知晓天下事。应用于教育的 App 种类也非常多，如英语流利说、洋葱数学、沪江开心词场、腾讯课堂、宝宝学数学，等等，这些 App 产品给我们的教育带来了很大的改变。

目前，教育类 App 可细分为语言类、学前教育类、考试应用类和中小学教育类等。下面主要介绍语言类与学前教育类。

1. 语言类

（1）英语流利说，是一款好玩又有效的英语口语学习软件，让你忍不住开口说英语，帮你真正摆脱哑巴英语。地道美语对话，硅谷的实时语音评分技术，对话闯关游戏让你轻松愉快练习口语。

(2)沪江 CCtalk，是国内专业的互联网社群学习平台，专注于在线教育和创新的互动教学体验，用户可随时随地获得线下互动的学习体验。

(3)英语趣配音，幼儿通过给 1～2 分钟的短视频配音，感受英语学习的趣味。每日推出最新最热的美剧、动漫、歌曲等视频资源，英语学习和英语爱好者可以摆脱枯燥无味的背书学习方式，自由选择模仿、跟读喜欢的视频，从而真正爱上英语学习。

2. 学前教育类

(1)宝宝幼儿园，是一款装扮小游戏，模拟真实的幼儿园场景，有效帮助孩子克服入园恐惧心理。

(2)小伴龙，是一款学前教育产品，适合 0～12 岁儿童。它能给孩子们带来正面、积极、有价值的影响，让孩子在享受求知和探索乐趣的同时，培养孩子乐观、向上、积极的心态，全方位陪伴孩子快乐成长，是孩子们的好榜样。

(3)我爱汉字—儿童拼音宝，是一款适合学龄前儿童识记汉字的应用，覆盖入学前和小学一年级所需和最常用汉字(1100 个)，内容包含图片识字、拼音、汉字组词、写字等多种形式，满足各个年龄段孩子的识字需求。

(4)悟空识字，是一款专为 3～8 岁年龄段的儿童所精心设计的识字 App，不仅提供 1200 个最常用汉字、1200 个句子和 5000 个词语等丰富资源，更结合孩子熟悉的《西游记》经典场景，让孩子在游戏中快乐地认识汉字，还会根据孩子对汉字的掌握程度，实时调整孩子的学习计划，从而提高早教的效率和有效性。

(5)PBS Kids，是 PBS 出品的拼写 App，主要通过可爱的小恐龙探险的故事，带着孩子从 A 到 Z 地练习拼写。

(6)Wonster Words，来自美国著名的教育拼图公司 Puzzingo，在美国非常受欢迎，获得了很多儿童游戏领域的奖牌。它主要帮助孩子在游戏中学习发音，扩大词汇量。孩子们可以与蠢萌的字母小怪和滑稽的卡通人物一起玩耍，这些游戏帮助孩子学习字母、发音、辅音混合、词类、双元音、双字母组合等内容，让孩子学会单词拼写和发音。单词学完后，孩子们将会看到由可爱的卡通人物表演的趣味动画。这些动画会进一步强化孩子们刚刚所学的单词。

(五)3D 打印技术的应用

3D 打印(3 Dimensional Printing，三维打印)的学名是增材制造(material additive manufacturing)，是指将材料一次性熔聚成型的快速制造技术，它以数字模型文件为基础，运用粉末状金属或塑料等可黏合材料，通过逐层打印并叠加不同形状的连续层方式来构造三维的任何物体。3D 打印实质上就是快速成型技术之一。

1.3D 打印的优势

(1)易用性高。3D 打印技术最突出的优点是不需要模具，也不需要机械加工，可直接从设计好的计算机图形数据中生成任何形状的物体。3D 打印技术可以加工采用传统方法难以制造的零件。过去传统的制造方法就是一个毛坯，把不需要的地方切除掉，是多维加工的，或者采用模具，把金属和塑料熔化灌进去得到这样的零件，使得对复杂的零部件加工非常困难。

（2）工艺周期短、精度高。3D 打印实现了首件的近净成形，同时解决了传统制造业开模耗时长的问题。从而，后期辅助加工量大大减少，避免了委外加工的数据泄密和时间跨度，尤其适合一些高保密性的行业，如军工、核电领域；同时也避免了后续加工过程的误差累积，精度更高，尤其在飞机、核电和火电等高端精密机械行业，3D 打印的产品是自然无缝连接的，结构之间的稳固性和连接强度要远远高于通过传统方法制造的产品。

（3）成本低。由于制造准备和数据转换的时间大幅减少，单件试制、小批量出产的周期和成本降低，特别适合新产品的开发、单件小批量零件的出产、个性化产品及定制产品的加工。

2.3D 打印技术的教育应用

3D 打印技术在珠宝、鞋类、工业设计、建筑、工程和施工（AEC）、汽车、航空航天、牙科和医疗产业、教育、地理信息系统、土木工程、枪支以及其他领域都有所应用。

3D 打印技术在教育上的应用也是很广泛的，如工程设计系的学生可以用它打印出自己设计的原型产品；建筑系的学生可以用它方便地打印出自己设计的建筑实体模型；历史系的学生可以用它来复制有考古意义的物品，方便进一步地观察；平面设计系的学生可以用它来制作 3D 版本的艺术品；地理系的学生可以用它来绘制真实的地势图，人口分布图；食品系的学生可以用它设计食物的产品造型；车辆工程系的学生可以打印各种各样的实体汽车部件，便于测试；化学系的学生可以把分子模型打印出来观察；生物系的学生可以打印出细胞、病毒、器官和其他重要的生物样本；数学系的学生可以将他们的"问题"打印出来，并在他们自己的学习空间中寻找答案。

（六）云计算

云计算的定义目前尚未形成定论，比较通俗的定义是：云计算服务是指将大量用网络连接的计算资源统一管理和调度，构成一个计算资源池向用户提供按需服务。用户通过网络以按需、易扩展的方式获得所需资源和服务。云计算工作的基本原理是，用户所处理的数据并不存储在本地，而是保存在互联网上的数据中心里。提供云计算服务的企业负责管理和维护这些数据中心的正常运转，保证足够强的计算能力和足够大的存储空间供用户使用。用户只需要在任何时间、任何地点，用任何可以连接至互联网的终端设备访问这些服务即可，而不需关心存储或计算发生在哪片"云"上。

常见的云计算教育项目有 IBM 的"蓝云"、亚马逊(Amazon)的"云计算开放式基金"、Google 协作平台等。

云计算在教育中的应用表现在以下几个方面。

1. 建设大规模共享教育资源库

所有数据被存储在规模庞大的数据中心，有先进的技术和专业的团队负责数据的管理和安全工作，能满足资源库规模扩大和数据安全的要求。用户可轻而易举地在各种终端之间同步获取数据，并可随时与任何人分享。

2. 构建新型图书馆

构建新型图书馆，能保证数据的安全和高并发性，用户的请求也可迅速获得响应。用户还可以通过电脑、手机、平板电脑等多种终端接受图书馆提供的电子资源服务，甚至可以定制服务，建立符合自己需要的个人图书馆，实现移动学习，使图书馆资源中心的作用得到最大限度的发挥。

3. 创设网络学习平台

云计算将有助于构建学校教学环境(SLE)、群体学习环境(CLE)、学生个人自主学习环境(PLE)三类教学环境和教学信息自动传递系统、教师指导调控系统、学生自主学习系统三类教学系统。学习者可以通过云计算提供的环境、资源和服务，自由地选择学习内容和学习方式，实现网络学习。比如 Google 云计算服务——Google Site(Google 协作平台)，可以将文本、Google 文档、电子表格、演示文稿、文件附件、视频、照片和其他类型的信息，以及 Google 云服务完全组合在一起，为网络学习者提供丰富的网络学习资源和良好的学习平台，便于网络学习的开展。

4. 实现网络协作办公

软件即服务(SaaS)是云计算提供的一种服务类型，它将软件作为一种在线服务来提供，这为学校提供了一个信息化建设参考方案。一些常用的应用软件如办公软件、电子邮件系统等可以采用云计算服务，学校接入这类云计算服务后，降低了信息系统建设的成本，也减少了学校为维护和升级软件而投入的费用。采用云计算模式提供的云服务，如利用类似 Google Calendar 的日历管理工具和 Google Docs 的在线文档编辑工具，用户只需联网打开浏览器，即可使用这些云服务，实现在线日程协作安排、学习项目协作规划、教学活动协作管理、师生人员协作管理以及文档、表格、演示文稿的共享与协作编辑，完成网上协作办公。

(七)大数据

广义的教育大数据泛指所有来源于日常教育活动的人类的行为数据，狭义的教育大数据是指学习者行为数据。也有研究指出，教育大数据是指整个教育活动过程中产生的以及根据教育需要采集到的，一切用于教育发展并可创造巨大潜在价值的数据集合。

教育大数据的定义包含三层含义：第一层含义，教育大数据是教育领域的大数据，是面向特定教育主题的多类型、多维度、多形态的数据集合；第二层含义，教育大数据是面向教育全过程的数据，通过数据挖掘和学习分析支持教育决策和个性化学习；第三层含义，教育大数据是一种分布式计算架构方式，通过数据共享的各种支持技术达到共建共享的目的。

与用传统方法收集的教育数据相比，教育大数据有更强的实时性、连续性、综合性和自然性，并使用不同的应用程序来分析和处理不同复杂度和深度的数据。教育大数据收集的是整个教育教学过程中静态和动态的所有数据，可以在不影响教师和学生活动的情况下，连续记录整个教学活动的所有数据，如教学资料、互动反应和学生在每个知识点上停留的时间等。

1. 教育大数据对教育管理的支持

大数据时代，教育者将更加依赖数据和分析，而不是直觉和经验；同样，教育大数据还将改变领导力和管理的本质。服务管理、数据科学管理将取代传统的行政管理、经验管理。利用大数据技术可以深度挖掘教育数据中的隐藏信息，可以暴露教育过程中存在的问题，提供决策来优化教育管理。大数据不仅可以运行和维护各教育机构的人事信息、教育经费、办学条件和服务管理的数据，而且可以长期积累所有类型教育机构的数据，利用统计分析、应用模型等技术将数据转换为知识，最终为教育者和学习者提供科学的决策。

2. 教育大数据对教学模式的支持

教育大数据推进实现智慧学习。教师在智慧教学环境下，利用大数据技术可以更深入地了解每一个学习者的学习状况，并且与学习者的沟通更加通畅，教师的整个教学过程和学习者的学习过程更加精准化和智能化。教师对教学过程的掌握从依靠经验转向以教育数据分析为支撑，学生对于自己学习状况的了解从模糊发展到心中有数，可以更好地认识自我、发展自我、规划自我。大数据技术可以帮助教师及时调整教学计划和教学方法，有利于教师自身能力提高和职业发展。

3. 教育大数据对个性化学习的支持

除了学生学习的行为可以被记录下来外，学生在学习资源上的数据也可以被精确记录下来，如点击资源的时间、停留多久、问题回答正确率、重复次数、参考阅读、回访率和其他资源信息，通过大数据，学习者可以定制个人学习报告，分析学习过程潜在的学习规律，还可以找到学习特点、兴趣爱好和行为倾向，并对教育状态信息一目了然。大数据技术使教育围绕学习者展开，使传统的集体教育方式转为个性学习方式，同时还伴随着教育者和学习者思维方式的改变，进一步朝着个性化学习的方向迈出重要的一大步，使得精准的个性化学习成为可能。

4. 教育大数据对教育评价的支持

教育评价正在从"经验主义"走向"数据主义"，从"宏观群体"评价走向"微观个体"评价，从"单一评价"走向"综合评价"。教育大数据下教育评价的变化，不仅表现在评价思想，还表现在评价方法；不仅包括对学生的评价，还包括对教学管理、评估质量等具体水平的评价。教学评估不再仅仅是凭借考试成绩和纪律帮助教师评价，而是由大量的数据感知得到评价结果，为实现教学评价的公正提供了依据，优化了教学方向。教育评价可以是多元化的，而不是仅停留在知识掌握程度这个单一维度。

5. 教育大数据对科学研究的支持

教育大数据使得教学研究从追求单向因果性转向追求复杂的多元相关性，并用直观的图形等表达方式系统、清晰、简洁地展现。这种新理念、新思维的创生，是实现教育创新和发展不可缺少的手段、工具和方法论。在教育大数据时代，科学研究将从随机抽样、探讨因果关系走向全部数据、寻找相关关系。大数据技术减少了研究资金的浪费，在某些问题上，数据分析为研究人员提供了个性化的服务，可以提高研究的效率和成果的可靠性。大数据依赖于自动、连续的记录和搜集的数据，比传统调查数据更加客观和中立。大数据还将改变传统学术研究的过程，信息系统依赖于自动同步，连续获得持续的行为数据，这意味着学术研究和信息技术、课题研究与实践联系在一起。

本章小结

1. 信息资源的概念与分类

信息资源，有狭义和广义之分。本书中一般指狭义的信息资源，是信息本身或信息内容，即经过加工处理、对决策有用的数据。开发利用信息资源的目的就是充分发挥信息的效用，实现信息的价值。信息资源根据不同的分类标准可以分为不同的类型。对幼儿园教师来讲，联系最紧密的是网络信息资源和教育信息资源。网络教育信息资源具有如下特色：存储数字化；内容丰富，表现形式多样化；传输网络化；数量巨大，增长迅速；传播方式的动态性；信息源复杂、无序等。常见的教育信息资源有电子书籍、电子期刊、数据库、电子百科、教育网站、电子论坛、虚拟图书馆等。

2. 幼儿教育信息资源的获取

(1)基本信息资源的获取：图形图像、音频、视频资源。

(2)幼儿教学课件资源的获取：百度文库、专业资讯网。

(3)学术资源的获取：CNKI文献检索、读秀学术搜索、百度学术搜索。

(4)资源的分享：网盘分享、WPS分享。

3. 幼儿教育多媒体课件制作与开发

(1)幼儿教育的多媒体课件有视频课件、幼儿数字故事课件、Flash动画课件、幼儿学习网站、PPT课件、电子杂志等。

(2)图像、音频、视频三种类型多媒体素材处理的基本方法。

(3)幼儿教育多媒体课件制作要点：幻灯片内容的构建，课件动画的制作，课件交互的实现，课件版式的设计，以及课件制作完成后放映、打印、格式的转换。

(4)幼儿教育课件开发案例赏析。

4. 教育信息资源的新应用

(1)认知工具，重点介绍思维导图及其应用。

(2)Web2.0工具，重点介绍博客与微博、微信等的应用。

(3)新兴技术，如虚拟现实技术、增强现实技术、教育游戏、教育类App、3D打印技术、云计算、大数据等的应用。

本章检测

一、思考题

1. 教育信息资源获取的方法有哪些？你用过哪种方法？

2. 多媒体课件制作的常用工具有哪些？一般流程有哪些？

3. 新兴的技术如何更有效地支持幼儿教育管理、教学或幼儿园教师专业发展资源？你对哪种技术更感兴趣，计划如何应用？

4. 如何处理视频素材？

5. 幼儿教育多媒体课件制作的要点有哪些？

二、实践应用题

1. 请分别用百度或Google搜索引擎检索有关幼儿教育主题的文献，确保检索的搜全率和准确率；比较知网学术搜索与读秀学术搜索、百度/Google学术搜索在学术文献检索上的异同。

2. 请选择一种合适的概念图工具制作一个用于教学的概念图和一个用于展示教学设计的概念图。

3. 在央视少儿频道中下载一段视频，尝试截取其中的2~3分钟片段。

4. 注册并登录网盘，将前文所获取与加工的素材与老师和同学共享。

学科信息素养篇

第四章　幼儿园信息化教学设计

学习目标 ▶

- 了解信息化教学的特点。
- 掌握信息化教学设计的过程与方法。
- 能够根据学前教育中的具体内容设计教学方案。

本章导读 ▶

　　本章首先介绍了信息化教学设计的含义及信息化教学设计的五个特征；其次通过信息化教学设计的三大部分八个步骤，对掌握信息化教学设计的过程和方法进行了探讨；接着较详细地阐述了教学设计方案的编写，从教学目的、教学准备、教学过程和教学评价四大方面进行，通过案例帮助幼儿园教师进行信息化教学设计。

第一节　信息化教学设计概述

　　教学设计（Instructional Design，ID），也称作教学系统设计（Instructional System Design，ISD）。自 20 世纪 50 年代开始，系统方法在美国军事、工业、商业等领域得到广泛运用，之后教育领域也开始逐渐重视系统方法。60 年代末，开始有学者致力于将系统方法运用到实际教学的研究中，初步形成了教学系统方法，并将这些方法运用到从学前教育到高等教育的各层次教学系统设计中，至此，教学系统设计的理论与方法体系就初步形成了。到了 70 年代末 80 年代初，教学系统设计吸收了认知心理学的众多研究成果，教学系统设计的理论与方法得到了进一步的发展，逐渐成为一门独立的学科。[①] 教学系统设计是一门连接学习理论和教学实践的"桥梁

---

① 何克抗、郑永柏、谢幼如：《教学系统设计》，2 页，北京，北京师范大学出版社，2002。

学科"，具有很强的实践性与可操作性。人们对教学设计的定义也存在诸多不同的观点，但总结起来，它是应用系统方法分析研究教学的问题和需求，确定解决这些教学问题和需求的教学策略、教学方法和教学步骤，并对教学结果做出评价的一种计划过程与操作程序。

目前，出现了大量的教学设计理论专著与文献，影响较大的有加涅（Gagné）和布里格斯（Briggs）的《教学设计原理》；肯普（Kemp）的《教学设计过程》《设计有效的教学》；坦尼森（Tennyson）的《教学设计的国际观——理论·研究·模型》等。我国学者所著的较有影响力的文献有何克抗、郑永柏、谢幼如的《教学系统设计》，乌美娜的《教学设计》，盛群力、李志强的《现代教学设计论》，等等。教学设计已经成为教育技术领域的重要组成部分和主要研究方向，是各类师范生学习的主要课程。

20 世纪 90 年代以来，科学技术快速发展并成熟，信息技术成为教育的重要技术，教育信息化成为我国教育发展的战略目标，学科教学的信息化也是大势所趋，信息技术环境下的教学设计也应运而生。

一、信息化教学设计的含义

随着信息技术的出现与发展成熟，教学环境也发生了极大的变化，由传统的教学环境转变成信息化教学环境。在信息技术的支持下，信息化的教学环境具有计算机交互性、多媒体、超文本、网络等特性，这些特性有助于学生主动探索与建构知识，有助于教师以更合理的方式传递知识。

信息化教学就是在信息化的教学环境（当前主要指多媒体计算机、校园网和互联网）中，教育者与学习者借助现代教育媒体、教育信息资源和教育技术方法进行的师生双边活动。

信息化教学设计由上海师范大学黎加厚教授提出，是运用系统方法，以学生为中心，充分并恰当地运用强大信息技术力量与丰富的信息资源，科学地安排教学过程中的各个环节和要素的一个过程，目的是优化教学、提高教学质量、培养学生的信息素养，提高学生的学习兴趣。教师不仅要掌握计算机网络等信息技术技能，还要掌握将技术有效应用于教学的方法，通过教学设计将信息技术完好地融入教学过程中。[①]

二、信息化教学设计的特征

与传统的教学设计相比，信息化教学设计具有如表 4-1-1 所示的特征。

---

① 李芒：《中学语文信息化教学设计指导案例》，1～2 页，北京，人民邮电出版社，2005。

表 4-1-1　传统教学设计与信息化教学设计之特征对照

关键要素	传统教学设计	信息化教学设计
教学策略	教师主导	学生探索
讲授方式	单向讲授	双向交互
学习内容	单学科的独立内容	以任务为形式的多学科延伸交叉
作业方式	个体作业	协同作业
教师角色	教师作为知识传授者	教师作为学生学习支持者
分组方式	同质分组	异质分组
评估方式	对学习结果评估	对学习过程和学习结果评估

从表 4-1-1 中可以看出，信息化教学设计一个最突出的特点是以学生为中心，师生关系与定位有所变化，并且重视学习环境创设和学习资源的利用；学习内容注重多学科交叉，强调综合性；采用探究性学习和合作学习教学模式；教学评价不仅注重对教学结果的评价，同时也注重对教学过程进行评价。

信息化教学设计的特征主要有以下几方面。

(1)以学生为中心，强调学习者的自主学习。在信息技术环境中进行学习时，学习者对于学习内容和学习方式的选择等方面的自由程度加大了，因此信息化教学设计十分重视学习者的主体作用，注重对学习者学习能力的培养；强调运用"任务驱动""问题解决"等方式开展学习或探究活动。在教学活动开展的过程中，教师应该充分尊重学生的主动性和自主选择权。在教学过程中，教师应该作为学习的促进者与引导者，帮助学生掌握主动学习的技巧，使学生能够更好地开展自主学习。同时学生有信息技术的支持，还可以根据自己的需要获取更多额外的学习资源。《幼儿园教育指导纲要(试行)》也提到要给幼儿提供自由活动的机会，支持幼儿自主地选择和计划活动，教育内容、方式、环境条件要能调动幼儿学习的积极性，有利于他们主动学习。对于自主选择能力与信息检索能力较弱的幼儿来说，教师更应该注重的是以幼儿为中心，分析不同年龄的幼儿在生长发育、认知水平、认知特点、学习习惯、学习需求等各个方面的特点，根据幼儿的实际情况设计教学活动，提高幼儿的学习能力，激发幼儿的学习兴趣。

(2)信息资源与技术支持教与学的双边活动。信息化教学环境下，学习者可以在学习过程中获得各种信息资源(包括各种类型的媒体和学习资料)来支持其进行主动探索和完成意义建构，但要强调的是这些媒体和资料并非仅仅用于方便教师的讲解和演示，更多的是用于支持学生的自主学习和协作式探索。因此在教学设计中的"教学媒体的选择与设计"这一环节将要求教师做出全新的设计。此外，教师应利用技术的支持来营造一个具体恰当的教学氛围，使教学氛围贴近幼儿的生活，以保证幼儿获得较为完整和真实的经验。处于幼儿期的儿童的学习能力与自主探索能力尚未发展成熟，教师针对这种情况，就更需要全面观察幼儿的特点与需求，从多渠道获取能够满足儿童学习需要的资源，加以有效利用，引导儿童养成良好的学习习惯。

（3）灵活性与开放性特征显著。信息化教学设计是基于信息化的教学环境与背景的，正是由于拥有信息技术的支持，无论是教师还是学生，获取教与学的资源的途径、种类都变得越来越多样化。各类网站、博客、网络图书馆、图书检索系统、网络文献资料库、数据库等面向大众开放，无论是教师还是学生都能自由检索信息、搜集资源，打破了传统教学设计中获取资源渠道狭窄、资源种类单一的弊端。此外，由于信息技术的支持，师生间、生生间、家校间的联系方式也变得多样灵活，各种社交软件、远程教育系统等使得师生、家校的交流不受时空限制，拓宽和延伸了交流的范围与空间，处于学前阶段的幼儿的教育更需要得到教师、家长的密切配合与交流沟通。

（4）教师角色发生变化。在传统的教学设计当中，设计的主要思路是教师为主导，教师处于一个中心位置设计教学活动、教学内容，学生通常是在教师的带领下进行接受式的学习，因此其学习的主动性难以被调动起来，学生进行独立思考和进行重新建构的机会较少。但是在信息化教学设计中，教师要从一个单向传递知识的讲授者转变为幼儿学习活动的支持者、合作者、引导者。教师在执行教学计划的过程中，要注重再创造，要积极地进行课程建设、教学反思，而不是仅停留在一成不变地传递知识的层面上。

（5）学习评价更为科学合理。传统的教学设计中，评价环节往往是采用总结性评价，忽视形成性评价，对学习过程缺乏必要的关注，过于注重学习结果，使得评价的科学性降低，教学质量得不到有效提升，评价的最终目的难以达成。在信息化环境下的教学评价将把学生的整个学习过程都纳入评价范围，把学生在学习过程中的具体表现作为评价的主要内容；评价标准也避免了传统的统一标准，注重学生的个体差异性，评价标准力求多元化、有弹性。教育评价是学前教育的重要组成部分，幼儿园教师应正确使用评价手段，以便调整、改进工作，提高教育质量和促进幼儿的全面发展。

三、学前教育与信息化教学设计

2010年国务院发布了《关于当前发展学前教育的若干意见》，提出了对当前学前教育发展的十大意见，其中第一条就提到把发展学前教育摆在更加重要的位置。学前教育不仅是各类教育的基础环节，也是整个教育系统中的薄弱一环。鉴于学前教育的重要性与发展现状，提升学前教育的质量迫在眉睫，成为学前教育工作的重心。学前教育的主要实践形式就是教学，幼儿教学的质量直接影响整个学前教育，教学是教育工作的核心与重点。如何才能提升教学质量？教学设计是教学活动得以顺利进行的前提和基础，是指导教学活动的纲领，教学设计的科学性与教学质量的高低密切相关。

信息化教学设计自身具备传统教学设计所缺乏的优势，弥补了传统教学设计中的一些缺陷，符合幼儿教育教学工作的相关理念与要求，有助于幼儿教育中各类教育目标的达成，是一种既符合教育发展趋势，又有利于提高学前教育质量的教学设计形式。所有的学前教育工作者应该了解并掌握信息化教学设计的相关原理与方法。

第二节 信息化教学设计的过程与方法

在确定信息化教学设计的优势与重要性之后，幼儿教师还需要掌握信息化教学设计的一系列过程与相关的方法。通过教学设计的定义我们得知教学设计是一种计划过程与操作程序，既然是"过程"与"程序"，就会涉及一系列的步骤和环节，一个完整的教学设计是由几个环节组成的，每个环节都要受到高度重视，严格运用系统方法对整个教学过程进行设计。

总体来说，信息化教学设计主要包括三大部分：第一个部分是前端分析，包括学习者分析、教学内容分析、教学目标分析；第二个部分是设计，包括教学模式、教学方法、教学信息资源、教学策略、教学媒体的选择与设计；第三个部分是评价。

一、学习者分析

信息化教学设计的一个最大特点就是以学生为中心，并且教学设计的最主要目的就是促进学生的学习，以此提高教学质量，因此，信息化教学设计的前端分析中要对学习者的具体情况进行一定的分析。每个学习者都是一个独立的个体，受生理、心理、社会文化等因素的影响，个体间会产生差异，但是也不否认学习者之间有一定的共性存在，具有一些共同特点。对学习者的这些特点进行分析，目的是为后续的步骤提供依据。

(一)认知发展特征分析

每个个体获得知识与解决问题能力是随着年龄的增长而逐渐发展成熟、发生变化的，每个年龄阶段的学习者的认知发展都具有不同的特点。关于认知发展理论，瑞士著名发展心理学家皮亚杰(Piaget)提出的认知发展阶段理论具有广泛的影响，对我们进行学习者的认知发展分析具有很大的指导意义。

皮亚杰经过多年的研究和观察，将儿童的认知发展水平划分为四个阶段：感知运动阶段、前运算阶段、具体运算阶段和形式运算阶段。后三个阶段与学校教育关系较密切，在此介绍后三阶段的主要内容。

1. 前运算阶段(2～7岁)

这一阶段正值入学之前与入学之初，学生遇到问题会运用思维，但以形象思维为主。思维具有知觉集中倾向性、不可逆性、自我中心主义，只能主观看世界，不能客观分析世界。有些也具备初级抽象思维能力。

2. 具体运算阶段(7～11岁)

这一阶段学生已经具有明显的符号性和逻辑性，但是思维活动仍局限于具体的事物以及过去的经验，缺乏抽象性。例如，学生能在心里自如地转换物体的空间排列方式，但若面对复杂数学问题、物理问题或社会问题会显得无能为力。

3. 形式运算阶段(11岁以上)

这一阶段的学生完全具备假设—演绎思维、抽象思维及系统思维能力。认知趋于成熟，能够理解并使用相互关联的抽象概念。

皮亚杰的认知发展阶段理论具有较大的参考价值，教师可以根据学生所处的具体年龄段判断学生的认知能力所处的阶段与该阶段所具有的特点，根据特点来制订教学计划。学期教育阶段面向的教育对象大部分是2～6岁的幼儿，这一年龄阶段的学生处于前运算阶段。教师要熟悉并了解前运算阶段学生认知发展的相关特征，在此基础上进行教学设计。除了皮亚杰的认知发展理论，现代认知心理学中还有斯滕博格、凯斯、希格勒等主要代表人物的相关理论，幼儿教师也可以根据需要进行额外的阅读了解。

(二)学习起点分析

学习者在进行新的学习活动之前，已具备一定的知识与技能、情感态度等。教师进行教学设计之前，为了使教学的各项因素都能更切合学生的实际情况，必须对学生的原有知识水平、学习能力、学习态度等方面进行了解，判断学生的学习起点，根据起点选择教学内容、教学策略，设计教学活动，避免教学活动超越学生的认知水平与起点能力而导致学生学习上的诸多困难，或是教学活动低于学生的学习起点水平，而无法满足学生的学习需要。

2～6岁的幼儿由于处于入学之初的阶段，教学起点的确定尤为重要，是将来一系列教育阶段的基础。对于特定的教学内容，分析学生的学习起点水平，一般可以采用编制试题的方式进行。通过试题的测验，发现学习者在哪一方面已经准备就绪，有一定的能力，在哪些方面尚有欠缺，需要在教学中加以补充。

(三)学习者学习风格分析

学习者是一个个具有差异性的独立个体，由于先天生理与后天心理因素的影响，他们每个人身上都带有自己的个性特点。在学习的过程中，学生身上的这些风格特点会不可避免地对学习产生一定的影响，从而形成其独特的学习风格。学习风格是指学习者持续一贯的带有个性特征的学习方式和学习倾向，是学习策略和学习倾向的综合。

威特金(Witkin)将学习者分为场独立型和场依存型两类。他认为场依存型的学习者在学习中受到外界环境影响的可能性较大，在进行认知活动时，独立加工信息的能力较弱，往往需要以外界的参照物作为信息加工的依据和支持。场独立型的学习者在进行认知活动时，倾向于利用内在的参照物进行独立的信息加工，受到外界影响的可能性较小。

此外，学习者还可分为沉思型与冲动型学习者，沉思型学习者善于利用大量的时间进行深思熟虑，审视问题，考虑问题较为透彻，往往能思考出全面解决问题的多种方法，出错较少。冲动型学习者反应灵敏迅速，往往在短时间内就提出看法，做出决定，因此出现错误的概率也较大。

根据学习者个人的学习风格，教育者应尽可能地为学习者提供适合其特点的学习计划、资源、环境、方式。

(四)学习动机分析

学习动机是指直接推动学习者进行学习的一种内部动力，是激励和指引学习者进行学习的一种需要。学习动机分为内部动机和外部动机，也有的分为认知内驱力、自我提高内驱力和附属内驱力。认知内驱力主要是后天获得的而不是天生的，自我提高内驱力是一种外部动机，附属内驱力也是一种外部动机。

认知内驱力是一种要求了解和理解的需要，一般表现为一种掌握知识、解决问题的需要。这种动机是由于好奇而激发出来的。幼儿的好奇心十分强烈，教师要注意保持幼儿在这一方面的学习动机。

自我提高内驱力是一种胜任能力、赢得相应地位的需要。它与认知内驱力的区别在于：认知内驱力直接指向具体的学习任务，而自我提高内驱力并非局限于学习任务，它是一种外部动机，把成就看成是赢得地位的根源。

附属内驱力是一个人为了获得赞许和认可而努力做好的一种需要。附属内驱力在儿童早期最为突出，因此幼儿园教师要重视学生这一学习动机，利用恰当鼓励和奖励激发并维持学生这一学习动机。

需要注意的是，对学习者的分析不是固定的、一成不变的，而是动态的、延续的。教师要在教学活动的全过程中，时刻关注对学习者的分析，尤其是在教学活动即将展开之时。此外，有关对学习任务、学习资源、学习工具、学习情境等的设计，都要以学习者为中心，围绕对学习者的分析而展开。

二、教学目标分析

教学目标是对学习者通过学习以后将能达到何种状态的具体、明确表述，包括学生通过学习将学会什么知识、掌握什么能力、会完成哪些创造性产品、潜在的学习结果等。幼儿园教育目标是指国家教育目的在幼儿园这一阶段教育的具体要求，是全国各类型幼儿教育机构的统一指导思想。[①]

---

① 陈思睿、蒋尊容、赵俊：《学前教育活动设计与实施》，13 页，成都，西南交通大学出版社，2015。

(一)教学目标的分类理论

教学目标涵盖的内容范围广，并且教学目标要求具体明确，避免抽象模糊，因此，只有将教学目标进行一定的分类，才能使其准确有序、防止疏漏与偏颇。目前国际上影响最大的教学目标分类理论是布鲁姆（Bloom）的教学目标分类理论和加涅的学习结果分类理论。

1. 认知领域目标分类

这个领域的学习目标分为六级。

知识：对学习过的知识材料的回忆，包括具体事实、方法、过程、理论等的回忆。心理过程主要是记忆。

领会：把握知识材料意义的能力，包括转换（用自己的话或方式来表达）、解释（对一项信息如图表、数据等加以说明或概述）、推断（预测发展的趋势）。

运用：把学到的知识应用于新的情境。它包括概念、原理、方法和理论的应用。运用的能力以知道和领会为基础，是较高水平的理解。

分析：把复杂的知识整体分解为组成部分并理解各部分之间联系的能力。它包括部分的鉴别、部分之间关系的分析和认识其中的组织结构。例如，能区分因果关系，能识别史料中作者的观点或倾向等。既要理解知识材料的内容，又要理解其结构。

综合：将所学知识的各部分重新组合，形成一个新的知识整体。包括发表一篇内容独特的演说或文章，拟定一项操作计划或概括出一套抽象关系。它所强调的是创造能力，即形成新的模式或结构的能力。

评价：对材料（如论文、观点、研究报告等）做价值判断的能力。它包括对材料的内在标准（如组织结构）或外在的标准（如某种学术观点）进行价值判断。例如，判断实验结论是否有充分的数据支持，或评价某篇文章的水平与价值。这是最高水平的认知学习结果。

2. 动作技能学习领域目标分类

动作技能学习领域的目标分为七级。

知觉：用感官去获得与动作技能有关的知识、性质和作用等信息，以便指导动作。

准备：从心理、生理和情绪等方面对特定的动作做好准备。知觉是准备的先决条件，知觉和准备被统称为动作技能学习的认知阶段。例如，学习动作技能，除了知道动作要领外，还必须愿意去学。

有指导的反应：复杂动作技能学习的早期阶段。这一阶段主要是进行模仿和尝试错误。通过教师或一套适当的标准可判断操作的正确性。

机械动作：学生的反应已成为习惯，达到自动化水平。这一阶段的学习结果涉及各种形式的操作技能，但动作模式并不复杂。

复杂的外显行为：包含复杂动作模式的熟练动作操作，操作的熟练性以精确、迅速、连贯协调和轻松稳定为目标。

适应：技能的高度发展水平，学生能修正自己的动作模式以适应特殊的装置或满足具体情境的需要。

创新：创造新的动作模式以适合具体情境，强调以高度发展的技能为基础进行创造。

3. 情感领域目标分类

情感领域教学目标共分为五级。

接受或注意：将注意力集中到某件事或某个活动中，并准备接受。例如，参加班级活动。

反应：学生主动参与、积极反应，表示较高的兴趣。例如，完成教师布置的作业，提出意见和建议等。学习的结果包括默认、愿意反应和满意的反应。

评价：学生用一定的价值标准对特定的现象、行为或事物进行判断。例如，欣赏文学作品，在讨论问题中提出自己的观点。这一阶段的学习结果所涉及的行为表现出一致性和稳定性，与通常所说的"态度"和"欣赏"类似。

组织：学生在遇到多种价值观念呈现的复杂情境时，愿意把它们组织成体系，然后进行比较。

价值与价值体系的性格化：通过对价值观体系的组织，逐步形成一个人的品性。

布鲁姆的这一分类理论为教师的教学目标分析与设定提供了一个可行的框架，三大类目标基本涵盖了教育教学中的基本要求，并且每一类目标都设置了等级，逐级递进，下一级的要求包括上一级的要求，清晰明确。

(二)教学目标的编写

1. 编写教学目标的重点

(1)教学目标的层次性。教学设计是基于系统论的指导进行的，因此教学目标的编写制定也要注重整体性。教学目标是一个系统，需要逐层细化，包括学年目标、学期目标、单元目标、一周目标等层次。

(2)教学目标的灵活性。由于学习者的能力与基础存在差异，因此教学目标的设计需要有一定的弹性，不能以统一的标准规定得太严格。目标可分为三个层次，以幼儿的年龄和年级为主要标准，一般划分为小班教学目标、中班教学目标、大班教学目标。教师在设置教学目标时切勿设置过多超出或低于幼儿水平的目标。

(3)教学目标的全面性。教育目标要注重层次性，将整个大的教育目标进行层层分解，但是无论是哪一层的教学目标，都要注重教学目标的全面性。教学目标的覆盖范围要广，要包括学前儿童全面发展的各方面内容，例如德育、智育、体育、美育、劳动教育以及《幼儿园教育指导纲要(试行)》规定的健康、语言、社会、科学、艺术五方面幼儿教育内容。

结合《幼儿园教育指导纲要(试行)》规定的五大幼儿教育内容、布鲁姆目标分类理论以及教学目标编写重点,可以将幼儿教育目标用图 4-2-1[①] 表示。

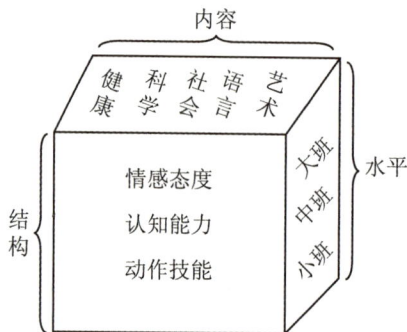

图 4-2-1　幼儿教育目标

2. 编写教学目标的方法

编写教学目标首先要明白一个基本要求,就是教学目标的基本要素要齐全,马杰(Mager)在他的著作中提出了教学目标的三要素:行为、条件、标准。后来在教学设计的实践中,有的学者在马杰的三要素基础上加入教学对象这一要素,从而形成了教学目标四要素:①对象(Audience):明确教学对象;②行为(Behaviour):通过学习,学习者应能做什么;③条件(Conditions):上述行为在什么条件下产生;④标准(Degree):规定达到上述行为的最低标准。该模式称为 ABCD 模式,可以指导教师编写出一个完整具体的教学目标。

例:"给出一条直线,学生用九段等距线段将该直线平分为十段,误差小于 10%。"

这条教学目标就是一个按照 ABCD 模式编写的教学目标。其中,对象是"某一年龄段的学生",行为是"用九段等距线段将该直线平分为十段",条件是"给出一条直线",标准是"等距线误差小于 10%"。在实际编写过程中,由于教学对象的连续性,A、C、D 这几个要素往往可省略。

三、教学内容分析

教学内容是教学活动中必不可少的核心部分,是为了支持教学目标的顺利实现而选取的一系列知识、技能、行为规范、经验。缺少了教学内容,教学活动就失去了载体,因此对教学内容的分析也是教学设计中的一个必要环节。对于教学内容的分析,主要从以下三个方面进行。

(一)教学内容与学生特点是否相符

教师面对不同年龄阶段、接受不同层次教育的学生,所要教授的内容也是不一

---

① 　王萍:《学前教育学》,9 页,长春,东北师范大学出版社,2011。

样的。面对众多的教学内容，教育者要分析这些教学内容的范围是否符合学生的年龄特点。从横向来说，教学内容所涵盖的范围要达到学习者所需要接触的方面，幼儿的教学内容一般要涵盖健康、语言、社会、科学、艺术五个方面；从纵向来说，知识的深浅度要符合学生的认知发展能力，不能过多地超越或是低于学生的认知能力水平。幼儿的认知能力处于起步阶段的关键时期，教育者对于教学内容要进行一定的分析调整、删减增添，不能进行过度超前式教育。

(二)教学内容的重点与关键所在

通常每一段完整的教学过程中所涉及的教学内容并不是单一的，其中会涉及多样的、复杂的教学内容。由于课堂时间是有限的，在有限的时间内如何将一定量的教学内容合理地教授给学生，这就需要教师在做教学设计时对教学内容的关键成分和重难点进行分析，以便在教学活动中做到有的放矢。对于幼儿园教师来说，要通过研读国家关于儿童学习与学前教育发展的文件，熟悉幼儿学习的关键因素，用于指导自己具体的教学内容分析。

(三)教学内容的展开序列

教学内容一般是围绕着一门课程或一个专题而展开的。在这个课程或专题下，又有若干个课题或者分支，每个课题又由若干的知识点组成，这样就形成一个完整的框架。因此教学活动的开展需要确定好教学内容的展开序列，教学内容展开的序列要注意由浅入深、循序渐进，注意新旧知识间、各类知识间的联系，注重各领域学习与发展的相互渗透配合，避免出现教学内容之间孤立、断层现象。

四、教学模式的选择与运用

(一)教学模式的含义

教学模式是指在一定的教育思想、教学理论和学习理论指导下，为完成特定的教学目标和内容而围绕某一主题形成的比较稳定且简明的教学结构理论框架及具体可操作的教学活动方式。教学模式具有整体性、指向性、稳定性、可操作性、灵活性等特点，因此教学模式的确定，对教学活动的实施具有很大的指导作用。

由于计算机、多媒体、通信、网络、人工智能的出现，信息收集、处理、加工、传输等技术飞速发展，信息技术也对传统的教学模式造成了很大冲击，新形势下的信息化教学模式也应运而生。基于问题的教学模式、WebQuest教学模式、基于网络协作学习的教学模式、情境化教学模式、基于概念图的教学模式、基于电子学档的教学模式、基于多元智能的个性化教学模式、英特尔®未来教育、苹果明日教室等都是新的信息化教学模式，在此简要介绍几种影响较大的模式。

(二)信息化教学模式

1. WebQuest 教学模式

WebQuest是一种新型的信息化教学模式，从字面意义上可以理解成基于网络的探究式学习。该教学模式的最大特点就是以探究为主要的活动方式，并借助网络的支持与帮助，在网络环境下，由教师设置一个任务引导学生进行自主探究学习，使学习者在网络技术的帮助下创造性地解决问题，培养学生分析问题和解决问题的能力，同时也培养学生搜集、处理、辨别信息的素养。对于此教学模式，教师要善于利用探究的方法，注重激发幼儿的好奇心和探究欲望，引导幼儿积极表现自己的探索过程和结果。

2. 基于网络协作学习的教学模式

协作学习是一种以小组或团队的形式进行学习的教学模式，每个小组成员即学生个体在学习过程中，为了达成学习目标，可以通过对话、交流、商讨等形式进行学习活动；此外，良好的网络协作学习环境为学生提供了许多协作学习的工具，如聊天室、电子邮件、信息传递工具等，这种教学模式有益于发展学生的思维能力、交流能力、沟通能力和对个体差异的包容能力。[1] 幼儿园教师在运用这种教学模式时，运用的重点可以放在协作上，多给幼儿提供相互交流学习和表达的机会，培养幼儿的语言表达能力，帮助培养幼儿间良好的同伴关系。

3. 个性化自主学习教学模式

个性化自主学习是以学生各自的特点为出发点，以发展个性为目标，适应个人需要，以学生自我管理与自主学习为主要活动方式的教学。信息技术环境为学习者的自主学习提供了良好的条件，给学习者提供了丰富的资源，便于学习者根据自身的学习风格、学习需要、学习水平获取、加工、储存学习信息。[2]《幼儿园教育指导纲要（试行）》提到：幼儿园教育应重视幼儿的个别差异，为每一个幼儿提供发挥潜能，并在已有水平上得到进一步发展的机会和条件。因此该教学模式对幼儿园教师来说也是具有极大的启示意义的。教师要注意观察分析每个幼儿的不同特点，尽可能地为幼儿创造个性化学习的机会。

五、教学策略的选择与运用

(一)教学策略的含义

教学策略是指在教学目标确定后，教师根据已定的教学任务和学生特征，选择性地采取一定的方法、手段，有针对性地在教学设计、教学实施和教学反思过程中开展的所有教学技能的总和。[3] 选择教学模式，可以说是为整个教学活动提供了一个可行的框架，但是在教学过程中许多活动的实施还需要有一定的策略去支持和指导，教学策略是一种可操作的方法与手段，在教学设计的过程中也是不可缺少的一环。

---

① 李克东：《新编现代教育技术基础》，342页，上海，华东师范大学出版社，2002。
② 李克东：《新编现代教育技术基础》，341页，上海，华东师范大学出版社，2002。
③ 袁振国：《当代教育学》，171页，北京，教育科学出版社，2010。

信息化教学设计的主要特点是以学生为中心。信息化教学设计是以学为主的教学设计，主要支持学生的自主学习与协作学习。因此在众多的教学策略中，以学为主的教学设计以自主学习策略和协作学习策略两类教学策略为主，下文主要介绍这两类教学策略。

(二)自主学习策略

1. 支架式教学策略

支架式教学(Scaffolding Instruction)是为学习者建构一种对知识理解的概念框架，用于促进学习者对问题的进一步理解。因此，事先要把复杂的学习任务加以分解，以便于把学习者的理解逐步引向深入。它是根据维果茨基(Vygotsky)的最近发展区理论，对较复杂的问题通过建立"支架式"概念框架，使得学习者自己能沿着"支架"逐步攀升，从而完成对复杂概念意义建构的一种教学策略。幼儿园教师应以发展的眼光看待幼儿，既要了解幼儿的现有水平，也要关注幼儿的最近发展区，注意提供给幼儿的支架要与幼儿能力相适应。由于幼儿的学习能力和自控能力较弱，在运用此教学策略的过程中，要注意监督幼儿、及时给予帮助和指导。

支架式教学策略由以下几个步骤组成。

(1)搭脚手架：围绕当前学习主题，按"最近发展区"的要求建立概念框架。

(2)进入情境：将学生引入一定的问题情境(概念框架中的某个节点)。

(3)独立探索：让学生独立探索。开始探索时，由教师启发引导；探索过程中教师适时提示；起初的引导、帮助可以多一些，以后逐渐减少，越来越多地放手让学生自己探索；最后做到无须教师引导，学生自己能在概念框架中继续攀升。

(4)合作学习：进行小组协商、讨论。

(5)效果评价：对学习效果的评价包括学生个人的自我评价和学习小组对个人的学习评价。

2. 抛锚式教学策略

抛锚式教学有时也称"实例式教学"或"基于问题的教学"。这种教学要求学生到实际的环境中去感受和体验问题，而不是聆听这种经验的间接介绍和讲解。在实际情境中一旦确立一个问题，整个的教学内容和教学进程就被确定了(就像轮船被锚固定一样)。幼儿教育中要十分注重将教学内容与幼儿的实际生活联系起来，以便使幼儿获得完整的经验。抛锚式教学策略中问题的选定要符合幼儿的生活经验。抛锚式教学策略由以下几个步骤组成。

(1)创设情境：使学习能在和现实情况基本一致或相似的情境中发生。

(2)确定问题：选择与当前学习主题密切相关的真实性问题作为学习的内容。

(3)自主学习：教师向学生提供该问题的有关线索，让学生自主学习解决问题。

3. 随机进入教学策略

事物都具有复杂性和多面性，从单一视角对事物内在联系了解和掌握不会是充分和全面的，需要从不同角度考虑得出不同的理解。随机进入教学的基本思想源自建构主义学习理论的一个新分支——认知灵活性理论（Cognitive Flexibility Theory），要求对同一教学内容，在不同时间、不同情境下，为不同的目的，用不同方式加以呈现。随机进入教学策略有助于幼儿园教师指导幼儿进行进一步探索与思考，有利于扩展、整合幼儿的经验。随机进入教学策略主要包括以下几个步骤。

（1）呈现基本情境：向学生呈现与当前学习主题的基本内容相关的情境。

（2）随机进入学习：依据学生"随机进入"学习所选择的内容，呈现与当前学习主题的不同侧面特性相关联的情境。

（3）思维发展训练：由于随机进入学习的内容通常比较复杂，所研究的问题往往涉及许多方面，因此教师还应特别注意发展学生的思维能力，注意学生的思维特点，培养学生的发散性思维。

（4）小组合作学习：围绕通过呈现不同侧面的情境所获得的认识展开小组讨论，思考、评论对方观点。

（5）学习效果评价：包括自我评价与小组评价，评价内容与支架式教学相同。

（三）协作学习策略

1. 竞争

竞争是指两个或多个学习者针对同一学习内容或学习情境，进行竞争性学习，看谁先达到教学目标的要求。由于学习者的竞争关系，学习者在学习过程中，会很自然地产生人类与生俱来的求胜本能，所以学习者在学习过程中会全神贯注，使学习效果比较显著。

2. 协同

协同指多个学习者共同完成某个学习任务。在完成任务的过程中，学习者发挥各自的认知特点，相互争论、相互帮助、相互提示或者是进行分工合作。学习者对学习内容的理解和领悟就在这种和同伴紧密沟通与协作的过程中逐渐形成。幼儿园教师可以设置一些幼儿通过努力可以完成的任务，引导幼儿合作完成。

3. 伙伴

由于个人的思考范围有限，学习者若在学习过程中，能和伙伴相互交流、相互鼓励将可达到事半功倍的效果。伙伴策略是指学习者与自己熟识的同学一起学习，没有问题时，大家各做各的，当遇到问题时，便相互讨论，从别人的思考中得到启发和帮助。它可以使学生在学习过程中感觉到他并不是孤独的，而是有一位伙伴可以互相支持、互相帮助，当一方有问题时，他可以随时与另一方讨论。这些协作学习策略有助于加强师生之间、同伴之间的交往，培养幼儿对人亲近、友爱的态度。

六、教学方法的选择与运用

教学方法是为了完成教学任务而采用的方法，它包括教师教的方法和学生学的方法，是教师引导学生掌握知识技能、获得身心发展而共同活动的方法。[1] 信息化教学方法是指教师通过现代教育媒体，向学生传递教育信息过程中所采取的工作方式，包括对学生学习认识活动的组织方式和控制方式。

由于教学方法的种类繁多，根据信息化教学设计所采用的探究式、合作式的教学策略以及以学生为中心的主要特点，下面介绍几种与之相适应的信息化教学方法。

(一)任务驱动教学法

任务驱动教学是建立在建构主义学习理论基础上的。它要求将教学内容隐含在一个或几个有代表性的任务中，以完成任务作为教学活动的中心；学生在完成任务的动机驱使下，通过对资源的利用，在自主探索和互动协作的学习过程中，完成任务，实现意义的建构。任务分为封闭型任务和开放型任务两种。

在任务驱动法教学中，任务的设计是关键。设计任务时一般要遵循以下原则。

1. 激发幼儿的学习兴趣与学习欲望

教学中的任务设计，必须符合幼儿的年龄与心理特点，注意观察并找到幼儿的兴趣与爱好所在，兴趣是最好的老师。

2. 难度与幼儿能力相适应

《3—6岁儿童学习与发展指南》提出教师要尊重幼儿发展的个体差异，既要准确把握幼儿发展的阶段性特征，又要充分尊重幼儿发展连续性进程上的个别差异，支持和引导每个幼儿从原有水平向更高水平发展。现代教育要求教学面向全体学生，因此，在设计任务时应考虑到幼儿学习能力之间的差异，教师要确保任务的难度与幼儿能力相适应，有一定的难度，但是绝大多数幼儿经过努力、通过小组合作等方式都能完成。

3. 注重情境性

教师在设计任务时，应创设贴近幼儿生活的真实情境，避免任务脱离生活实际，超出幼儿的经验和认知范围而导致任务完成困难，效率低下。

4. 采用小组合作学习的形式

设计任务时最好是以小组合作形式进行，这样有利于信息共享，取长补短，共同发展。同时也有利于培养幼儿的同伴关系。

(二)合作学习法

合作学习法是近几年来随着教育的发展而出现的一种新型教学方法。信息化教学设计提倡给多位学生提供合作学习的机会，发展他们的合作能力、沟通能力、表达能力、思维能力。幼儿教育是学校教育和终身教育的初级阶段，发展幼儿的相关能力为以后的教育奠定基础是必要的。尤其是现代信息技术的出现与发展，为合作学习的开展提供了条件。合作学习法是在教师的指导下，学生分成小组，以小组为

---

[1]　王道俊、郭文安：《教育学》，234页，北京，人民教育出版社，2009。

基本单位进行探究性的学习，这种学习方式更能突出学生的主体地位，调动学生的学习积极性、主动性。

(三)范例教学法

范例教学法是指教师在教学中选择所教内容中最基础的、本质的知识作为主要讲授内容，这个内容称为"范例"。通过"范例"内容的讲授，教师引导学生举一反三，掌握同一类知识的规律的方法。运用此法的目的在于教会学生学习的方法，促使学生能够进行独立学习，发展学生的迁移能力，进一步发展所学的知识，以改变学生的思维方法和发展学生的行为能力。幼儿园教师在幼儿学习与发展的五个领域中，要分别抓住每个领域中的"范例"内容，通过范例引导幼儿掌握规律。

此外，针对不同的幼儿教育内容，还有以下具体的教学方法。适用于健康教育活动的教学方法有练习法、演示法、情景表演法、讨论法、体验法；适用于社会教育活动的教学方法有参观法、谈话法、游戏法、实践法；适用于语言教育活动的教学方法有示范模仿法、视听结合法、游戏法、表演法；适用于科学教育活动的教学方法有观察法、实验法、劳动法等。教师可以根据教学的实际需求对这些教学方法做进一步的了解和选用。

七、教育信息资源的选择与运用

教育信息资源是指经过数字化处理，可以在多媒体计算机或网络环境下运行的多媒体信息材料，它能够激发学生通过自主、合作、创造的方式来寻找和处理信息，从而使信息化教学成为可能。[①] 教学资源不仅要支持学生的学习，还要辅助教师的教学，因此，教育信息资源包括支持学生自主学习的学习资源和辅助教师备课的备课资源。学习资源也有很多种类，包括各种媒体素材(文本、图像、音频、动画、视频)、网络课程与题库、学习网站等；备课资源包括网络教学软件、刊物、学科教学网站、教学资源管理系统等。

表 4-2-1 各类网络学习资源的应用范围与教学功能

网络学习资源类型	应用范围与教学功能
网络课件	知识点的辅助教学
网络课程	整门课程的教学
专题学习网站	专题的学习和研讨
案例库	典型个案分析
题库	单元或课程的练习测试

教师在进行信息化教学设计时，要充分利用信息技术、网络技术提供的巨大优

---

① 李克东：《新编现代教育技术基础》，267 页，上海，华东师范大学出版社，2002。

势，选择设计可以为教学活动服务的各种资源。学习资源通常来自三个途径：选现成的、修改原有的和重新编制的。在设计开发学习资源时教师必须遵循幼儿的发展规律和学习特点。在幼儿缺乏独立获取资源能力的情况下，幼儿园教师应该多花费功夫为幼儿选择和设计资源并提供和呈现给幼儿。对于有一定信息资源获取能力的幼儿，教师应当在如何去获取以及如何有效地利用这些资源等方面给予学生适当的帮助和指导。

八、教学媒体的选择与运用

教学媒体的选择是指根据特定的教学目标和教学内容，选择存储并传递相应的教学信息的载体和工具，这些载体还要能介入教学活动过程。目前教学媒体一般包括传统媒体(模型、教具、挂图)和现代的数字化媒体(电声媒体、投影媒体、幻灯机)。在现代教学中，媒体已经成为一个越来越重要的角色，发挥着越来越重要的作用，这些教学媒体可以为学生创设学习情境、帮助学生进行认知活动、提高教学效率，因此，信息化教学中教学媒体的运用也是一个重要特征。

不同的媒体具有不同的优势与缺陷，并不是说任何媒体都是十全十美，适用于任何教学活动的，教师在进行教学设计时关于媒体的任务就是要正确选择并合理运用媒体。关于媒体的选择，要遵循以下几个原则。

(一)全面熟悉

目前市面上出现的可利用的教学媒体工具越来越多，性能也越来越完善，不同媒体工具的操作方法与性能在一定程度上是有差异的。选择教学媒体的时候，要避免陷入越高级的媒体越好、越复杂的媒体越符合需要的误区。选择教学媒体的一个必要前提就是教师要熟悉该媒体的性能与操作方法，选择自己熟悉的、能熟练操作的媒体工具，如果对需要用到的媒体工具较为陌生，也要做好一定的学习和培训工作。

(二)内容符合

不同学科的教学内容、同一学科的不同内容对教学媒体的要求也不一样，不可将一种媒体运用到所有内容的教学中去，否则会导致教学媒体达不到最好的运用效果，成为累赘。例如，幼儿园教师进行语言这一领域的教学时，由于语言这一内容的教学要求教师让幼儿感受语气、语调的作用，因此教师应该选择声音、录像，来支持幼儿的理解与体会，创造一种身临其境的感觉。

(三)对象适应

媒体的使用不是为了体现技术，也不是为了追赶潮流，而是为了帮助学生认知、理解、接受知识，尤其是对幼儿阶段的儿童来说，他们的认知发展水平较低，对于很多知识，直接的教授与传递会让儿童感到认知理解上的吃力，因此要借助一些媒体，尤其是符合幼儿认知特点和规律的媒体来帮助幼儿进行学习活动。幼儿的思维是一种直观、形象的思维，因此要多采用一些图形、动画、音乐之类的媒体类型，注重图文声像并茂，帮助幼儿理解。

九、教学评价设计

教学评价是以一定的教育价值观与教学目标为依据，制定科学标准，运用一切科学有效的技术手段，通过搜集教学过程中的各种资料、信息，对教学活动过程及其结果进行测定、衡量并给予价值判断。教学评价是教学设计的有机组成部分，是不断提升教育教学质量的重要保证，同时也为教育决策的不断完善提供了可靠的信息。

(一)教学评价分类

由于信息化教学设计的评价非常注重对整个教学过程进行评价，而不是单纯地评价教学结果，因此根据教学阶段对教学评价进行分类可以得出以下三种评价类型。

1. 诊断性评价

诊断性评价是在教学活动正式开始之前进行的，教师要进行基本的教学计划，确定教学内容的深浅度、教学活动的起点、教学进程的时间分配等，都要基于学生能力。诊断性评价有助于教师了解学生目前的基本能力与技能水平，为其进行相关的教学决策提供依据。

2. 形成性评价

形成性评价是在教学进行过程中实施的一种评价，在教学进行的过程当中，教师应该合理运用形成性评价。形成性评价有助于教师及时了解教学效果、学生学习进展、当前存在的问题等，能够达到一种及时反馈的效果。教师通过形成性评价，可以及时调整、改进教学活动，保证教学活动的正确方向。在信息化教学设计中，形成性评价是一种很重要的评价形式，把对教学过程的评价放在一个重要的位置上，具有很大的实际意义。

3. 总结性评价

总结性评价是在教学活动结束之后实施的评价，主要是评定学生在一个阶段(一学年、学期、单元、课程)学习后，所达到的程度，例如各学科的期中期末考核、考试。该评价主要注重教学活动的结果，对学习者的学习成果进行全面的评价、区分等级，并为教师的教学方案做出有效的评价。

信息化教学设计强调不仅仅要注重对整个教学过程进行评价，在评价方式上，也要求科学化、多元性。在教学评价中，根据评价基准与分析方法的不同，可以有以下几种评价方式。

(1)相对评价。在所有被评价者中建立起一个标准，将每一个被评价对象与这个标准进行对比，判断被评价者在这一群体中的位置，这种评价方式主要是了解学生的整体水平与学生间的差距。

（2）绝对评价。与相对评价不同，绝对评价的判断标准不是建立在被评价群体之中，而是建立在群体之外，然后将被评价者与这个标准进行对比，从而判断学生的优劣程度。这种评价的方式有助于学生看到自身与客观标准之间的差距，从而有方向地向特定教学目标靠近。

（3）自身评价。顾名思义，就是以个体为主的评价，这种评价方式的标准既不是在群体之内，也不是在群体之外，而是以被评价者的自身为标准。从横向来说，将学习者的各个方面进行比较；从纵向来说，将学习者的目前状况与过去的情况进行比较。自身评价有助于学习者看到自身的变化，调整学习方式。

（4）定性评价。定性评价是一种"质"的分析，通常运用分析与综合、归纳与演绎等分析方法，对相关资料进行分析，分析结果的呈现形式是一种描述式的材料，很少涉及数量分析。

（5）定量分析。定量分析与定性分析相对，主要运用统计分析、多元分析等数学分析方法，从收集的各种数据中进行分析，得出结论，是一种基于数据的分析，分析方式较为严密，结果的呈现形式也是以数据为基础的规律与结论。

(二)信息化教学评价的重点

第一，在信息化教学中，评价是重视学生表现和过程的，并用于评价学生应用知识的能力。关注的重点不再是学生最终学到了什么知识，而是在学习过程中学生获得了什么技能，并为学生提出建议。

第二，信息化教学强调学生的个别化学习，学生在如何学、学什么等方面有一定的控制权，教师则起到督促和引导的作用。为此，在信息化教学中，评价的标准往往是由教师和学生根据实际问题和学生先前的知识、兴趣和经验共同制定的。

第三，在信息化教学中，学习资源的来源十分广泛，特别是互联网在学习中的介入，使学习资源呈现了取之不竭之势。在这种情况下，如何选择适合学习目标的资源不仅仅是教师的重要任务，也是学生终身学习所要获得的必备能力之一。因而，在信息化教学评价中，对学习资源的评价受到更广泛的重视。

第四，在信息化社会中，面对不断更新的知识，作为一个合格的终身学习者，自我评价将是一个必备的技能，培养学生的这种技能本身就是信息化教学的目标之一，也是评价工作的任务之一。

(三)信息化教学评价的工具

信息化教学评价需要发展一些新的评价工具。这些评价工具包括量规、学习契约、电子学档、概念图、评估表等。下文对部分工具做一些简单的介绍。

1. 量规

量规（Rubric）是一种结构化的定量评价标准，往往从与评价目标相关的多个方面详细规定评级指标。它是对学生的作品、成果、成长记录袋或者表现进行评价或者等级评定的一套标准，同时也是一个有效的教学工具，是连接教学与评价的一个重要桥梁，具有操作性好、准确性高的特点。

2. 学习契约

学习契约就是一份由学习者和专家、教师等协商拟定的书面资料。契约明确了学习的内容、学习的程序和方法、学习的时间以及评估的方式、教与学的各自职责等，也可以看成是学习者与帮促者之间的书面协议或者保证书。

学习契约所包含的要素有：学生的相关信息，课程信息，学习目标，评价依据，得分保证，学习资源和策略，时间期限，协议双方的签名。

3. 电子学档

电子学档是利用网络和数据库技术，根据一定的学习目的，由学习者负责对学习过程中关于学习目的、学习活动、学习进步、学习成果等情况的记录，以及学生或他人关于学习过程和学习结果的反思及评价的集合体。其要素包括目标、读者、体现能力的证据、测评的标准和反思等。电子学档可以对学习的过程进行良好的记录，可以将学生成长进步的点点滴滴都保存下来，有利于学生反思能力和主体能力的培养。幼儿园教师可以建立一个学前儿童成长档案袋，记录孩子成长的相关信息，并将其作为教学评价与反思的依据。

4. 评估表

评估表（Assessment Form）是由问题或评价条目组织而成的一个表单，学生逐一回答表单上的问题或对评价条目做出评价。合理地设计问题和评价条目可以帮助学习者通过回答这些问题而产生某种感悟，有效地启发学生的反思，从而增强他们的自主学习能力，达到提高绩效的目的。

(四)信息化教学设计评价的主要内容

(1)收集信息能力：能运用信息技术自主收集信息资源，并具有分析判断能力。

(2)整理信息能力：能根据需要，在资源中选择相关性较强的资源并分类整理。

(3)运用计算机能力：能将资源加工处理，用演示文稿或网站制作出作品。

(4)感悟运用所学知识能力：通过学习，学到了知识、获得了运用知识的能力。

(5)创新能力：能够在学习的基础上，提出新的观点、做出新的作品，寻找身边事物的不足，提出有新意的创想。

这五方面的评价内容一般指向的是中小学教育，对于学前阶段的幼儿来说，其中一些内容要求过高，幼儿难以达到。对于幼儿园教师来说，信息化教学评价主要要求教师善于依靠信息化手段和工具来辅助教学评价的进行，突破传统评价方式单一、科学性不足、评价依据缺乏等限制；此外，评价的重心要落在创新能力和自主学习能力上，由于幼儿身心发展尚未完善，因此教师容易出现过于保护而造成包办幼儿学习的行为，相反，教师应该注重发展幼儿的自主学习和独立能力，并将其纳入评价的主要范围中，同时也要尊重幼儿的想法，保护幼儿的好奇心，帮助发展幼儿的创新意识与能力，并将创新能力作为评价的主要内容。

第三节 幼儿园信息化教学方案的编写与案例

教师在经过以上步骤的分析与设计后，对于整个教学活动的每一个环节就会有一个较为清晰深刻的认识，但是教学设计通常要形成一个完整的、系统的方案，才能更好地指导教学，为教学反思提供依据，最终编写形成的教学设计方案可以用文字、框图、流程图、表格等形式表述。对于幼儿园教师的教学设计来说，教学设计方案的编写主要是从教学目的、教学准备、教学过程、教学评价四大方面进行。

表 4-3-1 教学设计方案编写

步骤	任务
教学目的	确定学生通过此教学活动后应该达到的水平或获得的能力
教学准备	确定教学内容(包括学习者特征分析)
	确定教学模式与方法
	选择教学资源
	选择教学媒体
教学过程	详细规划和梳理整个教学过程，使之合理有序，并用文字有条理地表达出来
教学评价	在教学设计过程中，评价修改是随时进行的，伴随设计过程的始终

表 4-3-2 幼儿园信息化教学案例

	课题：小班语言课《可爱的小雨点》
教学目的	带领幼儿真切地感受散文营造的意境，在感受与体验中掌握排比句式
	引导幼儿欣赏课文，指导幼儿积极用语言、动作表达出自己的理解与感受
	同伴间能积极地交流，幼儿能独立地将自己的看法表达出来，并倾听同伴的看法
教学准备	教学内容选择课文《可爱的小雨点》，小班幼儿年龄在 3 岁左右，没有丰富的生活经验，语言浅显生动、节奏感强、篇幅短小、富有童趣的文学作品更能吸引该年龄幼儿并有助于幼儿的语言学习。而且处于前运算阶段的幼儿头脑中已经有了对事物的表象，具体的形象能帮助幼儿理解经验与概念间的关系，文章中的形象生动的"小雨滴"，正符合小班幼儿的特点
	教学模式以教师课堂讲授型为主 教学方法以示范模仿法、视听结合法、表演法为主
	教学资源主要是从网上获取的关于雨点、屋顶、树叶的图片、课文的录音，制作一个简洁的教学课件(幼儿教学课件不宜过于繁杂)，教具增加一个雨点形状的玩偶
	教学媒体运用电子白板和投影仪

续表

	课题：小班语言课《可爱的小雨点》
教学过程	激趣导入：提出雨点的话题，把幼儿的兴趣激发出来并把注意力集中到课堂上，此时也可以从幼儿的表现中找到幼儿的兴趣点所在
	鉴赏学习：放映下雨的动画视频和图片，边观看边提问，引导幼儿思考，雨点是怎么样活动的，从天上落下来，落到屋顶上，再从屋顶上跳到叶子上
	播放课文录音，引导幼儿将雨点的下降过程复述出来，锻炼幼儿的语言表达能力
	带领幼儿重点朗读文章中的排比句，反复朗读，培养幼儿造句语感，教给幼儿排比句的基本句型
	幼儿与媒体互动环节：引导幼儿利用电子白板的拖曳功能重现雨点的活动轨迹，从天上到叶子上再到地板上，让幼儿与媒体有所互动，真切体会
	游戏环节：组织幼儿运用雨点玩偶，重复雨点"跳"和"滑"的动作，在游戏过程中鼓励幼儿以排比句的形式描述游戏的过程（游戏也可根据幼儿的兴趣点更改或删减）
	交流讨论环节：将幼儿分成几个小组，组织幼儿进行讨论，每个幼儿表达自己进行学习和游戏活动后的收获，畅所欲言，教师鼓励幼儿大胆表达，并对幼儿给予鼓励，同时对幼儿的观点也要表现出尊重和肯定
教学评价	利用电子白板的录制功能将课堂过程录制下来，课堂教学活动结束后，教师要根据录像进行教学反思，同时观察每个幼儿的表现，对幼儿的学习过程做出评价
	以任务的完成情况评价幼儿的学习情况：要求每个幼儿以排比句的形式描述身边的任何一样景物，并在下节课堂上通过投影与全班同学一起分享各自的作品，教师根据幼儿的作品对幼儿的学习成果进行评价

还可以采用以下的表格形式进行教学方案的编写。

表 4-3-3　教学方案

案例名称					
科　　目		教学对象		提供者	
课　　时					
一、教材内容分析					
二、教学目标（知识、技能、情感态度、价值观）					

续表

三、学习者特征分析			
四、教学策略选择与设计			
五、教学环境及资源准备			
六、教学过程			
教学过程	教师活动	学生活动	设计意图及资源准备

本章小结

1. 信息化教学设计

信息化教学设计是运用系统方法，以学生为中心，充分并恰当地运用强大信息技术力量与丰富的信息资源，科学地安排教学过程中的各个环节和要素的过程，目的是优化教学、提高教学质量、培养学生的信息素养、提高学生的学习兴趣。

2. 信息化教学设计的特征

(1)以学生为中心，强调学习者的自主学习。

(2)信息资源与技术支持教与学的双边活动。

(3)灵活性与开放性特征显著。

(4)教师角色发生变化。

(5)学习评价更为科学合理。

3. 信息化教学设计的过程

信息化教学设计主要包括三大部分：第一部分是前端分析，包括学习者分析、教学目标分析、教学内容分析；第二部分是设计，包括教学模式、教学方法、教学信息资源、教学策略、教学媒体的选择与设计；第三部分是评价。

4. 幼儿园信息化教学方案的编写

教学设计方案的编写主要是从教学目的、教学准备、教学过程、教学评价四大方面进行的。

本章检测

一、思考题

1. 简述信息化教学设计的含义。

2. 简述信息化教学的特点。

3. 简述信息化教学设计的过程。

4. 简述信息化教学设计的方法有哪些。

5. 如何设计教学评价？

二、实践应用题

根据学前教育中的具体内容，编写信息化教学方案。

第五章　信息技术与幼儿园课程融合

学习目标 ▶

- 了解信息技术与课程融合的内涵。
- 掌握信息技术与幼儿园课程融合的模式。
- 能够设计信息技术与幼儿园课程融合方案。

本章导读 ▶

　　本章介绍了信息技术与课程融合的内涵、信息技术与幼儿园课程融合的模式，并提供了若干教学案例。学习者可以结合教学设计的理论与方法做创新性设计。

第一节　信息技术与幼儿园课程融合概述

　　信息技术与课程融合的宏观目标是带动数字化教育环境建设，推进教育的信息化进程，促进教学方式的根本变革，培养学生的创新精神和实践能力，实现信息技术环境下的素质教育与创新教育。现代教育技术在学前教育领域的应用能更有效地发掘出学前儿童的潜能，培养学前儿童的创新能力。教师对现代教育技术的熟练应用，有助于其更有效地利用现代的教学资源，更新教育理念，创建更适合学前儿童学习的教学模式，营造更有利于学前儿童学习的学习氛围。[1]

一、信息技术与幼儿园课程融合的概念

　　要理解信息技术与课程融合的概念，首先有必要理解以下基本的概念。

　　信息技术：主要指计算机、多媒体、网络和通信技术。

---

[1]　张昆豫：《信息技术支持下的学前儿童国学教学研究与实践》，硕士学位论文，广西师范大学，2017。

课程：目前尚存的中小学及幼儿园课堂教学中所开设的各门课程。

融合：来源于英语的"integrative"，意为"使结合（with）；使并入（into）；使一体化，使其成为一体"。

课程融合（curriculum integration）：意味着对课程设置、各课程教育教学的目标、教学设计、评价等诸要素做系统的考虑与操作，也就是说要用整体的、联系的、辩证的观点来认识、研究教育过程中各种教育因素之间的关系。比较狭义的课程融合通常指的是各门原来割裂课程之间的有机联系，将这些课程综合化。

关于"信息技术与课程融合"（integrating information technology into curriculum），目前国内许多学者根据自己的理解，给出了不同的定义。本书引用何克抗教授的定义："信息技术与课程融合的本质与内涵是要求在先进的教育思想、理论的指导下，尤其是主导—主体教学理论的指导下，把计算机及网络为核心的信息技术作为促进学生自主学习的认知工具与情感激励工具、丰富教学环境的创设工具，并将这些工具全面地应用到各学科教学过程中，使各种教学资源、各个教学要素和教学环节，经过整理、组合，相互融合，在整体优化的基础上产生聚集效应，从而促进传统教学方式的根本变革，也就是促进以教师为中心的教学结构与教学模式的变革，从而达到培养学生创新精神与实践能力的目标。"

信息技术与幼儿园课程融合，主要表现为信息技术与学习活动的融合，这反映了信息技术支持学习的特征，信息技术不仅是呈示教学信息和抽象知识的载体，更多的是教与学的互动、学生之间的交流与沟通的工具。信息技术与幼儿园课程融合的结果，即信息技术课程与综合实践活动的融合，也就是信息技术环境下的综合学习。幼儿园的学生是 3～6 岁的儿童，学生的自主学习能力比较弱，需要突出老师的主导地位，使儿童在信息技术支持的课堂教学环境中受到潜移默化的教育。

二、信息技术与幼儿园课程融合的模式

对于幼儿园来说，项目学习是信息技术与课程融合的适宜模式。因此，本书在此仅对项目学习模式进行介绍。

项目学习是一种以项目为导向，围绕与生活密切相关的主题来进行的学习活动；项目学习以制作作品、展示作品为目的，并通过这个过程来提高学生的综合能力。项目学习一般包括以下操作流程：选定项目、制订计划、活动探究、作品制作（或幼儿表演）、成果交流、活动评价。将基于项目的学习应用于信息技术与幼儿园课程教育融合的过程中，也可以从这六个方面做起。

（一）选定项目

选定项目是进行项目学习的前提，关系项目学习的成败。项目的选定应该遵循以下原则。

（1）所选定的项目应该以学生的兴趣和生活经验为出发点，项目的内容必须具有一定的真实性。

（2）所选定的项目必须能够促进学科间的相互联系和渗透，这样才能培养学生的

思维能力和想象力，使学生的综合素质在项目学习的过程中不断提高。

（3）所选定的项目的难度要与学生的学科背景知识相符，这样才不会挫伤学生的自信心，才能确保项目学习的顺利进行。

（4）所选的项目不能过于简单，它需要学生经过至少一周的时间的探究与合作来完成。

（二）制订计划

制订计划是探究活动的前奏，好的计划可以使探究活动得以顺利地进行。计划的制订包括以下几个方面的内容。

（1）人员的分配。人员的分配最好让学生自由组合，3～6岁的幼儿更喜欢新鲜的人和物，可以让学生在适当的时候调换座位，以增加学生上课的积极性。

（2）时间的分配。在课堂上要控制好儿童自由发言时间，让学生体会自由的同时也要有紧张感，也能让学生集中注意力回答问题。

（3）活动的设计。活动的设计是对项目学习所要进行的活动的预计，是进行活动探究前必不可少的一步。详细的活动设计方案可以使学生在项目学习的过程中少走弯路，并减少不必要的资源消耗。

（三）活动探究

活动探究是项目学习的关键步骤，在这个过程中学生是探究的主体，他们将在教师的引导下按照活动计划充分发挥自己的想象力，对所要进行的项目学习深入探讨，同时也可以拓展自己的思维。在这个过程中，他们可能会面临一些困难，但是，在老师的指引下，学生通过自己的生活常识和生活体验，尽量得到自己想要的答案。

（1）按照计划，灵活进行探究活动。

（2）认真记录活动探究过程中的感想和遇到的问题，为作品制作或表演寻找灵感。

（3）学会与人交往沟通。

（四）作品制作（或幼儿表演）

项目学习与其他教学活动最显著的区别在于项目学习的成果必须是一个可以看得见的作品。作品的制作有以下几个特点。

（1）作品必须由学生团队成员共同完成，而不是个别学生的作品。

（2）学生必须利用活动探究过程的成果和经验来完成作品。

（3）作品的表现形式多样化。学生项目学习的作品可以是实物或模型、学生的表演、录音录像资料等，幼儿园学生是以表演为主。

（五）成果交流

成果交流是学生展示制作的作品以及分享项目学习过程的环节，也是活动评价的依据之一。成果交流具有以下几个特点。

（1）成果交流形式多样化。成果的交流可以通过比赛、展览等形式来进行。

（2）成果交流的参与人员除了参加项目学习的师生以外，还可以是家长、其他教师以及社会上其他支持项目学习的人员。

(六)活动评价

别样的评价方式也是项目学习的一个亮点，它具有以下几个特点。

(1)项目学习的评价是多元化的评价，它融合了形成性评价和总结性评价、对个人的评价和对团队的评价、教师的评价、学生的自我评价和同伴评价。

(2)项目学习评价贯穿项目学习的整个过程。项目学习的评价内容不仅仅是对作品的评价，而且是对整个项目学习过程的评价，其至是对学生的分组情况的评价。

(3)评价人员不再局限于教师，而是扩展到学生本人以及校外支持项目学习的人员。

第二节　信息技术与幼儿园课程融合案例

一、信息技术与幼儿园课程融合案例一

主题：幼儿园大班学生学习"亲有过，谏使更；怡吾色，柔吾声；谏不入，悦复谏；号泣随，挞无怨"。[①]

第一步：选定项目：你认为父母会做错事情吗？你会劝谏父母吗？你劝谏父母的方式有哪些？

第二步：制订计划。如表 5-2-1 所示。

表 5-2-1　"亲有过，谏使更；怡吾色，柔吾声；谏不入，
悦复谏；号泣随，挞无怨"的教学过程设计与课堂观察

教学过程	教师活动	课堂观察	设计意图及资源准备
设置问题引出新课程	上节课我们讲到一句话，叫作"父母责，须顺承"，也就是说父母在责备我们的时候，要恭敬聆听，虚心接受，但大家觉得父母或者老师会有犯错的时候吗？或者自己有没有遇到被误解的时候，明明不是自己的错，却被父母批评责骂？你当时是怎么做的？	对于父母会不会犯错这件事，学生明显是不知道的；至于有没有被父母长辈误会的时候，学生脸上的表情尽是茫然和不解。或许是学生们幸运，并没有被"冤枉"过。	承上启下，让学生带着疑问来学习新内容，对学习内容更加有兴趣。

---

① 张昆豫：《信息技术支持下的学前儿童国学教学研究与实践》，硕士学位论文，广西师范大学，2017。

续表

教学过程	教师活动	课堂观察	设计意图及资源准备
进行正式学习前要先分组	按竖"S"依次报数"1，2，3"，数"1"的同学一组，数"2"的同学一组，数"3"的同学一组。	学生们依然很兴奋，愉快地进行了报数，对于新的分组及跟新的成员坐在一起很高兴。	和新的成员坐在一起，有新鲜感，也可以增加学生的归属感和荣誉感，激起学生的胜负欲。
带着问题观看卡通动画故事	有三个问题： 1. 故事里的小主人公叫什么名字？ 2. 小主人公被爸爸冤枉了几次？ 3. 小主人公是怎么向爸爸解释误会的？	同学们都很期待看到整个视频故事。	给学生设置问题情境，学生带着问题有目的地去观看视频，会为寻找答案而更加集中自己的注意力，其次在看过整个视频后学生的思想会受到一定冲击，从而明白"人非圣贤，孰能无过"。要谅解父母，也要用合适的方法劝解父母。
劝解父母也需要方法	劝解父母也要用对方法，下面我们来看一下少年孙无觉是怎么做的。	学生们都翘首以待。	让学生知道劝解父母除了态度言辞温和之外，方法也很重要。方法用对了，可以起到事半功倍的效果。
跟读朗诵近日的学习内容	先整体跟读，然后按分好的三组，轮流读，看哪一组读得正确、整齐。读得最好的一组可以每人做一天老师的小助手。	受当老师小助手的吸引，学生的学习兴致很高。	跟读版在前让学生先熟悉语句，歌谣版在后巩固学习。
课后总结	以提问的方式回顾今天所学内容。然后通过跳《弟子规》第一部分的韵律操回顾前两次学习的《弟子规》课程。	学生跟随教师的提问一一作答，并跟随视频跳韵律操。	检查学生的学习成果，加深学生对今天所学内容的印象，回忆之前学习的课程，通过运动跳操的方式让学生印象更加深刻。

第三步：根据教学内容在网上选取适合的教育资源。本节课选取的网络教育资源有：跟读版和歌谣版的《弟子规》之"亲有过，谏使更；怡吾色，柔吾声；谏不入，悦复谏；号泣随，挞无怨"片段，让学生集中学习这部分的内容；卡通动画视频之《中华弟子规——蜜语耳机》《弟子规——苦心劝父》《弟子规韵律操》。

第四步：在教学课堂中，可以利用问题导向的方法，将学生的注意力集中起来，更能够提高教学效率。比如本节课中在观看故事视频《中华弟子规——蜜语耳机》之前提出了三个问题：故事里的小主人公叫什么名字？小主人公被爸爸冤枉了几次？

小主人公是怎么向爸爸解释误会的？另外，在父母做错事情的时候我们要以什么样的方式和态度劝谏父母？通过《弟子规——苦心劝父》中孙无觉的做法来进行分析学习。

第五步：评估学习结果。对于幼儿园的学生来讲，由于年纪较小，用测试或者背诵的方式来评价其学习成果未免太过枯燥，所以可以通过跳《弟子规韵律操》的方式来评价，既增加了学生学习的趣味性，也能让学生强身健体，达到寓教于乐的效果。

第六步：课末总结。再通过跟读和跟唱的方式复习"亲有过，谏使更；怡吾色，柔吾声；谏不入，悦复谏；号泣随，挞无怨"片段，加深学生对本节课上学习内容的印象。

二、信息技术与幼儿园课程融合案例二

主题：幼儿园大班学生学习"父母呼，应勿缓；父母命，行勿懒；父母教，须敬听；父母责，须顺承"。[①]

第一步：选定项目：你认为的孝敬父母的方式有哪些？

第二步：制订计划。如表 5-2-2 所示。

表 5-2-2　"父母呼，应勿缓；父母命，行勿懒；父母教，须敬听；
父母责，须顺承"的教学过程设计与课堂观察

教学过程	教师活动	课堂观察	设计意图及资源准备
进行正式学习前要先分组	按横"S"依次报数"1、2、3"，数"1"的同学一组，数"2"的同学一组，数"3"的同学一组。	学生们很兴奋，愉快地进行了报数，对于新的分组及跟新的成员坐在一起很高兴。	和新的成员坐在一起，可以有新鲜感，也可以增加学生的归属感和荣誉感，激起学生的胜负欲。
头脑风暴	讨论：同学们认为孝顺父母的方式有哪些？	各组的学生们都非常积极地回答，答案五花八门。	让同学们自由回答，畅所欲言，想用什么方式来孝顺父母都可以，首先让学生积极参与课堂，其次解放学生们的思想，让学生敢于发言、乐于发言。

---

① 张昆豫：《信息技术支持下的学前儿童国学教学研究与实践》，硕士学位论文，广西师范大学，2017。

续表

教学过程	教师活动	课堂观察	设计意图及资源准备
介绍本节课的内容	来看看《弟子规》中孝敬父母的做法有哪些。今天我们先学习四种行为，即"父母呼，应勿缓；父母命，行勿懒；父母教，须敬听；父母责，须顺承"。虽然都是小事情，但要做到可不容易。并通过动画视频来深入了解为什么不容易做到，而且没有做到时容易引起什么后果。	小朋友们在听到要及时应答父母的呼唤、对父母交代的事情及时去做时，感到不解。有人认为很简单，有人则不以为然，觉得自己的事情更重要。	这几句话的确很简单，但是要想做到却不是容易的事情，通过动画视频的观看，学生们明白越是简单的事越不容易坚持，没有及时回应父母也容易引起不必要的麻烦。
情景表演	表演主题：从父母回家到晚上睡觉，从三组中各抽出一个人，作为家长组成一家人，看看大家都是怎么做的。	学生们都跃跃欲试，趁着下课的十分钟分配自己的角色，安排表演。	让学生通过角色表演亲身体验"父母呼，应勿缓；父母命，行勿懒；父母教，须敬听；父母责，须顺承"的含义。

第三步：活动探究。在课堂教学过程中，通过向学生提问——你认为孝敬父母的方式有哪些——来引导学生，以头脑风暴的形式让学生回答问题，将其注意力集中在课堂上，顺便打开学生的思路。

第四步：通过角色扮演的方式，让学生将在课堂上学习到的知识运用到实践中，也让学生明白即使是一些小事做起来也不容易。

第五步：学习成果交流。可以根据分组让学生比赛朗诵，胜利一方可以获得适当的奖励，比如，一些自制的趣味奖章或者被评为"最优朗诵组"等。

第六步：活动评价。除了教师和学生的自我评价外，也可以邀请其他教师旁听，提出更好的建议和意见。

三、信息技术与幼儿园课程融合案例三

主题：幼儿园大班学生学习规矩。[①]

规矩对于幼儿园的学生来说是个很抽象的概念，所以教师要把规矩这个概念具体化，特别是要在孩子们的日常生活中体现出来。首先让学生观看视频《阿毛春游排队记》的故事——阿毛和爷爷去公园游玩，在排队买票的时候一直被后面的人插队，即使最终买了票、游了园，但总的来说，是乘兴而来、败兴而归。故事告诉我们在生活中要遵守一定的行为准则，这样才能方便自己也能方便他人。看学生是否懂得这个道理，

---

① 张昆豫：《信息技术支持下的学前儿童国学教学研究与实践》，硕士学位论文，广西师范大学，2017。

可以通过一个小游戏进行检测，即单手接尺子测反应能力。可以利用课堂秩序比较混乱不易安静下来的时候，先找离自己比较近的学生玩这个游戏，刚开始就三五个人，所以很快都能轮到自己玩。慢慢地，后面的学生看见了，就凑过来了，人越来越多，场面越来越混乱了。此时，可以让学生回想《阿毛春游排队记》，阿毛和爷爷去公园玩为什么没有顺利买到票？所以要排队按顺序一个一个来会更快一点。只有让学生在日常生活中亲身体验一下"守规矩"的重要性，他们的思想才会产生质的变化。

📖 拓展阅读与思考5-1

融合现代信息技术　发展幼儿园新课程①

一、明确教育目标，放准技术地位

应用信息技术是为了提高教学效率，资讯科技能为老师提供大量的教学资源，激发教师的教学灵感，更新教师的教学观念和教学方法。这种全新的变化将导致幼儿园课程的目标、内容、方法和手段乃至评价模式都会发生根本性的变化。信息技术将与课程中的教与学融合在一起成为一种重要的教学工具，它唯一的、最终的目的是实现更有效的幼儿教育。在短期内、在狭窄的空间里让幼儿得到更全面、更广阔、更深层的感受、体验和发展，并为幼儿在将来养成良好的信息素养、形成较强的信息技术能力打下坚实基础，做到如意大利瑞吉欧的幼教工作者所指出的"针对儿童去做，而不是为儿童去做"。因此，我们要明确引入和运用信息技术，是为了更好地扩展幼儿生活与学习的空间，为教育提供更多的可能性。

二、把握幼儿特点，优化教学手段

在整合信息技术的过程中，只有针对幼儿学习的特点，有选择地使用信息技术，才能充分发挥信息技术在幼儿园课程中的优势，才能真正提高信息技术教育的实效。实践中，笔者发现，使用生动的、富有趣味的、具有幽默感的课件，能更有效地集中幼儿的注意力，加深幼儿对教学内容的理解和记忆；同时，由于信息技术能解决传统课堂中无法超越时空的问题，能让教师自由地运用各种生动立体的声像资源，使教学变得直观形象，更易为幼儿所接受和理解，大大优化教学效果。比如在我园幼儿学健身操的时候，教师用一个小鸡跳健身操的Flash动画做演示，老师和幼儿一起跟着跳，看着生动可爱的画面，和着悦耳活泼的音乐，幼儿学会、学好的速度明显比平时只有老师示范的快，而老师也可以抽出身来纠正幼儿的动作，大大节约了教学时间却得到了更好的效果……

由此可见，信息技术合理应用的意义是不言而喻的。此外，多媒体信息技术的人机互动效果，更是解放了教师，使教师从传统的课堂教学模式走向一种更为自由的个性教育模式，教学方法和教学手段由此有了革命性的改变。

---

① 昆山市实验幼儿园网站，http://www.kssyy.com.cn/kyyd/ShowArticle.asp? ArticleID = 3898，2017-08-20。

三、注重师生互动，感悟信息教学

技术的融入，教学时空的扩展，为教师、幼儿在活动中带来了更多的交流时间。技术与课程要有机地融合才能提高教与学的效果，形成师幼互动、幼幼合作的整体互动氛围。这种"有机融合"就像"树"和"水"，教育是"树"，技术是"水"，"树"与"水"生生相惜，"树"是生命的主体，"水"是辅助的客体，"水"让"树"有了生命更有活力，"树"使"水"洁净悠长。

案例：中班音乐活动《蝶之舞》

片段一

"听，伴着美妙的乐曲，是谁来了？"在安静地完整欣赏两次乐曲后，孩子们已经分析出："a段是美丽的蝴蝶在快乐地飞舞。"可是对于乐曲b段的具体表现内容，孩子们却描述不出来。"我们去看看，蝴蝶出来干什么？"老师制作的多媒体课件展示出了a段蝴蝶飞舞，b段蝴蝶赏花的各种造型。"真美呀，我是蝴蝶就好了。""有两只蝴蝶头碰头，打开翅膀，很漂亮的。"孩子们边欣赏边描述。"那我们现在再听听乐曲，你们就可以像蝴蝶一样，听乐曲做自己喜欢的动作。"

片段二

"美丽的蝴蝶在花朵上摆出各种不同的造型，你在听音乐表演时能表现出和别人不一样的动作吗？你们试试吧！"在老师的号召下，孩子们伴随音乐尝试蝴蝶飞舞、蝴蝶赏花造型。陈思宇小朋友找到自己的好朋友李龙心，两人一起有商有量，构想出两只蝴蝶携手飞翔的优美造型。老师用数码相机及时捕捉。

多媒体课件具有声、形、色齐备的特点，对再现乐曲的情境、内容可以起到画龙点睛的作用，尤其对音乐欣赏中重难点的突破是很好的情境感染手段。它将幼儿已有的知识经验加以拓展和提升。此例中，老师采用音乐和信息技术相结合的教学手段，让幼儿借助视觉和听觉，大胆表现蝴蝶飞舞、蝴蝶赏花的多种形态。教师用数码相机及时捕捉、记录幼儿创造的蝴蝶造型，并运用软件技术快速呈现在幼儿面前，极大满足了幼儿的成功感，并给予幼儿再创造的空间。此例充分体现了信息技术为课程带来的先进性，体现了"树"与"水"的有机关系。

实践证明，技术与课程只有互相协调，才能发挥信息技术在教育中的最大作用，才能实现信息技术与幼儿园课程的有效融合。

四、扩展课程时空，搭建家园桥梁

幼儿园教育、家庭教育各有优势，无法替代，幼儿园教育是学校教育和终身教育的基础阶段，而血缘、亲情等又令家庭成员间紧密联系、相互影响，幼儿园、家庭与社区密切合作已成为当前教育的发展趋势。在现代技术的支持下，幼儿园课程的开展不再受时间、地点的限制，紧密及时的信息增进了家长与教师间的相互配合，有利于家庭、社区与幼儿园的相互促进，提高各方的教育水平；教育资源更大程度的使用，使幼儿教育不再局限在幼儿园内，还可到外面更开阔的世界开展，有效扩展了课程空间。

实践中，笔者发现幼儿园网站上的快讯报道等，让家长及时了解小朋友在园的学习和生活情况，方便教师与家长沟通，更好地开展双边教育，同时网站上提供的各种育儿知识、健康食谱、均衡营养调配等知识可有效地帮助家长解决一些育儿难题；通过互联网，家长、幼儿、老师共同开展游戏或活动，从而促进亲子互动与人际关系的发展；家长与幼儿园可引导幼儿通过互联网浏览各种资源库，如动物的起源、发展等，提供给幼儿更好的体验和学习……

如果说幼儿园网站给家长打开了一扇走进幼儿教育的门，而我们创建的幼儿园教育博客及班级教育博客，则真正让家长融入幼儿教育，体验到与孩子共同成长的快乐。

博客具备超文本链接、网络互动、动态更新的特点，兼容了网站的面，电子信箱、QQ的点，做到了点与面的有机结合，让幼儿园教师在"不停息的网上航行"中，精选并链接全球互联网中最有价值的幼儿教育信息、知识与资源；既能及时、快捷地将教师个人或班级教育教学过程、教育故事、思想历程、闪现的灵感等及时记录和发布，又能将家长在家教过程中发生的故事、疑惑、孩子成长图片等一一上传，充分发挥教师个人无限的表达力，激发家长参与的积极性，使教师和家长的沟通更具深度。大家紧紧围绕"孩子发展"，携手组建成爱的教育团队，更为成功引入家长资源做好铺垫。

本章小结

1. 信息技术与幼儿园课程融合的概念

信息技术与课程融合的本质与内涵是要求在先进的教育思想、理论的指导下，尤其是主体教学理论的指导下，把计算机及网络为核心的信息技术作为促进学生自主学习的认知工具与情感激励工具、丰富教学环境的创设工具，并将这些工具全面地应用到各学科教学过程中，使各种教学资源、各个教学要素和教学环节，经过整理、组合，相互融合，在整体优化的基础上产生聚集效应，从而促进传统教学方式的根本变革，也就是促进以教师为中心的教学结构与教学模式的变革，从而达到培养学生创新精神与实践能力的目标。

2. 信息技术与幼儿园课程融合的模式

信息技术与幼儿园课程融合的模式主要为项目学习模式。项目学习是一种以项目为导向，围绕与生活密切相关的主题来进行的学习活动；项目学习以制作作品、展示作品为目的，并通过这个过程来提高学生的综合能力。项目学习一般包括以下操作流程：选定项目、制订计划、活动探究、作品制作（或幼儿表演）、成果交流、活动评价。

本章检测

一、思考题

1. 信息技术与课程融合的概念是什么？

2. 信息技术与幼儿园课程融合的模式有哪些？

3. 项目学习的步骤有哪几个？

4. 信息化教学设计是什么？其设计思路与步骤是什么？

二、实践应用题

请选择一个主题设计信息技术与课程融合方案。

第六章 课程融合关键点：幼儿教育软件教学应用

学习目标 ▶

- 了解幼儿教育软件的内涵与功能。
- 了解幼儿教育软件研究热点与前沿。
- 掌握为幼儿选择教育软件并应用于教学的方法。

本章导读 ▶

本章介绍了幼儿教育软件的内涵与功能，讨论了如何为幼儿选择教育软件、如何将幼儿教育软件有效应用于教学等。

第一节 幼儿教育软件概述

一、幼儿教育软件

(一)幼儿教育软件的概念

软件是一系列按照特定顺序组织的计算机数据和指令的集合。从功能上分，可分为系统软件和应用软件。系统软件主要是指面向硬件或者开发者所设立的软件，如操作系统、编译系统、数据库系统等面向开发者的软件；而应用软件是指针对某种应用目的所开发的软件，包括游戏软件、教育软件、办公软件，等等。

教育软件以教育为主，它必须适应特定知识领域和特定文化层次的各类普通用户，因此所开发的教育软件应具有界面简易、操作方便、价格低廉的特点，而且教育软件是通过市场销售推广应用的商品化软件，教育软件的科学性、权威性与实用性对于教育软件是否适应市场需求尤为重要。①

教育软件是进行教育的工具，是用正确思想教育人的载体。它必须是融先进的教育理论（经验）和软件开发技术于一体，在成熟的技术中找到能为教育服务的最合适的部分，并加以整合。②

方海光认为教育软件应从广义和狭义两个方面来定义。从广义上讲，教育软件是基于计算机多媒体技术以服务于教育为目的的软件产品，包括计算机知识教育软件、语言教育软件、科普教育软件以及与学生课本内容紧密结合的学生教育软件等。此外，还包括为实现教育信息化、数字化开发制作的校园管理教学软件、学校行政办公软件等与教育行业相关的各类软件产品的总称。③ 狭义上的教育软件是指根据教学目标设计的表现特定的教学内容、反映特定教学策略的计算机教学程序。它可以用来存储、传递和处理教育的信息，教师用这些程序进行教学时，称为教学辅助软件；当学习者使用它来达到学习目的时，称为自学辅助软件。④ 从这一定义可以知道，广义的教育软件不但包括教学辅助和自学的软件，还包括一些辅助管理的软件。从狭义定义看，教育软件一般包括助教和助学两个类型的教育软件。

那么如何理解幼儿教育软件呢？有研究表明，"有关3岁以下儿童能不能使用计算机，根据Haugland和Wright(1997)的观点，计算机与该年龄段儿童的学习方式不匹配"⑤。"确实，迄今还没有任何证据表明3岁前儿童学习计算机对其将来的发展有何助益，相反，可能还有潜在的危害。"⑥因此本研究中的幼儿指的是处于前运算阶段的3～8岁的儿童。根据教育软件的定义，幼儿教育软件是把使用对象或者教学对象限定在3～8岁的幼儿，设计软件时应考虑到幼儿的心理特点以及幼儿学习理论。"幼儿教育软件以早期儿童为服务对象，是在一定学习理论指导下，为儿童提供内容、活动以及针对某项专门的知识或技能的工具。"⑦

如下面两款幼儿教育软件。

Kid Pix Deluxe 4是一款以4岁以上儿童为使用对象的绘图软件。该软件为儿童提供了一个绘画与创造的平台，设置了丰富的绘画相关工具与资源。此外还设置了教师工具功能，教师可以通过灵感机器创建并调控学习内容。从软件的整体设计风格来看，色彩丰富，形象生动，配以动画、音效以及大量矢量图，能够激发儿童使用和探索的兴趣。这款软件为使用者提供了一个开放式平台。通过这个平台，使用

① 王丽莎：《软件工程与教育软件开发的思考》，载《中国教育信息化》，2008(5)。
② 黄爱明：《国内教育软件质量现状及对策研究》，载《煤炭技术》，2010(6)。
③ 方海光：《我国教育软件价值评测研究》，博士学位论文，中国科学院研究生院（成都计算机应用研究所），2006。
④ 方海光：《我国教育软件价值评测研究》，博士学位论文，中国科学院研究生院（成都计算机应用研究所），2006。
⑤ 郭力平：《信息技术与早期教育》，43页，上海，华东师范大学出版社，2007。
⑥ 郭力平：《信息技术与早期教育》，43页，上海，华东师范大学出版社，2007。
⑦ 郭力平：《信息技术与早期教育》，125页，上海，华东师范大学出版社，2007。

者可以根据自己的意愿确定如何使用软件，从而使得技术能力不再成为儿童使用软件的限制性因素。Kid Pix 的图片处理工具更适合幼儿，使他们在作画过程中可以得到适宜的支持和帮助。此外，这款软件还提供了专门的教师模式，使儿童与成人都能有效地使用。

结合我国教育部与 IBM 公司合作开展的"KidSmart 小小探索者"项目，下文介绍一下在该项目中推荐使用的幼儿教育软件——Edmark 幼儿教育软件。这款软件包括数学（米莉数学屋、朱迪时空屋）、科学（塞米科学屋）、语言（贝利的书屋）、艺术（"思维"[第一集]、"思维"[第二集]）等几个部分。这些内容与幼儿园现有的课程内容紧紧相关，其层次性、互动性也充分尊重了幼儿学习特点。幼儿园教师在上课的时候，让幼儿自由探究，将软件结合课程，生发出新的教育活动，其中既有系列主题活动，如电脑游戏大家玩、虫子的梦想等，也有独立的教育活动，如蚂蚁找豆、奇妙的节奏等。

(二)幼儿教育软件的特性与分类

幼儿教育软件有以下几个特性：一是教育属性，即幼儿教育软件的作用是更好地教幼儿或让幼儿学，是智能化的工具，其内容是适合幼儿学习的教育内容，体现一定的教育理论；二是软件属性，即具有一般软件的特性、技术特性和结构特性；三是幼儿教育软件所普遍具有的娱乐性，幼儿阶段的学习与其他年龄段的学习最大的区别就是，幼儿根据自己的兴趣来进行学习，幼儿时期儿童的游戏热情是最高的。

幼儿教育软件由于分类标准的不同而不同。根据传播媒介的不同，可以将幼儿教育软件分为单机版幼儿教育软件和网络版幼儿教育软件；根据"娱乐—教育性"维度，可以将幼儿教育软件划分为娱乐性幼儿教育软件、娱乐—教育性幼儿教育软件和教育性幼儿教育软件；根据软件设计指导思想的不同，可以将幼儿教育软件划分为以行为主义学习理论为指导的训练—练习软件和以建构主义学习理论为基础的发展适宜性软件。

笔者根据软件设计指导思想的不同，对训练—练习性和发展适宜性幼儿教育软件做进一步讨论。

训练—练习性幼儿教育软件是以行为主义为指导思想来设计的，强调的是强化，表现在软件设计上就是让幼儿不断地点击鼠标或者敲打键盘来加强练习、记忆。比如说一些练习打字的软件，如果打字正确的话就会有相应的奖励。

发展适宜性幼儿教育软件的指导思想是建构主义学习理论，认为学习是知识的建构，通过新旧经验的互动来建构。发展适宜性软件的作用是为儿童提供适宜的探索、操作甚至玩耍的机会。"优秀的学前教育软件能让幼儿'主导控制'，从而帮助其发展这些新出现的特征。对学龄前儿童来讲，最好的程序应当便于操作，并赋予他一种成就感和控制感。此外，伴随着儿童的成长，适宜的软件在各方面也都相应地有所升级，能使儿童在更加熟练的同时找到挑战。"①发展适宜性的软件更适合幼儿的发展，对他们的认知、身心都有益处，但是也并不是说训练—练习性的软件没有一点好处，在刚开始操作软件的时候，教师或者家长如果以这种类型的软件作为幼儿学习起点，幼儿学习相对更容易些，幼儿对软件的学习更加有信心。

(三)幼儿教育软件对幼儿的影响

幼儿是幼儿教育软件应用的主体，由于幼儿自身的特点，对新奇事物有着强烈的兴趣。幼儿教育软件通过幼儿听觉、视觉、触觉等多种感官的协同作用，可以使幼儿获得不一般的体验；幼儿通过使用幼儿教育软件，可以在亲手操作的过程中体验到快乐，获得成就感；通过色彩丰富的画面以及优美的音乐可以在玩乐中学习、掌握一定的知识；幼儿教育软件的使用有利于儿童良好个性的发展。

1. 幼儿教育软件可以开阔幼儿的视野、充实幼儿的想象空间

幼儿教育软件所涉及的内容很丰富，包括自然、语言、生活、算数等常识性的内容。幼儿教育软件所涉及的题材在幼儿的游戏世界里能够充分展示，从而能够开阔幼儿视野、充实儿童想象空间。例如，幼儿教育软件《漫步生活奇境》，就是让孩子在虚拟的校园中，了解学校值日工作的内容和意义，还可以学到环境保护和资源回收等科学知识。

2. 幼儿教育软件可以提供虚拟环境，从解决简单问题入手，增强幼儿的信心

幼儿教育软件为了能够让儿童解决简单的问题，通常是设置一个虚拟的情景，使幼儿在这个情景中解决问题，愉快地展开学习，使学习变得容易、有趣、丰富多彩。比如《语文智慧谷》幼儿教育软件，让小猴子把背筐里带有汉字的水果进行分类，使具有相同汉字结构的水果放到一起。虽然汉字结构跟水果并没有任何关系，但是幼儿教育软件把这个对于幼儿来讲有难度的问题放到了幼儿喜欢的环境中去解决，能增强幼儿解决问题的信心。

3. 幼儿教育软件可以促进幼儿学习兴趣，增强其探索能力

幼儿活动通常以兴趣而非任务为中心，哪里吸引他们的注意，哪里就有他们的活动。幼儿教育软件首先以生动的画面和动听的声音吸引幼儿的注意，不同教学内容的设计促使幼儿参与进来，与计算机进行交互。交互过程就是幼儿探究新问题的过程，幼儿教育软件告诉幼儿怎样操作，同时根据教学内容，从不同角度考察与锻炼幼儿思维、记忆、操作能力。

(四)幼儿教育软件研究的前沿与热点

河南大学蔡建东教授②及其团队利用文献计量工具对幼儿教育软件的前沿与热点进行了分析，具体如下。

---

① [美]阿林·普拉特·普莱瑞：《幼儿园科学探究教学——科学、数学与技术的融合》，霍力岩等译，165页，北京，教育科学出版社，2009。

② 蔡建东：《幼儿教育软件评价研究》，北京，中国社会科学出版社，2014。

1. 幼儿教育软件研究的热点

幼儿教育软件是以教育为目的的，这个目的不仅是学习计算机，而且包括利用计算机达到教育的目的，借助软件工程的"东风"壮大幼儿教育软件的规模，提高质量。网络的可用性也是幼儿教育软件要考察的一个重要指标。于是幼儿教育软件就把重点放在了设计上，设计出适宜的软件，以适合幼儿的发展；同时，也较为关注学习过程，关注幼儿学习过程中对知识的掌握和建构。从 2006 年开始，研究者越来越系统地关注幼儿教育软件，从工程和系统的视角来更科学地研究幼儿教育软件，同时也关注了幼儿教育软件的另外一个操作者——教师，关注教师的信息化素养、培训以及教师应如何引导、教导儿童使用软件。同时，专家学者也在关注幼儿教育软件会给幼儿带来的一些不利影响，例如导致幼儿肥胖，这就对幼儿教育软件的设计提出了新的、更高的要求，即要适合儿童使用。幼儿教育软件的目的就是与幼儿园开设的课程进行整合，即软件的内容与当前班级开展的主题关系是否密切，是否容易变成课程的有机组成部分。幼儿教育软件的开发和维护也要遵循软件工程学的基本原理和发展规律。在幼儿教育软件的开发过程中软件工程具有指导作用，尤其是关于需求分析的任务、步骤、原则、方法等。软件工程学中软件开发的方法中有一种是面向对象法，即从现实世界中存在的事物出发来构造软件系统，这也是幼儿教育软件开发者需要思考的。软件工程学和教育学交叉融合形成的新的交叉领域，使得幼儿教育软件的产品可以从教育和软件技术两个视角来分析和处理，对于幼儿教育软件产品决策和幼儿教育软件产业分析具有重大的意义。learning environment、wide web 都是幼儿教育软件关注的使用环境，每个幼儿园使用软件的环境不尽相同，这对于使用效果也是有影响的。网络环境也越来越多地进入开发者和使用者的视线，正是因为网络环境的出现，才更有利于幼儿学习经验的分享，也给幼儿使用环境从单纯的幼儿园扩大到家庭提供了条件。Teachers，从教师的角度看，幼儿教育软件主要涉及软件与课程的整合以及软件的管理。教师首先考虑的就是软件的投入使用是否能切合自己班级的主题，能否对自己课程内容进行深化；其次要考虑对软件的管理，是不是可以根据不同幼儿的特点，对软件进行调整，使其符合幼儿的发展规律；同时，教师也应该享有权限控制软件的开启和关闭，利用软件提供的反馈信息了解幼儿的学习进度。Overweight 这个热点是对软件的硬件提出的要求，这个时期对于幼儿发育成长是很重要的，那么软件的使用，是否会对幼儿的成长构成影响，也是当下研究的热点问题，输入输出设备的问题越来越受到设计者和使用者的重视。

2. 幼儿教育软件的前沿问题研究

幼儿教育软件关注的前沿问题共析出 10 个关键词，分别是：电脑科学（computer-science）；教育内容（educational-content）；信息挖掘（information-seeking）；应用软件（based-software）；实证研究（empirical-studies）；实时（real-time）；学习经验（learning-experiences），远程学习（distance-learning）；幼儿（early-childhood）；协作学习（collaborative-learning）。

随着计算机技术的发展，幼儿教育软件会更依赖 computer-science，会更多以计算机技术为依托，完善幼儿教育软件各项指标系数。软件设计要考虑操作上的独立性，使用过程中的互动性，软件是否与操作系统兼容，是否安装方便，是否运行快捷，界面是不是友好，在视听觉效果上是否把儿童的特点放在首位考虑，还要考虑输入输出设备的适配性，是否考虑了儿童使用的工效学特点。这些都是幼儿教育软件关注的前沿问题。幼儿教育软件，不只是一种软件产品，在具有软件属性的同时更应该具备教育的属性，是一种教育产品。之前的幼儿教育软件产品更多关注的是软件属性，我国目前幼儿教育软件开发商以技术型厂商为主，大多仅仅从技术角度进行软件设计和开发，对幼儿特点的了解不甚深入，对幼儿园课程的理解不够全面，因此 educational-content 这个前沿问题是否得到解决就关系到能否引导开发商的思维转型，使幼儿教育软件更好地整合软件功能和教育内涵。information-seeking、based-software、empirical-studies，在实证研究的基础上分别从技术上和研发设计的角度对幼儿教育软件提出了要求，幼儿教育软件要从应用的角度出发，要更利于教师与幼儿的使用，使其通过使用软件可以对信息进行剖析。real-time、learning-experiences，幼儿的读写能力有限，因此幼儿教育软件应避免用文本说明，主要是通过口语指令和视觉图标实时指导、提示，幼儿的学习经验也要通过软件实时进行分享，及时记录下幼儿的使用情况。early-childhood，这是幼儿教育软件应用的主体，本身具有很多特殊性，幼儿教育软件是否成功就要看这个软件能不能考虑到幼儿的特殊性。软件设计要遵循幼儿的年龄特点，内容要适合幼儿的学习与生活，要考虑幼儿的读写能力，软件要提供清晰的指导。distance-learning、collaborative-learning，这是幼儿教育软件功能的实现方式，它不仅仅在幼儿园可以使用，最好在幼儿其他的生活环境中也可以使用，同时老师也能进行指导。随着计算机技术的发展，协作学习和互动性都是软件需要考虑的重要因素，通过软件与计算机的互动，幼儿之间的互动，幼儿与教师之间的互动，在几者之间进行信息交换。在高质量的协作学习中，具有开放性和互动性的幼儿教育软件，允许幼儿将游戏活动的背景、人物角色、物体进行个性化的装饰，按照自己的步调进行操作，又能根据个别化特点进行学习。这些前沿问题，是幼儿教育软件的发展方向，也是我国幼儿教育软件的发展趋势，只有更多地从幼儿的需要、教师的需要、幼儿教育软件本身的技术特征出发，才能把握幼儿教育软件发展的走向，设计出适应市场需要的软件。

二、幼儿教育软件评价

幼儿教育软件评价是指依照一定的评价标准，采用科学的方法，对适用于幼儿阶段的教育软件进行价值判断的活动。幼儿教育软件评价的目的在于判断幼儿教育软件的质量（主要是教育性和技术性两个方面），分析对幼儿教育的影响，最终促进幼儿的发展。其本质是一种基于教育软件与幼儿交互作用活动的价值判断。软件评价活动由评价者、评价工具和评价对象三个基本要素构成。[1] 幼儿教育软件评价离不开教育理论、教学设计理论等基础理论的指导，常用的理论基础有人本主义学习理论、儿童认知发展理论、建构主义学习理论等。目前，美国学者普遍采用的幼儿教育软件评价指导理论思想是 NAEYC 提出的"发展适宜性实践"思想，我国对"发展适宜性"的幼儿教育软件评价指导思想也取得了较强的共识。

幼儿教育软件评价是教育评价与教育软件评价的下位概念。幼儿教育软件评价不仅具有教育评价与教育软件评价的共通性质，也因其对象的特殊性具有一些特殊性质与特点。

第一，幼儿教育软件评价是以促进幼儿身心全面和谐发展为基准的价值判断。教育评价的本质是价值判断，是对教育现象的价值做出判断。[2] 幼儿教育软件评价就是以是否促进幼儿身心全面和谐发展为基准进行价值判断。一般从健康、语言、社会、科学、艺术等领域对幼儿身心发展进行综合判断。

第二，幼儿教育软件评价是教育性与技术性判断的统一。幼儿教育软件评价不仅仅体现以促进幼儿身心全面和谐发展为基准的价值判断，同时体现对软件技术特征的评价，如软件运行特点、人机界面设计、软件与输入设备的适配性与操作结果的输出。具体来说，软件操作应当容易被儿童掌握，其界面应该是友好的，符合儿童特点与认知能力，输入输出应考虑儿童的动手能力与审美需求。[3]

第三，幼儿教育软件评价是整体性与个性化的和谐统一。幼儿教育软件评价关注幼儿学习与发展的整体性，因为儿童发展是个整体，不能片面追求某一方面或某几方面的发展，要注重各领域之间的相互渗透与整合。同时，要尊重幼儿发展的个性化需求与个体差异，不能形成标准的生产线，用一把尺子进行衡量。

第二节　幼儿教育软件教学应用

一、如何选择幼儿教育软件

丽莎·格恩西（Lisa Guernsey）是新美国基金会早期教育的开拓者。格恩西通过调查发现：随着电子媒体的增多，教师与父母愈发不知道该怎样为幼儿选择合适的媒体，关于这方面的信息也少之又少。为此，格恩西提出了"3C"原则，即内容、环

---

① 张豪锋、孔凡士：《教育信息化评价》，315 页，北京，电子工业出版社，2005。
② 王景英：《教育评价》，7 页，北京，中央广播电视大学出版社，2004。
③ 郭力平：《幼儿教育软件的评价研究》，载《幼儿教育（教育科学）》，2009（1、2）。

境和幼儿个体。①

内容（content）：格恩西认为"幼儿不是木讷呆板的人，他们努力融入所看的内容中去并试着去理解它。媒体呈现的方式和内容对幼儿理解的难易程度有很大影响"。

在选择媒体内容时，教师与父母需要问自己如下问题：

（1）是暴利的、恐怖的还是令人厌烦的？

（2）是对社会交往的有效模仿吗？

（3）它可以提高幼儿的读写能力吗？

（4）它和幼儿生活联系紧密吗？能帮助解决幼儿生活中遇到的问题吗？

（5）它可以帮助培养幼儿的美好品德吗？

环境（context）：环境很少被考虑到，但它却是很重要的，应该成为教师与父母关注的对象。

在选择媒体环境时，教师与父母需要问自己如下问题：

（1）当没人看的时候，电视还开着吗？

（2）媒体放在什么位置呢？它影响幼儿睡眠质量吗？

（3）你和幼儿一起看过或操作过媒体吗？在幼儿看或是操作过之后，你和他谈论过他们看的或是操作的内容吗？

（4）电视在哪放置？在幼儿的卧室吗？

（5）你有特别重视电视、平板电脑、电子阅读器的某项功能吗？幼儿从你所重视的这些功能学到了什么？

（6）你用媒体的行为方式吸引幼儿吗？他们从看你怎么用媒体中学到了什么？

幼儿（child）：教师与父母需要了解幼儿，了解什么可以激发他们的好奇心和求知欲，并满足他们的需求。

教师与父母应该问自己如下问题：

（1）幼儿对情绪化地改变内容敏感吗？

（2）幼儿对屏幕上的内容有回应吗？他的兴趣被激发了吗？可以和媒体进行互动吗？

总的来说，在选择媒体时，内容应是符合幼儿认知水平的且与幼儿生活联系紧密，并以"真正提高幼儿读写能力和技巧"为宗旨的，而不是仅仅频繁地点击按钮；环境方面，媒体应放在书房或是其他位置，切记禁止放在幼儿的卧室。当媒体不用时应关掉。父母和教育者应掌握正确的媒体使用方式，而且要注意和幼儿交流他们所看到的内容，偶尔可以和幼儿一起看视频或是玩游戏。幼儿方面，父母或是教育者应了解幼儿的兴趣点，投其所好。当然，对于"3C"原则，父母可以灵活使用，不

---

① Lisa Guernsey，"Digital Literacy：Tips For Parents on Screen Time,"*TVO*，2013(2).

需要太严格。

格恩西提出的"3C"原则为父母对幼儿进行媒体选择提供了指导，指明了方向，同时也为教育者利用媒体对幼儿进行教学提供了很好的参考，促进了幼儿教育技术的发展。此外，格恩西提出的"3C"原则还对人们一直以来对"技术对幼儿的发展是否有负面影响"的质疑做出了合理的解释，即取决于环境、内容、幼儿个体和他们的需要。[①] 如果这三方面做得好，自然对幼儿的发展是有利的。

此外，格恩西认为应该考虑如下问题。[②]

第一，数字媒体对幼儿产生了很大影响，以至于幼儿认为阅读没有必要。要不要阻止这种现象，怎么阻止。像视频类媒体一直被认为是可视化呈现内容的媒介，一张图片可以胜过千言万语，可读性很强。但从另一方面来说，幼儿接触的文字就少了，他们很难学好字词，我们也很难阐述幼儿学习读写的必要性。

第二，数字媒体仅仅作为一种动力呈现给幼儿是远远不够的。幼儿在玩游戏时，很兴奋。因而，可以借此平台来传递有关阅读的知识以激发幼儿的学习兴趣。但是当新鲜感褪去，不知幼儿是否还会对阅读产生兴趣。这些游戏引发出幼儿对阅读如此热爱的强烈情感能不能深深地融进幼儿的学习方法中，而不管将来他们用什么技术。

第三，数字媒体怎样才能提高幼儿阅读理解力，怎样将幼儿从理解字词的初级能力提升至较高的能力。利用多媒体和沉浸式游戏能不能很好地向幼儿介绍来自历史、科学、文学中的词汇和概念，以便于他们今后在文章中遇到同样的字词时能够认识并理解它。如果数字媒体能够做到，是不是这样就足够了。数字媒体能不能成为来自不懂普通话家庭的幼儿更好地理解普通话的桥梁。

第四，创作和阅读之间的关系问题。数字媒体因其能够激发创造力，激励幼儿去制作视频、开发游戏、制作音乐、编辑信息而大受欢迎。它是否可以为幼儿的阅读提供帮助，激发幼儿阅读的潜能，使其达到较高的水平，这一点对于其他方面来说是否必要。这些都是值得考虑的问题。

需要再次强调的是，技术是对教师教学和父母辅导幼儿的补充，而不是取代。幼儿教育软件的目的是以一种更易理解的方式呈现信息，提高幼儿的读写能力。[③]而且，对于很小的幼儿（一般是小于两岁的幼儿），电视对他们读写能力的提高，效果不明显，而和父母的直接互动反而胜过这些媒体。[④] 在这之后，又有学者对两岁

[①] Lisa Guernsey, "Technology in Early Education: Building Platforms for Connections and Content That Strengthen Families and Promote Success in School," *Education Commission of the States*, 2012(8).

[②] Lisa Guernsey, "Some Words on Webkinz: Can Digital Media Actually Help Emergent Readers," *Earl Ed Watch Blog*, 2009(10).

[③] Lisa Guernsey, "Education Watch Podcast: Apps, Reading, Head Start and Kindergarten," *Earl Ed Watch Blog*, 2012(12).

[④] Lisa Guernsey, "TV's Not the Big Bad Wolf," *The Washington Post*, 2009(5).

以下的幼儿进行研究，发现如果幼儿把屏幕上呈现的人物当作他们的"社会伙伴"，则幼儿就可以从中学到一些交互技巧，反之则不能。对于相同的交互情境，如果发生在真实的生活中，则有助于幼儿学习，而如果发生在屏幕（如电视）上则不能。这种现象被称作"视频缺陷"（video deficit）。美国幼儿发展专家说，这也证实了由来已久的说法：真实的生活中的交互对较小的幼儿最好。[①] 对于我国的幼儿亦是如此。

我国河南大学蔡建东教授及其团队经过长期研究，提出了幼儿教育软件评价指标体系，其中使用者维度与受用者维度可以成为选择幼儿教育软件的重要参考，见表 6-2-1。

表 6-2-1　选择幼儿教育软件的维度与指标[②]

维度	一级指标	二级指标	标准描述
使用者	易用性	易理解性	软件交互给用户的信息要清晰、准确、易于用户理解
		易掌握性	用户为学习软件应用所付出的努力程度
		易操作性	软件产品使用户易于操作和控制它的能力
	效率	时间特性	软件执行其功能时响应和处理时间
		资源利用率	软件执行其功能时消耗的资源数量
	教育性	教学性	支持教学需要，符合课程要求
		针对性	针对某一教学需要，设计不庞杂
		准确性	概念表述的准确性，认知逻辑的合理性
受用者	适宜性	年龄适宜性	软件提供的学习内容与特定年龄阶段的幼儿的经验一致
		无暴力性	排斥有暴力倾向的形象和情景，提供促进幼儿情感、价值观和社会性的场景和形象
	科学性	指导的清晰性	指令尽量图标化，亲切、易于记忆
		模拟的真实性	提供的具体事物、形象要与现实生活情境相对应，避免刻意地歪曲
	学习性	过程导向性	注重发现式学习，而非技能训练；强调过程第一，结果第二
		独立的操作性	减少儿童操作过程中成人的指导，选择好指导的时机和方式
		可延伸的复杂性	软件设计应从易到难，提供一定的难度空间或梯度

---

① Lisa Guernsey，"When Toddlers Turn on the TV and Actually Learn," *The New York Times*，2006（9）.

② 蔡建东：《幼儿教育软件评价研究》，北京，中国社会科学出版社，2014。

续表

维度	一级指标	二级指标	标准描述
受用者	技术性	技术特征	运行快捷，输入设备适配
	艺术性	艺术效果	界面友好，色彩鲜明，声音逼真，形象生动
		可观测性	提供现实难以观测到的变化的场景和过程

二、如何将幼儿教育软件应用于教学

幼儿教育软件的指导者一般是指教师，但在某些特定教学情境下也指学生。对于指导者而言，幼儿教育软件的价值体现在软件对工作效率的约束上[①]。

幼儿教育软件的学习者一般指幼儿，他们是教育信息传播的目标群体，软件的设计、开发、利用、管理和评价最终都以幼儿的需要为出发点和落脚点。对于幼儿而言，软件的价值体现在对其适宜性发展所带来的影响上，软件所包含的思想和内容是否能支持其认知学习规律和心理特征，是否有益于其适宜性发展。学习者直接接受的是软件产品的教育过程，因此，对教育内容和教育效果的合理控制是此阶段提高软件价值的手段。

同时，指导者和学习者作为相对立的施动和受动群体，构成了幼儿教育软件的整个教学过程，有共同的学习理论和教学理论作为支撑。

自20世纪50年代以来学习理论经历了行为主义、认知主义和建构主义为主的三个发展阶段，也见证了计算机从个人计算机到媒体计算机再到超媒体网络三个阶段。信息技术应用于教育的过程，是不同阶段的计算机技术与学习理论充分融合和发展的过程。[②] 各种学习理论对教育软件发展有深刻影响。例如，随着学习理论的发展，教育软件逐渐从机器教学为指导发展到以建构主义理论为指导的阶段，正是因为建构主义强调以学习者为中心，显然以前两种学习理论指导的教育软件已不再适宜学习者的意义建构，此情形下教育软件的设计呈现出一些新的特征，即在设计教学过程时充分考虑了儿童学习的自主性、学习活动的建构性、学习过程的交互性、学习资源的开放性、学习评价的多元性，主张把教育软件作为建构型学习环境的一部分，作为促进思维的有效手段。[③] 在建构主义学习理论的指导下，幼儿教育软件已不单单是一种教学工具，而应该是支持幼儿全面知识建构和智慧发展的载体。

基于行为主义、认知主义、建构主义的学习理论对幼儿教育设计的指导作用，我们得出遵循学习规律的幼儿教育软件一般具有四个方面的特征：在幼儿教育软件的内容选择上，注重教育内容的单元定义和引用的准确性；在软件的架构设计方面，

---

① 方海光：《我国教育软件价值评测研究》，博士学位论文，中国科学院研究生院（成都计算机应用研究所），2006。
② 郭力平：《信息技术与早期教育》，61页，上海，华东师范大学出版社，2007。
③ 郭力平：《信息技术与早期教育》，67页，上海，华东师范大学出版社，2007。

强调知识结构和内容演化的关联性；在情景建构方面，强调群体协作和个体学习环境的定制；在软件交互方面，强调学习者的参与和内容的互动关系。[①]

幼儿教育软件教学是指导者和学习者之间的双向性活动，在活动过程中会呈现出一定的教学特征。

第一，教学是一个信息传递过程，教师作为信息传播的施动群体，要首先充分了解幼儿教育软件的操作与实施，清楚软件的优势与不足，并根据教学活动特点和学习主题的需求，设法找到能优化教学的最佳途径。

第二，用于教学的幼儿教育软件的设计必须有适宜的学习理论作为指导，不仅要强调儿童的主动建构，也要根据指导者、活动内容以及媒体等多种变量的特点灵活地设计。

第三，教学过程要充分考虑教师、儿童、教材和教学软件的和谐统一，要充分考虑到面向指导者和学习者的幼儿教育软件的价值约束不仅体现在指导者的教学效率的提高，演示效果的增强，更应该是促进儿童主动探索与学习的认知工具和情感激励工具。

第四，要有丰富的、涵盖儿童五大领域（健康、语言、社会、科学、艺术）的教学资源。

第五，在某些情境下，尤其在家庭教育场景中，幼儿作为指导者出现。

表 6-2-2、表 6-2-3 是两个将幼儿教育软件应用于教学的案例评价，可作为教学设计与评价参考。

表 6-2-2　教学案例参考一[②]

评价角度	评价指标
教学基本情况	是否达到了教学目标；软件使用的对象是个人还是小组；整堂课都在使用软件还是局部使用；讲课前做了哪些准备工作，包括：查阅了哪些参考资料，关于信息技术方面做了哪些准备工作，是否了解学生搜集信息能力现状；软件在解释、探究、说明教学内容的哪个方面作用比较明显，要用具体事例说明；是否方便与当地或者其他地区的专业人士交流；使用后，软件采取什么措施巩固学生课堂知识。
课堂教学方式	教学组织方式：使用屏幕讲解还是复习；小组使用还是全班使用；为调动学生的积极性，教师如何适时引导学生；是否组织小组或者成对同学依次操作电脑；即兴或者作为课题计划的一部分在课堂上带动学生使用信息资源进行探究。场所资源利用：授课是使用单机还是网络；是否利用了教室里的其他辅助设施，如耳机。教学组织：计算机在一堂课上的使用比例；调节学生之间电脑的使用问题。如何处理信息技术的影响；使用信息技术对课堂教学的组织和学科有什么影响；采取什么措施消除不良影响，如是否通过把小组分配到不同场所的方法解决嘈杂的问题。

---

① 方海光：《我国教育软件价值评测研究》，博士学位论文，中国科学院研究生院（成都计算机应用研究所），2006。

② 韩英、林培英：《英国 ICT 教育软件评价组织形式探析——以 teem 网站为例》，载《远程教育杂志》，2004(4)。

续表

评价角度	评价指标
应用信息技术完成学科的教学目标	课堂教学如何达到教学目标，做一个简单的课堂实录，记录关键地方：软件在完成教学目标的哪个方面是有效的，而不仅仅是激发学生的学习动机或作为表现好的奖励。哪些是其他教学方法做不到的；如何处理学生过分注意软件表现形式，而忽略教学内容的问题；如何提高学生学习效率，而不是任由他们在互联网上漫游；补充材料是否正是学生想要获取的知识，还是只增加了一个解释而已；作为学习中的一个环节，是否能与其他学校的学生或专家学者交流；要求学生使用信息技术完成作业的情况，包括学生完成的过程、教师的评价方式，用具体事例说明；学生如何从软件的资料中挖掘信息：辨别资料来源，比较各种资料之间的差异；收集搜索类别，制订搜索计划，确定搜索关键字以及如何扩大缩小范围；收集、整理、存储资料为以后提取、解释和修改；解释挖掘的信息；确定信息的有效性、可靠性和合理性。
软件中的信息技术因素	准备工作：使用信息技术教学前花费多少时间忙于技术方面的问题，如软件运行是否需要其他辅助程序。教学中：是否要在授课过程中解释软件的应用；是否使用准确术语向学生解释教学中遇到的技术术语，如搜索条件中"与"和"或"的区别；是否利用信息技术为学生提供一个良好练习范例；是否再三强调正确使用软件的方法。课后总结：学生在哪些地方不需要精深的信息技术；学生是否掌握基本操作；没有掌握又是如何解决的。
监控和评价	监控学生学习的方法：明确教学目标和完成教学目标过程中信息技术的应用，适时参与学生信息技术的行为，引导他们向目标方向前进，提出关键性、需要对软件做出反应才可以回答的问题；使用什么方式识别完成的学科教学目标标准和信息技术进步水平。评价学生：是否记录了学生不同阶段的作业，可以联系前后分析学生的进步过程。
特殊教育要求	评论软件在课堂教学中对学生其他教育方面做出的贡献。

表 6-2-3　教学案例参考二——上海市某幼儿园计算机教学评价表①

活动过程	教学思路		环节衔接		师幼互动		教学具准备		重难点设计		合计分值
	3分		5分		6分		3分		8分		25分
	得分	分析	得分	分析	得分	分析	得分	分析	得分	分析	
教师	指导语		师幼互动		课件使用		个别指导		活动创新		合计分值
	2分		8分		5分		5分		5分		25分
	得分	分析	得分	分析	得分	分析	得分	分析	得分	分析	

---

① 蔡建东：《幼儿教育软件评价研究》，北京，中国社会科学出版社，2014。

幼儿	兴趣		操作		自主选择		合作交流		任务完成		合计分值
	3分		5分		6分		6分		5分		25分
	得分	分析	得分	分析	得分	分析	得分	分析	得分	分析	
软件	内容选择		动画设计		交互性		层次性		重难点设计		合计分值
	3分		5分		5分		6分		6分		25分
	得分	分析	得分	分析	得分	分析	得分	分析	得分	分析	
综合评价											总分

本章小结

1. 幼儿教育软件概念

幼儿教育软件以早期儿童为服务对象，是在一定学习理论指导下，为儿童提供内容、活动以及针对某项专门的知识或技能的工具。

2. 幼儿教育软件的特性与分类

幼儿教育软件有以下几个特性：一是教育属性，二是软件属性，三是幼儿教育软件所普遍具有的娱乐性。

3. 如何选择幼儿教育软件

本章检测

一、思考题

如何为幼儿选择教育软件？原则是什么？

二、实践应用题

请选择一款幼儿教育软件，并基于此进行教学设计。

发展信息素养篇

第七章 数字化生存与发展——学会学习

学习目标 ▶

- 理解 TPACK 模型。
- 掌握信息化学习方式内涵，并能够利用信息技术进行学习。

本章导读 ▶

教师信息化学习方式养成是十分必要的，希望学习者能够更新观念，积极利用信息技术进行学习，促进自身发展，成为信息时代的合格公民。

《国家中长期教育改革和发展规划纲要（2010—2020 年）》《教育信息化十年发展规划（2011—2020 年）》，明确提出"信息技术对教育具有革命性的影响""推进信息技术与教育教学深度融合，实现教育思想、理念、方法和手段全方位创新，对于提高教育质量、促进教育公平、构建学习型社会和人力资源强国具有重大意义"。教师作为教育教学执行者，应该首先成为教育信息化大潮的生力军，从而更好地面对和引领信息化时代出生成长的数字原生代。然而，作为成长于传统时代的数字移民，教师群体目前还在经历着从传统学习方式向信息化学习方式的变革历程，这在一定程度上影响了面向数字原生代的教育教学工作，也对我国人才强国战略实施有一定阻碍作用。因此，教师快速、有效地向信息化学习方式转变具有重要的时代意义和战略意义。

一、技术成为教师知识的结构性要素

信息技术对教师专业发展的支持作用已经成为不可忽视的重要环节。2006 年，密歇根州立大学的 Punya Mishra 和 Matthew J. Koehler 发表了《技术教学内容知识：教师知识结构》(*Technological Pedagogical Content Knowledge：A Framework for Teacher Knowledge*)，提出著名的教师知识结构图（TPCK）。这是一个具有里程碑意义的文献，说明在经历了十数年的磕磕碰碰，技术知识已经成为教师知识的结构性要素，完成了自身的身份认定。

之后，TPCK 又发展为 TPACK，具体如图 7-1 所示。

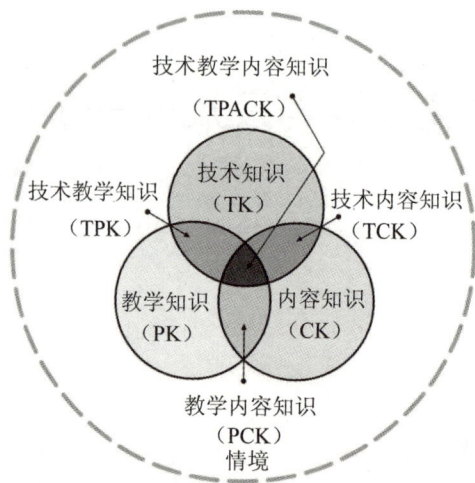

图 7-1　教师知识结构 TPACK 模型

TPACK 模型包含三个核心要素，即内容知识（CK）、教学知识（PK）和技术知识（TK）；四个复合要素，即教学内容知识（PCK）、技术内容知识（TCK）、技术教学知识（TPK）、技术教学内容知识（TPACK）。

技术成为教师知识结构性要素，说明教师养成信息化学习方式已经成为必然。

二、信息化学习与教师信息化学习

（一）信息化学习方式

信息化学习方式是针对传统学习方式而言的，但并非对传统学习方式的全面否定，信息化学习方式强调在信息化环境下如何让学习更高效。

关于信息化学习方式的内涵，北京师范大学黄荣怀教授认为是以知识贯通式学习为主。所谓知识贯通式学习，就是指学习者在规定的时间内，在同一学习目标下从了解知识来源和知识结构出发，逐步掌握关键性知识内容，对所学内容进行整体掌握的过程。信息化学习方式具有以下特征：①知识迁移能力和良好学习习惯的养成是知识贯通式学习的基本目标之一；②问题导向是知识贯通式学习方式的起点，没有问题，就没有思考，也就没有知识的联结，当然也难以发生深层学习；③开放课堂是知识贯通式学习方式的先决条件；④信息技术和工具的有效使用是知识贯通式学习方式的重要手段；⑤社会交互是知识贯通式学习方式不可或缺的环节。[1]

新加坡南洋理工大学陈蔼彦教授认为信息化学习包括三个独立但又相互关联的

---

[1]　黄荣怀等：《面向信息化学习方式的电子教材设计与开发》，载《开放教育研究》，2012(3)。

价值链：学习共同体中具有不同知识背景的人员、这些人的能力和特长、信息通信技术和环境，这三个价值链共同作用来实现学习共同体的预期目标。[①]

可以看出，黄荣怀教授主要从微观层面对信息化学习方式进行解释，陈蔼彦教授更强调学习共同体的重要性。

南京大学桑新民教授从一个崭新的视角对信息化学习进行了阐释，并将之命名为绿色学习。其特征如下。

第一，绿色学习是遵循学习规律，使学习生活走向健康的理想追求与价值导向。

第二，绿色学习代表高效率的学习、能激发学习者强烈兴趣和动力的学习，是使学习者成为学习主人的学习。

第三，绿色学习是应用当代信息技术所创设的学习新时空、新环境和丰富学习资源，使学习越来越走向人性化、个性化、自主化、团队化、智能化、生活化、艺术化等的广阔现实道路。

第四，绿色学习是学习研究中科学方式与艺术方式的内在统一，其立足点是东方文化传统的思维方式和表达方式。[②]

桑新民教授更多从时代特征入手，更关注信息化学习方式的本质特征与发展趋势，更符合本课题研究宗旨，因而本课题主要基于桑新民教授的阐释进行研究。

(二)教师信息化学习

在过去的 50 年，教师学习研究从对教师特征的探寻转移到对教学行为、教师知识、教师专业反思能力的研究。被列为美国当代最具影响力的五十位教育思想家之一、一度成为奥巴马政府组阁之际教育部部长的热门候选人、斯坦福大学教育学院教授达林-哈蒙德(Darling-Hammond)2005 年提出一个关于教师学习的理论框架，包括学习愿景，教师学习共同体，对教学、学习和学生的理解，教育实践，专业素质，辅助资源等要素。尽管该框架并未凸显信息技术要素，但是显然，每个要素都具有信息时代特征。

教师学习是持续终身的过程，尤其在信息时代，教师终身学习甚至成为生存的必然选择。笔者在借鉴该理论框架的基础上，进一步凸显信息特征，提出了对教师信息化学习的理解框架(见图 7-2)。

要素说明如下。

信息化学习愿景：在信息环境下创新发展的意愿与动力。

理解：对学科知识、教学方法、技术知识(TPACK)的理解，对学生(数字原生代)的理解，对周围环境的理解等，这是为实践而准备的知识。

实践：信息化教学实践(如组织学生在信息技术环境下学习交流等)以及自身专

[①]　徐斌艳等：《信息化学习的机遇与挑战——访新加坡南洋理工大学陈蔼彦教授》，载《全球教育展望》，2003(2)。

[②]　桑新民等：《21 世纪：学习向何处去——绿色学习研究论纲》，载《开放教育研究》，2011(2)。

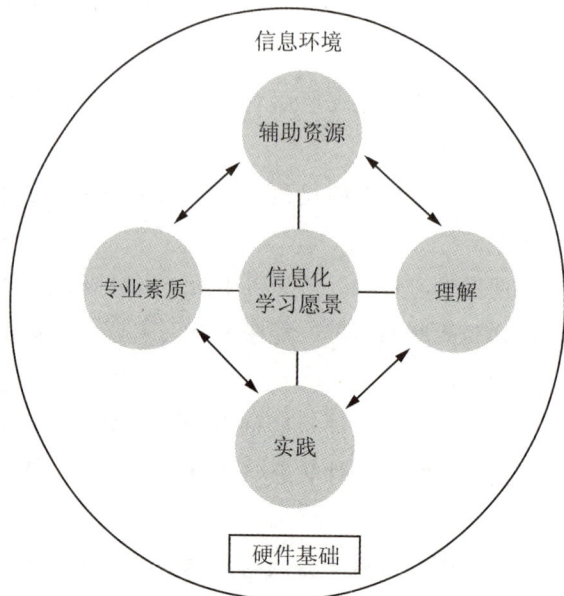

图 7-2　关于教师信息化学习的理解框架

业发展与实践。这是教师信息化学习的特征，即最终将以实践成果检验其学习效果。

专业素质：信息环境下的反思、合作、探究以及信息道德与伦理等。

辅助资源：利用并发展信息资源与工具。

从图 7-2 可以看出，实践是教师信息化学习的重要要素，它既是教师信息化学习的场域、动力，也是教师信息化学习效果的检验路径之一。古语有"学而时习之"，从这个角度看，"学习"是"学"与"习（实践）"的综合体，特别是对于教师群体来说，实践具有更加重要的意义。

从近年实践发展来看，面向教师的信息化学习主要表现为以下几个阶段。

第一个阶段是实践探索与反思总结，表现为以博客等社会性技术工具为切入点的教师信息化学习。随着教师博客以及教师博客群如雨后春笋般涌现，利用教师博客促进教师专业发展成为近年来的研究热点。众所周知的"李克东难题"使得教师博客研究有了审思和沉淀，理性、有效性成为教师博客研究的趋向。

第二个阶段可以说是小结提升阶段，以"教师教育信息化"概念的提出为标志。2009 年华东师范大学任友群教授等出版了《教师教育信息化的理论与实践》，该著作从宏观角度介绍了教师教育信息化的推进背景与运作模式，解读了教师信息素养的界定与教师教育技术标准的构成，并对国内外教师信息化培训的经典案例进行了分析。

第三个阶段的关键词是理性、有效性与特色。一方面理性认识信息技术在教师信息化学习培训中的作用，研究切实有效的信息化学习途径；另一方面关注差异，突出特色。这是当今教师信息化学习的重要表现。

三、学会利用信息技术进行学习

学会利用信息技术进行学习，首先要做到观念变革。观念决定态度与行为方式。

其次是对网络教育的关注。网络技术的兴起与普及为教师发展提供了便利的技术条件，在线学习已经成为教师自身学习不可或缺的重要途径。

自 2014 年开始，"爱课程"网推出了"翻转课堂教学法"等多门教师能力提升类 MOOC 课程，累计学习者近 20 万人次，受到广大一线老师和教育主管部门的欢迎和认可。为使 MOOC 课程更好地为教师的能力提升和专业发展服务，"爱课程"网启动了"教师能力提升类 MOOC 课程建设项目"，并委托北京大学数字化学习研究中心的汪琼教授团队，作为项目的咨询与管理团队。来自北京大学、浙江大学、华南师范大学、西北师范大学等校的教师、名师陆续开设教师教学能力提升类 MOOC，引起了较大反响。

图 7-3　"爱课程"网

再次是对移动学习的关注。移动学习是移动技术普及化与智能化的产物，对于教师培训与学习来说更具有重要价值。它使得非正式学习与泛在学习得以真正发生。

技术发展是教师专业发展的重要条件；学习方式变革则从网络学习、移动学习等角度对教师教学以及自身学习发展提出了新的要求。

📖 拓展阅读与思考7-1

数字化生存①

数字化、网络化、信息化使人的生存方式发生了巨大的变化，并由此带来一种全新的生存方式。数字化生存(Being Digital)，最初是由美国学者尼葛洛庞帝(Negroponte)在其1996年出版的《数字化生存》一书中提出的，按照他的解释，人类生存于一个虚拟的、数字化的生存活动空间，在这个空间里人们应用数字技术(信息技术)从事信息传播、交流、学习、工作等活动，这便是数字化生存。

该书描绘了数字科技给我们的生活、工作、教育和娱乐带来的各种冲击和其中值得深思的问题，是跨入数字化新世界的最佳指南。该书英文版曾高居《纽约时报》畅销书排行榜。

"信息的DNA"正在迅速取代原子而成为人类生活中的基本交换物。尼葛洛庞帝向我们展示出这一变化的巨大影响。电视机与计算机屏幕的差别变得只是大小不同而已。从前所说的"大众"传媒正演变成个人化的双向交流。信息不再被"推给"消费者，相反，人们或他们的数字勤务员将把他们所需要的信息"拿过来"并参与到创造它们的活动中。

信息技术的革命将把受制于键盘和显示器的计算机解放出来，使之成为我们能够与之交谈、与之一道旅行，能够抚摸甚至能够穿戴的对象。这些发展将变革我们的学习方式、工作方式、娱乐方式——一句话，我们的生活方式。犀利的见解使尼葛洛庞帝成为Wried杂志最受欢迎的专栏作家。《数字化生存》一书充满这种洞见，是我们每个人的必读之书。

数字化生存是一种社会生存状态，即以数字化形式显现的存在状态；是一种生存的方式，即应用数字技术，在数字空间工作、生活和学习的全新生存方式，是在数字化环境中所发生的行为的总和及其体验和感受。

本章小结

1. TPACK 模型

三个核心要素，即内容知识(CK)、教学知识(PK)、和技术知识(TK)；四个复合要素，即教学内容知识(PCK)、技术内容知识(TCK)、技术教学知识(TPK)、技术教学内容知识(TPACK)。

---

① https://baike.baidu.com/item/数字化生存/8699374? fr=aladdin，2017-08-20.

2.教师信息化学习

(1)实践探索与反思总结。

(2)小结提升阶段。

(3)理性、有效性与特色。

3.学会利用信息技术进行学习

(1)观念变革，观念决定态度与行为方式。

(2)对网络教育的关注。

(3)对移动学习的关注。

本章检测

实践应用题

请制订利用信息技术学习的计划，并在学期结束后汇报学习收获。

附录 微视频(微课)制作

一、微视频制作的一般过程

微视频制作的方式可以分为录屏制作、拍摄制作、动画制作和混合制作等，不同的制作方式，所需的硬件设备、技术实现的难度、表现形式、适用对象也各有差异，应该根据教学目标、教学内容、教学对象、客观条件等选择合适的制作方式。其中录屏制作方式因对硬件设备要求较少、技术实现难度较低、与课堂教学的兼容性较好等优点，成为常用的微视频制作方式。录屏型微视频制作基本过程如下。

(一)准备素材

经过分析、选题、设计后，撰写微课制作脚本，然后根据需要，在网络上获取文本、图片、音频、视频、动画等不同类型多媒体素材，整合成 PPT 演示文稿。使用 PowerPoint2010 以上版本，录制幻灯片演示，配上旁白，然后另存为 wmv 或者 mp4 视频格式，即可以制作出教学微视频。

(二)录制屏幕

使用录屏软件，可以同步录制教师演示课件的画面和教师讲解的声音，还可用于录制计算机软件操作演示过程，或者录制无法下载的网络视频。屏幕录制的软件有许多，如 Camtasia Studio、Snagit、录屏大师、屏幕录像专家、会声会影，等等。Camtasia Studio 是由 TechSmith 开发的一款从屏幕录像到视频编辑、转换再到发布的一系列完整解决方案，软件功能强大，操作简便，是教师制作微课常用软件之一。录制屏幕时，应该预先设置好计算机的屏幕分辨率、录制的范围、帧频、格式、音频等各项属性。

(三)编辑视频

录制的视频素材，需要修剪、优化整合，方可形成短小精悍的教学微视频。视频、音频、字幕是微视频的主要组成部分，编辑操作主要包括：导入素材、剪辑视频、添加标注、缩放画面、添加转场效果、设置鼠标属性、处理音频、添加字幕等。

(四)发布视频

完成节目编辑后，需要封装打包为影片文件，才能在其他平台上播放。输出影片时要注意设置影片格式、分辨率、帧率、码率等各项参数。

二、Camtasia Studio 软件工作界面

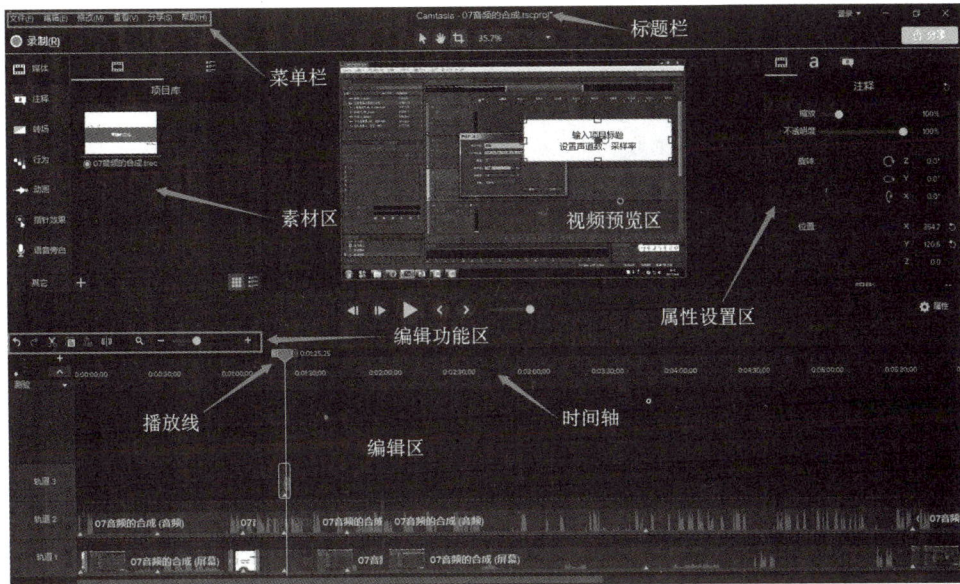

图 1　Camtasia Studio 软件工作界面

安装软件时，需了解软件对安装环境的要求。Camtasia Studio 9.0 仅支持 Win7 系统及以上的 Windows 操作系统(且需先安装 Microsoft. NET Framework 4.6 及以上版本)和 Mac 操作系统，Windows 32 位系统无法支持该版本的安装。

启动 Camtasia Studio 软件，新建项目文件，进入工作界面。工作界面主要由标题栏、菜单栏、素材区、预览区、属性设置区、编辑区等部分组成。后面会详细介绍这些组成部分。

菜单栏：包含软件各项菜单命令。

素材区：选择不同的选项，在素材区中显示相应类型的素材，如选择"媒体"选项时，显示所导入的图片、视频、音频等媒体文件；而选择"转场"选项，则显示各种转场效果。

编辑区：编辑视频的主要工作区域，在该区域中，可进行调整素材的层叠顺序、先后顺序，删减多余视音频内容等各种编辑操作。

视频预览区：预览节目编辑效果，同时可在该区域中调整所选素材的画面大小和所在位置。

属性设置区：选择编辑区中的视频、注释、转场、音频、字幕等不同类型素材，可在属性设置区中设置其各项属性。

三、CS 屏幕的录制

打开录制工具。点击菜单栏下方的"录制"快捷功能按钮，打开软件内置的 Camtasia Recorder 屏幕录制工具。

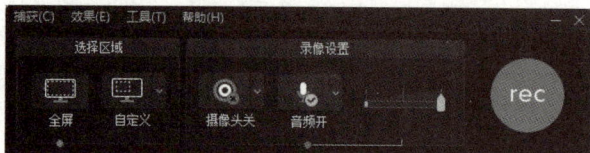

图 2　CS 内置的屏幕录制工具

设置录制选项。设置录制的区域为全屏或屏幕的某个局部；设置录制的音频为麦克风、立体声混音，或者关闭音频录制；点击菜单栏中的【工具】/【选项】命令，弹出"工具选项"对话框，在"输入"选项卡中设置录制视频的帧频率；在"一般"选项卡中，设置录制格式为 trec 或者 avi；点击"文件选项…"按钮，弹出"文件选项"对话框，设置"自动文件名"或者"指定时输出文件名"。

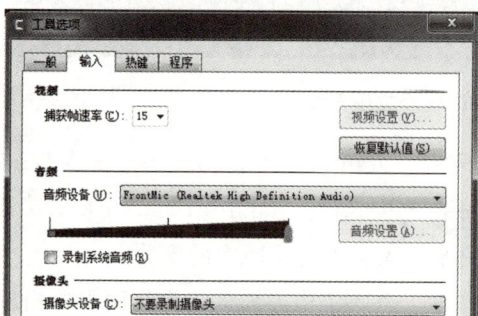

图 3　设置录制选项

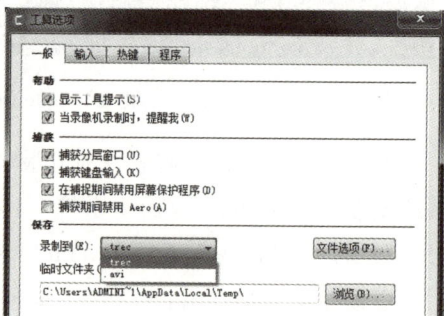

图 4　设置保存的格式及路径

录制屏幕。点击"录制"按钮，开始录制屏幕。按【F9】键开始/暂停录制，按【F10】键停止录制，弹出保存录制视频对话框，输入文件名，设置保存路径，点击"保存"按钮，保存视频文件，返回 Camtasia Studio 界面，录制的视频文件出现在媒体素材库中。

四、CS 视频的剪辑

(一)导入素材

微视频制作过程中需要视频、图片、音频、字幕等素材，需先将这些素材导入项目媒体素材库中，导入的方法有多种。

1. 使用"导入媒体"按钮

单击素材区中的"导入媒体"按钮，弹出"打开"对话框（在媒体素材区中空白处单击鼠标右键，选择"导入媒体"命令，也可弹出"打开"对话框），选择软件支持的各类文件，如 bmp、gif、jpg、png 等图片格式，wav、mp3、wma、m4a 等音频格式，camrec、trec、avi、mp4、mpg、mts、wmv、mov、swf 等视频格式。

2. 使用"文件"菜单

点选【文件】/【导入】/【媒体】菜单命令，弹出"打开"对话框，选择所需素材文件。

3. 从资源管理器中拖动素材文件

在 Windows 资源管理器中打开素材所在的文件夹，将素材文件拖动到媒体素材库中。

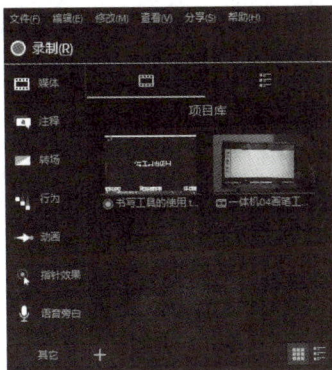

图 5 导入素材文件

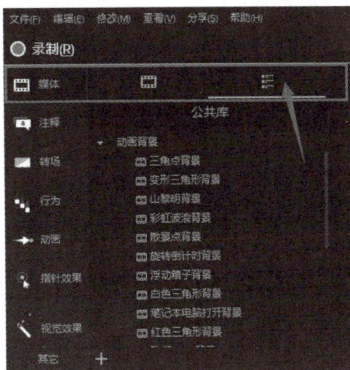

图 6 将常用素材添加到公共库中

常用的素材，如片头、片尾等，可以添加到公共素材库中，以便其他项目调用。在媒体素材库中选择素材，右击鼠标，选择"添加到公共库"命名，将素材添加到公共素材库中。点击"公共库"按钮，打开公共库，调用公共库中的素材。在公共库素材上右击鼠标，选择"从公共库中删除"，将不需要的公共素材从公共库中删除。

(二)剪辑素材

1. 预览素材

在媒体素材库中，双击素材缩略图，预览素材内容。

2. 添加素材到时间轴中

从素材库中，将素材拖动到时间轴的轨道上，或者在素材缩略图上右击鼠标，选择"添加到时间轴播放头位置"命令，将素材插入播放头所在位置。

3. 调整素材

与会声会影类似，视频剪辑操作主要在编辑区中完成。上轨道会覆盖下轨道的内容，选择上方轨道，在视频预览窗口中缩放视频，可制作画中画的效果；选择并拖动素材，可调整素材所在的位置；将鼠标放置在素材的开始与结束位置，鼠标指针变成双向箭头时，左右拖动鼠标，可以裁剪素材的首尾。

4. 剪切视频

(1)剪切单轨的局部区域。点选轨道上的剪辑，定位播放头到所需剪切的位置，点击编辑功能区中的"分割"按钮，分割剪辑，然后点选切除部分，按【Del】键删除。

（2）剪除多轨的局部区域。拖动播放头旁边的起点标记和终点标记，设定切除范围，在选区中单击鼠标右键，选择"删除"命令。

（3）波纹删除局部区域。拖动起点标记和终点标记，设定切除范围，在选区中右击鼠标，选择"删除波纹"命令，波纹删除局部内容。

（4）取消选区。双击播放头，取消设定的选区。

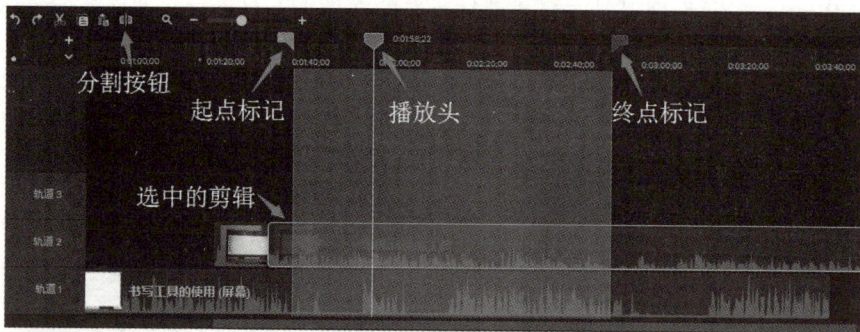

图 7　剪切视频

5. 添加视觉效果

点击素材区中的"视觉效果"（如果没有显示"视觉效果"，点击"其它"按钮，即可显示"视觉效果"选项），打开视觉效果素材库，选择所需的视觉效果，拖放到轨道中的视频剪辑上，在属性区中调整视觉效果属性。使用视觉效果，可以调整视频颜色、调整视频速度、制作抠像效果等。点击"显示效果"按钮，显示已添加的视觉效果，选择不需要的视觉效果，按【Del】键删除。

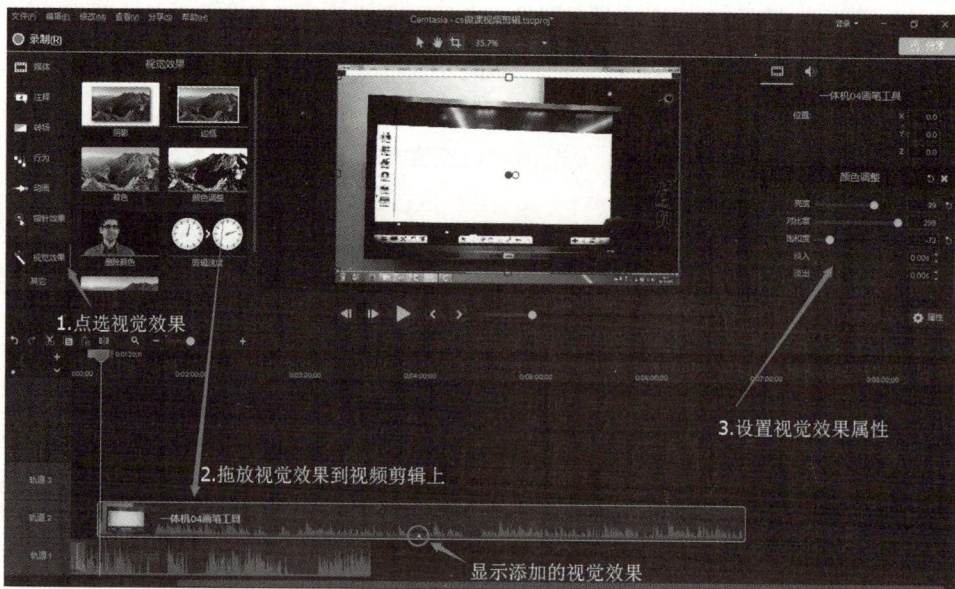

图 8　添加视觉效果

(三)添加注释

为了让学习者更好地理解视频内容，有时需要添加精简的注释。切换到注释素材库，选择样式类别，从样式列表中选择注释样式，并拖放到轨道上。选择注释剪辑，移动注释的位置，调整注释剪辑的时长。在属性窗口中设置注释的字体、字号、颜色、填充的效果等各项属性。

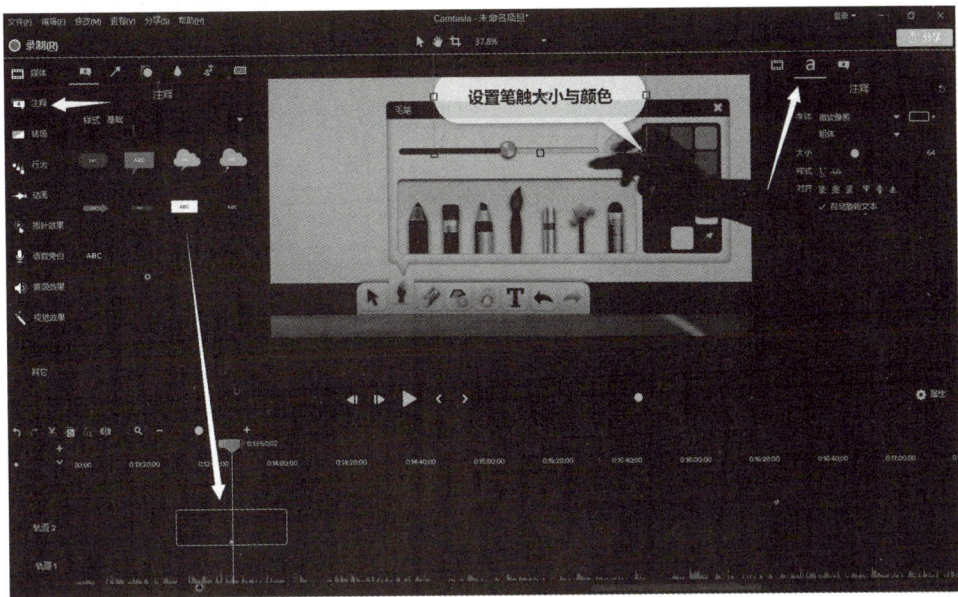

图 9　添加注释

(四)缩放画面

有时需要突出重点、聚焦局部，有时需要感知整体、通览全局，Camtasia Studio可以根据教学需要放大、缩小、平移剪辑画面。将播放头定位到需要缩放、平移的位置，切换到动画素材库，拖动缩放滑块，调整缩放比例。在动画素材区中，调整缩放控制点，或者在视频预览区中点选素材的画面，按住【Ctrl】键的同时，滚动鼠标中键，均可调整该素材的缩放比例。在动画素材区中，移动素材缩略图，制作平移效果。编辑区的素材上，出现一个箭头，两端是一大一小的圆点，即动画的起点、过程和终点。如需调整动画，选中需要调整的要素，设置其属性即可。如点选终点，左右拖动，调整动画的时长；在动画素材区、预览区或者属性区中，调整画面缩放的比例。在编辑区的动画箭头上单击鼠标右键，选择快捷命令，可进行删除、启用渐隐等操作。

也可以在"动画"/"动画"素材区中选择软件预设的动画效果。

图 10　缩放画面

(五)添加转场

　　如果前后组接在一起的素材时空跨度较大，或风格迥异，或是分属不同模块，画面直接切换会显得比较突兀，可以在剪辑之间添加转场效果。切换到转场素材库，选择转场效果类型，将转场效果拖曳到两个素材之间或者节目的首尾，拖动播放头预览转场效果。在编辑区中，将鼠标放置在转场效果的首尾时，鼠标指针变成双向箭头，拖动鼠标，调整转场的时长；在转场属性区中可设置转场效果各项属性；选中转场效果，按【Del】键，可删除转场。

图 11　添加转场效果

（六）设置鼠标属性

如果需要通过改变鼠标指针样式或者左右键操作效果引起学习者的注意，可使用指针效果更改鼠标的属性。切换到指针效果素材库，选择指针样式，拖动到剪辑上，即可添加指针效果，使用同样的方法可添加左右键操作效果。如果对添加的指针效果不满意，在鼠标指针属性面板中自定义设置各项参数，或者删除已添加的指针效果。如果制作微课时，不需要出现鼠标指针，可在鼠标指针属性面板中，将指针不透明度设置为"0"。

图 12 设置鼠标指针样式

五、CS 音频的处理

讲解是传递教学信息的重要方式，语音的质量是微课技术质量的重要衡量依据之一。语音的质量与话筒、声卡和重放设备等硬件有关，也与录制环境、音频处理等因素有关。使用 Camtasia Studio 音频效果工具，可以对录制的音频进行降低噪声、调整音量等操作。

（一）降噪

选择编辑区中有噪声的一个或多个音频素材，切换到音频效果素材库，在"降噪"效果上右击鼠标，选择"添加到所选媒体"命令，或者将"降噪"效果拖放到编辑区的音频素材上，为素材添加降噪效果。在音频属性面板中，设置降噪的灵敏度和降噪量。如需删除降噪效果，点击音频属性面板中"降噪"右侧的打叉按钮，或者在编辑区中，点击剪辑下方的"显示效果"三角形按钮，选择降噪效果，按【Del】键删除即可。需要注意的是，虽然可以使用降噪效果器降低剪辑中的噪声，但过度地降噪会使声音变形，因此，在录音时，需尽量保持环境的安静。

图 13　对音频进行降噪处理

(二)调整音量

选中编辑区中的音频素材，绿色线条即为音量包络线，将鼠标放置在包络线上，鼠标指针变成上下双线箭头时，拖动鼠标，即可调整声音的大小。也可在音频属性面板中拖动增益滑块，调整音量大小。还可以使用音频效果素材库中的"音量调整"，调整音量大小。如需在微课中添加背景音乐，通常将背景音乐设置为淡入/淡出效果，将音频效果素材库中的淡入/淡出添加到音频剪辑上，用户发现绿色的音频包络线上多了控制点，并直观显示了音量的变化，拖动控制点，可调整淡入和淡出的时长等。在包络线上右击鼠标，使用快捷命令，可删除所添加的音量控制点。

(三)分离音频

如果需要删除视频剪辑中的音频，或者重新对位视音频，需将音频从视频中分离出来。在编辑中的视频素材上右击鼠标，选择"分离音频和视频"命令，视频内的音频被分离出来，即可对音频或视频进行单独处理。如需重新配音，先从视频中分离音频，删除音频后，切换到"语音旁白"素材库，点击"开始从麦克风录制"按钮，伴随播放的画面录制旁白。

六、字幕的制作

如果微视频中的画面和音频仍不足以清晰呈现教学内容，或需要突出某部分内容，就如同在课堂上需要板书一样，可在画面上添加一些文字。切换到字幕素材库，点击文本提示中"导入"，可导入软件支持的字幕文件如 srt 格式字幕等；点击"添加字幕"按钮，手动添加字幕，轨道上显示字幕剪辑；点击"字幕"素材库的"设置"按钮，选择"语音转字幕"选项，可将轨道上的音频转换为字幕，但该软件语音识别准确率很低，需大量手动修改。点选时间轴上的字幕剪辑时，在预览窗口的下方弹出字幕设置窗口，点击"字体属性"按钮，设置字幕的字体、字号、颜色、对齐方式等，以及填充背景的颜色、透明度等属性。该软件字幕工具的灵活性仍有较大的欠缺，次序不能调整，中间不能留间隙等。使用标注工具，则可以灵活调整字幕的位置，且可以利用"行为"工具，制作动态字幕。

图 14 添加与设置字幕

切换到标注素材库，选择添加没有任何填充背景的纯文本标注。切换到"行为"素材库，为标注添加一种行为样式（行为样式可以添加到标注、图片、视频素材上，但不能添加到字幕素材上）。在行为属性面板中设置标注进入、持续和退出的各项参数。

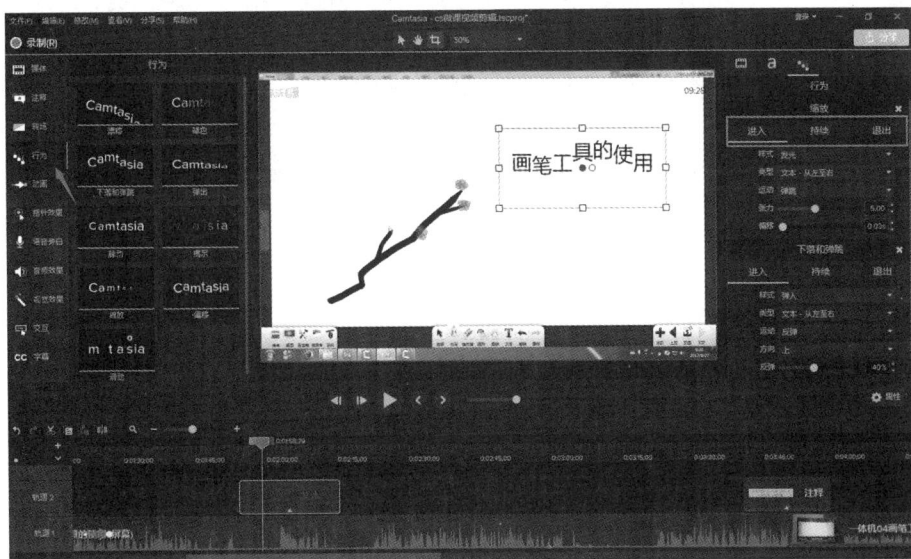

图 15 设置字幕样式及效果

七、CS 测试的设置

微视频除了以图文声像的多媒体形式呈现教学内容，激发学生学习兴趣，满足学生个性化需求以外，还可以添加互动性的环节。Camtasia Studio 提供的互动工具是测验，在媒体或时间轴中插入测验，有利于强化学生的有意注意，检验学习效果。切换到交互素材库，选择将测验添加到时间轴或者所选媒体中；也可以点击时间轴左侧的"显示或隐藏测验或标记轨道"按钮，显示测验轨道，将鼠标放置在时间轴或编辑区的素材上，鼠标指针变成绿底加号形状时，点击鼠标，添加测验占位符，在测验问题属性面板中，设置问题类型、题目、选项、反馈等属性。

测验功能涉及 HTML5 语言，需要额外的技术环境支持，单纯输出视频是无法显示的，因此在输出时在"输出向导"对话框中勾选"生成控制条"，且在选项卡中勾选"测验"。渲染完成后，运行 HTML 网页，在网页中播放视频，方可显示测验题。

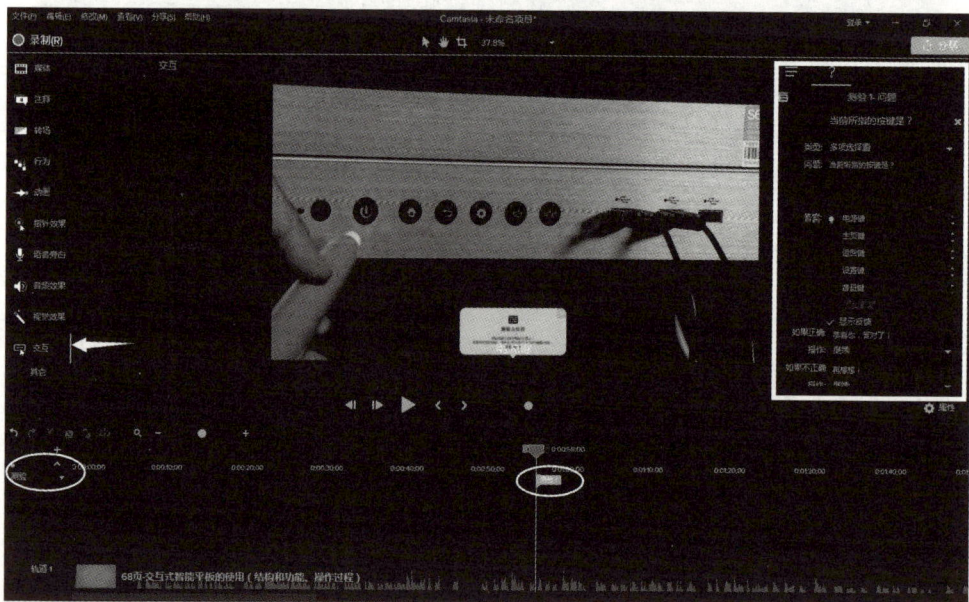

图 16　制作测验

八、微视频的发布

与会声会影一样，制作完成后，需渲染生成视频文件，才能在其他计算机或平台上传播微视频。点击"分享"菜单，选择将视频分享到本地计算机或者网站上。如选择分享到"本地计算机"，弹出"生成向导"对话框，设置生成视频格式，如 mp4。点击"下一步"按钮，设置视频分辨率、帧频率、比特率等参数，可参照《视频素材的处理》章节进行设置，不再赘述。最后，输入文件名，设置文件保存路径，点击"完成"按钮，开始渲染视频。

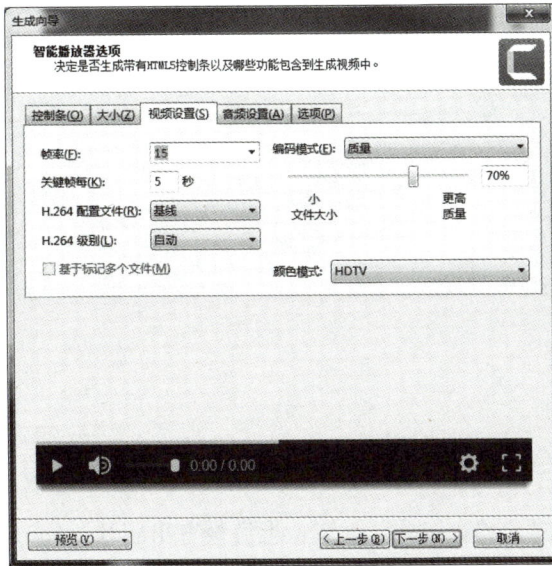

图 17　设置生成的视频的格式及参数

参考文献

（一）专著

[1]王吉庆. 信息素养论[M]. 上海：上海教育出版社，2001.

[2]祝智庭. 信息教育展望[M]. 上海：华东师范大学出版社，2002.

[3]教育部基础教育司. 幼儿园教育指导纲要（试行）解读[M]. 南京：江苏教育出版社，2002.

[4]何克抗，郑永柏，谢幼如. 教学系统设计[M]. 北京：北京师范大学出版社，2001.

[5]李芒，北京师范大学教学设计实验室. 中学语文信息化教学设计[M]. 北京：人民邮电出版社，2005.

[6]李克东. 新编现代教育技术基础[M]. 上海：华东师范大学出版社，2002.

[7]王道俊，郭文安. 教育学[M]. 北京：人民教育出版社，2009.

[8]袁振国. 当代教育学[M]. 北京：教育科学出版社，2010.

[9]王萍. 学前教育学[M]. 长春：东北师范大学出版社，2011.

[10]陈思睿，蒋尊容，赵俊. 学前教育活动设计与实施[M]. 成都：西南交通大学出版社，2015.

[11]林铭等. 现代教育技术——理论与实践[M]. 北京：电子工业出版社，2013.

[12]郭力平. 信息技术与早期教育[M]. 上海：华东师范大学出版社，2007.

[13][美]阿林·普拉特·普莱瑞. 幼儿园科学探究教学——科学、数学与技术的融合[M]. 霍力岩，等译. 北京：教育科学出版社，2009.

[14]张豪锋，孔凡士. 教育信息化评价[M]. 北京：电子工业出版社，2005.

[15]王景英. 教育评价[M]. 北京：中央广播电视大学出版社，2004.

[16]蔡建东. 幼儿教育软件评价研究[M]. 北京：中国社会科学出版社，2014.

[17]靳玉乐. 反思教学[M]. 成都：四川教育出版社，2007.

[18]熊川武. 反思性教学[M]. 上海：华东师范大学出版社，1999.

[19]赵明仁. 教学反思与教师专业发展——新课程改革中的案例研究[M]. 北京：北京师范大学出版社，2009.

(二)期刊文献

[1]王瑾. 浅谈幼儿园教师信息技术素养的培养[J]. 亚太教育，2016(20).

[2]张雪萍. 幼儿园教师信息素养初探[J]. 现代教育，2012(Z2).

[3]赵君娜. 浅谈信息化环境促进幼儿园教师专业发展[J]. 中国校外教育，2016(7).

[4]汪基德，朱书慧，张琼. 学前教育信息化的内涵解读[J]. 电化教育研究，2013(7).

[5]刘珍芳. 幼儿园教师信息素养现状调查与分析[J]. 现代教育技术，2010(11).

[6]浦月娟. 提高信息素养，促进幼儿园教师专业发展[J]. 上海教育科研，2005(11).

[7]郭松，孟庆玲. 信息化时代幼儿园教师信息素养培训研究[J]. 中国教育技术装备，2015(23).

[8]钟志贤，王佑镁，等. 关于中小学教师信息素养状况的调查研究[J]. 电化教育研究，2003(1).

[9]刘丹，刘凤娟. 信息化环境下幼儿园教师信息素养的研究[J]. 中国教育信息化，2014(10).

[10]孟亚玲，魏继宗. 幼儿园教师信息素养发展策略研究[J]. 延安大学学报(社会科学版)，2016(5).

[11]桑新民. 多媒体和网络环境下大学生学习能力培养的理论与实验研究[J]. 中国远程教育，2000(11).

[12]南国农. 教育信息化建设的几个理论和实践问题[J]. 电化教育研究，2002(11).

[13]祝智庭. 教育信息化的概念与特征[J]. 山东电大研究动态，2002(6).

[14]张炳林，王程程. 国外学前教育信息化发展与启示[J]. 电化教育研究，2014(10).

[15]杨晓宏，梁丽. 全面解读教育信息化[J]. 电化教育研究，2005(1).

[16]祝智庭，顾小青. 信息素养：信息技术教育的核心[J]. 中小学信息技术教育，2002(1).

[17]何奎莲. "五位一体"的幼儿园教师培养与培训机制[J]. 教育与职业，2012(11).

[18]刘珍芳. 幼儿园教师信息素养培养模式研究[J]. 中国电化教育，2011(5).

[19]白桦. 创造性地开展园本培训工作[J]. 武汉市教育科学研究院学报，2006

(5).

[20]宋宁宁. 基于"三人行"模式的中小学教师工作坊研修平台研究[J]. 中小学教师培训，2015(8).

[21]蒋东兴，等. 高校智慧校园技术参考模型设计[J]. 中国电化教育，2016(9).

[22]王丽莎. 软件工程与教育软件开发的思考[J]. 中国教育信息化，2008(5).

[23]黄爱明. 国内教育软件质量现状及对策研究[J]. 煤炭技术，2010(6).

[24]郭力平. 幼儿教育软件的评价研究[J]. 幼儿教育（教育科学），2009(1、2).

[25]韩英，林培英. 英国 ICT 教育软件评价组织形式探析——以 teem 网站为例[J]. 远程教育杂志，2004(4).

[26]熊川武. 试析反思性教学[J]. 教育研究，2000(2).

[27]卢真金. 反思性教学及其历史发展[J]. 全球教育展望，2001(2).

[28]洪明. "反思性教学"的内涵和意义探析[J]. 中国大学教学，2001(6).

[29]张天乾，庞湘萍. 反思性教学与教师职业发展[J]. 北京航空航天大学学报（社会科学版），2003(4).

[30]张洪秀. 国内反思性教学研究综述[J]. 黑龙江教育学院学报，2008(3).

[31]刘赣洪，贺伟荣. 信息技术教师专业发展策略研究[J]. 江西教育学院学报（综合），2006(3).

[32]张立昌. 试论教师的反思及其策略[J]. 教育研究，2001(12).

[33]张强强，张立昌. 试论反思性教学的特征及其实施[J]. 当代教育论坛（宏观教育研究），2007(7).

[34]郭晶，冯文全. 基于教师专业发展的反思性教学[J]. 学习月刊，2010(15).

[35]王瑾丽. 反思性教学理念在课堂教学中的应用[J]. 教育理论与实践，2011(27).

[36]吴舸. 教师教学反思行动的现状分析[J]. 教育与管理，2011(3).

[37]赵蒙成. 反思性教学：教师在职发展的必要途径[J]. 中国成人教育，2000(10).

[38]马颖，刘电芝. "反思性教学"研究述评[J]. 乐山师范学院学报，2003(6).

[39]熊川武. 说反思性教学的理论与实践[J]. 上海教育科研，2002(6).

[40]杨明全. 反思性教学：步骤与策略[J]. 当代教育科学，2003(24).

[41]郭根福. 让教师在反思性教学实践中成长[J]. 人民教育，2003(3、4).

[42]石兆胜，刘力. 如何实施反思性教学[J]. 当代教育科学，2005(19).

[43]杨国燕. 反思性教学：教师发展的有效途径[J]. 河北师范大学学报（教育

科学版），2005(4).

[44]黄荣怀，等，面向信息化学习方式的电子教材设计与开发[J]. 开放教育研究，2012(3).

[45]徐斌艳，等. 信息化学习的机遇与挑战——访新加坡南洋理工大学陈蔼彦教授[J]. 全球教育展望，2003(2).

[46]桑新民等. 21 世纪：学习向何处去——绿色学习研究论纲[J]. 开放教育研究，2011(2).

(三)学位论文与其他

[1]林雄. 农村中小学教师远程培训实施问题研究——以宁德市中学教师远程培训为例[D]. 福建师范大学，2008.

[2]周婧楠. 幼儿园教师信息素养现状的调查研究[D]. 首都师范大学，2014.

[3]吴文娜. 教育游戏在幼儿教学中的应用研究[D]. 山东师范大学，2009.

[4]张昆豫. 信息技术支持下的学前儿童国学教学研究与实践[D]. 广西师范大学，2017.

[5]方海光. 我国教育软件价值评测研究[D]. 中国科学院研究生院(成都计算机应用研究所)，2006.

[6]李巧芳. 高中信息技术课程反思性教学实践研究[D]. 广西师范大学，2014.

[7]常春艳. 数学反思性教学研究[D]. 南京师范大学，2008.

[8]中华人民共和国国务院. 国务院关于当前发展学前教育的若干意见[Z]. 2010-11-24.

[9]3—6 岁儿童学习与发展指南，2012.

(四)外文文献

[1]Lisa Guernsey. Digital Literacy：Tips For Parents on Screen Time. *TVO*，2013(2).

[2]Lisa Guernsey. Technology in Early Education：Building Platforms for Connections and Content That Strengthen Families and Promote Success in School. *Education Commission of the States*，2012(8).

[3]Lisa Guernsey. Some Words on Webkinz：Can Digital Media Actually Help Emergent Readers. *Earl Ed Watch Blog*，2009(10).

[4]Lisa Guernsey. Education Watch Podcast：Apps，Reading，Head Start and Kindergarten. *Earl Ed Watch Blog*，2012(12).

[5]Lisa Guernsey. TV's Not the Big Bad Wolf. *The Washington Post*，2009(5).

[6]Lisa Guernsey. When Toddlers Turn on the TV and Actually Learn. *The*

New York Times，2006(9)．

[7]Solomon，J. New Thoughts on Teacher Education. *Oxford Review of Education*，13(3)．

[8]Dewey，J. *How We Think*：*A Restatement of the Relation of Reflective Thinking to the Educative Process*. Boston：Heath，1993．

[9] Wade，R. C. & Yarbrough，D. B. Portfolios：A Tool for Reflective Thinking in Teacher Education?. *Teaching and Teacher Education*，1996，12 (1)，63-79．

[10] Fryer-Edwards，K.，Arnold，R. M.，Baile，W.，Tulsky，J. A.，Petracca，F.，Back，A. Reflective Teaching Practices：An Approach to Teaching Communication Skills in A Small-group Setting. *Academic Medicine*，2006，81 (7)．

[11] Mishra，P. & Koehler，M. J. Technological Pedagogical Content Knowledge：A Framework for Teacher Knowledge. *Teachers College Record*，2006，108(6)．